Guglielmo Rinzivillo

STORIA DELLA SOCIOLOGIA SCIENTIFICA

I contemporanei

UTET UNIVERSITÀ

UTET
UNIVERSITÀ
www.utetuniversita.it

UTET Università® è un marchio registrato e concesso in licenza da De Agostini Editore S.p.A.

Finito di stampare nel mese di gennaio 2025
Printed in Italy

Graphic Designer: Marco Fiorello
Immagine: Adobe Stock

Stampa: Stampatre – Torino (TO)

Ristampe:	0 1	2 3	4 5	6 7	8 9
Anno:	2025	2026	2027	2028	2029

Indice

Storia della sociologia scientifica

Capitolo 1

Ragioni vere e false dell'epistemologia

1.1

I controversi argomenti mossi sulla storia epistemologica tra i moderni e i contemporanei celano tutta una serie di scelte problematiche che interessano la sociologia, anche se, per la verità, non sollevano ancora un vivo dibattito tra gli storici del sapere sociologico o meglio tra coloro che si vorrebbero finalmente indicare come i nuovi storici «in formazione» della sociologia scientifica. Esistono tematiche fondamentali per una possibile riconsiderazione sistematica del ruolo dell'epistemologia nella storia della scienza e, in particolare, nella sociologia. Queste riguardano la storia epistemologica che tale disciplina sembrerebbe abbracciare, pur con una serie di «forzature» che emergono in modo problematico ogni volta che si presentano. Di conseguenza, molte ricostruzioni tendono a evitare il tema centrale: quello di ricondurre la scienza al suo binario originario. Questo implica riconoscere che ogni impresa scientifica priva di un riscontro logico-empirico rischia di perdere valore, soprattutto agli occhi di chi cerca di ricomporre il quadro con orientamenti precisi e solide intenzioni. A questi ultimi protagonisti dovrebbe essere demandato il compito di segnare nel futuro il passo degli avvenimenti salienti dal punto di vista scientifico, come per esempio il problema della fondazione del sapere specialistico di una disciplina come la sociologia in alcuni periodi, oppure gli avanzamenti di quella stessa in termini metodologici e di ricerca, e ancora le cause «interne» dello sviluppo logico della sociologia e quelle «esterne» dei coinvolgimenti della struttura politico-sociale, ideologica e così via. Si è già visto nel primo volume di quest'opera, intitolata *Storia della sociologia scientifica. Ripartire dai classici e usarli in modo nuovo* (Utet Università, Torino 2023), come la liberazione dalla «protostoria» potrebbe già influire in modo benefico su tutta l'opera di ricostruzione sistematica della storia epistemologica e, per questo, rimandiamo alla trattazione del primo capitolo di quel libro; di seguito, tendiamo invece a spiegare il punto di vista dello storico della scienza che si imbatte nel fluire degli eventi del mondo più attuale e che tende a classificarsi come un artefice contemporaneo della stessa trattazione del tempo e dello spazio attorno a sé. Di fatto, gli storici della scienza e/o della sociologia scientifica si trovano allo stesso tempo nel confronto sia con i temi più recenti della ricerca dei confini disciplinari, sia con quella affannosa ricerca di «senso» che solleva il presente. Un argomento importante potrebbe essere racchiuso nella fatidica domanda: a che serve oggi l'epistemologia? E ancora: perché legare oggi la vicenda della storia della sociologia allo sviluppo dello studio della metodologia scientifica? Domande queste a cui i classici non sempre hanno saputo rispondere, nonostante il loro duraturo coinvolgimento nella storia del sapere scientifico e stante alcune ambiguità particolari. E partiremo anche da ciò: ci chiederemo quindi se è lecito o meno ripercorrere uno schema consolidato nel tempo per svelare l'attualità dei punti di vista, almeno di quelli che ci ha potuto fornire nel suo sforzo di trasmissione l'epistemologia. Il punto è questo: se privata dalla sua storia epistemologica, la sociologia non sembrerebbe proprio appartenere alla storia della scienza, ma alla storia del pensiero sociologico, il che ci sembra un bel regresso, soprattutto considerando il percorso compiuto fino a oggi grazie alle scelte che abbiano praticato per raggiungere questo stadio. In altre parole, andrebbe detto convintamente che la sociologia allontanata dalla sua storia epistemologica rimarrebbe una materia vuota, così e come la storia della scienza che fa a meno del suo calcolo epistemico di fondo, seguendo anche una estesa formula accreditata tra gli studiosi di materie filosofiche della scienza. E tutto ciò solleva ulteriori e indubbie perplessità, soprattutto in relazione ai nessi esistenti tra la storia della sociologia e quella della scienza, aprendo la strada a nuovi quesiti, ambiti di indagine e prospettive epistemologiche.

Ora, per alcuni versi, crediamo che per gli storici della sociologia, uno dei problemi più importanti del XXI secolo sia quello di ricollocare la disciplina nell'età della conoscenza scientifica, rinunciando così alla letteratura storico-culturale e accademica la quale ha dipinto, in realtà, l'evoluzione degli studi sociologici all'interno di un dualismo paradigmatico tra storia del pensiero sociologico e sociologia scientifica, che ancora persiste e condiziona i rapporti tra la storiografia accademica più affermata e i risultati ottenuti, appunto, nel campo della scienza[1]. Questa dicotomia ha saputo anche produrre l'idea che la sociologia scientifica fosse solo una disciplina a parte, una scienza dotata di una accertata nonché propria autonomia storico-epistemologica e metodologica nel campo delle «scienze». In poche parole, la sociologia come scienza è sempre stata percepita come una disciplina autonoma, piuttosto che come il risultato di un'interazione con altre branche del sapere scientifico. Ora, il fatto di ricercare in modo affannoso un carattere distintivo nel panorama degli studi storici della scienza, soprattutto nel corso del XIX e XX secolo, ha contribuito a diffondere l'idea che la sociologia traesse le proprie verità e i suoi temi fondativi esclusivamente da se stessa e che per questa ragione non avesse bisogno di una collocazione all'interno della storia delle materie scientifiche più accreditate, proprio nel momento in cui quelle discipline si aprivano alla considerazione della scienza come questione sociale, cioè come prodotto scienza-società, come risultato di una stretta colleganza tra materia scientifica, struttura e sviluppo storico-sociale in alcuni contesti. I maggiori risultati rispetto a questa ultima considerazione si sono prodotti in Europa e Stati Uniti a partire dalla fine degli anni Settanta del XX secolo, con l'apertura delle scienze sociali e, della so-

[1] Cfr. Guglielmo Rinzivillo, *Epistemologia e sociologia del conoscere*, Roma, Edizioni Nuova Cultura, 2023, p. 125 e sg.

ciologia in particolare, verso la storia della scienza, la sociologia della scienza e verso la filosofia della scienza. Come abbiamo modo di ripetere spesso: una storia della sociologia scientifica privata dei risultati «interni» del dibattito epistemologico che si è sviluppato in Europa nel corso della seconda metà del XX secolo non avrebbe oramai alcuna persistenza nel panorama delle discipline moderne. Semplicemente non potrebbe esistere, almeno come storia di una disciplina scientifica moderna tra i contemporanei. E, infatti, questa materia teorica ancora non esiste ancora in forma definitiva, ma si trova in un costante divenire logico-empirico, riflettendo la natura stessa della sociologia: una scienza del «dovere essere», valida in certi contesti di sviluppo e non in altri. Questo tentativo è in realtà molto settorializzato e va di pari passo con l'incremento delle specializzazioni.

Diversa è, a nostro avviso, la prospettiva nel contesto delle scienze della cultura e della religione, o in quello della storiografia della civiltà; in questi ambiti, la sociologia si afferma a fianco della storia sociale, della storia dei popoli e dell'antropologia culturale, trovando la propria consistenza non in un'autosufficienza teorica, ma nel confronto costante con altre discipline. Ciò vale in modo simile per la sociologia economica e per quella dei fenomeni politici, discipline che ampliano storicamente i fattori giuridici di esistenza dei grandi temi-problemi dell'organizzazione sociale. È dunque nel campo della storia della scienza che la sociologia ancora non acquista quei requisiti che la potrebbero rendere partecipe di uno sviluppo consistente e accreditato di discipline scientifiche che sono in grado di tramandare modelli storiografici «forti», espressione della loro maturità epistemologica e del progresso nei metodi che si è raggiunto (si pensi espressamente alla fisica e alla biologia). In realtà, questa serietà nel considerare la trasmissione della propria solidità scientifica un attributo insostituibile per il progresso del sapere e per quello della stessa disciplina viene meno tra le fila dei sociologi moderni più di quanto avvenga in altri campi del sapere specialistico. E anche tra le stesse scienze sociali. Prendiamo la psicologia sociale, ad esempio, che risulta perennemente agganciata al modello di scienza sperimentale, o l'economia politica, la quale difficilmente si discosta dalla storia economica o dallo sviluppo di modelli di sapere elaborati in un certo periodo storico. Ma come si forma il giudizio su queste tematiche al giorno d'oggi? Che cosa lascia in eredità al mondo moderno tra i contemporanei, per esempio, la completa dissoluzione dello scientismo a partire dal positivismo? E che dire dei risultati del già vecchio modello classico del neopositivismo?

Proveremo a rispondere a questi interrogativi rapportandoci alla produzione «di periodo» più recente di alcuni storici e studiosi della materia scientifica nonché ci serviremo della sociologia contemporanea. L'obiettivo sarà quello di affrontare le questioni epistemologiche rimaste in gran parte irrisolte a causa di una carenza di dibattito su tali temi. Rispetto a ciò va notato anche il ritardo con il quale gli storici della sociologia e/o del pensiero sociologico sono potuti giungere a formulare il loro interesse di prospettiva, facendo a meno di quei modelli ritardanti di pensiero che abbiamo già denominato «protostoria». Molto spesso, questi cultori del campo scientifico e culturale si trovano ancora senza una precisa risposta in rapporto a certe questioni, che appena sollevate non trovano la immediata risoluzione che ci aspetteremmo, soprattutto perché certi tratti dello sviluppo della scienza sociologica sono stati già archiviati e/o non compaiono più come dibattiti rilevanti sulla fondazione della scienza. A nostro avviso, avere abbandonato lo stesso sviluppo della scienza sociologica senza discutere in chiave storico-epistemologica certi momenti cruciali di svolta paradigmatica nello sviluppo della scienza sociologica è stato un grave errore; significa ammettere che certi argomenti sono ormai da considerarsi talmente pericolanti che bisogna tirare avanti senza avere capito bene il perché. In tal modo, il positivismo e lo scientismo scompaiono senza motivi sufficienti dall'orizzonte della sociologia, così come l'evoluzionismo e altre correnti del pensiero scientifico. Ma ciò sembra valere anche per la prospettiva della sociologia della conoscenza, per la teoria dell'azione sociale e per il funzionalismo americano, per la teoria critica e persino per l'individualismo metodologico, oggi orfano del francese Raymond Boudon (1934-2013). Dichiariamo quindi da un lato l'estraneità degli studiosi moderni di fronte a questi problemi, dall'altro la persistenza dei modelli narrativi della «protostoria» nei campi di interesse sociologico, là dove si voglia tentare comunque di discutere certi temi-problemi in termini di storia della scienza e di storia epistemologica. Di contro, proprio nell'interesse di una storia della sociologia scientifica che andrebbe tutelata, si dovrebbe partire finalmente dalla consapevolezza che una storia della sociologia senza storia epistemologica è cieca, mentre una storia epistemologica senza storia della scienza è praticamente vuota. E, ovviamente il problema non è soltanto di ottenere una definizione più o meno accettabile, ma esiste un contenuto per ognuna di tali affermazioni. Tale contenuto potrebbe essere messo in luce esplorando la nuova area di interesse sviluppata dagli storici della sociologia scientifica.

D'altro canto, è bene precisare che quest'ultima area di studi si realizzerebbe anche quando l'attenzione degli storici è rivolta solamente al passato, ma con l'obiettivo di offrire una sistematizzazione nello sviluppo del discorso sulla metodologia scientifica, un aspetto che definiamo, in modo pacifico, come l'interesse epistemologico di fondo. L'importante è che la ricerca storica e sociologica si rendano libere da modelli narrativi retroattivi che hanno a che fare con l'analisi qualitativa delle fonti senza evidenziare i vari nessi logici dello sviluppo della scienza. Sapere questo è molto importante, almeno dal nostro punto di osservazione. Proprio in tal modo, ad esempio, il vecchio positivismo potrebbe essere studiato in un modo particolare e nuovo, così come il neopositivismo, come si è voluto dimostrare nel volume che abbiamo citato sopra, al capitolo quarto. Questa è una prospettiva innovativa per guardare ai classici. A questo proposito, va sottolineato che la ricerca storica o storiografica sociologica più autorevole tende a focalizzarsi sistematicamente sulle complesse sfumature, sui significati e sugli eventi che hanno influenzato e modellato il presente, privilegiando un'analisi che colleghi le idee del passato al loro impatto sul contesto attuale. Questa ricerca, come di consueto, si fonda su un'ampia varietà di fonti, sia primarie che secondarie, includendo anche materiali inediti. Nel primo caso l'analisi potrebbe concentrarsi sulla differenza tra testimonianze orali o scritte che si trovano in atti pubblici e documenti legali, verbali di riunioni, documenti aziendali, registrazioni, lettere, diari, riviste, disegni nonché quelli che sono negli archivi universitari, nelle biblioteche, nei libri o nelle collezioni gestite privatamente, come le società storiche locali. Questo approccio è stato adottato in alcuni studi classici della storia della sociologia che qui non stiamo a ricordare. Inoltre, potremo citare le fonti orali o scritte che si trovano nei resoconti di seconda mano di eventi, nei libri di testo, nelle enciclopedie, articoli di giornali, biografie altri media come film o registrazioni su nastro e così via. Andrebbe detto anche che la ricerca storico-sociologica che non si è mai svuotata da un modello narrativo remissivo ha la necessità di identificare idee, argomenti o domande di ricerca, eseguendo l'analisi della letteratura di base, affinando le idee e gli argomenti di ricerca, stabilendo il metodo storico e identificando le fonti (primarie o secondarie), valutando l'autenticità e l'accuratezza dei materiali di partenza, analizzando infine i dati e sviluppando una esposizione narrativa dei risultati ottenuti. Di fatto, questo è il modo in cui la storia del pensiero sociologico si è sviluppata finora, corroborando i modelli di analisi storica e comparativa[2].

Un discorso a parte meriterebbe il rapporto che intercorre tra questi modelli e la narrazione nella scienza intravvista dai cosiddetti «qualitativi», là dove gli autori impiegano metodi diversi per giungere allo stesso risultato, che è quello comprensivo di una ricerca intesa sempre come l'arte di scoprire le storie ricche e complesse che stanno dietro al comportamento umano e ai fenomeni sociali. Invece di occuparsi della numerazione, i ricercatori qualitativi ascoltano le storie delle persone e osservano i loro comportamenti nella vita reale, proprio dove questi accadono e poi li raccontano. Il mondo stesso è una sorta di laboratorio del ricercatore qualitativo. Questi autori si immergono negli ambienti naturali in cui si svolgono i drammi della vita, piuttosto che osservare dai confini artificiali di un laboratorio asettico. L'approccio pratico è il motivo per cui alcuni usano termini come «ricerca sul campo» o «ricerca naturalistica» in modo intercambiabile con la ricerca qualitativa. Nella ricerca di comprensione delle culture, i ricercatori qualitativi assumono spesso il ruolo di etnografi, immergendosi nella vita quotidiana delle persone che studiano. A seconda di chi fa la ricerca, questo approccio può assumere nomi diversi, ma l'obiettivo è sempre di andare al cuore delle esperienze umane. Per i ricercatori qualitativi, il quadro generale è fondamentale: essi credono che non si possa capire il comportamento umano osservando elementi isolati. Vedono invece gli eventi sociali come parte di sistemi più ampi, come un gigantesco puzzle che cercano di risolvere pezzo per pezzo. In questo senso, il lato creativo della ricerca ammetterebbe che, se i numeri sono ottimi per verificare le teorie, le storie e le osservazioni sono il punto di partenza delle nuove teorie. La ricerca qualitativa è un terreno fertile per nuove idee sul funzionamento delle società, perché scava in profondità nei modi complessi in cui le persone interagiscono tra loro e con il loro ambiente. Per ottenere una storia completa, i ricercatori qualitativi hanno a disposizione un'intera cassetta degli attrezzi. Possono entrare a far parte della comunità che stanno studiando, osservando e imparando dall'interno. Possono fare lunghe e dettagliate chiacchierate con le persone per conoscere il loro punto di vista. E spesso scavano nelle lettere, nelle foto e in qualsiasi altro documento che possa fornire approfondimenti.

La ricerca narrativa dei «quantitativi» si mostra solitamente con la rappresentazione numerica e la manipolazione delle osservazioni allo scopo di descrivere e soprattutto spiegare i fenomeni che tali osservazioni riflettono. In un certo senso, la ricerca stessa si mostrerebbe dinanzi allo storico e al teorico con tutto il suo carico di temi-problemi. La ricerca è utilizzata quindi in un'ampia varietà di scienze naturali e sociali, tra cui la

---

[2] Cfr. Howard Lune & Bruce L. Berg, *Qualitative Research Methods for the Social Sciences*, Pearson, 2017, pp. 305-311.

fisica, la biologia, la psicologia, la sociologia e la geologia. Nel nostro caso, la ricerca quantitativa può definirsi come una ricerca sociale che impiega metodi empirici e affermazioni empiriche congrue al sorgere del fenomeno sociologico. In questa direzione, si potrà sostenere che un'affermazione empirica è definibile come una descrittiva su ciò che è nel mondo reale piuttosto che su ciò che dovrebbe essere. In genere, un altro fattore della ricerca quantitativa è l'applicazione di tutta una serie di valutazioni empiriche nel divenire della narrazione che sta a cuore allo scienziato. Le valutazioni empiriche sono definite come strumenti volti a determinare in che misura un programma o una politica specifica soddisfa, o meno, un determinato standard o norma empirica. In realtà, non sono molte le discipline che adottano questi principi. Una di queste sarebbe la psicologia. Sebbene lo studio tipico in psicologia preveda l'analisi quantitativa di partecipanti alla ricerca contemporanea sulla narrazione, occasionalmente gli psicologi studiano persone o eventi storici. Inoltre, questi dati storici possono essere analizzati con tecniche qualitative o quantitative. Dopo aver fornito esempi tratti dalle sotto-discipline della psicologia cognitiva, dello sviluppo, differenziale, anormale e sociale, vengono delineate le caratteristiche metodologiche distintive dell'approccio. Queste includono sia la raccolta dei dati (campionamento, definizione delle unità ecc.) che l'analisi dei dati (sia qualitativa che quantitativa). La discussione passa poi ai vantaggi e agli svantaggi di questo metodo di ricerca. Si possono anche presentare le ragioni per cui (a) gli psicologi continueranno probabilmente a utilizzare i dati storici e (b) le analisi quantitative potranno eventualmente sostituire le analisi qualitative in tali applicazioni.

In ogni caso, il primo aspetto che emerge è la necessità di spiegare i fenomeni o, in alternativa, di limitarsi a una descrizione dettagliata. La spiegazione rappresenta un elemento centrale in ogni tipo di ricerca, sia essa qualitativa che quantitativa. Infatti, ogni volta che intraprendiamo un'attività di ricerca, cerchiamo sempre di fornire una spiegazione, anche quando ci muoviamo nell'ambito della storia delle scienze. Nel campo dell'istruzione, ad esempio, ci potrebbero essere domande come: il costruttivismo funziona nell'insegnamento dell'inglese in un contesto tailandese?; oppure: quali fattori influenzano i risultati degli studenti nell'apprendimento della lingua straniera a scuola? La specificità della ricerca quantitativa sta nella parte successiva della definizione ed è implicita della futura narrazione. Nella ricerca quantitativa, come già detto, si raccolgono dati numerici. Questo aspetto è strettamente legato alla parte finale della definizione «l'analisi condotta con i metodi matematici». Per poter utilizzare i metodi matematici i dati devono essere espressi in forma numerica. Questo, ovviamente, non è il caso della ricerca qualitativa. I dati qualitativi non sono necessariamente o solitamente numerici, e quindi non possono essere analizzati utilizzando metodi come, ad esempio, la statistica. Anche dal punto di vista dello storico della scienza, esistono diversi tipi di ricerca quantitativa, che possono essere classificate come: 1) ricerca per sondaggio, 2) ricerca correlazionale, 3) ricerca sperimentale e 4) ricerca causale-comparativa. Ciascuna di queste ha caratteristiche peculiari. Prendiamo la ricerca per sondaggio, che è utilizzata in sociologia, anche se il sociologo non compie esclusivamente sondaggi ma tende alla ricerca empirica. La ricerca per sondaggio adopera un campionamento scientifico e la progettazione di un questionario per misurare le caratteristiche della popolazione con precisione statistica. Cerca di fornire risposte a domande come: quante persone si sentono in un certo modo? Quanto spesso hanno un determinato comportamento? La ricerca permette al management di una industria di fare confronti tra gruppi; fornisce stime da un campione che possono essere rapportate all'intera popolazione con un certo grado di certezza (ad esempio, il 55% della popolazione +/- 3% risponderà alla domanda in questo modo il 95% delle volte). La ricerca per sondaggio richiede quindi che gli intervistati siano campionati in modo casuale; ciò significa che ogni persona della popolazione ha una probabilità nota di essere campionata. Esistono in merito tecniche definite, come la selezione casuale delle cifre e le procedure di campionamento per garantire un campione scientifico. Nello sviluppo di un sondaggio, di solito si lavora anche con uno statistico per costruire un piano di campionamento valido e un ricercatore per sviluppare uno strumento di indagine definendo sempre meglio gli obiettivi di ricerca nonché un servizio di assistenza sul campo che sia in grado di condurre progetti di interviste su larga scala. È importante lavorare con esperti perché la qualità dell'indagine può essere influenzata dallo strumento di ricerca.

Gli aspetti che abbiamo passato ora in rassegna ci pongono di fronte al quesito per cui ci domandiamo se i rappresentanti ufficiali del rapporto qualità-quantità posseggano o meno i requisiti per qualificare una sorta di interesse epistemologico nel loro lavoro di tutti i giorni. La risposta è affermativa. Infatti sia nel caso della narrazione dei qualitativi che in quella dei quantitativi, l'espressione di una svolta a carattere scientifico è presente e rappresenta il modo in cui le espressioni della qualificazione scientifica si fanno più evidenti e manifeste[3]. In entrambi i casi, i ricercatori amano raccontare storie che svolgono ruoli epistemologici fondamentali. Anche se la narrazione non è solo un'attività ludica e divertente, né uno stile di comunicazione particolare e più o meno riuscito. Le storie aiutano i ricercatori a organizzare e comprendere le complesse dinamiche in cui vivono; forniscono una struttura a fatti e idee che altrimenti rimarrebbero separati; codificano una forma di conoscenza facile da ricordare e che consente di agire; descrivono il mondo senza definirlo. Ora, la portata universale di questa disposizione e le conseguenze epistemiche della comprensione della realtà attraverso le storie richiedono una profonda analisi filosofica della scienza. Quella che può essere definita «conoscenza narrativa» sembra coinvolgere fatti ed eventi, ma anche agenti e motivazioni, basandosi su prove empiriche ma anche su ipotesi di fondo e credenze personali. È una conoscenza partecipativa, interpretativa, situata, legata a particolari punti di vista e, per queste ragioni, il suo contenuto epistemico è vicino all'individuo e saliente dal punto di vista cognitivo ed emotivo. Le caratteristiche epistemologiche che declinano le differenze tra conoscenza narrativa e conoscenza filosofica scientifica offrono tutta una serie di potenzialità della conoscenza narrativa nell'affrontare sfide globali, favorendo la conoscenza storica, come nel caso delle storie orali.

Proprio in rapporto a tutto ciò, andrebbe dichiarato che nelle varie realtà accademiche le pretese degli storici della sociologia sono molto minori rispetto a quelle vantate ultimamente dagli storici della scienza[4]. Ne è esempio la ricca carrellata di studi descrittivi che circondano la sociologia nelle università, l'incremento della manuali-

---

[3] Cfr. John Howard jr, *The Narrative Epistemology in the Social Science*, Blackwell Pub, 2016, III, p. 123 e sg.

[4] Cfr. James Poskett, *Horizont. A Global History of Science*, London, Penguin Books Ltd, 2022 trad. it. *Orizzonti. Una storia globale della scienza*, Torino, Einaudi, 2022, p. 416 e sg.

stica qualitativa e la comparsa di raccolte di studi, articoli e scritti nei quali si tenta di ripercorrere le vicende salienti di una scienza moderna tra i contemporanei, utili sforzi per comprendere lo sviluppo di una disciplina, anche senza avere di mira presupposti che riguardano da vicino la storia delle materie scientifiche. Come è ormai abbastanza chiaro, per perseguire tali obiettivi, i lavori dovrebbero vertere sulla scoperta di nessi logico-metodologici nelle tante istanze di fondazione, cioè essere praticati in ambito epistemologico così da raccogliere i frutti di un preciso interesse mostrato per la storia della scienza. Chi oggi discute in termini epistemologici in un campo di ricerche deve essere disposto ad accettare che molte voci provengano da tutte le parti, anche all'interno di ambiti che prima risultavano essere scollegati tra loro[5]. Peraltro, nell'ambito dell'indagine narrativa, proprio l'esperienza di questi ultimi è vista in modo narrativo e richiede delle serie considerazioni sul sapere e sull'essere relazionale, sull'attenzione all'arte dell'esperienza e sulla sensibilità alle storie che si sovrappongono e che uniscono le persone nei rapporti di ricerca. Lavorando all'interno dello spazio relazionale dell'indagine narrativa con le dimensioni della temporalità, della socialità e del luogo, i ricercatori si occupano di vivere, raccontare e rivivere le storie dell'esperienza stessa. I ricercatori, interpretando il concetto di indagine narrativa in modi diversi, lo hanno adottato e adattato per descrivere la propria metodologia. L'epistemologia, da parte sua, orienta costantemente le scelte metodologiche e, per sua natura, si configura come assiologica. La metodologia forma ed è plasmata dagli obiettivi della ricerca, dalle domande e dal disegno dello studio. I sociologi utilizzano peraltro la modalità narrativa per analizzare le relazioni tra capitale e stato e l'interconnessione tra agenzie umane, struttura sociale e temporalità in modo da fare evidenziare i processi che stanno a monte. Scopriamo che questa nuova ricerca sta utilizzando la narrazione per generare nuovi significati di causalità e per ridefinire il ruolo della teoria e della ricerca[6].

1.2

L'epistemologia di Raymond Boudon riassume in parte alcune delle preoccupazioni che si sono mostrate appena sopra riguardo alla scelta narrativa, soprattutto in rapporto alle possibilità di visionare la sociologia attraverso la storia epistemologica di assunti principali come quelli racchiusi nei meccanismi causali basati su modelli di strategia e nel rapporto razionalità cognitiva/valori. A riguardo, va detto che proprio in questi casi Boudon è stato capace di mostrare lo stesso spirito critico che lo condusse negli Stati Uniti alla Columbia University dove, per un breve periodo, lavorò con Paul Felix Lazarsfeld (1901-1976), che già conosceva grazie alla pubblicazione di *The Language of Social Research* (1955). Da quel momento in poi analisi di regressione, l'analisi

[5] Cfr. John R. Hall, *Epistemology and Sociohistorical Inquiry*, «Annual Review of Sociology», 1990, Vol. 16, p. 330 e sg.

[6] Cfr. Kevin Fox Gotham e William G. Staples, *Narrative Analysis and the New Historical Sociology*, «The Sociological Quarterly», Summer, Vol. 37, No. 3, 1996, pp. 481-501 (traduzione mia).

secondaria e l'analisi del testo entrarono a far parte della sua formazione accademica e professionale e continuarono ad essere una caratteristica permanente del suo lavoro di metodologo. Peraltro, come è stato più di recente notato, Raymond Boudon è stato uno dei primi sociologi della sua generazione a trattare l'opposizione tra comprensione e spiegazione come una disputa metodologica spuria. Ha esplorato la questione della comprensione dal punto di vista dell'individualismo metodologico. Il suo pensiero si baserebbe quindi su tre postulati interdipendenti – individualismo, comprensione e razionalità – che insieme costituiscono la base di un costrutto teorico-epistemologico volto a conferire alla sociologia lo status di scienza. Tra questi tre elementi, la comprensione sarebbe il più difficile da trattare. Essa si basa su una possibile generalizzazione che permette di superare le distanze sociali, storiche e culturali. In sostanza, questa presuppone l'esistenza di invarianti del comportamento umano che ci permettono di comprendere le motivazioni dell'attore attraverso la proiezione di ragioni per agire, che rimangono valide in qualsiasi periodo o cultura[7]. In rapporto a ciò ci si propone di allestire una sofisticata teoria della razionalità che induce a spiegare l'azione ponendola in connessione causale con le sue implicazioni e disposizioni varie.

Già nel vecchio libro *La logique du social* (1979) Boudon non affronta temi di storia della sociologia né quelli di fondazione della disciplina ma intenta un esame dei problemi epistemologici della sociologia che ineriscono alla sua obiettività, discutendo il postulato della comprensione che viene allontanato dal soggettivismo il quale implicherebbe a sua volta l'impossibilità di ricostruire le intenzioni degli attori. Scriveva Boudon: «Col pretesto di rendere la sociologia scientificamente rispettabile, alcuni sociologi hanno creduto di dover cancellare o minimizzare la dimensione interpretativa della ricerca sociologica. Sembra che nel nome dell'*ermeneutica* e del rifiuto cavilloso del "positivismo", altri sociologi si ritengano dispensati, qualche volta, dal controllare le loro informazioni, dal verificare le loro interpretazioni, e, più in generale, dal seguire i canoni del metodo scientifico»[8]. In ambedue i casi, il permanere di aporie non fa sì che gli scienziati sociali possano ritenere che l'arte della interpretazione li liberi dall'osservare le regole della scienza. Il problema è quello del minimizzare le contaminazioni del soggettivismo in chiave epistemologica e tutta una serie di conseguenze che attorniano il lavoro del sociologo. La pretesa opposizione tra sociologia quantitativa e sociologia qualitativa, o tra sociologia quantitativa e sociologia «comprensiva» (o interpretativa) sarebbe quasi priva di senso, anche alla luce del fatto che dati statistici e tecniche interpretative risulterebbero essere complementari e più che in contrasto fra loro. Di fatto, il ricercatore sociale che si pone dinanzi a svariati fenomeni dispone sempre di un certo margine di libertà per quello che concerne il livello di generalità o di particolarità entro cui situarsi, là dove, ad esempio, sociologi e storici occuperebbero posizioni distinte ma concordanti di questo stesso continuum. Si vorrebbe anche dimostrare in modo pacifico che la sociologia, come la storia, implica problemi epi-

---

7 Cfr. Jacques Coenen-Hunter, *Raymond Boudon and sociological understanding*, in «Revue européenne des sciences sociales», Volume 57-1, Issue, 2019, pp. 156-167.

8 Raymond Boudon, *La logique du social*, Paris, Librairie Hachette, 1979 trad it. *La logica del sociale*, Milano, Mondadori, 1980, VIII, cit. pp. 202-203. Per una ripresa e discussione epistemologica del positivismo si v. in *Les sens des valeurs*, Paris, Presses Universitaires de France, 1999, trad. It. *Il senso dei valori*, Bologna, il Mulino, 2000, VII, p. 230 e sg.

stemologici essendo essenzialmente una scienza del particolare, e più esattamente una disciplina la cui «vocazione latente è di individuare strutture generali a partire dall'analisi di fenomeni particolari»[9]. Discutere della comprensione farebbe quindi fede ai temi appena illustrati, anche in termini di chiarificazione del campo della spiegazione alla quale il sociologo scientifico non si sottrae.

Una sequela di questioni porta Boudon a sviluppare un'idea di storia epistemologica della comprensione, la quale può denotare un *milieu* senza principi di stati, processi, capacità e obiettivi che sono solo occasionalmente presenti quando soprattutto i filosofi e la gente comune applicano il termine o il concetto. Un discorso del genere si qualifica anche di fronte ad una rivalutazione della teoria che si esplica in sociologia per evidenziare certe tematiche che ineriscono l'epistemologia stessa. A riguardo, farebbe fede l'attestazione ormai remota per cui «il problema epistemologico principale non risiede tanto nel raggio d'azione di molte teorie sociologiche, quanto nella loro struttura logica»[10]. Invece, un resoconto unificato della comprensione potrebbe essere utile, ma la comprensione non è una categoria dotata di una natura intrinseca né può essere definita attraverso un insieme fisso di condizioni necessarie e sufficienti. L'unità che troviamo nella comprensione non proviene dal coinvolgimento di meccanismi comuni a casi diversi, ma piuttosto da attività cognitive disordinate nell'obiettivo comune di perseguire una sorta di verità anche in sociologia. Boudon considera inizialmente la questione per cui gli studiosi non sono d'accordo sul fatto che la comprensione richieda la verità, se sia riducibile alla conoscenza, se sia compatibile con la fortuna, se sia proposizionale o non proposizionale e se richieda di essere affermata o meno. Un approccio più proficuo, quindi, sarebbe quello di trattare la comprensione non come un qualcosa di unificato o monolitico, ma piuttosto di espandere i sensi di «comprensione» per includere una varietà di tipi. Molte analisi esistenti ai tempi di Boudon hanno evidenziato che è ormai comune distinguere tra comprensione del perché, del come, del e del che. Questo può rendere l'indagine sulla natura e sul valore della comprensione più praticabile. Invece di cercare di trovare un consenso sulla natura della comprensione di per sé, potrebbe essere meglio chiedersi in sociologia quali tipi di comprensione possono essere evidenziati a partire da una analisi del sociale. Inoltre, distinguendo queste varietà di comprensione, possiamo apprezzare meglio la natura e il valore di questa (o di queste) conquiste intellettuali. Per esempio, è possibile che alcune forme di comprensione siano più facilmente riducibili alla conoscenza rispetto ad altre. Qualcuno sostiene che la comprensione esplicativa sia una forma di conoscenza proposizionale, ma ciò è compatibile con l'affermazione che altre forme di comprensione non sono riducibili alla conoscenza. Inoltre, è possibile che alcune forme di comprensione abbiano maggiori probabilità di essere fattive, immuni alla fortuna e così via, rispetto ad altre. Distinguere i vari tipi di comprensione ci consentirà di vedere quali caratteristiche hanno in comune e cosa, eventualmente, li rende diversi.

---

9 Raymond Boudon, *La logica del sociale*, Op. cit., V, cit. p. 117.

10 Raymond Boudon, *On the Underlying Epistemology of Some Sociological Theories and on Its Scientific Consequences*, in «Synthese», vol. 24, N. 3/4 *On the Methodological Situation in Sociology and Other Social Sciences*, Sept-Oct. 1972, cit. p. 410.

I lavori razionali di Boudon sull'epistemologia hanno fatto luce anche sulla natura, il valore e le varietà della comprensione. Tuttavia, diversi argomenti richiedono ulteriori ricerche che possiamo indicare in questa sede come ricerche di storia epistemologica. In primo luogo, possiamo ragionevolmente chiederci cosa abbiano in comune. C'è un modo per trovare una certa unità in questa diversità? In secondo luogo, qual è il confine tra la comprensione e altri stati epistemici, come la conoscenza, l'immaginazione e la saggezza? Questa domanda è immediatamente collegata a una terza questione, vale a dire, il valore epistemico sul quale Boudon insiste particolarmente per la sociologia. Alcuni tipi di comprensione hanno più valore di altri? Hanno valore strumentalmente o intrinsecamente? Il valore della comprensione supera quello della conoscenza? Inoltre va detto che la comprensione si pone come l'obiettivo della scienza. E a riguardo ci si può chiedere, sempre con Boudon, se la comprensione sia (o debba essere) l'obiettivo di alcune indagini e non di altre. Tutto ciò significa che il sociologo francese abbia iniziato a rivolgere maggiore attenzione allo stato o agli stati epistemici della comprensione, ponendosi domande sulla sua natura, sul suo rapporto con la conoscenza, sulla connessione con la spiegazione e sul suo potenziale status di tipo speciale di risultato cognitivo. Egli annovera tra i suoi risultati l'esame della intuizione comune e plausibile che la comprensione possa avere un valore epistemico almeno pari a quello della conoscenza, se non superiore, e che richieda una maggiore sofisticazione intellettuale rispetto ad altri stati epistemici strettamente correlati. Ad esempio, è semplice immaginare una persona che possiede molte conoscenze ma dimostra poca comprensione, come nel caso di uno studente che memorizza un elenco di fatti da un libro di testo senza coglierne il significato profondo. Al contrario, risulta molto più difficile concepire qualcuno che dimostri una profonda comprensione di molti concetti pur avendo pochissime conoscenze di base. Per Boudon è controverso quali questioni epistemologiche riguardanti la comprensione debbano essere centrali o primarie, dato che la comprensione è una novità relativa nella letteratura epistemologica tradizionale.

Ciò detto, il sociologo francese tenta comunque di delineare una selezione di argomenti che hanno generato un enorme numero di discussioni, evidenziando in ciascun caso il problema e alcune delle posizioni disponibili. A tal fine, egli offre una panoramica dei diversi tipi di comprensione discussi nella letteratura, esplorando in parte la connessione tra comprensione e verità, con l'obiettivo di valutare in virtù di cosa la comprensione possa essere difesa come «fattuale». Di seguito si chiede se le caratterizzazioni della comprensione che si concentrano sulla spiegazione forniscano un'alternativa migliore alle opinioni che capitalizzano l'idea di manipolare le rappresentazioni, dando anche la dovuta considerazione alle opinioni che sembrano stare al di fuori di questa divisione. Esamina anche la relazione tra la comprensione e i tipi di fortuna epistemica che si ritiene possano minare la conoscenza. Infine, si interroga su cosa potrebbe spiegare il valore della comprensione; ad esempio, diversi epistemologi hanno avanzato proposte che si concentrano sulla trasparenza, su tipi distintivi di raggiungimento della conoscenza e su altri aspetti di quest'ultima. Ad esempio, e in modo problematico per qualsiasi resoconto della comprensione oggettuale che allenti il vincolo della fattività, le persone spesso ritrattano le precedenti attribuzioni di comprensione. Si consideri uno studente che dice: «Credevo di aver capito questa materia, ma il mio recente voto suggerisce che, dopo tutto, non la capisco affatto». Queste ritrattazioni non sembrano avere senso nella visione debole di Boudon. Inoltre, la stessa visione debole lascia aperta la possibilità che due agenti possano ritenere di comprendere ugualmente bene una materia nonostante il fatto che, per ogni credenza rilevante che uno dei due ha, l'altro agente mantenga la sua negazione. In altre parole, ciascuno nega le rispettive credenze dell'altro sull'argomento, eppure la visione debole permette in linea di principio che essi possano comunque comprendere l'argomento allo stesso modo. Inoltre, i resoconti della fattività debole accolgono la possibilità che le illusioni internamente coerenti, cognitivamente scollegate dagli eventi reali, possano comunque produrre una comprensione di tali eventi. Tuttavia, considerare costruzioni debolmente fattive della comprensione oggettiva richiama per l'autore l'attenzione su un punto importante: esistono anche stati epistemici interessanti nelle vicinanze della comprensione in sociologia. Questi stati simili condividono alcune delle caratteristiche che tipicamente riteniamo necessarie per la comprensione, ma non sono una vera e propria comprensione proprio perché non è soddisfatta una condizione di verosimiglianza. Un buon esempio è quello che autori moderni chiamano «intelligibilità», un cugino stretto della comprensione che implica anche la comprensione dell'ordine, del modello e della connessione, ma non sembra richiedere una connessione sostanziale con la verità[11]. Altri autori che si interessano di filosofia della scienza la chiamano «comprensione soggettiva»[12]. A suo modo, Boudon descrive nei suoi scritti la comprensione soggettiva come una semplice comprensione di come specifiche proposizioni si collegano tra loro, che non dipende dalla loro verità ma piuttosto dal fatto che formano un quadro coerente[13]. Poiché ciò che gli autori più moderni tra i contemporanei[14] chiamano comprensione soggettiva è, per stipulazione, essenzialmente non fattuale, la questione della fattualità della comprensione soggettiva semplicemente non si pone anche se, alla luce di questo fatto, non è ovvio che «comprensione» sia il termine appropriato per questo stato. Consideriamo un'analogia: una falsa credenza può essere soggettivamente indistinguibile dalla conoscenza. Per comodità, potremmo usare il termine onorifico di «conoscenza soggettiva» per la falsa credenza, anche se così facendo non stiamo più parlando di conoscenza nel senso che interessa agli epistemologi, né di conoscenza in senso stretto.

L'autore a riguardo non è molto chiaro, legando il discorso all'individualismo metodologico, che nel corso degli anni ha subito molte rivalutazioni, fino a quando non è stato difeso in chiave epistemologica tramite la ripresa del concetto di razionalità e di scelta razionale che esamineremo a breve. Per comodità, riportiamo una definizione abbastanza recente, per cui scrive Boudon che:

> La théorie du choix rationnel (tcr) étant une variante de l'«individualisme méthodologique» (im), on précisera d'abord la signification de cette notion. Elle désigne un paradigme, c'est-

---

[11] Cfr. Wayne Riggs, *Why Epistemologists Are So Down on Their Luck*, in «Synthese», 158 (3) (2007), pp. 331-340.

[12] Cfr. Stephen R. Grimm, *Is Understanding a Species of Knowledge?* in «British Journal for the Philosophy of Science», 57, 2006, pp. 515-535.

[13] Cfr. Derrek Resnick, *Epistemology and Sociology in Value*, New York, NP, 2016, p. 77.

[14] Cfr. Linda Zagzebski, *On Epistemology*, CA, Wadsworth, 2009, I; v. Dennis Whitcomb, *Epistemic Value* in Andrew Cullison (ed.), *The Continuum Companion to Epistemology*, London, Continuum, 2012, II.

> à-dire une conception d'ensemble des sciences sociales, qui se définit par trois postulats. Le premier pose que tout phénomène social résulte de la combinaison d'actions, de croyances ou d'attitudes individuelles (P1: postulat de l'individualisme). Il s'ensuit qu'un moment essentiel de toute analyse sociologique consiste à «comprendre» le pourquoi des actions, des croyances ou des attitudes individuelles responsables du phénomène qu'on cherche à expliquer. Selon le second postulat, «comprendre» les actions, croyances et attitudes de l'acteur individuel, c'est en reconstruire le sens qu'elles ont pour lui, ce qui — en principe du moins — est toujours possible (P2: postulat de la compréhension). Quant au troisième postulat, il pose que l'acteur adhère à une croyance, ou entreprend une action parce qu'elle a du sens pour lui, en d'autres termes que la cause principale des actions, croyances, etc. du sujet réside dans le sens qu'il leur donne, plus précisément dans les raisons qu'il a de les adopter (P3: postulat de la rationalité)[15].

Come si nota, i termini della comprensione rientrano sempre nell'analisi dell'azione, dove è possibile una ricostruzione della sua direzione e in rapporto all'individuo. La scelta razionale è una fase successiva al sorgere di relazioni epistemologiche con le finalità dell'azione sociale, in modo da generare nuovi punti di approdo dell'analisi sociologica. A riguardo, esistono degli esponenti che hanno prospettive diverse in merito alla visione della razionalità. Da un lato, ci sono coloro che allentano i presupposti riconoscendo nell'individuo una razionalità non più assoluta ma relativa e limitata. I principali rappresentanti di questa tendenza sono Herbert Alexander Simon (1916-2001), James Gardner March (1928-2018), Albert Otto Hirschmann (1915-2012) e Michel Crozier (1922-2013). Dall'altro, ci sono quelli che propongono come un'altra variante della rottura con la perfetta razionalità considerando la capacità limitata di informazione, decisione e simulazione dell'individuo che è legato alla posizione che occupa rispetto alle altre persone. Si parla allora di «individualismo metodologico» contestualizzato. I principali rappresentanti di questa tendenza sono François Bourricaud (1922-1991) e appunto Raymond Boudon.

Seguendolo in una spiegazione più recente è possibile riassumere il suo punto di vista, attestando che una teoria generale della razionalità è quella che accetta sostanzialmente che la razionalità possa assumere tre forme: utilitaristica, cognitiva e assiologica. Poiché nella maggior parte dei casi il comportamento si basa su credenze che devono essere spiegate, e la teoria propone di spiegarle con delle ragioni, possiamo anche parlare di una teoria cognitivista della razionalità e chiamare la sociologia basata su questa teoria sociologia cognitiva. La teoria generale della razionalità implica quindi che le ragioni cognitive sono alla base non solo delle rappresentazioni del mondo che gli attori sociali si danno, ma anche delle loro credenze e sentimenti prescrittivi e generalmente assiologici. In altre parole, in tutti i casi di interesse per le scienze sociali, le azioni individuali possono essere ritenute comprensibili, almeno in linea di principio, perché ispirate da ragioni. Ma queste ragioni possono essere di diverso tipo. L'azione può basarsi su credenze banali o non banali. Le credenze normative possono essere o meno basate su ragioni strumentali. In tutti i casi, l'azione deve essere spiegata dal suo significato per l'attore. In altre parole, si presume che l'azione sia basata nella mente dell'individuo su un sistema di ragioni che egli percepisce come valide. In sostanza, le ragioni

---

[15] Raymond Boudon, *Théorie du choix rationnel ou individualisme méthodologique*, in «Sociologie et sociétés», Volume 34, numéro 1, printemps 2002, cit. p. 9.

che l'attore si dà sono generalmente le cause delle sue azioni e delle sue convinzioni[16]. La teoria generale della razionalità è anche, in molti casi, un quadro efficace per spiegare i fini dell'azione sociale. Come sottolineano autori moderni, la teoria utilitaristica spiega facilmente perché una persona che, ad esempio, sente di avere un talento per il pianoforte prova sempre più piacere nel farlo, e alla fine decide di provare a farne una professione. In altri casi, i fini si basano su credenze rappresentative e/o assiologiche che possono essere spiegate nel quadro della teoria generale della razionalità. Se sono convinto che un particolare candidato alle elezioni nazionali sia migliore di un altro, voterò per lui o per lei, accettando di rinunciare a un viaggio con gli amici che non vedevo l'ora di fare. Ma so che il mio voto non ha alcuna possibilità di fare la differenza. Perché questo sacrificio? Perché credo nella democrazia e ho buone ragioni per farlo[17].

Boudon spiega meglio i termini attraverso i quali intende qualificare una indagine razionale ricorrendo, come è suo solito, all'analisi tocquevilliana[18] e durkhemiana, là dove la stessa nozione di razionalità cognitiva può essere formalizzata. Dato un sistema di argomentazioni {S} che spiega un fenomeno P, cioè {S} → P, è cognitivamente razionale considerare {S} come una spiegazione valida di P se 1) tutte le componenti di {S} sono accettabili e compatibili tra loro e se 2) nessuna spiegazione alternativa {S} è disponibile e preferibile a {S}. Da questa definizione non deriva ovviamente che la razionalità cognitiva sia in grado di decidere in tutti i casi tra due teorie: ci sono ovviamente anche casi in cui è impossibile trovare un sistema di argomentazioni dominante. Questo è vero per la conoscenza scientifica come per la conoscenza ordinaria. Ma entrambe hanno uno scopo, e in questo senso obbediscono al principio della razionalità cognitiva: cercare di individuare un sistema di argomentazioni che domini i sistemi concorrenti disponibili. Nel caso dell'approccio tocquevilliano, la concezione utilitaristica della razionalità si mostrerebbe in tutta la sua funzione esplicativa. La teoria utilitaristica è quindi strumentale: vede il comportamento come indotto dagli effetti che produce. Ma la razionalità dello scienziato che preferisce una teoria scientifica a un'altra e ha ragioni per giudicarla non è strumentale. Egli non preferisce la prima perché questa scelta avrebbe effetti favorevoli per lui, ma perché ha ragioni per ritenerla più plausibile dell'altra. I sostenitori della teoria utilitaristica della razionalità hanno cercato di ridurre la razionalità cognitiva alla razionalità utilitaristica. Per ciò che concerne la razionalità di tipo durkhemiano, andrebbe notata l'efficacia dell'epistemologia delle credenze religiose, che solleva la questione della razionalità delle credenze e che può essere messa in discussione introducendo elementi delle scienze sociali delle religioni e viceversa. Essa conduce in particolare alla composizione di una storia epistemologica che ci guida alla enunciazione di una riflessione scientifica in grado sempre di mostrare il corso del sapere. Un modello epistemologico sottolinea di sicuro che le credenze possono essere garantite senza un esame riflessivo da

---

[16] Cfr. Raymond Boudon, *Essais sur la Théorie générale de la rationalité. Action sociale et sens commun*, Paris, Presses Universitaires de France, 2007. II.

[17] Cfr. Gary Becker, *Accounting for Tastes*, Cambridge, Harvard University Press, 1996, II.

[18] Cfr. Christofer Edling & Peter Hedström, *Tocqueville and Analytical Sociology* in Mohamed Cherkaoui and Peter Hamilton, *Raymond Boudon a Life in Sociology. Essays in Honour of Raymond Boudon*, Oxford, Bardwell Press, 2009, Vol. I, Part I. V. anche Raymond Boudon, *Tocqueville aujourd'hui*, Paris, Odile Jacob, 2005, I, trad. it. *Tocqueville oggi*, Soveria Mannelli, Rubbettino, 2007.

parte del credente. Ma in un contesto pluralistico in cui si discute di una particolare credenza, il requisito critico dell'esame è una condizione necessaria della razionalità. In tutto questo, l'epistemologia ritrova alcuni aspetti della sociologia della critica nella sua comprensione dei modi di credere. Tuttavia, l'epistemologia stessa va oltre l'approccio della sociologia pragmatica perché non rinuncia a valutare la razionalità delle credenze religiose valutando gli argomenti pro e contro. L'epistemologia delle credenze religiose le analizza chiedendosi se possano essere razionali, in quali circostanze e a quali condizioni. Ciò presuppone una certa descrizione delle credenze religiose prima di qualsiasi forma di valutazione. A questo doppio livello descrittivo e valutativo deve intervenire il confronto con le scienze sociali delle religioni. L'epistemologia delle credenze religiose studia quindi le credenze globalmente proposizionali, credenze che hanno una particolare forma e che istigano particolari forme di razionalità. Naturalmente, questo non significa che esaurisca la natura delle credenze religiose e delle pratiche che le accompagnano. Si tratta di una procedura euristica utilizzata dal grande sociologo francese per facilitare l'analisi della supposta razionalità. Si dovrebbe mostrare di seguito come l'epistemologia delle credenze religiose sollevi la questione della razionalità delle credenze e allo stesso tempo introduca elementi delle scienze sociali della religione che mettono in discussione alcune affermazioni filosofiche. Al contrario, alcune affermazioni delle scienze sociali possono essere discusse non dal punto di vista trascendente di un filosofo docente, ma perché la discussione sulla razionalità delle credenze mira anche a descrivere un aspetto di tali credenze: la loro razionalità intesa come relazione con la possibile verità o la loro irrazionalità intesa come illegittimità rispetto alla pretesa di verità. Il modello più rilevante sottolinea che le credenze possono essere garantite senza un esame riflessivo, anche se in un contesto pluralistico il requisito critico riflessivo è una condizione necessaria della razionalità.

L'indirizzo di studi sulla razionalità implica fin dall'origine una attenzione particolare rivolta alle procedure che attendono all'individuazione di percorsi privilegiati nei quali la sociologia si esalta come disciplina a discapito di altre branche del sapere. Trovare un ordine nell'esame della razionalità significa anche confermare un interesse epistemologico di fondo in grado di qualificare la storia delle materie scientifiche in rapporto alla loro posizione all'interno di un percorso stabilito che non fa a meno dei dettagli – per cui la conoscenza viene ad essere scelta – e a giustificarsi come zona privilegiata d'indagine. La razionalità si mostra anche su un territorio occupato dai filosofi della scienza nonché dagli specialisti del sapere, ma rimaniamo fedeli alla sociologia. Per Boudon risulta rilevante a proposito l'ambito prasseologico seguito da quello cognitivo. Per specificare la prima area di interessi, si mostrerà come:

> La teoria dei giochi, la teoria sociologica e la teoria politica convergono dunque verso una proposizione epistemologica fondamentale: non può esistere una definizione *generale* della nozione di razionalità. In una situazione, è più «razionale» cercare di minimizzare le perdite eventuali che non massimizzare gli eventuali guadagni, in un'altra è invece più razionale cercare di massimizzare i guadagni. In una certa situazione, un'azione prudente e graduale porterà a conseguenze positive. In un'altra, avvierà un processo di degradazione che può rivelarsi irreversibile […][19].

[19] Raymond Boudon, François Bourricaud, *Dictionnaire critique de la sociologie*, Presses Universitairies

Alla relatività del concetto farebbe capo anche la specificazione delle caratteristiche implicite degli attori coinvolti nell'azione, là dove l'interpretazione del comportamento può essere osservata in rapporto alla medesima situazione cui lo stesso fa riferimento. L'accezione cognitiva farebbe quindi capo alla teoria sociologica dell'azione. «Una credenza, un mito, una "teoria" rappresentano sempre interpretazioni sviluppate o, secondo i casi, accettate dagli attori sociali in funzione della loro situazione così come essi la percepiscono e la interpretano [...] Ne consegue che miti e credenze devono essere concepiti come risposte adattate (quindi fondamentalmente *razionali*) a situazioni di struttura variabile»[20]. Per Boudon, è chiaro sin dall'inizio che: «[...] spiegare un fenomeno sociale significa in ogni caso ricondurlo, che questo fenomeno prenda, per esempio, la forma di un *evento*, un *dato singolare*, di una *distribuzione* o di una *regolarità statistica* o qualsiasi altra forma, alle azioni individuali elementari che lo compongono»[21].

Nonostante risalga ai tentativi di studio della logica del comportamento umano, la razionalità può essere trattata in rapporto a cause efficienti e finali, intendendo le prime come espressione di tendenze culturali, biologiche e psicologiche, almeno dal versante dell'interesse mostrato dalle scienze sociali. Su questo ci si è riproposti di riflettere abbastanza. Di fatto, la razionalità può essere debitrice allo stesso modo della teoria dei giochi, della teoria della decisione individuale, della scienza economica e della psicologia cognitiva. Il tutto condensato nella condizione d'insieme delle scienze sociali che si definisce attraverso tre postulati: il primo quello dell'individualismo; il secondo, il postulato della comprensione; e, infine, quello, appunto, della razionalità. Importante sarebbe come sempre la teoria della scelta razionale, efficace per un certo numero di fenomeni e nonostante i paradossi che questa implica. Per questo Boudon indica tre classi di fenomeni che rappresentano le cause di insuccesso della teoria, per cui vanno valutati i fenomeni in cui il comportamento degli individui si appoggia su delle credenze di rappresentazione non banali; vanno ripresi in un secondo momento i fenomeni caratterizzati da comportamenti degli stessi individui che si appoggiano su delle credenze prescrittive non derivanti da conseguenze di sorta; e, infine, vanno considerati quei fenomeni che mettono in atto dei comportamenti individuali dei quali sarebbe contrario al buon senso supporre che possano essere stati dettati da una predisposizione all'egoismo[22]. Tali considerazioni valgono ovviamente per il tempo presente, senza escludere una sorta di storicità del concetto che può essere riproposta in termini di collocazione temporale, stabilendo delle connessioni con le attività teoriche del passato e rinnovandole a ogni modo nell'attualità. Il tutto suscita un grande interesse per il seguito di una prospettiva epistemologica che può essere incentrata sullo sviluppo del concetto di razionalità, così come questo si presenta di fronte agli scienziati sociali. Peraltro, tutto ciò introduce approcci concettualmente distinti alla model-

de France, Paris, 1982, 1986 trad it. *Dizionario critico di Sociologia*, Roma, Armando, 1991, voce: «Razionalità», cit. p. 389.

[20] Raymond Boudon, François Bourricaud, *Dizionario critico di Sociologia*, Op. cit., cit. p. 391.

[21] Raymond Boudon, François Bourricaud, *Dizionario critico di Sociologia*, Op. cit., cit. voce: «Azione», cit. p. 37.

[22] Cfr. Raymond Boudon, *La rationalité*, Paris, Presses Universitaires de France, 2009, I, II trad. it. *La razionalità*, Brescia, Morcelliana Scholé, 2021, p. 63 e sg.

lazione delle ipotesi di razionalità di tipo standard, là dove certe caratteristiche comportamentali, generalmente ispirate a fatti stilizzati della psicologia o a esperimenti di economia, sono assegnate agli attori. In generale, lo scopo di studi come questi per l'epistemologo non è tanto quello di indagare le possibili origini di certe deviazioni dal comportamento di scelta razionale, come farebbe Boudon oggi, ma piuttosto di dedurre le potenziali conseguenze di tali deviazioni per i fenomeni economici o politici di particolare interesse. Ad esempio, autori vari sviluppano un modello in cui ipotizzano che i giocatori mostrino un particolare tipo di conferma e studiano le implicazioni a lungo termine di quest'ultima per l'aggregazione delle informazioni; altri autori sviluppano un modello in cui si ipotizza che gli agenti mostrino una violazione dell'introspezione negativa ed esaminano le implicazioni per le dinamiche della deliberazione; altri ipotizzano che, ad esempio, gli elettori siano suscettibili di adescamento etnico da parte della retorica dei politici ed esaminano le implicazioni di tale suscettibilità per vari aspetti della competizione politica, come le piattaforme politiche che possono essere scelte dai candidati in equilibrio elettorale. Un nuovo approccio proposto, invece, prevede che le caratteristiche comportamentali emergano per via endogena dalla struttura strategica della situazione in cui si trovano gli attori. Così come i modelli che assumono come primitivi il comportamento o le caratteristiche del gruppo sono spesso suscettibili di accuse di arbitrarietà o indisciplina, anche le deviazioni individuali dal comportamento razionale sono state tradizionalmente considerate con analoghi sospetti. Poiché in questo caso viene mantenuto il quadro di equilibrio e l'aggiornamento delle credenze è considerato endogeno, viene mantenuto un alto grado di disciplina: gli attori possono formare le credenze solo in modi coerenti con un profilo di equilibrio. Inoltre, il fatto che le previsioni del modello riguardino esiti di equilibrio garantisce automaticamente che i modi in cui gli attori formano le credenze in conformità a tali previsioni siano automaticamente credibili.

A tutto ciò Raymond Boudon sembrerebbe essere arrivato tramite i suoi studi «di periodo», i quali iniziano con una discussione generale sull'epistemologia della scelta razionale, come detto, nel momento in cui si sospetta che possano esistere questioni importanti nella scienza politica per le quali la teoria della scelta razionale non è uno strumento epistemico particolarmente utile. Egli sembra sostenere inoltre che parte del problema risiede nella particolare visione dell'individualismo metodologico che è insito nell'uso delle ipotesi classiche di scelta razionale nei modelli di teoria dei giochi. Un approccio alternativo che possa rendere endogeno il modo in cui le persone formano le credenze viene quindi proposto come potenziale soluzione a questo problema, sia come mezzo per espandere la portata sostanziale delle teorie di ottimizzazione nella scienza politica, sia come modo per incorporare un maggiore realismo psicologico nei modelli di comportamento politico. Vengono quindi presentati e discussi nuovi modelli che consentono agli attori entro i contesti politici di formare convinzioni in modo praticamente «interno». Ciò, naturalmente, racchiude una prospettiva assai più moderna di quella sostenuta dal sociologo francese che, in tutti i casi, cercherebbe di comprendere anche i limiti della formulazione epistemica di un modello che dopo qualche tempo potrebbe risultare superato. Tutto questo sembra racchiudere il dilemma esistente tra la considerazione di razionalità epistemica e razionalità strumentale, che è stata affrontata in un'epoca più vicina alla nostra da autori che hanno inteso più precisamente che la razionalità epistemica sarebbe alla fine una specie di razionalità strumentale al servizio dei propri obiettivi cognitivi o epistemici. Anche a questo sembra che Boudon abbia pensato, soprattutto se chiamiamo un modo di intendere alla razionalità epistemica la concezione strumentale della razionalità epistemica. Oggi ci chiederemmo: cosa comporta pensare alla razionalità epistemica in questo modo e perché questa visione sarebbe di importanza filosofica se fosse vera? Qualcuno oggi sostiene che, sebbene possieda un certo fascino intuitivo e goda di una notevole popolarità sia tra gli epistemologi che tra i filosofi della scienza, la concezione strumentalista sia indifendibile, almeno dal punto di vista di casi tipici di ragionamento teorico in sociologia. Ora, va detto che la strada imboccata dalla riflessione boudoniana non porta necessariamente a queste conclusioni, anche se le vorrebbe anticipare, in un certo senso. In realtà, la sua prospettiva lambisce soltanto i lati della discussione e innesta svariate controversie che a dire la verità hanno impegnato più gli epistemologi che i sociologi rivolti allo studio dell'epistemologia. In questa direzione, una storia epistemologica potrà disegnarsi soltanto dopo aver sostenuto la reale importanza della distinzione tra razionalità epistemica e razionalità strumentale, la quale potrà delineare anche il ruolo di ciascuna di esse in casi tipici di ragionamento teorico e sociologico. È per questo motivo che la concezione strumentale della razionalità epistemica non riesce a rendere giustizia all'intersoggettività delle ragioni epistemiche. In genere, infatti, gli individui differiscono notevolmente rispetto a quali argomenti sono indifferenti e quali no. Vale a dire, gli individui differiscono notevolmente per quanto riguarda gli obiettivi cognitivi che possiedono. Tra gli obiettivi cognitivi di Boudon ci sarebbe quello di avere credenze vere piuttosto che false sulla natura della razionalità epistemica. La caratterizzazione di quest'ultima, o giustificazione epistemica, è quindi generalmente considerata come un processo di chiarificazione concettuale e viene interpretata come il nucleo della teoria della razionalità (epistemica). È essenziale che nell'esporre il concetto di razionalità si tenga conto della sua normatività e dello scopo per il quale viene proposta la teoria della razionalità. Poiché le teorie della razionalità propongono scopi diversi, il loro metodo di spiegazione lascia spazio a diverse caratterizzazioni della razionalità.

In aggiunta agli argomenti proposti farebbe riscontro il tema dei valori e soprattutto quello del valore epistemico. Per Boudon quest'ultimo è un tipo di valore posseduto dalla conoscenza e forse da altri beni epistemici come la giustificazione e la comprensione. Una formulazione del problema consiste nello spiegare perché e in che senso la conoscenza possa essere considerata come un argomento di rilievo. Un'altra versione del problema sarebbe quella di spiegare perché e in che senso la conoscenza ha più valore della semplice credenza o opinione vera. A proposito si potrebbero mettere in relazione alcune discussioni contemporanee sull'essenza del valore sociale, inclusa l'accusa secondo cui certi resoconti non possono spiegare il valore della conoscenza rispetto alla mera credenza vera. In tal caso, vengono riportati vari resoconti del valore epistemico della teoria delle virtù come possibili miglioramenti rispetto all'affidabilità del processo e viene considerato il valore epistemico della comprensione (rispetto alla conoscenza). Quest'ultimo si mostrerebbe in una definizione sociologica, la quale considera una enunciazione esplicita di ideali collettivi che condizionano il sapere.

> Sotto il nome di «valori», i sociologi classici hanno considerato molto meno il *processo di valutazione* che le *situazioni valorizzate del sistema sociale*, molto meno le *procedure di legittimazione* che non una molto ipotetica *situazione di legittimità*. Ebbene, un capovolgimento di prospettiva, di cui vediamo la fecondità, ci è suggerito non appena sostituiamo al punto di vista realista e assolutista, che per molto tempo è prevalso nell'analisi dei valori sociali, il punto di vista interazionista. Non vi è motivo di trattare i valori come Idee platoniche che, dal loro empireo, governano il mondo sottolunare delle istituzioni. La teologia della grazia secondo Calvino o Sant'Agostino non costituisce una spiegazione adeguata del funzionamento del capitalismo. I valori non sono altro che preferenze collettive che appaiono in un contesto istituzionale e che, per il modo in cui si formano, contribuiscono alla regolazione di tale contesto. Bisogna perciò chiarire, in via preliminare, la natura di queste preferenze e domandarsi in che particolare senso si può dire che esse sono *oggettive*[23].

Peraltro, il sociologo francese distingue tra valori e i semplici «gusti», preferenze irragionevoli che non hanno valore morale e non generano convinzione alcuna. Tuttavia, il modello di scelta razionale non fa alcuna differenza teorica tra le preferenze in base al loro valore morale, poiché qualsiasi classifica ben ordinata di risultati può determinare i fini dell'azione razionale. Per la verità, non è chiaro quale sia la posizione dell'autore sul ruolo dei gusti in un modello di scelta razionale positiva. Non si capisce se egli ritiene che siano insignificanti nel causare il comportamento e quindi non siano necessari da spiegare. Se sono significativi, a cosa li attribuisce? E ritiene forse che l'origine dei gusti abbia una qualche relazione sia con l'origine dei comportamenti che con l'origine dei valori?[24]

I temi trattati sollecitano anche una riflessione nel campo di studi epistemologici, là dove il concetto di conoscenza riveste un interesse particolare anche per Boudon e per l'individualismo metodologico che ne deriva. Questo fatto si riflette nella discussione sul valore epistemico, che si concentra in larga misura sul problema del valore della conoscenza. Inoltre, questa stessa discussione suggerisce che la conoscenza abbia un valore eccezionale tra le posizioni epistemiche perché il suo valore supera il valore dei suoi elementi costitutivi. Si potrà anche sostenere che il valore della conoscenza non sia eccezionale presentando le posizioni epistemiche della verifica, del trasferimento della conoscenza e della prova, i cui valori superano il valore della conoscenza in certi contesti. Inoltre, i valori di queste altre posizioni epistemiche non sempre si basano sul valore della conoscenza. In termini di valore, la conoscenza non è quindi un concetto epistemico da trattare in modo eccezionale: non possiamo trovare sostegno per la posizione privilegiata di cui gode la conoscenza in epistemologia. L'attenzione specifica rivolta alla conoscenza nell'ambito dell'epistemologia si manifesta dunque proprio nelle discussioni sul valore epistemico, che si concentrano in larga misura sui problemi di valore della conoscenza. Si possono distinguere diverse versioni di questo problema. Il principio originale per Boudon è sicuramente il problema del perché la conoscenza abbia più valore di una semplice credenza vera. Ciò si connette al tema della definizione dei valori collettivi che si è vista in precedenza. L'autore

---

[23] Raymond Boudon, François Bourricaud, *Dizionario critico di Sociologia*, Op. cit., voce: «Valori», cit. pp. 575-576.

[24] Vedi in «Contemporary Sociology», Vol. 32, No. 1 (Jan., 2003), pp. 117.

lo stipula come l'argomento del valore primario della conoscenza e lo distingue dal problema del valore secondario della conoscenza, ovvero la questione del perché la conoscenza abbia più valore di qualsiasi sottoinsieme corretto delle sue parti. Inoltre, il sociologo identifica anche un requisito di valore aggiunto della conoscenza, ossia la questione del perché la conoscenza sia qualitativamente migliore di qualsiasi posizione epistemica inferiore alla conoscenza stessa.

Di diversa origine sarebbe la specifica questione della obiettività dei valori distinti dalle attitudini.

> Un giudizio di valore non è obiettivo nel senso in cui può esserlo un enunciato logico-sperimentale. È ben vero che i valori non possono essere ridotti a delle preferenze individuali. Essi emergono infatti da discussioni, conflitti o compromessi fra una pluralità di attori e «impegnano» solidamente coloro che vi aderiscono. Non bisogna però concludere che i valori siano principi evidenti, espliciti e univoci, a partire dai quali si possano «dedurre» delle soluzioni normative particolari. Inoltre, poiché si formano in un ambiente «pluridimensionale», essi sono sempre in via di composizione. È pure vero che a ognuno corrisponde uno specifico orientamento: un valore come l'efficacia (amministrativa e politica) si distingue sia dalla produttività strettamente tecnica, sia dal rendimento finanziario o anche economico. La decisione è tuttavia un arbitrario tra questi diversi orientamenti, che non sono mai dati «allo stato puro», ma si trovano incarnati in *combinazioni* istituzionali complesse e contingenti[25].

Come si nota, ciascuno di questi temi-problemi affronta la relazione tra il valore della conoscenza e i valori delle sue parti. Si discute anche, spesso di sfuggita, del valore della verità, della credenza e della giustificazione, che di solito vengono assunti come componenti della conoscenza. In epistemologia, peraltro, vi è ampio consenso sul fatto che la credenza vera possieda un certo valore, anche se resta oggetto di dibattito se la verità e la credenza, prese singolarmente, abbiano valore in sé. Certi autori sostengono oggi che la giustificazione può avere un valore epistemico che non è meramente strumentale alla verità, concludendo che la giustificazione ha valore per se stessa. Quindi, possiamo dire che la discussione sul valore in epistemologia si concentra in primo luogo sul valore della conoscenza e poi sul valore delle parti costitutive della conoscenza come la credenza, la verità e la giustificazione e inoltre sulla relazione tra il valore della conoscenza e il valore delle sue parti costitutive comprese le preferenze collettive che si sono viste sopra. Queste discussioni, come detto, si concentrano principalmente sulla questione se il valore della conoscenza superi i valori delle sue componenti o sia equivalente ad esse. Di conseguenza, oggi come ieri, le discussioni principali sul valore in epistemologia si concentrano sul valore della conoscenza e sui valori degli stati epistemici che dovrebbero essere inferiori o al massimo uguali al valore della conoscenza. In queste discussioni, non si ritiene che esistano stati epistemici il cui valore possa superare il valore della conoscenza.

Altri tipi di dibattito scelgono un percorso alternativo nella riflessione sul problema del valore in epistemologia cui Boudon sembra fare riferimento nei suoi ultimi scritti, come vedremo tra poco. Come al solito, si risponde alla questione sollevata

---

[25] Raymond Boudon, François Bourricaud, *Dizionario critico di Sociologia*, Op. cit., voce: «Valori», cit. p. 577.

sostenendo in modo esauriente che il valore della conoscenza non supera il valore delle sue componenti. Si sottolinea inoltre che questa diagnosi non implica che la conoscenza non abbia alcun valore. Al contrario, la conoscenza ha valore, ma il suo valore semplicemente non supera i valori delle sue parti costitutive. L'autore sembra sostenere che è la comprensione, non la conoscenza, ad avere un valore distintivo. Egli sostiene che conoscere non implica comprendere, poiché può esserci conoscenza senza le caratteristiche più globali e coerenti richieste per la comprensione. Inoltre, la comprensione non implica la conoscenza, poiché la comprensione può comportare elementi di fortuna epistemica, mentre la conoscenza no. Quindi, secondo Boudon, la conoscenza non implica la comprensione e viceversa. La comprensione ha un valore genuino e irriducibile, mentre la conoscenza non ha un valore indipendente dal valore delle sue parti.

Sembra condivisibile la tesi di Boudon e di altri secondo cui la conoscenza gioca un ruolo troppo importante nell'epistemologia contemporanea e che altri fenomeni epistemici, interessanti di per sé, vengono trascurati senza una buona ragione. Si potrà sostenere anche che la conoscenza non ha alcun valore distintivo rispetto ad altri fenomeni e stati epistemici, non contestando l'affermazione per cui la conoscenza ha un valore autentico, superiore al valore di qualsiasi somma dei suoi elementi costitutivi. In questo senso, soprattutto Boudon non presenta e discute altri stati o posizioni epistemiche che hanno valore sostenendo che il loro valore intrinseco supera il valore della conoscenza. Ovviamente, resterebbe da discutere sul fatto per cui la conoscenza ha il valore più alto di tutte le posizioni epistemiche e anche sulla affermazione che la conoscenza stessa ha un valore primario in quanto il valore di tutte le altre posizioni epistemiche deriverebbe dal valore della conoscenza. Boudon potrebbe anche sostenere in modo derivato il pluralismo epistemico, nel senso che l'epistemologia non dovrebbe concentrarsi solo su concetti come la conoscenza, ma anche esplorare fenomeni piuttosto trascurati e affrontati dalla sociologia, come verificare, dimostrare, comprendere, spiegare, argomentare, convincere o discriminare. Per raggiungere questo secondo punto, è sufficiente sostenere che anche questi fenomeni epistemici hanno un valore. Tuttavia, un sostenitore moderno tra i contemporanei del monismo epistemico potrebbe ancora obiettare che il focus dell'epistemologia ortodossa sulla conoscenza è giustificato perché la conoscenza ha un valore eccezionale nel senso sopra indicato.

1.3

Nella parte appena passata in rassegna abbiamo seguito tre momenti chiave del discorso sulla storia epistemologica risolti da Boudon e indicati come interessi praticabili primariamente sulla comprensione, in secondo luogo sulla razionalità e infine sui valori. Rispetto al primo dei tre momenti chiave, possiamo concludere che la sociologia implica una misura comprendente che può essere sempre legata, come fa Boudon, ai classici e soprattutto all'esame dell'azione empirica in Paul Felix Lazarsfeld.

> [...] la mia idea è che, nello spirito di Lazarsfeld, l'analisi empirica dell'azione descriva un modello destinato a sostituirsi a due modelli dominanti, il modello behaviorista e il modello formalizzato d'analisi dell'azione che vanta l'economia. La descrizione che ho proposto della tradizione comprendente mostra che l'analisi empirica dell'azione è molto vicina a questa tradizione. In tutti i modi, entrambe poggiano sugli stessi principi: analizzare le azioni individuali è un momento cruciale per ogni analisi sociologica; le strutture macroscopiche – ad esempio le correlazioni – sono il prodotto di azioni individuali comprensibili; analizzare queste azioni vuol dire: ritrovare le ragioni e le motivazioni che le ispirano; le loro cause sono precisamente queste ragioni e queste motivazioni, come vuole la sociologia comprendente; tali ragioni e tali motivazioni possono essere efficacemente ricostruite sviluppando delle procedure di comparazione e diversi altri procedimenti metodologici; le considerazioni di costi e benefici rappresentano soltanto un tipo particolare di ragioni: non si può accettare l'idea che l'agire sia ispirato esclusivamente da questo tipo di ragioni ecc.[26].

La tradizione comprendente si esplicita anche nel riconoscimento della portata assiologica dell'azione sociale, la quale conduce all'affermazione di un piano di realizzazione orientato a cogliere certi risultati prevedibili. Infatti:

> Secondo Lazarsfeld, l'analisi empirica dell'azione deve considerare nel suo vocabolario due categorie di fattori, ai quali egli dà il nome di motivazioni e di meccanismi (*mechanisms*). Il significato della prima categoria non presenta particolari problemi. Per motivazioni, egli intende quella che Weber avrebbe chiamato la dimensione affettiva dell'azione. Ciò che intende con il concetto di *mechanisms* è a prima vista meno chiaro. Basandomi sugli esempi che egli porta a riguardo, proporrei l'idea che questo concetto descriva con l'aiuto di un termine scelto male *tutti gli elementi che non sono di natura affettiva* e che devono essere messi in conto nella teoria dell'azione. In altre parole, questi meccanismi inglobano quella che Weber chiamava razionalità assiologica e anche quella che io chiamo razionalità cognitiva, cioè l'insieme delle strategie che noi utilizziamo per padroneggiare cognitivamente le situazioni e i problemi ai quali ci confrontiamo[27].

La trattazione della razionalità cognitiva, come si vedrà più avanti, è suscettibile di confronti che intendono comunque l'impostazione generale ratificata attraverso la considerazione epistemica di altre discipline vicine alla sociologia, proponenti modelli diversificati ma comunque validi[28]. La versione più attendibile di questi rapporti si attua anche nella proposizione di una razionalità del soggetto conoscente[29]. Tutto ciò al riparo dal mero relativismo dell'azione sociale[30]. Per questo ultimo indirizzo si sostiene, infatti, che il realismo critico offre alla teoria della razionalità cognitiva un modo reale di superare i limiti dell'individualismo metodologico, riconoscendo sia i

---

[26] Raymond Boudon, *Études sur les sociologues classique*, Paris, Presses Universitaires de France, 1998-2000, trad. it. *A lezione dai classici*, Bologna, Il Mulino, 2013, III, cit. p.80.

[27] Raymond Boudon, *A lezione dai classici*, Op. cit., III, cit. p.81.

[28] Cfr. Enzo Di Nuoscio, *The Rationality of Human Action: Towards a Mises–Popper–Boudon Model?* in Mohamed Cherkaoui and Peter Hamilton, *Raymond Boudon a Life in Sociology. Essays in Honour of Raymond Boudon*, Op cit., Vol. II, Part II.

[29] Cfr. Michel Dubois, *Subjective Rationality and Aggregative Processes: An Actionist Perspective on the Dynamics of Science*, in Mohamed Cherkaoui and Peter Hamilton, *Raymond Boudon a Life in Sociology. Essays in Honour of Raymond Boudon*, Op cit., Vol. IV, Parte V.

[30] Cfr. Cynthia Lins Hamlin, *Beyond Relativism: Raymond Boudon, Cognitive Rationality and Critical Realism*, London and New York, Routledge, 2004, 2012, I.

poteri causali degli agenti che le responsabilità della struttura sociale. E anche il modello epistemologico del determinismo viene ad essere sconfessato, soprattutto dove si afferma che:

> il determinismo non è un *postulato* indispensabile, ma una *constatazione* che, secondo i casi, bisogna o no sottolineare. Esso non è quindi una condizione della conoscenza, ma una proprietà specifica di determinati processi, la cui assenza o presenza dipende dalla struttura stessa del processo. Il solo postulato indispensabile è riconoscere, contrariamente a quanto spesso si avanza, che il determinismo può essere certo constatato, ma può anche non esserlo. Se non si riconosce la seconda eventualità, si rischia di rendere alcuni fatti incomprensibili[31].

Le situazioni di scelta obbligata mal si combinano con l'assunzione di modelli epistemologici, in quanto:

> Le situazioni di «scelta forzata» caratteristiche dei processi chiusi non godono ovviamente di nessun primato, né ontologico né scientifico. Nessun primato *ontologico*: è evidente che, se esistono situazioni di scelta forzata, esistono anche situazioni di scelta reale. Nessun primato *scientifico*: perché mai, infatti, le situazioni di scelta forzata dovrebbero essere le sole ad essere interessanti da un punto di vista scientifico? Mostrare che un insieme di condizioni conduce a una riduzione non minimale del campo di decisione non sembra essere meno scientificamente interessante del mostrare che altri insiemi di condizioni conducono invece a una riduzione minimale. Constatare che un gioco è chiuso e spiegarne il perché non è né più né meno «scientifico» che constatare che un altro gioco è aperto e spiegarne il perché. Salvo, ovviamente, se si sostiene che senza determinismo non ci sia scienza [...] esistono processi aperti in cui la logica della situazione definisce sì un insieme di opzioni, ma non decide in anticipo tra di esse[32].

A livello epistemologico la trattazione delle tante finalità delle scelte obbligate o meno spinge all'analisi di elementi che hanno sempre a che fare con la razionalità e che incarnano la possibilità di decisione all'interno di situazioni aperte o chiuse. Di queste scelte, esistono quelle che sono affidate al caso, comprendendo che quest'ultimo elemento possa esistere davvero anche di fronte alla considerazione razionale dell'agire sociale. Infatti, Boudon afferma:

> Il caso è considerato in genere dalle scienze sociali un ospite indesiderato. È dappertutto; ma ci si sforza solitamente di dissimularlo, dimenticarlo ed eventualmente, negarne l'esistenza. Su come sia opportuno considerarlo, le opinioni variano. Alcuni ne riconoscono l'esistenza e l'oggettività; ma la maggior parte vi vede il semplice prodotto della nostra ignoranza: l'impressione che un fenomeno sia parzialmente indeterminato deriva solo dal fatto di non avere accesso a tutte le «variabili» che lo determinano. Ma se le opinioni a questo proposito variano, vi è invece un punto sul quale si osserva un quasi-consenso nelle scienze sociali, e cioè che il caso per definizione non presenti alcun interesse dal punto di vista della conoscenza. Come potrebbe il fatto che un evento sia dovuto al caso interessare il sociologo, l'economista, o in generale chiunque voglia comprendere le ragioni di quell'evento? Affermare che è dovuto al caso, non significa

---

[31] Raymond Boudon, *La place du désordre. Critique des Théories du changement sociale*, Paris, Presses Universitaires de France, 1984, trad. it. *Il posto del disordine. Critica delle teorie del mutamento sociale*, Bologna, il Mulino, 1998, VII, cit. p. 228.

[32] Raymond Boudon, *Il posto del disordine. Critica delle teorie del mutamento sociale*, Op. cit., VI, cit. pp. 207-208.

forse confessare che non è dovuto a *niente*, o almeno che non si sa a che cosa sia dovuto? In realtà, il caso esiste e come; ed è importante riconoscerne l'esistenza, se si vuole davvero comprendere tutta una serie di fenomeni[33].

In ogni caso la consueta razionalità è definibile solamente in determinate situazioni, cioè la possibilità di attribuirle un senso preciso sarebbe una funzione della struttura di una situazione considerata come evidente. Più in generale è possibile sostenere che:

> La teoria della razionalità di Boudon rappresenta uno strumento particolarmente utile per individuare le «buone ragioni» dell'adesione ad alcuni particolari tipi di idee (per esempio quelle false, le ideologie, le norme etiche, le idee di giustizia) tradizionalmente interpretate secondo canoni collettivistici. Con la sua proposta di spiegazione individualistica di tali credenze, Boudon, da un lato estende a questo importante ambito della conoscenza la nozione di razionalità, dall'altro, cercando di separare (criticando Popper per non averlo fatto) le «ragioni» dalle «buone ragioni», insiste sulla capacità di individuare ragioni sufficientemente «adeguate» a dare conto dell'azione[34].

Comunque, questa affermazione conferma l'interesse per le posizioni assunte da Lazarsfeld e mostrate prima, soprattutto quando questi spiega certi meccanismi ispirandosi al modello comprendente. A riguardo, Boudon fa degli esempi, citando alcune delle ricerche di Lazarsfeld tra le più conosciute: *On Social Research and Its Language*, lo studio su *Marienthal*, *Voting*. Ma alcuni esempi riportati da Boudon chiariranno il senso dell'utilizzo e della specificazione graduale della analisi empirica dell'azione. Il primo esempio che utilizza in *La Place du Désordre* (Capitolo II) è lo studio di James Samuel Coleman (1926-1995) sulla diffusione dell'innovazione medica (1966). Il problema è spiegare la curva della diffusione di nuovi farmaci negli ospedali. All'inizio il numero di medici che adottano il nuovo farmaco aumenta lentamente, poi accelera fino a quando circa la metà dei medici ha adottato il farmaco (punto di massima accelerazione), quindi la velocità di adozione rallenta di nuovo fino a quando quasi tutti i medici prescrivono il nuovo farmaco. Per andare oltre questa osservazione puramente empirica e giungere a una vera e propria spiegazione, è necessaria la teoria dell'azione: un medico che intende prescrivere un nuovo farmaco si trova di fronte a un'incertezza (il farmaco è potente, affidabile, sicuro oppure no?) e cerca di aggirarla cercando la fonte di informazione più affidabile, ovvero gli altri medici dell'ospedale. Poiché all'inizio sono pochi i medici che usano il farmaco, le informazioni sono scarse e poco affidabili, per cui all'inizio l'uso cresce lentamente; ma quando sempre più medici lo usano, le informazioni diventano sempre più affidabili e facilmente disponibili, per cui il processo di diffusione accelera; poi arriva il momento in cui sempre meno medici hanno bisogno di informazioni e le chiedono, per cui il processo rallenta fino a quando la maggior parte o tutti i medici prescrivono il nuovo farmaco. Le caratteristiche minime dell'azione sono, in questo caso, la presenza di incertezza e la ricerca di informazioni affidabili in un contesto sociale specifico (nella pratica privata, la diffusione di nuovi farmaci è di-

---

33 Raymond Boudon, *Il posto del disordine. Critica delle teorie del mutamento sociale*, Op. cit., VI, cit. pp. 217-218.

34 Enzo Di Nuoscio, *Ragioni e razionalità. Alcune considerazioni sull'epistemologia di Raymond Boudon*, in «Quaderni di Sociologia», n. 2, 2015, cit. p. 61.

versa). In un altro caso, Boudon spiega la comparsa di enormi disuguaglianze di opportunità educative con la scelta di elementi fondamentali nelle decisioni di orientamento educativo delle famiglie: il costo dell'istruzione, i risultati del bambino misurati dai suoi voti e il gruppo di riferimento (una famiglia valuta i risultati accademici in modo diverso a seconda del livello di istruzione raggiunto dai suoi membri: una famiglia di medici sarà generalmente molto più esigente di una famiglia di lavoratori manuali). Queste tre caratteristiche sono sufficienti a spiegare l'ampia divergenza nella domanda di istruzione tra uno strato sociale alto e uno basso, e a generare di conseguenza l'ampia disuguaglianza educativa generalmente osservata. La decisione prende in considerazione i costi monetari, l'anticipazione (del futuro successo o fallimento scolastico) e la percezione soggettiva dei risultati scolastici. Ora, in questi esempi e in molti altri utilizzati da Boudon, l'azione è complessa e presenta contemporaneamente una serie di elementi che alcuni differenziano con cura e analizzano separatamente nella teoria dell'azione, come il confronto costi/benefici, la valutazione soggettiva, l'informazione limitata, l'incertezza e così via. L'approccio scelto da Boudon ha perfettamente senso nel contesto dei dibattiti in corso nel campo della sociologia e anche a livello di riflessi epistemologici. Uno dei suoi obiettivi principali è cercare di convincere molti sociologi riluttanti dell'importanza dell'individualismo metodologico (e ovviamente non sarebbero molto convinti dalla definizione di altri autori dell'azione come mezzo per eliminare il disagio. A tal fine, la caratterizzazione astratta del concetto di azione non sarebbe di grande aiuto. Probabilmente è per questo che, per lui, il problema non è tanto quello di indagare questo concetto, quanto quello di mostrare come esso possa essere proficuamente utilizzato dai sociologi che potrebbero essere tentati di ricorrere, invece, o a un rozzo empirismo, o a un quanto mai discutibile determinismo sociale.

Rimanendo a Lazarsfeld, l'autore francese sostiene in definitiva:

> Non dico che Lazarsfeld non abbia apportato parecchia raffinatezza alla tradizione di ricerca che rappresenta la sociologia comprendente, cioè quella che vuole che i fenomeni sociali non siano veramente spiegati se non quando si colgono le motivazioni individuali degli attori. Dico soltanto che non si è accorto di collegarsi egli stesso a questa tradizione. Ciò è tanto più curioso in quanto alcuni di questi interventi, come l'analisi dei casi devianti, derivano tutta la loro importanza dal fatto che permettono di verificare le congetture che la sociologia è costretta a emettere a proposito delle ragioni che motivano l'attore, e sono quindi dei contributi metodologicamente importanti alla sociologia comprendente. Che Lazarsfeld non si sia accontentato né del modello economico né dei modelli causalisti frequentemente utilizzati dai sociologi testimonia una profonda intuizione di metodo, e cioè che nessuna di queste due categorie di modelli è nella maggior parte dei casi soddisfacente e che bisogna cercare il senso per l'attore delle sue credenze, dei suoi atteggiamenti, delle sue azioni se le si vuole spiegare – e quindi spiegare i fenomeni sociali che ne derivano. Come indica il programma dell'analisi empirica dell'azione, la sociologia ha bisogno di una teoria dell'azione più aperta di quella che viene generalmente utilizzata dagli economisti e da tutti coloro che vi si ispirano. Peraltro è impossibile seguire quei sociologi che ammettono, senza nemmeno percepire le difficoltà che implica un'ipotesi del genere, che si possa descrivere l'attore sociale come un blocco di plastilina su cui, grazie alla socializzazione, verrebbero a imprimersi delle forze sociali che, quali che siano i nomi pedanti con cui le si chiama, non possono riferirsi che a cause misteriose e occulte[35].

[35] Raymond Boudon, *A lezione dai classici*, Op. cit., III, cit. p. 91.

È evidente che per questo approccio sociologico, spiegare un fenomeno significa in genere concepirlo come il risultato di numerose azioni di cui occorre identificare l'intenzione e il significato. La comprensione rappresenta sempre il momento dell'analisi in cui il sociologo costruisce le ragioni, a livello micro-sociologico, del fenomeno macrosociologico che cerca di spiegare. Questa costruzione è generalmente associata a un approccio tipologico e alla produzione di una psicologia della convenzione. La logica dell'analisi empirica dell'azione viene quindi ridotta a un insieme di affermazioni micro-sociologiche necessariamente semplificanti rispetto alla complessità dei fenomeni empirici. Questa stilizzazione può assumere varie forme a seconda delle esigenze dell'analisi: una razionalità strumentale, una razionalità adattativa e/o evolutiva, una razionalità imitativa e una razionalità cognitiva. Questa necessaria articolazione di comprensione e spiegazione permette di separare le scienze sociali dalle altre scienze, che non si confrontano mai con gli attori individuali e i loro stati intenzionali. Non è tuttavia ovvio che questa specificazione metodologica implichi una regionalizzazione epistemologica, ovvero giustifichi lo sviluppo e la validazione di specifici standard di scientificità. Non è raro osservare che alcuni rappresentanti delle scienze sociali condannino la loro disciplina a uno status pre o proto-scientifico in nome di un ideale di scientificità generalmente ignorato nelle scienze della vita e della natura. Per Boudon, questo ideale è molto spesso troppo assoluto, con requisiti sproporzionati e senza un reale collegamento con la realtà degli altri campi scientifici. È necessario quindi sottolineare l'importanza del dialogo interdisciplinare tra filosofia, storia e sociologia della scienza. Questo dialogo non solo ha permesso di illustrare la diversità delle situazioni sociali e storiche associate ai fenomeni delle scoperte scientifiche e più in generale all'emergere e all'istituzionalizzazione delle discipline scientifiche, ma anche di trasformare in modo importante l'orizzonte di scientificità da cui le scienze sociali dovranno essere valutate d'ora in poi.

Lo sviluppo della sociologia dell'analisi empirica dell'azione è certamente legato a una teoria generale dell'azione, ad esempio, definisce in modo provocatorio l'economia come un sotto-campo della sociologia; ma i sociologi sembrano prendere le distanze dall'epistemologia realista e utilizzano spesso le tecniche di modellizzazione. Simmetricamente, ma più sul versante dell'economia, si osservano sviluppi contemporanei che sfuggono a questa divisione stereotipata tra le due discipline: economia della reciprocità, dell'identità, del linguaggio, della religione, delle interazioni sociali, per esempio. Alcune opere di sociologi contemporanei forniscono l'esempio paradigmatico di questo imperialismo della metodologia economica nel dominio sociologico. La teoria sociologica che ha molteplici applicazioni mostrerebbe però il desiderio di ampliare l'approccio economico all'azione, integrando un maggior numero di interazioni. Ma va detto che da un punto di vista più epistemologico e metodologico, alcuni economisti non solo rifiutano lo strumentalismo, ma privilegiano l'osservazione dei comportamenti per elaborare una microeconomia e/o per cercare di chiarire anomalie rimaste inspiegabili. In un certo senso, Boudon sembra convincersi del fatto per cui i sociologi sono spesso più empirici e le teorie che sviluppano sono di solito motivate empiricamente. Di conseguenza, molte teorie sociologiche sono piuttosto ampie e poco rigorose. Al contrario, la maggior parte delle teorie economiche si basa sull'idea organizzativa centrale dell'azione volontaria motivata dall'interesse personale. Questo porta naturalmente alla costruzione di modelli matematici più ristretti e più vincolati e a tipi di verifica delle ipotesi più deduttivi rispetto alla modalità di indagine più induttiva comune in sociologia. Gli economisti spesso considerano la sociologia troppo ampia e diffusa e vedono il comportamento che i sociologi esaminano come troppo complesso (almeno inizialmente per la modellazione). Allo stesso modo, non è sorprendente che i sociologi considerino l'economia troppo ristretta e basata su presupposti irrealistici. Secondo questa visione, gli economisti sono specializzati nell'arte della modellazione, mentre i sociologi sono specializzati nell'esplorazione empirica induttiva. In tutti i casi, da un punto di vista metodologico, l'autore francese ritiene che l'approccio ai fenomeni sociologici attraverso meccanismi e modelli generativi sia legato a una particolare forma di individualismo metodologico.

1.4

Le discrepanze della teoria empirica dell'azione sociale si mostrano più rilevanti quando i sociologi affrontano il compito di scegliere le evidenze delle strategie d'azione comparandole con l'assenza o quasi di risultati validi a livello collettivo dinanzi a strutture palpabili. E, come vedremo, tali scelte implicano sempre la distinzione tra norme e valori. Molte strategie si incastrano nel modo stesso di presentare i risultati dell'agire individuale rispetto a esiti riferibili alla generalità delle prestazioni. A volte, questi ultimi rimangono esempi isolati di realizzazioni comparabili; altri si evidenziano come risultati a carattere oggettivo. Fatto sta che l'agire sociale si esplica attraverso le relazioni di potere e le varie strategie sviluppate dagli attori all'interno di organizzazioni varie per cogliere la logica sottostante e anche per rimarcare zone di incertezza, là dove si possono sviluppare nuove relazioni interpersonali, le quali sono diversificate rispetto a quelle imposte dalla razionalità del sistema, così e come affermano i fautori di un approccio che limita i resoconti della razionalità medesima[36]. La rilevanza di tali aspetti giustifica il ricorso a *escamotages* in grado di sollecitare l'azione collettiva di contro alla singolarità controllata di un attore. In particolare, Michel Crozier riconosce questa eredità nel bel mezzo delle scienze sociali e mette in discussione il modello gerarchico difeso strenuamente dall'impostazione weberiana basato sulla competenza e sul primato dato al criterio razionale. Se è stato influenzato anche dal funzionalismo, egli cerca di andare oltre la fiducia in un adattamento automatico tra il sistema e il suo ambiente. Rifiutando di affidarsi a una teoria a priori, il sociologo francese resta fedele ad una sociologia intesa come ricerca sul campo. La pratica dell'investigazione è quindi centrale nell'approccio sociologico. Si tratta di osservare dal vivo le pratiche per rivelarne la logica sottostante. Ascoltando gli attori, si rinnova l'interpretazione di ciò che li spinge ad agire e si mette in discussione il divario tra gli obiettivi dichiarati e i risultati ottenuti. La conseguenza è quella di attribuire loro una quota di responsabilità, di cui spesso non sono consapevoli, nel sistema di relazioni che esiste nell'organizza-

[36] Cfr. Michel Crozier, Erhard Friedberg, *L'acteur et le système: Les contraintes de l'action collective*, Points, 2014, p. 20 e sg.

zione. L'analisi si concentra allora sulla nozione di organizzazione, slegata dai contesti in cui prende forma: amministrazione, impresa, istruzione e così via. Si concentra poi sul sistema di «azione concreta» come insieme di interdipendenze per concentrarsi infine sul processo organizzativo stesso senza il quale non è possibile alcuna azione collettiva sostenibile.

In questi casi, l'attore e il sistema forniscono una base teorica per le osservazioni sviluppate in *The Bureaucratic Phenomenon* uscito nel lontano 1965 (Points Essais, 1971) e ripubblicato in inglese fino al 2010. Gli sviluppi di questa opera si concentrano nel modello di spiegazione che viene prescelto, cioè la modalità del ragionamento adottato e, in particolare ne combinano a livello teorico due: il ragionamento strategico che parte dall'attore per rivelare i vincoli del sistema con cui deve confrontarsi e che, in secondo luogo, spiegherebbe l'apparente irrazionalità del suo comportamento. Una sorta di ragionamento sistemico che parte dal sistema che si impone all'attore per illuminare la dimensione arbitraria dell'ordine costruito, un canone epistemologico che accompagna gli attori sociali nelle loro prestazioni. Infatti, il vero obiettivo dell'analisi strategica sarebbe proprio quello di rivelare la sua logica interna e, appunto, una sorta di epistemologia dell'azione concreta di fronte a valori considerati come assolutamente dominanti. I problemi che le persone cercano di risolvere attraverso l'organizzazione hanno conseguenze sulla sua struttura e sulle proprietà che le sono proprie. Il suo funzionamento si basa sull'interazione dei rapporti di potere e delle strategie perseguite da ciascuno dei suoi membri legittimi. I conflitti di interessi e le incoerenze sono centrali. L'organizzazione non controlla completamente il comportamento degli attori, presenta aree di reale incertezza. L'interdipendenza dei comportamenti individuali crea «effetti perversi» o «effetti di sistema»[37]. In realtà, sono gli effetti inaspettati, talvolta aberranti, sul piano collettivo, di una moltitudine di scelte individuali autonome e perfettamente razionali. Causano un vero e proprio divario tra le intuizioni degli attori e l'effetto complessivo del loro comportamento. A seconda delle circostanze, l'attore sociale è portato a riconsiderare la sua scelta. L'uomo scopre i propri desideri in base alle opportunità che gli si presentano. Non prende la decisione ottimale ma quella ritenuta soddisfacente in base alle sue informazioni e alle risorse a sua disposizione. Il suo comportamento è sempre l'espressione di una strategia la cui razionalità dipende dalla rete di interdipendenze in cui è inserita, ciò che Raymond Boudon, ad esempio, in un vecchio e fortunato libro ha definito in stretto collegamento con la metodologia della struttura[38]. Pertanto, la strategia portante, intesa come insieme coordinato di azioni per raggiungere gli obiettivi, non è prerogativa, ad esempio, dei soli manager. Anche loro prendono decisioni con una razionalità limitata, frutto della loro esperienza all'indomani dell'azione. Di fatto, l'ordine imposto dai leader non è mai stabilito a priori; esso tiene conto delle pressioni esercitate dai diversi attori e può essere costantemente messo in discussione. La funzione del manager è quindi simile a quella di un regolatore, ovvero garantire la sopravvivenza del sistema gestendo i giochi. Può

[37] Cfr. Raymond Boudon, *Effets pervers et ordre social*, Paris, Presses Universitaires de France, 1989, I, II.

[38] Cfr. Raymond Boudon, *A quoi sert la notion de «Structure»?*, Gallimard, 1968, trad. it. *Strutturalismo e scienze umane*, Torino, Einaudi, 1974, p. 176. Si veda Timothy Clark, *Use of the Structuralism in Social Sciences*, New York, NSP, 2003, 2008, I.

utilizzare le leve a sua disposizione: informazione, politica del personale, azione sui giochi ecc.; tuttavia, rischia ancora di affrontare conseguenze imprevedibili essendo l'incertezza il cuore dell'organizzazione. Michel Crozier, insieme ad altri autori, contesta l'attualità del concetto di ruolo che rinchiude il comportamento dell'individuo in un modello prestabilito al quale egli dovrebbe adattarsi. Egli ricorre ad un'altra logica, che non è più centrata su concetti come ruolo, persona o struttura. Al contrario, si tende a privilegiare le nozioni di relazione, negoziazione e cooperazione. Secondo l'approccio in questione, il gioco diventa lo strumento che consente la prima regolarizzazione e, in definitiva, l'integrazione di questi diversi fenomeni. L'organizzazione, attraverso la sua struttura, impone le regole del gioco da cui dipende la sua mera sopravvivenza. Il gioco concilia libertà e costrizione. La strategia di ogni partecipante corrisponde alla posizione che adotta nel gioco e il gioco non impone il comportamento da adottare ma offre una gamma di possibili strategie, il cui numero varia. Il giocatore ha tutto l'interesse a rispettare le regole per poter optare per una strategia vincente. La scelta che fa può a sua volta modificare il gioco stesso. Se le regole del gioco vincolano le scelte degli individui, il loro mantenimento dipende da queste. A seconda della struttura del gioco, le strategie di alcuni giocatori sono più probabili di altre.

La struttura dell'organizzazione può essere analizzata come la codificazione di uno stato di equilibrio tra strategie. Il modello di gioco presuppone allora un campo di applicazione perfettamente circoscritto, motivo per cui il ricercatore costruisce un sistema di «azioni concrete» per la sua analisi. Le sue caratteristiche essenziali sono la natura del gioco, le sue regole e le sue modalità di regolamentazione. Tutto ciò cela uno sviluppo in seno ad un'epistemologia dell'azione, là dove i membri di un'organizzazione non sono così attaccati alla routine come immaginiamo, sono pronti a cambiarla purché trovino in essa il loro interesse[39]. D'altro canto, hanno una giusta percezione dei rischi a cui li espone il cambiamento e questi sono inevitabili. Nella misura in cui ogni innovazione imposta dall'alto determina un effetto di razionalizzazione che riduce le aree di incertezza, è legittimo che incontri l'opposizione di coloro che la vedono come una minaccia alla propria autonomia. Il cambiamento è tanto più facile quanto più il sistema è giocoso e ricco di relazioni. Sono i gruppi meno strettamente integrati che possono trasformarsi più facilmente. Per gli uomini interessati, il cambiamento implica dunque lo sviluppo di nuovi costrutti collettivi. Di fronte a questi ultimi si pone un quesito che riguarda da vicino il fatto che una certa organizzazione o istituzione possa risultare buona o cattiva, nel momento in cui si cerca, come fa Boudon, una spiegazione cognitivista dei valori, dopo avere appurato che l'oggettività dei giudizi di valore non esclude affatto la loro variabilità. Il problema sta di nuovo nella definizione della razionalità assiologica, senza esaurirne il significato. Come scrive Boudon e come è apparso chiaro fino a questo momento: «[...] i sentimenti morali risultano legati a sistemi di interazione chiusi ben definiti [...] In tutti i casi le ragioni che sottendono i sentimenti morali sono debitrici delle regole che informano i sistemi in oggetto [...]»[40].

---

[39] Cfr. James Gardner March, *Les fondements épistémologiques de l'action sociale*, Paris, W. Papers, 2017, I, pp. 45-51.

[40] Raymond Boudon, *Le juste et le vrai. Études sur l'objectivité des valeurs et de la connaissance*, Paris,

Sulla strada marcata dell'individualismo metodologico si viene affermando che bisognerebbe tenere conto di due postulati:

> 1) da una parte che, visto che ogni fenomeno sociale è il risultato di azioni individuali, un momento essenziale di qualunque analisi sociologica consiste nel *comprendere* queste azioni; 2) d'altra parte che, essendo questo momento della *comprensione* essenziale, la validità di una teoria sociologica non può essere superiore a quella delle proposizioni «psicologiche» che essa contiene [...]. Alla fine un'ipotesi psicologica è accettabile se si può supporre, da una parte che essa descriva bene le ragioni che motivano un individuo, anche se questi non ne è cosciente, dall'altra che sia compatibile con i dati dell'osservazione[41].

L'individualismo metodologico afferma che bisogna sforzarsi di rintracciare le ragioni delle credenze, delle azioni e/o dei comportamenti, visibili a volte negli interessi dell'individuo, là dove si compie una vera e propria differenziazione tra razionalità cognitiva e razionalità assiologica. Una visione epistemologica dei valori e delle «buone ragioni» comprende varie implicazioni di sorta, anche perché secondo Boudon essa non è riportabile al pleonasma della «interiorizzazione» dei valori. Di contro alla tradizione «utilitarista», si può dimostrare quindi:

> che i giudizi assiologici non sono riconducibili a considerazioni d'interesse; contro la tradizione «affettivista», che la categoria della «razionalità assiologica» è irriducibile all'affettivo; contro la tradizione «irrazionalista», che i giudizi assiologici poggiano su sistemi di ragioni che il soggetto percepisce come ben fondati. Nello stesso tempo, questi esempi hanno il vantaggio di eliminare qualcuna delle obiezioni contro l'individualismo metodologico. Il cuore di tutte queste analisi è effettivamente rappresentato dallo sforzo di comprendere le reazioni e i sentimenti dell'individuo partendo dal postulato che abbiano un senso e, più precisamente, che siano fondati su ragioni [...] il sociologo che ricostruisce le ragioni, per esempio, di un sentimento morale collettivo non procede ad un'analisi psicologica nel senso proprio del termine, non fosse altro perché non è suo compito trattare gli individui come casi singoli. Il sociologo considera sempre un individuo «idealtipico», un modello di individuo spogliato di qualsiasi connotato personale e quindi non identificabile con un particolare individuo concreto. In altri termini, egli fa astrazione della personalità degli individui, che lascia alla competenza degli psicologi [...]. Naturalmente questa inevitabile astrazione non è incompatibile con una visione realista della conoscenza sociologica [...]. Infine, va sottolineato il carattere *irriducibile* dei concetti di razionalità assiologica e razionalità cognitiva che qui definisco. Voglio dire che, in linea generale, se si può partire dal principio che giudizi del tipo «questo è buono» o «questo è vero» sono assunti dal soggetto a partire dal momento in cui quest'ultimo sente che sono fondati su solide ragioni, queste ragioni non sono riducibili che in casi particolari a delle considerazioni d'interesse da parte sua[42].

Boudon ribadisce quindi:

> Propongo di compiere davvero un passo avanti verso un modello più generale del *rational choice model*. Il postulato di base di questo modello più generale, il modello cognitivista, è che l'azione

---

Fayard, 1995, trad. it. *Il vero e il giusto. Saggi sull'obiettività dei valori e della conoscenza*, Bologna, il Mulino, 1997, IV, cit. p. 180.

[41] Raymond Boudon, *Il vero e il giusto. Saggi sull'obiettività dei valori e della conoscenza*, Op. cit. it., V, cit. pp. 183-185.

[42] Raymond Boudon, *Il vero e il giusto. Saggi sull'obiettività dei valori e della conoscenza*, Op. cit., V, cit. pp. 212-213.

del soggetto deve essere analizzata come avente senso per lui – un senso che deve essere ricondotto nella maggior parte delle situazioni incontrate dalla sociologia, dalla storia o dall'economia a un sistema di ragioni sentite dal soggetto come valide. Il *rational choice model* diventa allora un caso particolare di questo modello più generale. Rappresenta insomma il *genere* di questo modello che si ottiene allorché s'introduce la condizione restrittiva per cui le ragioni del soggetto devono essere descritte solo nel vocabolario dei costi e benefici[43].

Per Boudon:

Bisogna anche riconoscere che i giudizi di valore, proprio come i giudizi di fatto, possono essere fondati su *cattive ragioni*. Esistono degli errori assiologici così come degli errori di dimostrazione. Ricordiamo il famoso esperimento di Milgram: alcuni soggetti si lasciano convincere a dare una scarica elettrica d'intensità crescente a una cavia umana per produrre in lei degli effetti di rinforzo. In realtà, non è difficile vedere che il soggetto che accetta di eseguire lo fa spinto da ragioni sbagliate. Infatti questa adesione tradisce un'interpretazione ritualistica dell'autorità scientifica. Ma non si può giustificare tutto in nome della scienza. Quando l'azione implica delle conseguenze morali, il soggetto è libero di valutare se intraprenderla o meno. Le ragioni dei soggetti in questione sono *oggettivamente* sbagliate perché deformano il concetto stesso di autorità [...] L'indignazione che provoca l'esperimento di Milgram non è dunque altro che la contropartita del valore *oggettivo* delle ragioni di questa indignazione: le ragioni di coloro che s'indignano sono oggettivamente buone e quelle dei soggetti che accettano l'esperimento di Milgram sono oggettivamente cattive. Dal momento che si ammette l'esistenza di valori falsi, bisogna ammettere la possibilità e la realtà del progresso morale[44].

In realtà, il modello sociologico è salvaguardato come viene affermato durante lo sviluppo di queste riflessioni e lungo una direttiva epistemologica, nel momento in cui Boudon già era portato a sostenere che:

Malgré la diversité des thèmes, la sociologie ne couvre pas pour autant des activités d'une irrémédiable hétérogénéité. Que le sociologue étudie des faits singuliers, des régularités statistiques ou qu'il cherche à mettre en évidence des relations générales, son analyse tend très généralement à mettre en évidence les propriétés du système d'interaction responsable des faits singuliers, régularités ou relations observées. En d'autres termes, les phénomènes auxquels le sociologue s'intéresse sont conçus comme explicables par la structure du système d'interaction à l'intérieur duquel ces phénomènes émergent[45].

I temi epistemologici sono strettamente correlati e si intersecano con le varie riflessioni sulla razionalità assiologica. L'autore dimostra quindi che il relativismo è una disciplina più dialettica che scientifica, poiché è solo una filosofia sociologica con una sorta di «illusione metodologica». Si tratta di un'ideologia facile da comprendere e che si rivolge a tutte le età, il che spiega il suo dominio incontrastato nel pensiero sociologico moderno tra i contemporanei. Nella sua logica, Boudon paragona ancora il relativismo a un discorso plebeo in cui l'intellettuale della fisica sociale è in grado

---

43 Raymond Boudon, *Il vero e il giusto. Saggi sull'obiettività dei valori e della conoscenza*, Op. cit. it., V, cit. p. 214. V. Di Boudon, *Au-delà du modèle du choix rationnel, Les modèles de l'action*, Paris, Presses Universitaires de France, 1998, p. 35 e sg.

44 Raymond Boudon, *Il vero e il giusto. Saggi sull'obiettività dei valori e della conoscenza*, Op. cit. it., V, cit. pp. 215-216.

45 Raymond Boudon, *La logique du social*, Op. cit., cit. p. 51.

di chiarire le azioni della natura umana senza poter evocare approcci scientifici. La sociologia razionale, invece, deve spiegare la complessità della natura sociale dell'uomo in modo molto scientifico e concreto, compresa la bontà di certe azioni o la loro eventuale falsità. Di conseguenza, la sociologia, nelle sue origini epistemologiche, è innanzitutto una disciplina di neutralità assiologica che cerca di studiare la natura altamente soggettiva e complessa dei fatti sociali. Per Boudon, le masse optano spesso per un discorso popolare e controverso, e non cercano più di comprendere il razionalismo dell'individualismo metodologico. Per questo motivo, il relativismo sarebbe riuscito a sedurre i discepoli della sociologia moderna nella comprensione del comportamento dell'attore sociale e della sua coscienza collettiva nella società:

> Le premier principe fondamental de la sociologie de l'action consiste à prendre au sérieux le fait que tout phénomène social, quel qu'il soit, est toujours le résultat d'actions, d'attitudes, de croyances, et généralement de comportements individuels. Le second principe, qui complète le premier, affirme que le sociologue qui veut expliquer un phénomène social doit retrouver le sens des comportements individuels qui en sont la source[46].

Allora, la struttura formale della sociologia come disciplina scientifica risiede nella sua costituzione cognitiva. La sua prospettiva epistemologica deve sempre basarsi su un modello di scienza. Questa volta, le spiegazioni sociologiche non sono più attribuite alla volontà di esseri particolari. Ciò chiarisce perché le nozioni generali di società si discostano definitivamente dalla tradizione superstiziosa dei modelli metafisici. Le premesse sociologiche saranno invece definite dalle leggi di natura della realtà sociale. Come le leggi sociali che regolano la socializzazione degli individui in qualsiasi società, lo studio della comprensione razionale di questo fenomeno è caratterizzato dall'adattamento fisico dell'individuo al suo specifico ambiente sociale di appartenenza. Dobbiamo quindi comprendere che le regole di socializzazione della realtà sociale dell'individuo influenzano il suo carattere e il suo comportamento individuale e collettivo. Ciò significa che il comportamento sociale inducibile di un individuo in una società reale è un carattere regolare, uniforme e simile in tutti gli altri individui che si trovano a coesistere nella stessa sfera sociale.

Su ciò l'autore imbastisce una relazione sistematica attorno alla teoria della conoscenza scientifica e all'epistemologia più moderna, partendo dalla sociologia della conoscenza e riferendosi ad una connotazione di rilievo in rapporto alle varie posizioni dei razionalisti. Secondo un indirizzo «moderno» egli cita il programma vantato da Thomas Samuel Kuhn (1922-1996), Paul Karl Feyerabend (1924-1994), S. Barry Barnes e David Bloor. Egli richiama differenti tipi di meccanismi, socio-cognitivi e assiologici, nel collocare la nuova sociologia della scienza, accordando importanza a schemi aperti di dibattito e discussione epistemologica attorno a tali discipline.

> Le teorie della nuova sociologia della conoscenza sono state abbondantemente criticate. Ma queste critiche non sono state diffuse, restando confinate all'interno di ristrette cerchie di filosofi e sociologi della scienza. Così esse non hanno contribuito molto ad erodere l'influsso dell'ottica postmoderna sulla scienza, sulla verità e l'oggettività. Perché? Vediamo, per sommi capi, la

---

[46] Raymond Boudon, *Traité de la sociologie*, Paris, Presses Universitaires de France, 1992, cit. p. 22; trad. it, *Trattato di Sociologia*, Bologna, il Mulino, 1996.

risposta che si può dare a questa domanda. Pareto ha scritto che la storia della scienza è la storia di tutte le idee false alle quali la gente ha creduto prestando fede ai cosiddetti «esperti» che sono gli scienziati. Secondo Tocqueville, noi possiamo sperimentare da soli solo una minima parte delle questioni sulle quali la vita sociale ci impone di avere un'opinione: «Non c'è grande filosofo al mondo, scrive l'autore, che non creda a un milione di cose sulla parola altrui». Non possiamo non dare fiducia agli esperti. Ora, è chiaro che Kuhn, un Hübner o un Bloor hanno tutti i titoli per essere considerati esperti. Non solo sono tutti e tre illustri sociologi della scienza, ma possono fare sfoggio di una formazione scientifica d'alto livello. A questo primo effetto di comunicazione se ne aggiunge un altro. Le reti di comunicazione non mettono direttamente in relazione gli «esperti» con gli attori sociali all'altra estremità della catena. L'uomo della strada non riceve le sue informazioni sulla fisica o sull'economia, diciamo, direttamente dagli esperti stessi, bensì dai media [...]. In generale, la mediatizzazione dei prodotti culturali comporta potenti distorsioni dovute a meccanismi semplici, al punto che si può avanzare, con la prudenza del caso, un'importante legge della teoria delle comunicazioni, e cioè che meno probabilità ha una teoria di esser vera, più ha probabilità di fare parlare di sé[47].

In sostanza, Boudon afferma l'utilità delle teorie della conoscenza e, più che la loro validità o meno e/o falsità o meno. Tale è il principio epistemologico portante, anche in rapporto conclusivo con l'individualismo metodologico, il quale prescrive di attenzionare l'attore e le sue credenze, le sue azioni, i suoi comportamenti, i quali rappresentano il centro dei fenomeni collettivi, oggetto di analisi empirica, il cui senso si fonda su ragioni comunicabili e condivisibili. Anche in prospettiva di utilizzare il «senso comune» in rapporto ad una certa tipologia di razionalità. In sintesi, andrebbe notato che:

Il postulato di razionalità ammette che per l'attore il significato dei suoi atti o delle sue credenze risiede nelle ragioni che lo determinano ad adottarli. Non implica in alcun modo che l'attore sia un essere puramente razionale, privo di affettività. Si può, al contrario, ammettere senza reticenza [...] che la ragione sia serva dei sentimenti. In un vocabolario più moderno, le ragioni di fare x o di credere y possono rispondere a delle motivazioni. Ma, se la ragione è serva dei sentimenti, bisogna immediatamente precisare che questa serva è per essi assolutamente indispensabile. Ci si può appassionare a un programma politico, ma solo se si è convinti che è valido. Non ci si può accontentare di menzionare i bisogni vitali, ai quali si presume rispondano le credenze magiche, per spiegare il loro status di verità collettiva. Bisogna anche, e soprattutto, spiegare perché gli individui vi credono e in questo modo mettere in evidenza le ragioni che hanno per credervi, ragioni che non assumono agli occhi degli individui lo status di ragioni, se non in quanto essi credono che anche gli altri dovrebbero aderirvi [...] Ignorare il «senso comune» significa condannarsi, inevitabilmente, a fare del soggetto umano o un «idiota razionale», o un «idiota irrazionale»[48].

La teoria cognitivista si esplica là dove si afferma un set normativo dal quale il sociologo non può sfuggire anche se cercasse di contrastare il comune senso di comprensione. Scrive ancora Boudon: «Non dico che il normativo debba essere schiacciato sul positivo e il dover essere sull'essere, ma soltanto che le convinzioni morali, soprattutto quelle che assumono un carattere collettivo, poggiano su sistemi di ragioni vali-

[47] Raymond Boudon, *Il vero e il giusto. Saggi sull'obiettività dei valori e della conoscenza*, Op. cit. it., VIII, cit. pp. 313-314.

[48] Raymond Boudon, *Renouveler la démocratie*, Odile Jacob, 2006, trad. it. *Elogio del senso comune. Rinnovare la democrazia nell'era del relativismo*, Soveria Mannelli, Rubbettino, 2008, IX, cit. pp. 347-349.

de e comunicabili. In questo senso, e soltanto in questo, si può dire che *convinzione assiologica e convinzione positiva si fondano nello stesso modo*»[49]. La rilettura della teoria assiologica che Boudon espone nel suo testo *Il vero e il giusto*, può essere ripresa nell'esame che l'autore ne fa in un libro immediatamente conseguente, e cioè in *Les sens des valeurs* (1999). Nella ridefinizione della razionalità assiologica si specifica meglio l'uso dei termini cognitivisti, nel senso della sociologia, della filosofia morale e non della psicologia. In generale,

> Si dirà quindi che una credenza è *razionale in senso cognitivo* quando poggia su ragioni di carattere «teorico» che, nel contesto che gli è proprio, l'attore sente come forti (anche se in altri contesti potrebbero non apparire tali ad altri soggetti). Si osserverà che questa razionalità cognitiva non è altro che quella che viene, per così dire «naturalmente» postulata dagli storici della scienza quando vogliono spiegare l'adesione degli scienziati alle idee scientifiche. Lo storico della scienza ammette infatti spontaneamente che una credenza scientifica che ci appare oggi falsa o contestabile, se non estranea o ridicola, possa essere stata assunta in base a ragioni forti in passato perché, nel contesto cognitivo del tempo, suddetta credenza poteva essere fondata su argomenti che passavano per forti [...] Il postulato della razionalità cognitiva è, più generalmente il postulato naturale degli storici delle idee e degli storici *tout court* che si interessano di credenze; gli uni e gli altri ammettono infatti abitualmente che, quando si osserva una credenza collettiva, per spiegarla si ha interesse a supporre che la credenza in questione sia fondata su ragioni forti nello spirito dei soggetti sociali coinvolti, anche se queste ragioni e la credenza che ne deriva possono sembrarci oggi vetusti o estranei[50].

Importante a livello descrittivo è l'interpretazione cognitivista della razionalità assiologica, la quale non è riducibile alla razionalità strumentale. Questo è il punto.

> Se si ammette che, per Weber, le credenze prescrittive sono, tanto quanto le credenze descrittive, il prodotto di ragioni nel senso della razionalità cognitiva, si può allora supporre che, con l'espressione «razionalità assiologica», Weber abbia voluto indicare che le credenze assiologiche devono essere analizzate come il prodotto di ragioni forti, cioè devono essere spiegate per mezzo della «ragione cognitiva». Propongo dunque di considerare che, nello spirito di Weber, «razionalità assiologica» designi l'applicazione della razionalità cognitiva (della razionalità che egli qualifica nei testi citati come «intellettuale» o «formale» per distinguerla dalla razionalità strumentale) all'ambito del prescrittivo e, più in generale, del valutativo. Insomma la «razionalità assiologica» indicherebbe, nell'interpretazione che io ne propongo, che, quando avanziamo un giudizio di valore, questo è fondato nel nostro spirito, in maniera conscia o inconscia, «intuitiva» o esplicita, su un sistema di ragioni, su una «teoria» che noi sentiamo come forte. Nello stesso modo, i nostri giudizi riguardanti l'«intellettual-teorico», quelli che riguardano la nostra rappresentazione del mondo, ci appaiono credibili quando poggiano su ragioni forti, che siano coscienti oppure che rimangano implicite. È perché abbiamo già una teoria che riusciamo a giudicare un certo stato di cose insoddisfacente oppure lodevole ecc; per esempio, è perché abbiamo una certa teoria del salario che stimiamo giusta oppure ingiusta una certa differenza di compenso fra due persone[51].

---

49 Raymond Boudon, *Il vero e il giusto. Saggi sull'obiettività dei valori e della conoscenza*, Op. cit. it., X, cit. p. 376.

50 Raymond Boudon, *Il senso dei valori*, Op. cit., III, cit. pp. 91-92.

51 Raymond Boudon, *Il senso dei valori*, Op. cit., III, cit. pp. 104-105.

Di fatto, la fondazione del discorso di Boudon rispecchia l'importanza di riferirsi sempre alle «buone teorie»[52] e alle credenze, sulle quali si fonderebbe la scienza stessa. Tuttavia, l'idea che la conoscenza sia semplicemente una vera credenza è quasi universalmente respinta al mittente. I casi in cui i soggetti hanno credenze vere ma mancano di conoscenza sono così facili da costruire e così intuitivamente ovvi che identificare la conoscenza con la convinzione vera rappresenta un estremo allontanamento da ciò che la maggior parte degli epistemologi e dei laici pensano della conoscenza. Potrebbe anche darsi che la conoscenza non abbia più valore della semplice credenza vera, anche se la conoscenza non è identica alla credenza vera. Esiste anche un'intuizione diffusa e resistente secondo cui la conoscenza è più preziosa della semplice credenza vera (ricordiamo, ad esempio, che tendiamo a pensare che lo stato epistemico di Y sia migliore di quello di Z). Se la conoscenza fosse identica alla vera credenza, allora dovremmo ritenere che questa intuizione sia sbagliata; ma, poiché possiamo vedere che la conoscenza è più di una semplice credenza vera, possiamo continuare a cercare una spiegazione accettabile che spieghi perché la conoscenza è più preziosa di una semplice credenza vera.

La maggior parte dei tentativi di spiegare perché la conoscenza è più preziosa della semplice credenza vera procede identificando alcune condizioni che devono essere aggiunte alla credenza vera per produrre conoscenza, e quindi spiegando perché quell'ulteriore condizione è preziosa. Se non sai perché una proposizione è vera, potresti facilmente dimenticarla o abbandonare la tua fede in essa quando incontri qualche motivo per dubitarne. Ma se hai una spiegazione del perché una proposizione è vera, probabilmente hai maggiori possibilità di ricordarla, e se incontri qualche motivo per dubitarne, avrai a tua disposizione una ragione per continuare a crederci. Secondo Boudon, un modo sicuro per difendere la risposta di stabilità al problema del valore è sostenere quindi che la conoscenza è più stabile delle semplici credenze vere, ma solo per le persone le cui facoltà cognitive sono in buono stato di funzionamento, e negare allo stesso tempo che le facoltà cognitive delle persone che si aggrappano dogmaticamente alle convinzioni evidentemente non supportate sono in buone condizioni[53]. Questa soluzione boudoniana suscita però l'obiezione che le nostre facoltà cognitive non sono tutte orientate alla produzione di credenze che possano assumersi come vere. Alcune facoltà cognitive sono orientate a garantire la nostra sopravvivenza, e i risultati di queste ultime facoltà potrebbero essere sostenuti con fermezza anche se non sono ben supportati da prove. Non è del tutto chiaro se la conoscenza sia più stabile delle semplici credenze vere, anche per le semplici credenze vere che sono state prodotte da sistemi cognitivi che sono in buono stato di efficienza, perché è possibile che le credenze siano evidentemente non supportate, e molto stabili, e prodotte attraverso il corretto funzionamento delle facoltà cognitive, tutte allo stesso tempo.

---

[52] Cfr. Raymond Boudon, *Tocqueville oggi*, Op. cit., VII, p. 137 e sg.

[53] Cfr. Timothy Williamson, *Knowledge and its Limits*. Oxford, Oxford University Press, 2000; Jonathan Kvanvig, *The Value of Knowledge and the Pursuit of Understanding*, Cambridge, Cambridge University Press, 2003, I.

Boudon afferma inoltre che se la teoria dei valori ideata a suo tempo da Weber può essere considerata come «cognitivista», andrebbe postulato che non tutti i giudizi di valore sono deducibili da insiemi limitati di principi.

> Le certezze pratico-etiche sono, come i giudizi tipici dell'«intellettual-teorico», fondati su sistemi di ragioni multipli e debolmente connessi fra loro. Ho proposto l'espressione di «un'assiologia non newtoniana» per qualificare questa teoria dei valori, allo stesso tempo cognitivista e rispettosa della «complessità» dell'universo del prescrittivo. Ci sono comunque alcuni principi fondamentali che ispirano il processo di razionalizzazione che Weber intravvede nel corso della storia: «descrivere il mondo quale esso è» è un principio che domina l'ambito dell'«intellettual-teorico»; «definire un ordine politico e sociale sentito come legittimo, costruire una società dove ogni individuo abbia riconosciuti tutti i suoi diritti come cittadino» ecc., sono alcuni principi che dominano l'ambito dell'«etico-pratico». Nulla dimostra *a priori* che questi principi siano interessanti, né realizzabili. Si sono imposti, semplicemente. La storia dei progetti che puntano ad attuare questi principi coincide con quella dei valori[54].

---

[54] Raymond Boudon, *Il senso dei valori*, Op. cit., III, cit. p. 132.

Capitolo 2

Spazi concettuali e sociologia della scienza*

2.1

È molto frequente l'abitudine degli studiosi contemporanei a legare la ricerca concettuale di autori come Robert King Merton (1910-2003) ad aspetti pratici e cognitivi, storici e sociali, in modo da fare risultare tematiche come quelle inerenti la sociologia della scienza, comprese in un assemblaggio di punti di osservazione i quali forniscono gli studi semantici e quelli sulla erudizione, la retorica e/o lo studio del linguaggio, di parole o frasi ecc. L'autore studia, come vedremo a breve, anche il modo in cui avvengono le «pubblicazioni orali», nel momento in cui l'interazione cognitiva di pubblicazioni a stampa e quelle orali, appunto, possa risultare centrale per la trasmissione della conoscenza di generazione in generazione[1]. Ma, in riferimento agli studi dei concetti, va specificato che molti autori sottolineano l'importanza di questo aspetto particolare delle sue ricerche, come ad esempio fa lo storico della sociologia Filippo Barbano (1922-2011), il quale riconosce al sociologo americano una certa predisposizione per le questioni del linguaggio e per la definizione dei concetti[2]; o come ribadisce il sociologo polacco Piotr Sztompka, quando scrive che «la fase successiva scelta da Merton per la discussione metodologica è quella della formazione dei concetti. Raggiungere la chiarezza, la precisione e il significato non ambiguo dei concetti sociologici sembra essere una preoccupazione quasi ossessiva»[3]; o come, infine, sostengono altri, i quali credono che Merton stesso abbia dedicato più tempo alla

* Dal mio *Robert King Merton*, Torino, Utet, 2019 con varianti nel testo.

1 Temi del genere compaiono in Robert King Merton, *Sociological Ambivalence and Other Essays*, New York, The Free Press, Macmillan, 1976, p. 118 e sg.; *The Sociology of Science: An Episodic Memoir*, Carbondale, Southern Illinois University Press, 1979, p. 98. Esiste però un saggio mirato dal titolo: *On the Oral Transmission of Knowledge* pubblicato in Robert King Merton e Matilda White Riley (a cura di), *Sociological Tradition from Generation to Generation*, Norwood, N. I., Ablex Pub., 1980, pp. 1-35; ora in *Teoria e struttura sociale*, Bologna, il Mulino, ediz. 2000, vol. III, XVII, pp. 961-1019.

2 Cfr. Filippo Barbano, *Strutture sociali e funzioni sociali: l'emancipazione dell'analisi strutturale in sociologia* (trad. it.), su «Inquiry, An Interdisciplinary Journal of Philosophy», vol. II, Issue 1-4-, 1968, pp. 40-84.

3 Piotr Sztompka, *Robert King Merton: An Intellectual Profile*, Houndmills, Basingstoke, Hampshire and London MacMillan Education LTD, 1991, cit. p. 68 (traduzione mia).

formazione dei concetti, proponendo un linguaggio articolato in grado di fornire la consapevolezza dello studioso di fronte a tali questioni, più che a cercare di elaborare le note teorie della gamma media.

Una citazione del sociologo di Filadelfia mostra la sua consapevole inclinazione per la scoperta del potere euristico dei concetti, quando afferma che:

> Come abbiamo visto, sperimentiamo durate socialmente previste in ogni settore della vita sociale e in una forma più varia [...] quella ubiquità dei SED fenomenali che può portare a confrontarsi, dove si mostrano situazioni concettualmente inosservabili, in un contesto sociale dato per scontato che può essere differenziabile in un altro contesto forse illuminante che ci guida alle somiglianze di fondo. Come Wittgenstein ha osservato una volta con il sentimento italico: «Quanto mi riesce difficile trovare ciò che è giusto davanti ai miei occhi»[4].

Ora si può notare come l'importanza delle parole e dei concetti investa il discorso scientifico e filosofico, rilanciando una certa trattazione della sociologia del sapere, impiantata sul ricorso all'esame dettagliato del modo in cui si viene compiendo l'analisi storica di un concetto e/o di una parola e/o di una frase ecc. L'investimento mertoniano nell'esame delle parole non è una posizione acquisita soltanto in un tempo più recente dell'autore, nel momento in cui, ad esempio, egli compie certi viaggi, seguendo avventure intraprese in realtà negli anni Trenta del XX secolo, quando arrivò al concetto-termine di «serendipità» nell'*Oxford Dictionary* dove poté scoprire che quella parola era stata coniata Da Horace Walpole e si basava sul titolo di una fiaba, *I tre principi di Serendip*, i quali eroi poterono fare sempre «scoperte per incidenti e sagacia, per cose che non erano in ricerca di». Diciamo questo in quanto il conclusivo *The Travels and Adventures of Serendipity* di Robert King Merton e Elinor Barber è proprio la storia di una parola e del suo concetto, trascritta di fronte a conseguenze fortuite e a certi tratti dell'azione sociale e, in modo da compiere un viaggio affascinante nella ricerca etimologica e sociologica combinata. Il punto di vista praticato dal sociologo americano differisce in sostanza da altri modi di intendere lo sviluppo dei concetti, rapportandoli ad un insieme di evidenze empiricamente operanti e rintracciabili all'interno di discipline scientifiche particolari come, ad esempio, la medicina[5] o la fisica o la biologia ecc. La semantica sociologica tratta i concetti come se questi dovessero schiudere un retroscena teorico in grado di orientarne i significati e di legarne i presupposti. Infatti, i concetti sono come gli «idoli» che hanno occhi ma non vedono e hanno bocca ma non parlano, se non attraverso una determinazione teorica. Ciò avviene anche quando si tratta della trasmissione orale della conoscenza, legando quest'ultima a forme di pubblicazione che trasmettono risultati formali a un insieme di ascoltatori o a un auditorio ecc. Anche in questo caso, il riferimento di Merton è al mondo accademico e alla trasmissione della conoscenza tramite «lezioni» e «pubblica-

[4] Robert King Merton, trad. it *Su struttura sociale e scienza*, modificato e con una *Introduzione* di Piotr Sztomka, Chicago, The University of Chicago Press, 1975; v. trad. it. *Analisi tematica in scienza: note sul concetto di Holton*, Washington, «Associazione americana per l'avanzamento della scienza», 1996, cit. p. 167 (traduzione mia).

[5] Cfr. Ludwick Fleck (1935), *Genesis and Development of a Scientific Fact*, Ed. Thaddeus J. Trenn e Robert King Merton, trans. Fred Bradley e Thaddeus J. Trenn, Chicago, University of Chicago Press, 1977, trad. it. *Genesi e sviluppo di un fatto scientifico*, Bologna, il Mulino, 1983.

zioni orali» che si presentano sotto forma di comunicazione pubblica. L'autore prende in carico molti esempi tratti dalla letteratura scientifica corrente e passata, intendendo la «lezione» come discorso formale da interpretarsi come un «atto» socialmente utile che impegna sia il parlante che l'uditorio in una interazione più o meno diretta, almeno sino all'avvento della radio e degli altri mezzi di comunicazione, i quali cambiano la prospettiva di analisi del «pubblico» e orientano i comportamenti sociale secondo modalità e decisioni diverse dalla interazione orale e visuale.

Come descritto nel saggio sulla propaganda radiofonica e cinematografica, scritto in collaborazione con Paul Felix Lazarsfeld:

> la propaganda dei fatti ha ancora un'altra caratteristica che la distingue dalla propaganda che cerca di persuadere per esortazioni dirette e a suon di tromba. Essa non cerca di dire alla gente dove deve andare, ma mostra il sentiero che essa dovrebbe scegliere per arrivare alla meta. Rispetta il senso di autonomia dell'individuo lasciando che sia lui a prendere la decisione. La decisione è volontaria, non forzata. La propaganda dei fatti opera per azione indiretta, non per coercizione: *ha valore di guida*. La forza cumulativa dei fatti ha, per così dire, un suo impulso. È praticamente un sillogismo con una conclusione implicita, conclusione che deve essere tratta dal pubblico, non dal propagandista [...]. Il trarre volontariamente le conclusioni difficilmente determina le disillusioni che in genere seguono alla propaganda esortativa. L'oratoria sfrenata può produrre una momentanea acquiescenza e recriminazioni posteriori: le decisioni autonome sotto la pressione dei fatti non devono pagare questo prezzo[6].

Il fatto che più incuriosisce Merton è quello che la trasmissione orale della conoscenza modifica certe abilità che corrispondono al sapere universitario. Egli scrive:

> In ognuna delle varie forme di trasmissione orale, esiste un'ulteriore variabilità dovuta allo stile personale dell'operazione. Se si prende in esame in particolare la lezione universitaria in quanto forma generale, troviamo che esiste diversità a seconda della matrice sociocognitiva in cui le conferenze sono incassate: diversità nella rete di relazioni sociali e nel tipo di interazione sociale tra l'istruttore e gli studenti e diversità negli orientamenti cognitivi dell'istruttore, tutt'e due interagenti con lo stile stesso con il quale viene fatta la lezione[7].

Il rapporto con quest'ultima modifica il campo di osservazione delle interazioni, dove la stessa lezione:

> comporta una *interazione* diretta, non solamente una reazione a ciò che viene detto. Come talvolta dobbiamo ricordarc a noi stcssi, colui chc fa lezione vede-e-sente un uditorio e un pubblico che probabilmente valuta quello che a sua volta vede-e-sente, oltre a vedere-e-sentire colui che fa lezione. Questo contrasta col carattere sociale delle risposte critiche da parte degli individui e dei gruppi di riferimento alla pubblicazione a stampa: sia nell'anticipazione ansiosa sia nell'evento effettivo, la stampa non ha la stessa immediatezza e gli stessi effetti interattivi[8].

---

[6] Robert King Merton, *Studies in Radio and Film Propaganda* in *Social Theory and Social Structure*, Enlarged Edition, 1968, Op. cit., XVI, pp. 580-581, trad. it. *La propaganda radiofonica e cinematografica* in *Teoria e struttura sociale*, Op. cit., vol. III ediz. 2000, cit. p. 957.

[7] Robert King Merton, *La trasmissione orale della conoscenza* in *Teoria e struttura sociale*, Op. cit., vol. III, ediz. 2000, XVII, cit. p. 971.

[8] Robert King Merton, *La trasmissione orale della conoscenza* in *Teoria e struttura sociale*, Op. cit., vol. III, ediz. 2000, XVII, cit. p. 979.

Si ammette che la lezione universitaria formale svolga distinte e importanti funzioni, stabilite in rapporto alla formulazione di concetti che possono comparire benissimo in una serie di pubblicazioni o che risultano «calibrate» per un esercizio del genere. La trasmissione orale della lezione è collegata all'elaborato concettuale di personalità accademiche che parlano di fronte a degli studenti o dinanzi a una platea di ascoltatori. Molti autori della storia della scienza si impegnarono molto affinché le proprie lezioni fossero chiarificate in modo tale da permetterne la stampa in un volume o in una raccolta di scritti. Va ribadito anche che, per alcuni di quegli autori, la stampa aveva una connotazione negativa, tanto che preferivano distinguere nettamente il sapere orale dai concetti espressi per iscritto, considerando il pensiero come un processo in continuo sviluppo, che si svolgeva in modo dinamico e progressivo, e che non poteva essere racchiuso in modo definitivo in un saggio o in un articolo. Merton nota un avvicendamento tra l'abitudine «perfezionista» e la struttura normativa della scienza, ammettendo che quest'ultima si presenti come un sistema istituzionalizzato che opera anche una funzione di controllo sui prodotti intellettuali e scientifici[9]. Per lui:

> Questa composita struttura normativa e sociale di critica organizzata fornisce il contesto sociologico perché gli scienziati e gli studiosi possano decidere quando rendere il proprio lavoro ampiamente pubblico. Come accade con tutti i sistemi di aspirazioni socialmente indotte o socialmente rinforzate e con tutti i sistemi di controllo sociale, questo sistema introduce rischi di punizioni quando non si raggiungano i vari standard richiesti per l'esecuzione di un ruolo, oltre che promesse di ricompense quando si riesce a raggiungere o superare questi standard di giudizio in parte autoimposti. È all'interno di questo contesto sistemico – nota ancora Merton, *n.d.a.* – che il perfezionamento cognitivo sembra trovare il suo posto sia psicologico che sociologico [...]. Si può ritenere così che il perfezionamento cognitivo nella scienza non sia altro che un adattamento anticipatorio di questo interesse, indotto e rinforzato dal sistema, per le risposte valutative del lavoro di uno scienziato da parte di colleghi competenti. Il contesto di questi adattamenti anticipatori è stato descritto molti anni fa in questi termini: La scienza è conoscenza pubblica e non privata [...][10].

L'esame delle funzioni cognitive e sociali del discorso orale nel contesto accademico corre parallelo a quello della lezione rapportata al parlante e all'uditore. Alcune caratteristiche della pubblicazione orale permettono di evidenziare dei pensieri ancora grezzi che potranno essere perfezionati dall'espressione formale a stampa. Queste ultime possono connettersi allo sviluppo delle idee di chi svolge una lezione accademica e sembra libero di esprimere concetti e frasi non ancora strutturati in un discorso. La pubblicazione orale, così e come altri «modelli socio-culturali», presenta alcune disfunzioni che ne evidenziano i limiti e i costi: «presenta i difetti delle sue qualità». L'esplorazione di idee liberamente professate e interessanti, permette anche di risalire a una certa qualità, tenendo presente che tutto quello che descriviamo come «tradizione orale» nella scienza comporta la «commistione di complessi documenti scritti e di

---

9 Cfr. Harriet Zuckerman, *Deviant Behavior and Social Control in Science* in *Deviance and Social Change*, a cura di Edward Sagarin, Beverly Hills, Sage, 1977, p. 90 e sg.

10 Robert King Merton, *La trasmissione orale della conoscenza* in *Teoria e struttura sociale*, Op. cit., vol. III, ediz. 2000, XVII, cit. pp. 994-995; rip. in *Scienza, tecnologia e società nell'Inghilterra del XVII secolo*, Milano, Franco Angeli, 1975, p. 291. Si veda anche John M. Ziman, *Public Knowledge: An Essay Concerning the Social Dimension of Science*, Cambridge, Cambridge University Press, 1968, Op. cit.

intenzioni faccia a faccia». Merton ricorda qui lo scetticismo di George Sarton dinanzi al carattere effimero dell'insegnamento, nel momento in cui la pubblicazione orale ha forse meno risonanza che la pubblicazione a stampa, internamente al sistema di ricompense della/nella attività della/nella scienza.

Anche dal versante della produzione di nuovi concetti si mostrerebbe il carattere paradossale della stessa proprietà intellettuale nell'ambito scientifico, soprattutto in rapporto alla pubblicazione aperta, la quale permette la valutazione nello stesso ambito scientifico e la eventuale correzione ai fini delle rivendicazioni che hanno come tema la conoscenza. Sta di fatto che, ad esempio, le lezioni giochino una parte significativa per gli studenti dei corsi universitari umanistici e sociali, più di quanto avvenga per gli ascoltatori delle scienze fisico-naturali e biologiche; la natura della diversificazione sembra interessare più la formulazione dei concetti (scienze sociali) che quella inerente i meri risultati (scienze fisiche e biologiche). Ciò invoglia a pensare che: «Queste osservazioni ci possono indicare un ulteriore tipo di ricerca sistematica, rivolta a valutare i tipi e l'ampiezza delle differenze nell'educazione e nella socializzazione degli scienziati e degli umanisti, in rispetto alle modalità dominanti di trasmissione orale della conoscenza, sia rispetto alle loro conseguenze»[11]. All'avanzamento di conoscenze attiene quindi l'importante funzione svolta dalla comunicazione orale nel processo di educazione degli studiosi e degli scienziati. Gli spazi concettuali allargano i loro orizzonti verso l'elaborazione di materiali che sono concepiti come «materiali preparatori» i quali esigono e, proprio da autori come Merton, un'attenzione particolare come del resto mostrerebbe una indagine circoscritta al lavoro sulla *serendipity*. Come ha rivelato uno studio abbastanza recente di Riccardo Campa[12], che riprende nella più avanzata attualità alcune considerazioni di James L. Shulman, il libro era stato concepito come una «preparazione OTSOGIA»; in pratica, esso doveva servire come propedeutica al lavoro di Merton del 1965 *On The Shoulders of Giants*, acronimo di OTSOG. Tuttavia, dopo il completamento nel 1958, il libro sulla *serendipity* è stato lasciato inedito in modo intenzionale dall'autore. È molto probabile che gli autori, Merton e la sua amica di vecchia data Elinor G. Barber, abbiano avuto l'impressione che il libro alla fine avesse perso gran parte della sua novità; e la situazione non è molto cambiata con il trascorrere degli anni. Si trovano indizi sicuri su questo nella *Postfazione* scritta da Merton poco tempo prima della sua morte.

Qui l'autore offre un quadro statistico-descrittivo della velocità con cui la parola si è diffusa sin dal 1958. Come riferiscono le fonti esaminate da Merton, risalire per quell'epoca poteva mostrare come la serendipità fosse stata stampata ben 135 volte; ma tra il 1958 e il 2000 la stessa era apparsa nei titoli di ben 57 libri e la parola usata dai giornali 13.000 volte negli anni Novanta del XX secolo e in 636.00 documenti sul

---

[11] Robert King Merton, *La trasmissione orale della conoscenza* in *Teoria e struttura sociale*, Op. cit., vol. III, ediz. 2000, XVII, cit. p. 1018.

[12] Cfr. Riccardo Campa, Piotr Zielonka, *Serendipity*, in «Nasz Rynek Kapitalowy», 4, Cracovia, 2004 (traduzione mia). Si veda dello stesso autore *La rilevanza epistemologica della sociologia della scienza di Merton*, «Ruch Filozofizny», vol. 55, n. 2 e *Dimensioni epistemologiche della sociologia di Robert King Merton*, Torun, Copernicus University Press, 2003. Sulla stessa lunghezza d'onda si v. Robert King Merton e Simona Fallocco, *La serendipity nella ricerca sociale e politica: cercare una cosa e trovarne un'altra*, Roma, Luiss, 2002.

World Wide Web nel 2001. In ogni caso, il libro poteva risultare utilizzato in altre pubblicazioni di Merton, sfatando in tal modo il peso della «conoscenza orale» per quella praticabile sulla carta stampata. In questo volume appare la *Postfazione* di Merton, consegnata all'editore italiano ben dieci anni dopo, a causa delle precarie condizioni di salute dell'autore. La versione italiana è stata così pubblicata nel 2002, dopo la morte di Elinor G. Barber, e quella inglese originale nel 2004. Anche la storia del libro costituisce uno spunto per discutere sulla sociologia della scienza prodotta da Merton che, in alcuni casi, è stata affiancata all'esercizio della retorica, così come mostrerebbe una analisi circospetta condotta, invece, proprio su OTSOG e su aspetti salienti. Peter Simonson infatti afferma nel suo saggio *Merton's Sociology of Rhetoric*:

> Beyond being a history of rhetoric-in-use OTSOG provided preliminary starting points for a sociologically oriented rhetorical theory of elite discourse. I will mention two of them, which, for Merton's style, dwell within the middle range. First, he linked the social uptake and effectivity of the *gnome* to the self images of the rhetors who used it (or perhaps were used by it. «(T) hose previously disposed to self- derogation resonate to the Aphorism once they encounter it,» Merton suggested [...] this relation between exposure to rhetoric and audience disposition was one that the Office of Radio Research had worked out by the early 1940s, while engaged with the problems of building interest in public affairs or cultural programming – those with a preexisting taste for classical music, for example, were most likely to seek out and benefit from classical programming on the radio. Here Merton transferred the basic idea to a different realm, indeed less to the cultural tastes of mass audiences than to the dispositions of individual scientists and scholars[13].

Come si legge nel saggio di Simonson, Merton fornirebbe l'esempio di una trattazione degli effetti «retorici» del pubblico dibattito nella sua stessa visione epistemologica della/nella scienza, quella fornita ad esempio nel modo in cui si affrontano alcune questioni di OTSOG. L'autore cita il saggio di Merton *Social Conflict over Styles of Sociological Work*, presentato nella sessione plenaria del IV Congresso di sociologia a Milano-Stresa nel 1959. In tutti i casi OTSOG rappresenta il corrispettivo «retorico» degli studi sulla propaganda, quelli condotti sulla esperienza di Kate Smith che si è raccontata, costituendo una forte attrazione per l'approccio sociologico alla cultura e alle idee «di periodo». In alcuni casi, sembra chiaro che molte determinazioni del discorso «retorico» si ritrovano nel testo sulla *serendipity*, quando gli autori studiano il contesto sociale, storico e culturale del neologismo in un quadro di interessi allargato e sottoposto ad *audience*. Come osservano Merton e Elinor G. Barber nell'edizione inglese del 2004: «Fa parte della natura della scienza che emergano costantemente nuovi concetti, fatti e strumenti, e vi è un continuo bisogno concomitante di nuovi termini per designarli»[14].

Tutto ciò implica una serie di conseguenze teoriche e dei concetti, definendo significati per la sociologia della scienza. Ad esempio, i primi capitoli del testo sulla *seren-*

[13] Peter Simonson, *Merton's Sociology of Rhetoric* in Robert K. Merton. *Sociology of Science and Sociology as Science*, a cura di Craig Calhoun, New York, Columbia University Press, 2010, cit. p. 237.

[14] Robert King Merton, Elinor G. Barber, *The Travels and Adventures of Serendipity: A Study in Sociological, Semantics and the Sociology of Science*, Princeton, NJ, Princeton University Press, 2004, cit. p. 46 (traduzione mia). Utilizziamo anche l'edizione italiana del 2008 (Bologna, il Mulino) con una *Introduzione* di James L. Shulman che Merton riprende nella *Postfazione* al libro.

dipity chiariscono l'origine della parola in riferimento alla pubblicazione del 1557 dei *Tre principi di Serendip* a Venezia, una storia focalizzata sui poteri deduttivi dei figli del filosofo-re di Serendip. La parola fa la sua comparsa in una lettera a Horace Mann datata 28 gennaio 1754 nella quale Horace Walpole forniva una descrizione dei principi secondo i quali si cercava una ricerca, per cui certe conseguenze potevano essere imprevisti per la definizione del modo in cui il concetto si manifestava.

> Il carteggio tra Horace Walpole e Horace Mann costituisce quella che Wilmarth S. Lewis definì la catena delle Ande della corrispondenza di Walpole. I due amici, che tra l'altro erano lontani cugini, si scrissero per quarantasei anni, dal 1740 al 1786, anche se, dopo la visita di Walpole a Firenze nel 1741, lui e Mann, che rimase a lungo ministro britannico presso la corte fiorentina, non si rividero mai più. Walpole scrisse tutte le sue innumerevoli lettere per la posterità; ma quelle indirizzate a Mann furono concepite in modo particolare per costituire «una sorta di storia», una cronaca cioè di importanti avvenimenti sociali e politici. Inevitabilmente, dai i gusti peculiari dello scrivente, anche molti incidenti «senza importanza» si insinuarono nelle sue lettere, e uno di questi giunse a significare per una piccola e crescente fascia della posterità assai più di quanto Horace Walpole avrebbe mai potuto prevedere[15].

La *serendipity* poté essere definita dalla intera corrispondenza di Walpole con Horace Mann intorno alla metà dell'Ottocento, anni nei quali la parola poté circolare nei club letterari della nazione e affermarsi tramite la pubblicazione delle lettere. È evidente che la «storia sociale» della parola può fornirci molte informazioni sull'ambiente culturale dell'epoca, proprio in quanto il libro di Merton tratta di come nasca un'idea, un dubbio, uno spunto in grado di illustrare la storia di un aforisma trattata con molta erudizione e dovizia di particolari e con lo stile e la precisione di Merton, come sottolinea, tra gli altri, Charles Crothers nel suo lavoro monografico[16]. «La storia sociale della *serendipity* ci rivela quindi qualcosa dei diversi ambienti e circoli sociali in cui è stata adottata e delle ragioni della ricettività dei membri di tali gruppi a una parola come questa. È una storia che solo a grandi linee è cronologica: è cronologica nel senso che ambienti e circoli sociali vengono presi in esame nell'ordine in cui entrarono la prima volta in contatto con *serendipity*. Ma diversi di questi ambienti coesistettero fianco a fianco negli stessi anni, e in alcuni casi vi furono sconfinamenti individuali dall'uno all'altro»[17]. Merton e la Barber ricostruiscono le vicende che vedono l'utilizzo del termine-concetto nella letteratura corrente del secolo, intendendo la parola con il riferimento alla «scoperta», a un particolare tipo di «intelligenza-naturale» e, infine, come fosse una sorta di «dono» o tratto praticamente innato. Dal XX secolo la *serendipity* guadagnò l'accettazione delle sue varie attitudini a ricoprire dei significati in dei circoli letterari sempre più ampi, risultando presente come termine nei dizionari inglesi e americani tra gli inizi del Novecento e il 1935. Nel 1951, il termine-concetto fu quindi incluso nel *Coincise Oxford Dictionary* e successivamente passò nel vocabolario personale di Merton. In ogni caso, Merton e la Barber ripercorrono la storia lessicografica della parola sin dagli inizi della sua circolazione nei dizionari, come ad esempio, nel *The Century Dictionary* o nel *New Standard Dictionary* della lingua

---

15 Robert King Merton, Elinor G. Barber, *Viaggi e avventure della Serendipity*, Op. cit., I, cit. p. 29.

16 Cfr. Charles Crothers, *Robert K. Merton*, Op. cit., VII, p. 151.

17 Robert King Merton, Elinor G. Barber, *Viaggi e avventure della Serendipity*, Op. cit., VII, cit. p. 200.

inglese, dove la serendipità è definita come la «capacità di trovare cose di valore in modo inaspettato» o precedentemente come «facoltà di felice o fortuna di trovare da» o addirittura «la scoperta di cose non desiderate».

Il riferimento alla definizione inglese di «*accidental sagacity*» elimina ogni ambiguità dell'uso del neologismo, rivolgendosi anche ad attributi di tipo personale. Per esempio, lo scienziato Edwar Solly, «definì la *serendipity* come "un genere particolare di sagacia naturale", e con questa sua rielaborazione sottolineò l'apparente implicazione di Walpole che la *serendipity* fosse un dono o un tratto connaturato. Ebbe così inizio quel sottile processo di definizione e ridefinizione selettiva che era destinato alla lunga ad apportare sorprendenti modifiche al significato di *serendipity*»[18]. Infatti, soprattutto il *The Oxford English Dictionary* (OED) definiva la serendipità come: «la facoltà di fare scoperte felici e inaspettate per caso», soddisfacendo in tal modo la prescrizione di Walpole di riferirsi ad un «dono» da scoprire per caso e per incertezze mentre si sta cercando qualcosa di altro. Merton sottolinea il fatto che, con tali riferimenti, è possibile distinguere la definizione di *serendipity* da quella di «scoperta accidentale». La stessa capacità di separare l'utilizzo della parola in ambito scientifico e specialistico ha a che fare con l'esercizio della sociologia della scienza, anche se quest'ultimo non renderebbe conto dell'impatto della società sulla pratica scientifica intesa come un prodotto culturale e cognitivo. L'accusa è rivolta *in primis* allo stesso Merton ed è quella che gli aspetti epistemologici vengono ad essere trascurati e imbrigliati non poco nello studio delle relazioni esistenti tra istituzioni e norme, in modo tale da fornire un approccio «soft» al programma di sociologia della scienza a differenza di un approccio «forte», istituito dall'inglese David Bloor[19] e dai sociologi della nuova generazione, più adatto – invece – a produrre risultati nel campo dei contenuti nella scienza, rilevanti quindi a livello epistemologico.

In realtà, questa è una critica moderna che si è già sviluppata in un lavoro come il nostro: il sociologo americano studia principalmente le istituzioni della/nella scienza e non la vita di laboratorio e/o i prodotti teorici dell'impresa scientifica, anche se Merton non ha mai dichiarato che i sociologi non debbano interessarsi a tali ambiti di ricerca. Nel capitolo decimo dell'opera Merton si occupa di definire gli ambiti della *serendipity* intesa come ideologia e politica della/nella scienza. Egli mostra da subito un certo scetticismo nei confronti delle definizioni «sommarie» che abilitano la ricerca scientifica di fronte alla critica, soprattutto quando non si tiene conto delle reciproche influenze che in questo caso hanno un valore abbastanza rilevante. Scrive l'autore:

> I problemi che la serendipity solleva nei riguardi dell'organizzazione e dell'amministrazione della ricerca scientifica sono in qualche misura diversi da quelli sollevati nei riguardi del lavoro dei singoli scienziati. Nel caso di questi ultimi, la serendipity pone problemi legati alla definizione più appropriata dei loro compiti e al loro svolgimento ottimale. Nella ricerca scientifica organizzata, d'altro canto, compiti e obiettivi non sono definiti esclusivamente *dai* singoli

---

[18] Robert King Merton, Elinor G. Barber, *Viaggi e avventure della Serendipity*, Op. cit., III, cit. p. 97.

[19] Cfr. David Bloor, *Knowledge and Social Imagery* (2nd ed.), Chicago, Illinois: University of Chicago Press, 1991 (London, Routledge e Kegan Paul, 1976). Di un certo interesse è il saggio di Aaron L. Panofsky, *A Critical Reconsideration of the Ethos and Autonomy of Science in Robert K. Merton. Sociology of Science and Sociology as Science*, Op. cit., VII, p. 141 e sg.

> scienziati, ma definiti per loro, in una certa misura, da qualcuno dotato dell'autorità di farlo. L'amministratore della ricerca scientifica definisce quanto si aspetta dai singoli scienziati che rispondono a lui per i loro risultati [...] Spetta a lui definire le sue aspettative in modo tale che «trarre il massimo» dagli scienziati di cui dirige il lavoro. In alcuni casi, gli atteggiamenti nei confronti delle scoperte accidentali possono rivelare importanti decisioni circa la corretta amministrazione della ricerca e la corretta definizione dei compiti degli scienziati in essa impegnati[20].

La definizione dell'amministratore della ricerca in termini autoritari o permissivi si lega all'evenienza di scoperte accidentali che tendono ad esaltare il singolo scienziato e le sue capacità oltre che il suo pieno grado di autonomia rispetto alle evidenze dell'organizzazione; ciò testimonia anche del grado di legittimità e/o di desiderabilità della *serendipity*, quando l'organizzazione della ricerca incide sul processo di manifestazione della stessa, stante il fatto che una eccessiva programmazione in campo scientifico non favorisce il manifestarsi di «eventi inattesi» o «scoperte inattese», anche se quest'ultima evenienza non è praticamente da escludere. Aggirando i «rischi della libertà» si incrementano le possibilità di fallimento della/nella impresa scientifica, così come mostrano delle vicende narrate da Merton. Va notato, comunque, che il comparire sulla scena di scoperte accidentali e/o il suo verificarsi è indice di una ottima organizzazione della/nella ricerca, soprattutto ai fini di una marcata definizione del rapporto tra *serendipity* e politica della/nella scienza. La storia della scienza e, di conseguenza, questo esame di sociologia della scienza, mostrano la tendenza degli scienziati a coltivare la *serendipity* con l'immaginazione, anche quando si lavora all'interno di un laboratorio e si tende a compiere la trasformazione di «eventi fugaci» in un evento dal peso scientifico. Anche i giganti che abitano la comunità scientifica andrebbero incoraggiati, sino ad ammettere che, almeno loro, possano risultare dotati di *serendipity* e orientati verso il progresso della/nella scienza[21]. Ogni preoccupazione dello scienziato ha una connotazione sociale e riguarda anche i fautori della cosiddetta «ricerca industriale», nei vari contesti nei quali non si vorrebbe ammettere, in ultima analisi, una vera e propria compressione della/nella ricerca con eventi che implicano la *serendipity*; molte industrie pensano, infatti, che ciò che conta sia l'organizzazione della ricerca lungo direttrici ben definite e implicanti una certa metodologia, il che esclude i fallimenti possibili e la ripetizione di indagini che lasciano libera la via alle scoperte migliori. Ma, secondo Merton, proprio la *serendipity* ha prodotto nella scienza moderna il maggior numero di eventi che possono raffigurare l'attività degli scienziati in un'organizzazione: «La *sola* serendipity metterebbe la società in una cattiva luce, così come si riteneva potesse sottrarre merito ai singoli scienziati: il successo raggiunto in virtù della serendipity è giustificato dagli sforzi successivi»[22].

Merton esamina le discussioni che si manifestano attorno alla scoperta accidentale nell'area della ricerca industriale e in quello del settore della ricerca sponsorizzata dal governo, trovando delle similitudini che si evidenziano nel comportamento sociale dei singoli rappresentanti di quelle realtà. Ne conclude che: «Nel settore industriale,

---

[20] Robert King Merton, Elinor G. Barber, *Viaggi e avventure della Serendipity*, Op. cit., X, cit. p. 309.

[21] Cfr. Robert King Merton, *La sociologia de la ciencia: Investigaciones teóricas y empiricas*, Resopilacion e Introduction di Norman Storer, versione spagnola di Nestor Alberto Miguez, Madrid, Alianza Editorial, 1995.

[22] Robert King Merton, Elinor G. Barber, *Viaggi e avventure della Serendipity*, Op. cit., X, cit. p. 326.

la *serendipity* è stata usata molto frequentemente per dimostrare la validità della funzione che la ricerca svolge nell'industria. Il verificarsi di scoperte accidentali fornisce una opportunità di spiegare e giustificare l'utilità della ricerca – una buona opportunità, perché le scoperte accidentali rivestono allo stesso tempo un "interesse umano" e vanno al cuore della natura della scienza»[23]. In tutto ciò, comunque, va dichiarato che Merton tenderebbe a cercare di migliorare il problema della metodologia, rendendo meno presente il contesto della scoperta in virtù del miglioramento del contesto di giustificazione: il problema della scoperta non può essere risolto sostituendo l'induzione con l'intuizione/invenzione, ma trattando elementi di natura psicologica e sociologica, mentre proprio il modello della *serendipity* sembrerebbe offrire il superamento, o meglio, il completamento del modello ipotetico-deduttivo, nel momento in cui quest'ultimo trascura di evidenziare e descrivere ciò che avviene realmente in un processo di indagine multidisciplinare rivolto alla resa reale dei fenomeni sotto osservazione[24].

Il riferimento alla serendipità è, come visto, l'esempio *clou* del fatto per il quale Merton attribuisca un significato alle scoperte scientifiche e un altro significato al modo in cui queste vengono fatte. Scrivono Merton e la Barber:

> Poiché è compito speciale degli scienziati fare scoperte loro stessi si sono spesso preoccupati di capire le condizioni in cui vengono fatte le scoperte e di usare quelle conoscenze per favorire la scoperta delle scoperte. Alcuni scienziati sembrano essere consapevoli del fatto che l'esigenza e la parsimonia prescritte per la presentazione dei risultati del lavoro scientifico tendono a falsificare in modo retrospettivo il processo effettivo con cui i risultati sono stati ottenuti[25].

Gli autori forniscono un numero consistente di citazioni le quali mostrerebbero che molti studiosi, storici e filosofi della scienza sono stati predisposti verso l'idea di una ricerca scientifica che può essere rappresentata da scoperte fatte in presenza di circostanze accidentali, nel senso della scoperta di lati della ricerca forniti da opportunità saltate in ballo all'improvviso e senza nessuna premeditazione. Essi però non mancano di sottolineare le opposizioni e le resistenze all'uso di concetti come la serendipità, a partire dalla visione marxista dello studio di spazi concettuali particolari che sottostanno alle forze scatenanti della necessità storica. All'uopo essi dichiarano che: «Poiché i marxisti credono che tutti i fenomeni sociali e fisici siano rigidamente determinati, le invenzioni sono, in linea di principio, prevedibili, e il lavoro dello storico o filosofo della scienza è di elaborare modi per prevederle»[26].

Le opposizioni al concetto di serendipità si riferiscono all'idea comune di potere osservare dati imprevisti in funzione della possibilità di sviluppare e/o di estendere una nuova formulazione teorica in rapporto a una teorizzazione già esistente. Sotto particolari auspici queste considerazioni sulla *serendipity* sono state enunciate da Merton in «American Journal of Sociology» (Op. cit., 50, pp. 468-469 nota) e riprese nel

---

23 Robert King Merton, Elinor G. Barber, *Viaggi e avventure della Serendipity*, Op. cit., X, cit. p. 334.

24 Cfr. Karin Knorr Cetina, *Merton's Sociology of Science: the First and the Last Sociology of Science?* In «Contemporary Sociology», n. 20, 1991, 4, pp. 522-526.

25 Robert King Merton, Elinor G. Barber, *The Travels and Adventures of Serendipity: A Study in Sociological, Semantics and the Sociology of Science*, Op. cit., cit. p. 159 (traduzione mia).

26 Robert King Merton, Elinor G. Barber, *The Travels and Adventures of Serendipity: A Study in Sociological, Semantics and the Sociology of Science*, Op. cit., cit. p. 166 (traduzione mia).

saggio *The Bearing of Empirical Research On Sociological Theory*, contenuto al capitolo V di *Social Theory and Social Structure* del 1968 (STSS), nella misura in cui ci si interessa del modello di *serendipity* («The Unanticipated Anomalous and Strategic Datum Extens Pressure For Initiating Theory»). Merton esamina all'origine tre punti salienti del problema di descrivere una teorizzazione di opportunità e interventi che rendono conto della comparsa del termine «*serendipity*» nella ricerca. Seguiamo l'autore quando scrive:

> The serendipity pattern refers to the fairly common experience of observing an *unanticipated, anomalus and strategic* datum which becomes the occasion for developing a new theory or for extending and existing theory. Each of these elements of the pattern can be readily described. The datum is, first of all, unanticipated. A research directed toward the test of one hypothesis yields a fortuitous by-product an unexpected observation which bears upon theories not in question when the research was begun. Secondly, the observation is anomalous surprising, either because it seems inconsistent with prevailing theory or with other established facts. In either case, the seeming inconsistency provokes curiosity; it stimulates the investigator to «make sense of the datum», to fit it into a broader frame of knowledge. He explores further. He makes fresh observations. He draws inferences from the observations, inferences depending largely of course, upon his general theoretic orientation. The more he is steeped in the data, the greater the likelihood that he will hit upon a fruitful direction of inquiry. In the fortunate circumstance that his new hunch proves justified, the anomalous datum leads ultimately to a new or extended theory. The curiosity stimulated by the anomalous datum is temporarily appeased. And thirdly – conclude Merton, *n.d.a.* – in noting that it must permit of implications which bear upon generalized theory, we are, of course, referring rather to what the observer brings to the datum than to the datum itself for it obviously requires a theoretically sensitized observer to detect the universal in the particular. After all, men had for centuries noticed such «trivial» occurrences as slips of the tongue, slips of the pen, typographical errors, and lapses of memory, but it required the theoretic sensitivity of a Freud to see these as strategic data through which he could extend his theory of repression and symptomatic acts. The serendipity pattern, then, involves the unanticipated, anomalous and strategic datum which extends theory. Instances of serendipity have occurred in many disciplines, but I should like to draw upon a recent sociological research for illustration[27].

Va ribadito che il modello di *serendipity* può essere bene interpretato come una convergenza verso la scienza di Charles Sanders Peirce, il quale aveva notato molto tempo prima il ruolo strategico del «fatto sorprendente» nel suo racconto di ciò che veniva indicato come «abduzione», cioè come l'iniziazione e l'intrattenimento di una ipotesi come attributo di inferenza. Questo schematismo potrebbe anche allargarsi e comprendere la trattazione di momenti della ricerca che debbono essere spiegati con le teorie esistenti, nel mentre che le nuove ipotesi teoriche possono essere accettate come congetture dalla comunità degli scienziati, così e come lo stesso Merton sembrerebbe far capire. Il sociologo statunitense ha sempre fatto riferimento a queste categorie nel suo lavoro teorico[28], riprendendo anche l'impegno di storici della scienza e di sociologi nell'esame di errori e vari tipi di insuccesso che si manifestano nel loro lavoro di

---

[27] Robert King Merton, *Social Theory and Social Structure*, Enlarged Edition, 1968, Op. cit., V. cit. pp. 158-159, trad. it. *Teoria e struttura sociale*, ediz. 1983, V, pp. 256-258, idem ediz. 2000. Si veda Robert King Merton e Mario Bunge (Introduction), *Teoría y estructura sociales*, Fondo de Cultura Económica, 4 edition, 1995.

[28] Cfr. Paul W. Cole, Jonathan R., *Robert King Merton; Authors Guild Foundation* (U.S.); Columbia University. Kingston, Center for the Social Sciences, Columbia University, 1981.

ricerca, il quale può anche comprendere percorsi ignorati sino ad allora o punti di osservazione trascurati fino a quel momento, mentre esiste la possibilità di rendere conto della serendipità acquisita e anche di un processo di inaffidabilità sempre presente come ipotesi di rischio. Il problema può essere esteso anche a quei campi del sapere che sono molto vicini alla sociologia della scienza, come la politica e l'economia[29]. Precisa Merton che la serendipità è sempre esistita nella ricerca; anzi, egli fa notare nel suo lavoro su *La sociologia della scienza. Indagini teoriche ed empiriche* del 1973 (Chicago, The University of Chicago Press, p. 164)[30] che: «Intuizione, scritture, esperienze causali, sogni o qualsiasi altra cosa possa essere la fonte psicologica di un'idea (Ricordate solo il segno di Kekulé e le immagini intuite dell'anello del benzene che convertono l'idea del mero numero di atomi in una molecola nell'idea strutturale del loro essere disposti in un modello risultante dalle valenze di diversi tipi di atomi)». Il potere dell'astrazione si viene così affermando come criterio utile per le disposizioni scientifiche che implicano un ricorso alla serendipità. Postulano Merton e la Barber: «Se i competenti scienziati-filosofi si formassero ad analizzare in astratto i modi in cui arrivano ai loro risultati scientifici, si renderebbero conto della misura in cui si muovono senza piani precostituiti da osservazioni che attraggono "casualmente" la loro attenzione alla formulazione di spiegazioni a quelle osservazioni, e infine alla verifica sperimentale di quelle spiegazioni [...] tutti attribuiscono importanza al caso, ma gli assegnano ruoli molto diversi»[31].

In rapporto alle scienze la *serendipity* può essere analizzata proprio rispetto alla possibile impraticabilità della ricerca di una storicità dei concetti e anche in rapporto a quadri teorici di riferimento.

> E dato particolarmente significativo dal nostro punto di vista, gli scienziati hanno avvertito che il ruolo del caso nella scoperta non è stato posto nella giusta prospettiva: vuoi a causa della semplificazione retrospettiva del processo di scoperta, vuoi a causa dell'«interesse umano» inerente all'intrusione del caso nel regno della razionalità scientifica, non si è accordato al fattore caso il posto che gli spetta tra gli altri fattori. Molti scienziati, al pari di numerosi storici e filosofi della scienza, hanno avvertito che la componente accidentale è stata o sottovalutata, o esagerata, o semplicemente incompresa, e che questa limitata comprensione ha portato a una comprensione inadeguata tanto della natura della scienza che delle qualità degli scienziati[32].

L'eccellente lavoro autobiografico imbastito da Merton nella più recente *Postfazione* al testo sulla *serendipity* rende conto in modo assai perspicace della tendenza degli scienziati a impiantare dei momenti autoesemplificativi nelle loro ricerche, come è il caso dello storico della scienza Thomas Samuel Kuhn[33]. Ripercorrere le sue vicende della/nella formazione implica la scoperta di fenomeni socio-cognitivi che pongono l'autore dinanzi a soluzioni concettuali di problemi che riguardano il lavoro scientifico

---

29 Cfr. *The Columbia University Economic Survey of American Authors: A Report of Findings Unknown Binding* – 1981.

30 Traduzione italiana, Milano, Franco Angeli, 1981.

31 Robert King Merton, Elinor G. Barber, *Viaggi e avventure della Serendipity*, Op. cit., IX, cit. p. 256.

32 Robert King Merton, Elinor G. Barber, *Viaggi e avventure della Serendipity*, Op. cit., IX, cit. p. 252.

33 Cfr. Jack A. Goldstone, Robert King Merton, *Revolutions: Theoretical, Comparative, and Historical Studies*, Harcourt Brace Jovanovich Publisher (January 1), 1986.

e la produzione di opere. Alcune svolte decisive, e non è più una novità, deriverebbero proprio dalla scelta di propri spazi concettuali originali i quali sono in grado di risolvere dei quesiti fondativi dell'opera degli autori implicati, evocando in tal modo concetti e osservazioni «serendipitosi» che possono apparire come equivoci e/o come anomalie. Kuhn stesso testimonia del suo incontro con la *serendipity*. Scrive Merton:

> Vediamo dunque come l'opera principale di Kuhn costituisca un bell'esemplare – in forma schiettamente autoesemplificativa – di «modello della serendipity» in azione in un microambiente serendipitoso. L'osservazione di un dato imprevisto, anomalo e strategico diviene l'occasione per identificare un nuovo problema intermedio che, una volta esplorato, porta alla soluzione di un recalcitrante problema basilare. La capacità sociologicamente riorientata dello scienziato individuale e le interazioni socio-cognitive nel microambiente serendipitoso entrano in sinergia per produrre una scoperta di importanza rilevante. Tutto questo suggerisce, in breve, che così come gli scienziati individuali differiscono nelle loro capacità di effettuare una scoperta originale, sia diretta sia serendipitosa, allo stesso modo i microambienti socio-cognitivi differiscono nella misura in cui favoriscono le scoperte, sia dirette che serendipitose, degli scienziati che interagiscono fra loro lavorando al loro interno[34].

Merton utilizza sin dall'inizio del suo lungo saggio il concetto riflessivo di «autoesemplificazione» per indicare la sua applicabilità verso una idea (concetto, ipotesi o teoria) che può riferirsi al suo medesimo contenuto oppure è esemplificata dalla sua stessa storia. Gli scienziati usano percorrere un terreno dove le idee che si autosemplificano fanno la loro comparsa fino alla determinazione di scoperte scientifiche o invenzioni che si legittimano in una stessa corrente di eventi significativi, e molti concetti risultano esemplificati dalla stessa loro storia. In tal modo un'idea si viene formando e nutrendo di aspetti nati dall'osservazione e/o messi in campo per negare ceri aspetti o, ancora, per focalizzare l'attenzione sul fenomeno delle scoperte multiple indipendenti ecc. Un esempio portato da Merton riguarda in un caso specifico, il *Tristram Shandy* e il suo libro *Sulle spalle dei giganti*, conosciuto in inglese con l'acronimo OTSOG, un opera che secondo la convincente ipotesi formulata da James L. Schulman nell'*Introduzione*[35], avrebbe impedito ogni espansione dei *Viaggi e avventure della Serendipity*, là dove quest'ultimo lavoro fu realmente abbandonato da Merton negli anni Cinquanta del XX secolo[36] ed è stato, in effetti, un lavoro preparatorio OTSOGIA, come si è già detto. A parte la digressione sull'utilizzo del termine «paradigma», Merton esamina gli effetti fuorvianti della documentazione pubblica della scienza in rapporto al corso effettivo della ricerca[37], là dove prospettive particolari, nuove ipotesi o «falsificazioni» fanno la loro comparsa, soprattutto se in confronto alla periodizzazione del lavoro scientifico dello storico della scienza. L'utilizzo del modello serendipitoso fa registrare un declino

[34] Robert King Merton, Elinor G. Barber, *Viaggi e avventure della Serendipity*, Op. cit., *Postfazione*, cit. p. 403.

[35] Cfr. James L. Schulman, *Introduzione* a Robert King Merton, Elinor G. Barber, *Viaggi e avventure della serendipity*, Op. cit., p. 21.

[36] Cfr. Steven Shapin, *The Accidental Scientist* in «American Scientist», vol. 92, n. 4, 2004, p. 13.

37 Cfr. Carlo Mongardini e Simonetta Tabboni, a cura di, *L'opera di R. K. Merton e la sociologia contemporanea*, trad. it. di *Robert King Merton & Contemporary Sociology*, Routledge, 1997 p. 309 e sg. (citato da Robert King Merton nella *Postfazione*, nota 71, p. 412). Sulla documentazione pubblica della teoria sociologica si veda *Social Theory and Social Structure*, Enlarged Edition, Op., cit., I, p. 3 e sg., trad. it *Teoria e struttura sociale*, ediz. 1983, Op. cit., p. 12 e sg., idem ediz. 2000.

dell'approccio induttivistico alla conoscenza e un ridimensionamento della tendenza dei sociologi a vedere nel contenuto delle teorie scientifiche una presenza del contesto sociale (linguaggi, cornici intellettuali, interessi ecc.). Il problema da porsi sarebbe quello che, di fronte alla *serendipity*, i fatti che osserviamo possono non essere racchiusi nelle teorie che già conosciamo e/o in spazi concettuali che possiamo e sappiamo frequentare. La nostra capacità di osservare il mondo circostante è in parte indipendente dal nostro apparato di concetti. È in tale funzione indipendente che sta il segreto della *serendipity*.

L'uso del termine e la sua circolazione nell'ambiente intellettuale e scientifico più recente testimoniano la rilevanza di suoi assunti di base e la riconsiderazione in campo culturale e intellettuale degli eventi accidentali e del loro peso nella formazione dei concetti e/o di spazi concettuali utili ai fini dell'esame sociologico della scienza. Per alcuni critici e studiosi non è affatto escluso che *Viaggi e avventure della Serendipity* non diventi un classico della storia e della filosofia della scienza[38], premiando in tal modo gli autori in quella spasmodica ricerca piena di meraviglia ed entusiasmo che può pervadere il cammino di fatti occasionali e accidentali che si manifestano nel lavoro scientifico. Questo discorso interessa il prospetto sulla produzione scientifica che deriva dalle nuove interpretazioni dei sociologi, come mostrano studi più attuali sullo sviluppo concettuale imbastito da Merton decenni prima[39]. L'autore trova molte conferme in questa direzione ed è portato a esaminare il carattere psico-socio-epistemico della *serendipity* che, da parola arcana, diverrebbe proprio al giorno d'oggi una parola in voga. Alcuni numeri sulla sua diffusione sono già stati forniti in precedenza e possiamo seguire Merton nella sua ricognizione sulla diffusione del termine in alcune aree particolari.

> Tuttavia, i riscontri comparativi forniscono un'indicazione decisamente più chiara di quella massiccia diffusione quando andiamo a esaminare i nuovi tipi di dati generati dai motivi di ricerca degli attuali mezzi informatici ora disponibili su Internet e nelle biblioteche pubbliche e universitarie. Anche se questi motori di ricerca non generano ancora niente di simile a un campionamento rappresentativo dell'uso della parola nel corso dei decenni, forniscono lenti per esaminare la misura e il carattere della sua diffusione che non erano ovviamente disponibili precedentemente. Nonostante queste non trascurabili imperfezioni, la crescita della frequenza degli usi recenti mostrata dai loro dati è di un ordine di grandezza sufficientemente elevato rispetto alle nostre capacità intuitive di mezzo secolo fa, tale da potere parlare senza mezzi termini di esplosione di popolarità della parola[40].

Accanto ai dati Merton nota nei decenni di rapida diffusione dell'uso del termine, l'attribuzione di significati nuovi e di spazi semantici e concettuali tali da rappresentare un processo di differenziazione senza precedenti: «In ogni caso, non più parola di nicchia, che colma un vuoto semantico, la parola in voga diviene una parola vaga»[41].

---

38 Cfr. Harold M. Green, Merton Robert K. e Elinor G. Barber, *The Travels and Adventures of Serendipity*, in «International Social Science Review», autunno-inverno, 2004.

39 Cfr. Yehuda Elkana, a cura di, Andreas Saigeti, Gyorgy Lissauer, *Concepts and the Social Order: Robert King Merton and the Future of Sociology*, Central European University Press, 2010, Op., cit.

40 Robert King Merton, Elinor G. Barber, *Viaggi e avventure della Serendipity*, Op. cit., Postfazione, cit. p. 434.

41 Robert King Merton, Elinor G. Barber, *Viaggi e avventure della Serendipity*, Op. cit., Postfazione, cit. p. 437.

L'indagine sulla parola e sul concetto di *serendipity* si apre quindi a tutta una serie di interpretazioni le quali modificano il senso dell'uso del termine in territori inesplorati della/nella ricerca. Speciali ambienti socio-culturali favoriscono le scoperte scientifiche inclusi i «momenti serendipitosi» che accompagnano le ricerche. In tutti i casi, il concetto presenzia alla promozione della conoscenza scientifica e suscita delle implicazioni epistemologiche che Merton rileva in una interpretazione di John Ziman, sociologo della scienza. Vale la pena riportare in chiusura il suo resoconto:

> La ricerca scientifica è molto di più dell'esercizio illuminato di una curiosità personale (come è stato anche riconosciuto dallo psicologo a orientamento sociologico Donald Campbell, che è giustamente citato per avere osservato: «La scienza usa la curiosità, ha bisogno della curiosità, ma la curiosità non ha fatto la scienza»). Sono necessarie elaborate strutture intellettuali e istituzionali per sfruttare questo tratto individuale per la produzione collettiva di conoscenza affidabile [...]. (La curiosità) non è tanto un tratto personale o un'attitudine mentale quanto una virtù associata con un ruolo sociale[42].

Il punto chiave è quello per il quale in prospettiva si possono affermare degli spazi concettuali nei quali si producono *opportunità* per cercare di effettuare *scoperte*, percependo le *anomalie* della/nella scienza come eventi serendipitosi che mostrano microambienti socio-cognitivi e le loro strutture.

[42] John Ziman, *Real Science: What it is what it Means*, Cambridge, Cambridge University Press, 2000, cit. pp. 23, 217, cit. in Robert King Merton, *Viaggi e avventure della Serendipity*, Op. cit., Postfazione, cit. p. 450, nota 124.

Capitolo 3

Analisi empirica del modello sociale, economico e politico

3.1

Non è una novità il fatto che molti sociologi in Europa e ultimamente anche negli Stati Uniti e altrove si interroghino nel corso del nuovo secolo su alcune sfide congiunte come la globalizzazione, l'individualizzazione, la disoccupazione e le disuguaglianze, la rivoluzione dei generi e, *last but not least*, i rischi globali della crisi ecologica e della turbolenza dei mercati finanziari che piombano sugli Stati nazionali come altri fenomeni estremi come le migrazioni, le pandemie e le guerre. La vera novità è quella per cui solo alcuni di questi studiosi e ricercatori si servono nella loro produzione soltanto delle analisi empiriche per spiegare i mutamenti e l'attuarsi di nuovi modelli sociali, economici e politici nel capitalismo avanzato e nella cosiddetta seconda «modernità». Per la verità, il solo esame di quest'ultimo aspetto potrebbe essere associato ad un dibattito filosofico e politico che suscita innanzitutto problemi di legittimità terminologica nelle scienze sociali e che, pertanto, ci condurrebbe assolutamente fuori strada, per cui rimaniamo sul versante di una sottesa teorizzazione più o meno coeva della politica della conoscenza scientifica in un particolare contesto storico-concreto che muta. Di fronte a questi temi-problemi, ovviamente, non mancano importanti analisi sociologiche retroattive (fine anni Novanta) che riguardano più che altro il fatto che il superamento della sopracitata «modernità» non risulterebbe, invece, un processo compiuto, così e come sostiene in modo originale il sociologo inglese Anthony Giddens nell'esame inclusivo del processo di globalizzazione che viene intesa come: «l'intensificazione di relazioni sociali mondiali che collegano tra loro località distanti facendo in modo che gli eventi locali vengano modellati dagli eventi che si verificano a migliaia di chilometri di distanza e viceversa». In sostanza, per questa visione del mondo moderno tra i contemporanei, i processi di globalizzazione implicano solo teoricamente che il globale rispetto al locale possa penetrare nella vita quotidiana degli individui tramite dei processi di mediatizzazione dell'esperienza, ribaltando in tal modo le concezioni di spazio-tempo e opponendosi nello specifico-teorico alla grande teoria del sistema-mondo dello storico statunitense Immanuel Wallerstein (1930-2019). Per Giddens, la sociologia è una materia molto ampia e variamente diversificata (forse troppo) e qualsiasi semplice generalizzazione su di essa è discutibile. Tuttavia, possiamo indicare tre concezioni ampiamente diffuse, derivanti in parte dal continuo impatto della teoria sociale classica in sociologia, che impediscono un'analisi soddisfacente delle istituzioni moderne. La prima riguarda la diagnosi istituzionale della «modernità»; la seconda ha a che fare con l'obiettivo primario dell'analisi sociologica, la «società»; la terza si rapporta alle connessioni tra la conoscenza sociologica e le caratteristiche della «modernità» a cui tale conoscenza si riferisce[1]. In particolare, nello sviluppare una nuova caratterizzazione della natura della «modernità», l'autore si concentra sui temi della *sicurezza contro il pericolo* e della *fiducia contro il rischio*.

A discapito di molte interpretazioni come questa, operate sulla sociologia senza alcuna pretesa di ordine epistemologico, andrebbe notato come gli storici della disciplina nell'ultima parte del XX secolo e anche parecchi cultori di scienze sociali abbiano accentuato con il loro operare solamente il carattere accademico e comparativo dei vari dibattiti che si sono svolti sui processi di modernizzazione e di globalizzazione nei vari contesti iper-nazionali, lasciando da parte il modo in cui la medesima disciplina si è venuta qualificando dal punto di vista conoscitivo e teoretico «interno», mettendo così a perenne rischio anche le analisi più dettagliate sulla scientificità dei modi possibili di indagare il presente che, nel frattempo, sembrava essersi completamente liberato da pesanti conflittualità di rito che almeno in un certo periodo di tempo hanno caratterizzato una sociologia impregnata di trascorsi collettivisti (o anche marxisti, se vogliamo). Del resto, è proprio di Zygmunt Bauman (1925-2017) la denuncia per cui: «Marx non è mai stato un professore universitario, quindi non è mai stato sottoposto a una disciplina e a un controllo»[2]. Scrive ancora Bauman che: «Per citare Karl Marx, noi sociologi possiamo fare la storia ma non in condizioni scelte da noi». Ma le affermazioni tradiscono il desiderio di poter lanciare subito una storia della sociologia rivoluzionaria, sconfessata però dall'autore stesso durante il corso dei vari decenni e la comparsa di una fitta serie di opere monologiche e conferenze assai controverse dedicate allo sviluppo di un orizzonte capitalistico avanzato ma senza più il deterrente del marxismo scientifico. Allora, non resterebbe che l'affermazione di una «modernità» che è destinata a implodere e che si è sostituita completamente alla dialettica materialistica, anche quando si è potuto affermare che la sociologia scientifica poteva riconoscersi in principi antiformalistici e spiegare i moventi dell'azione dell'uomo isolato in modo empiricamente operante, per cui l'impegno politico e sociale avrebbe avuto di sicuro, prima o poi, il sopravvento soprattutto citando l'abolizione del dominio di ogni prodotto umano sull'uomo stesso ecc. Considerazioni che, in realtà, oggi stridono con la visione di una scienza empirica dei rapporti sociali storicamente dati e individualizzati in grado di formulare ipotesi di lavoro ma su relazioni ormai sfuggevoli e frammentarie di un uomo «post-moderno» disagiato e sofferente per motivi intrinseci alla sua nuova natura instabile e precaria. Il problema diventa, al di là del marxismo, quello dell'esame dei nuovi legami intrinseci della vita

---

1 Cfr. Antony Giddens, *The Consequences of Modernity*, Stanford University Press, 1990, I, cit. pp. 10-11, traduzione mia; trad, it. *Le conseguenze della modernità. Fiducia e rischio, sicurezza e pericolo*, Bologna, il Mulino, 1994.

2 Zygmunt Bauman, *Panstwowe Wydawnictwo Naukowe*, Warszawa, 1964, trad. it. *Lineamenti di una sociologia marxista*, Roma, Editori Riuniti, 1979, Parte IV, I, cit. pp. 461-462.

quotidiana contemporanea, oltre le strutture deterministiche; l'indagine sociologica si compie quindi sui confini delle libertà moderne indotte dai cambiamenti di stile epocali nonché su quella affermazione diretta che noterebbe le profonde differenze tra mondo «moderno» e il suo immediato superamento o pericoloso scostamento in avanti. Almeno nel modo in cui sono impiegati da numerosi scrittori contemporanei che si sono dedicati a quest'opera di divulgazione, i concetti di «modernità» e «post-modernità» descrivono due contesti nettamente distinti, caratterizzati da differenti ruoli intellettuali, approcci conoscitivi e strategie sviluppate in risposta a ciascuno di essi. È la prassi intellettuale-scientifica che specifica la dominanza di una o dell'altra modalità (non necessariamente senza eccezioni) e che distingue i due concetti come periodi di una particolare storia intellettuale generale contestualizzata. Il cambiamento nelle epoche storiche e nella prassi degli intellettuali-scienziati comporta due tipi di conoscenza in competizione e due diverse visioni del mondo. In particolare, soprattutto nella mente di Bauman, la visione moderna del mondo «è quella di una totalità essenzialmente ordinata» e la conoscenza costituisce un'intuizione dell'ordine pre-esistente e serve come strumento di controllo e padronanza. Per cui, egli ci dice: «Indagare sui fondamenti della conoscenza in generale, compresa la buona conoscenza, si è rivelata innanzitutto un'impresa sociologica, una volta accettato il fatto che la "bontà" della conoscenza è socialmente (comunitariamente) determinata e non può essere ottenuta altrimenti. Il consenso tradizionale della filosofia è stato sommerso dalla ragione sociologica»[3]. Un controllo efficace contestualizzato implica quindi una conoscenza accurata del mondo ed è ritenuto perfettamente raggiungibile da questo autore. Si presume cioè che il mondo sia razionale e ordinato e che la ragione debba semplicemente scoprirne l'ordine stesso e la struttura. Sulla base di questo sotteso ottimismo sociologico, il dominio della natura può essere assicurato e gli intellettuali-scienziati devono scoprire questa conoscenza, legiferare le sue norme e pratiche e legittimare anche la modalità dominante di ordine e controllo. Mentre la conoscenza «moderna» era praticamente un ordine universale, la visione del mondo tipicamente «post-moderna», come afferma Bauman, postula un numero illimitato di modelli di ordine, «ciascuno generato da un insieme relativamente autonomo di pratiche», e quindi percepisce la conoscenza come localizzabile e contestuale. Il punto di vista di Bauman attribuisce all'intellettuale-scienziato il ruolo di interprete della conoscenza e del valore di questa ma all'interno di comunità e situazioni locali distinte. La concezione «post-moderna» della conoscenza è quindi provvisoria, contestuale e modestamente più qualificata rispetto alla concezione «moderna», là dove l'intellettuale-scienziato sembra essere più localizzato ed esposto all'incertezza[4].

In un testo del 2000 poco fortunato ma importante, proprio Bauman analizzava le dimensioni strutturali di questo fenomeno così avulso dalle interpretazioni tradizionali e l'impatto sulla vita sociale.

---

3 Zygmund Bauman, *Philosophical Affinities of Post-Modern Sociology* in «The Sociological Review», 38, 3, 1990, cit. p. 441, traduzione mia. V. Shaun Best, *Zygmund Bauman: Personal Reflections withing the Mainstream of Modernity* in «The British Journal of Sociology», 49, n. 2, 1998, p. 311 e sg.

4 Cfr. Douglas Kellner, *Bauman between the Modern and the Postmodern*, in «Cultural Politics», Vol 13, Issue 3, 2017, pp. 293-295.

> La *deregulation* universale (l'assoluta e indiscussa priorità offerta all'irrazionalità e alla cecità morale della concorrenza di mercato; la libertà senza limiti concessa al capitale finanziario a dispetto di tutte le altre libertà con le quali esso può trovarsi in conflitto; la lacerazione sociale di tutte le reti di sicurezza e il disconoscimento di tutte le ragioni di tipo non economico): tutto questo ha conferito una nuova spinta ai processi di implacabile polarizzazione un tempo frenati, sulla scala interna, dalle strutture dello stato assistenziale, dalla contrattazione dei diritti sindacali e dalla legislazione del lavoro e, su scala globale (anche se in questo caso con minore efficacia), dagli iniziali successi delle agenzie mondiali impegnate nella ridistribuzione del capitale. La diseguaglianza (sia quella misurata confrontando i livelli di vita dei continenti o dei singoli Paesi, sia quella interna a ogni singolo Paese, indipendentemente dal livello del prodotto globale da esso raggiunto) tocca oggi proposizioni che solo ieri venivano considerate un ricordo del passato. Secondo stime prudenti e sicuramente inferiori alla realtà, la ricca Europa – quella dell'Unione Europea – annovera tra i suoi abitanti tre milioni di senzatetto, venti milioni di esclusi per sempre dal mercato del lavoro e trenta milioni di persone che vegetano al disotto della soglia di povertà ufficialmente riconosciuta [...]. Si sono logorate e assottigliate, se non addirittura irrimediabilmente lacerate, quelle reti di protezione per così dire «di riserva», tessute in casa a proprie spese e costituite dalle comunità familiari o dai vicini, che un tempo rappresentavano le «trincee di seconda linea» dove feriti e contusi si rifugiavano a curare i danni riportati nelle battaglie sul fronte del mercato. Responsabile di ciò è in parte la nuova prassi delle relazioni interpersonali (il nuovo stile della «politica di vita», così ben descritto da Giddens), oggi impregnata dello spirito consumista che assegna al partner soltanto il ruolo di potenziale fonte di piacere: per quanto vantaggiosa essa possa dimostrarsi, non offre certo il vantaggio di consolidare i legami interumani, e meno che mai quei legami *supposti* come durevoli e *vissuti* in quanto tali. Secondo tale prassi, conviene stringere legami considerati da entrambe le parti «a scadenza», legami che possono essere ricontrattati su richiesta di una delle parti, non garantiscano diritti acquisiti e non creino obblighi per il periodo successivo alla disdetta[5].

Il pessimismo epistemologico di questo autore ripercorre quasi tutte le sue analisi «di periodo» del mondo globale fino a tempi più recenti[6] e si impone a distanza ragguardevole sia dalla teoria dell'azione collettiva di un Claus Offe che dalla società degli individui di Norbert Elias (1897-1990). Se consideriamo Bauman come teorico critico e il suo metodo come una critica dialettica immanente, possiamo vedere come i suoi concetti empirici positivi che si incastrano con una storia della sociologia provvisoria siano basati in prevalenza sulla sua persistente epistemologia negativa. In questo modo possiamo dare un senso alla complessità del suo lavoro e apprezzare anche le sue capacità profetiche[7] e le pesanti diagnosi sulle malattie sociali circostanti. I concetti, in particolare, hanno il potere di concentrare e articolare osservazioni diffuse e di inserirle in un quadro di riferimento riconoscibile. Una volta concettualizzate, le varie osservazioni e le analisi sono guidate dalla cornice concettuale e risultano essere possibili ulteriori teorizzazioni. Questo autore è uno dei pensatori sociali più prolifici che hanno la capacità di concettualizzare la realtà sociale e di aprire un nuovo modo di guardare alla società, anche se in ultimo egli non segue lo sviluppo di una

---

[5] Zygmunt Bauman, *Ponowoczesnsc. Jako zrodlo cierpien*, Warsaw, 2000, trad. it. *Il disagio della postmodernità*, Milano, Bruno Mondadori, 2002, II, cit. pp. 28-29.

[6] Cfr. Rekha Mirchandani, *Reconstructing Zygmunt Bauman's Postmodern Sociology of Morality*, «Social Theory as Politics in Knowledge», 2005, p. 10 e sg.

[7] Cfr. Jennifer M. Lehmann, *Social Theory as Politics in Knowledge* (*Current Perspectives in Social Theory*, Vol. 23), Leeds, Emerald Group Publishing Limited, 2005, pp. 301-335.

storia epistemologica dei concetti. I danni collaterali si aggiungono a una lunga lista di concetti baumaniani esistenti che conosciamo, come l'impulso morale, la razionalità e l'ambivalenza, la mentalità burocratica e, naturalmente, la «modernità» liquida. Nella visione successiva della società «post-moderna», la «volontà di felicità» è un sacrificio della sicurezza. In sostanza, si è rinunciato alla sicurezza in cambio di maggiore libertà, libertà di acquistare e consumare con un senso di costante incertezza. Si è creata una nuova categoria di estranei che sono esclusi dalla società, come già visto sopra. Se, come postulato dall'impostazione freudiana, la società moderna aggredisce la libertà dell'uomo reprimendo la sua espressione sessuale, allora si può dire che l'era «post-moderna» possa risultare definibile dalla ricerca della felicità sublime da parte dell'individuo a scapito della sua sicurezza più immediata. La società si è attenuta per secoli ai concetti di bellezza, purezza e ordine, fino al momento in cui è emersa una nuova visione del mondo che ha come nucleo l'individuo. La «post-modernità» e i suoi scontenti esplorano questa nuova e coraggiosa era, affrontando di petto questioni come la post-modernizzazione della sorveglianza e del controllo sociale, i fili spesso tenui che legano insieme la morale, l'etica e la libertà, la teoria artistica ed estetica contemporanea; e le complesse associazioni tra solidarietà, differenza e libertà che, come afferma Zygmunt Bauman, non assicurano una felicità maggiore della sicurezza senza libertà[8].

Il post-modernismo di Bauman è definibile in primo luogo dalle sue basi materiali; la fine del capitalismo ortodosso – in cui il capitalista rende i lavoratori dipendenti – li immobilizza, legando il capitale e il lavoro in un'unione che l'autore in questione ha paragonato a un matrimonio creato dal cielo che nessun potere umano può sciogliere. La «modernità» pesante e solida era quella della dipendenza reciproca tra capitale e lavoro, una prigione condivisa in cui ciascuna parte aveva interesse a mantenere la condizione dell'altra. Questa era la visione socialdemocratica e fordista dello Stato sociale, un'idea a lungo termine, in cui il lavoro era visto come un impiego permanente in un'azienda la cui esistenza era chiaramente più lunga dell'aspettativa di vita dei singoli lavoratori (come quella dei singoli membri della famiglia proprietaria dell'azienda). Nella «modernità» liquida, la visione è a breve termine. L'idea di interessi comuni diventa nebulosa e alla fine incomprensibile, la solidarietà non è più una tattica razionale. L'incertezza è un fattore di individualizzazione: si cambia lavoro molte volte nel corso della vita. Inoltre, la «liquidità» presenta una concezione di vita totalmente diversa dall'imperativo che guidava, ad esempio, la sinistra militante. Il luogo di lavoro appare più simile a un campeggio che a una casa e c'è spesso un disimpegno unilaterale dal capitale e dal lavoro. Non sorprende che lo stesso modello si radichi anche nella vita sentimentale e familiare. Il sistema impone flessibilità e obbliga gli individui a trovare soluzioni individuali e biografiche per un problema generale. Il dettaglio disastroso è che tali soluzioni non esistono e quindi è necessario trovare pretesti per distrarsi o gestire i propri malumori. Certo, ci sono le consolazioni del mercato, ma il paradiso consumistico ha il suo tormento riservato ai visitatori senza diritti. In merito, Bauman ha anche avanzato un'idea forte di pluralismo culturale e di dialogo

[8] Cfr. Zygmunt Bauman, *Postmodernity and its Discontents*, Polity Press, 1997, I. II; si veda Douglas Kellner, *Zygmunt Bauman's Postmodern Turn*, «Theory, Culture and Society», 15, 1, 1998, pp. 73-86.

interculturale, in polemica, ad esempio, con Ernest Gellner (1925-1995) e con le tesi sulla superiorità della ragione occidentale e dell'individualizzazione come modello di vita universale. Secondo lui il pluralismo è irreversibile, le visioni del mondo sono profondamente radicate in diverse tradizioni culturali e non sono riducibili a una sola. Di conseguenza, la comunicazione attraverso tradizioni diverse è diventata il problema principale del nostro tempo. Quando ci si congeda da un amabile grande vecchio che ci ha lasciato, bisogna prendere atto che non ci sarà una conversione massiccia a una qualche forma di omogeneità. C'è urgente bisogno di traduttori esperti e di sviluppare l'arte della conversazione civile, seguendo i migliori insegnamenti della filosofia dell'ermeneutica e del pragmatismo.

Per alcuni progetti epistemologici, l'ottimismo praticabile in queste visioni è perfettamente e realmente giustificato. Le intuizioni epistemiche sono chiaramente prove estremamente importanti per molti progetti *ad hoc*, come ad esempio la cattura delle varie intuizioni esercitate su temi di rilevo. Le intuizioni epistemiche sono anche prove molto importanti per i progetti che hanno come fondamento sia la teoria implicita che l'analisi concettuale, ma anche altre prove sostanziali, in particolare quelle psicologiche su ciò che sta alla base delle nostre capacità di produrre intuizioni epistemiche, sono probabilmente importanti per i progetti enunciati. Per lo scienziato sociale, come per chiunque altro, è sempre un errore abbandonarsi a un pessimismo generalizzato riguardo al ruolo delle intuizioni epistemiche nell'ambito dell'epistemologia. Ci sono molti progetti sociologici legittimi, che anche filosofi sociali illustri hanno perseguito nel passato, in cui il pessimismo sarebbe risultato completamente assurdo; a nostro avviso, tuttavia, un moderato pessimismo sui progetti di Bauman è alquanto giustificato. Questo perché le sue teorie mirano esplicitamente a dirci qualcosa che va oltre le nostre intuizioni, sia sulla natura della conoscenza sia su ciò che epistemicamente dovremmo credere. Il negativismo definitorio si integra bene, in questa rappresentazione analitica, con il tentativo delle scienze sociali di elaborare concetti, laddove il contesto logico-empirico lo consente e le capacità umane si armonizzano con i risultati raggiunti in ambito teoretico. Ora, è veramente possibile valutare l'ottimismo e il pessimismo, soprattutto delle posizioni di Zygmunt Bauman, con riferimento alla loro correttezza epistemologica/cognitiva, oppure sarebbe più saggio pensare al pessimismo e all'ottimismo come all'esibizione di un eccesso rispetto alla cosiddetta normatività cognitiva? La preoccupazione fondamentale in questo senso ha a che fare con la legittimazione e la valorizzazione di alcuni assunti. Il pessimismo e l'ottimismo garantiscono dunque un diverso tipo di ratifica rispetto, ad esempio, alla cognizione diretta. Fanno testo, nella produzione del Nostro, diversi costi epistemici dei pregiudizi impliciti, per cui è possibile affermare che gli agenti epistemici codifichino informazioni discriminatorie provenienti dall'ambiente. Per cui, nel caso da noi considerato, il cambiamento dell'ambiente sollecita il formarsi di situazioni particolari e di giudizi. In tutti i casi, esistono tutta una serie di concetti sottoposti al pessimismo di tipo epistemologico, il quale si sostituisce alla franca e autentica consapevolezza del finito. Esso può essere considerato come una nuova frontiera del sapere. Va detto che la fragilità umana rimette in circolazione tutta una serie di considerazioni del lessico che rivelano la loro immancabile privazione di significati e il loro corrispettivo in ordine alle spiegazioni possibili. Anche qui si nota una certa differenziazione tra epoche diverse.

> Perseguitato e messo al bando dal pensiero scientifico moderno, questo genere di concetti è stato invece riabilitato e rimesso in circolazione dal pensiero postmoderno, per sua natura più tollerante e più cosciente della fragilità del sapere umano. Il pensiero postmoderno si è conciliato con il fatto che le definizioni, se da un lato rivelano, dall'altro deformano e oscurano ciò che pretendono di correggere o chiarire. Il pensiero postmoderno accetta il fatto che troppo spesso le esperienze e le sensazioni umane spaccano le gabbie verbali entro le quali le si vorrebbe rinchiudere; che esistono cose delle quali è impossibile parlare e sulle quali è meglio tacere, e che l'ineffabile è parte integrante dell'esistenza umana non meno di quella rete linguistica entro la quale tentiamo (invano, a quanto si vede, ma non per questo meno tenacemente) di rinchiuderlo. L'avvento di questa tolleranza postmoderna non ha però segnato la fine dei febbrili tentativi di tradurre in parole l'inesprimibile [...][9].

L'affermazione di una sorta di sottesa moralità[10] consegna autorità al tentativo di descrivere certe esigenze progressive della nota «modernità» liquida, che possono essere confermate e anche disattese, modificate e ripristinate a livello sociale[11]. Ciononostante, rimane fissata l'impressione che alcune forme di spiegazione sociologica debbano risultare al positivo soltanto in vista di una corrispondenza con il mondo efferato delle profonde disparità sociali esistenti e crescenti[12]. La capacità predittiva dei concetti sfugge al tentativo di collocarli storicamente in un arco di temporalità che si estende oltre i confini dell'osservatore. Tutto ciò non offre un confortevole ottimismo per il futuro, nel momento in cui si pone in discussione la stessa capacità di continuare a dare giudizi morali e là dove l'identità è costantemente fluida e si generano ansia e insicurezza senza precedenti.

Bauman ha chiaramente una posizione critica nei confronti del mondo globalizzato e della razionalità del mondo moderno. Fin dai suoi primi scritti ha sostenuto quello che ha definito «il partito morale dei due», ossia la micro-interazione tra gli individui come base del pensiero sociale. Naturalmente, questo partito dei due si modifica e diventa più complicato quando si tratta della società nel suo complesso. Egli non è affatto un pensatore ingenuo, ma il suo punto di partenza è sempre ciò che la realtà sociale e politica significa per l'esistenza concreta degli individui che danno forma alla loro vita. In questo senso rimane fedele alle sue fonti di ispirazione, tra le quali vanno citati i colleghi sociologi Anthony Giddens, Ulrich Beck (1944-2015), Claus Offe, Richard Sennett, Pierre Bourdieu (1930-2002) e Robert Castel (1933-2013). La disuguaglianza e l'ambivalenza della «modernità» hanno un impatto profondo e negativo sulla vita concreta degli individui, dei quali si prescelgono i bisogni esistenziali rispetto all'analisi. In un sistema sociale diseguale, i gruppi più deboli ne subiranno le conseguenze, eppure «la società si misura in base alla qualità media delle sue parti». Ciò significa che la disuguaglianza non è vista come un pericolo per la società. È

---

[9] Zygmunt Bauman, *Il disagio della postmodernità*, Op. cit., XII, cit. p. 195.

[10] Cfr. Zygmunt Bauman, *The social manipulation of morality: moralizing actors, adiaphorizing action*, «Theory, Culture and Society», 8 (1), 1991, pp. 137-151; *What prospect of morality in times of uncertainty*? «Theory, Culture and Society», 1998, 15(1), pp. 11-22; *The ethical challenge of globalization*, «New Perspectives Quarterly», 2001, 18(4), pp. 4-9.

[11] Cfr. Zygmunt Bauman, *In Search of Politics*, Cambridge, Polity, 1999, II, III.

[12] Cfr. Zygmunt Bauman, *Modernity and the Holocaust*, Cambridge, Polity, 1989, II; si veda *Collateral Damage: Social Inequalities in a Global Age*, Cambridge, Polity, 2011, I.

sorprendente che l'autore paragoni la società a una struttura ingegneristica solida in cui le parti sono funzionalmente interrelate e formano una struttura stabile. Il nostro mondo conosce tuttavia le disuguaglianze sociali e le persone che non possono beneficiare della ricchezza generale. Il modo in cui la società è organizzata fa sì che alcuni siano considerati vittime. Gli immigrati clandestini, ad esempio, sono forse il gruppo a cui ci si riferisce più spesso come problema da risolvere anche nella contemporaneità. Che questo gruppo debba essere considerato una vittima del mondo globalizzato, creato dalle disuguaglianze del sistema, è abbastanza chiaro. Esso persiste a causa del sistema e questi gruppi sono esempi di vittime collaterali[13].

La cupa realtà ha così il sopravvento sulla capacità di esprimere giudizi critici e di intraprendere una strada di ricerca in grado di fornire attendibilità all'osservazione e consistenza dal punto di vista conoscitivo. Alle reali possibilità della scienza e della critica teorica farebbe riscontro una certa versione sia della politica che della legislazione sociale[14]. Così si legge:

> Ora che lo Stato ha cessato di promettere o finanche desiderare di agire quale plenipotenziario della ragione e costruttore capo della società razionale, ora che i tavoli da disegno negli uffici della buona società stanno per essere gettati via, e che una variegata folla di consiglieri, interpreti e intermediari ha assunto buona parte del compito un tempo riservato ai legislatori, non sorprende che i critici teorici desiderosi di partecipare all'attività di emancipazione si vestano a lutto. Non solo il presunto veicolo e al contempo bersaglio della lotta di liberazione sta venendo meno; il dilemma centrale, costitutivo della critica teorica, il vero asse portante intorno al quale ruotava il discorso critico, difficilmente sopravvivrà alla scomparsa di tale veicolo. Il discorso critico, molti potrebbero pensare, sta per ritrovarsi privo di soggetto. E molti potrebbero aggrapparsi – e si aggrappano – disperatamente alla strategia ortodossa della critica solo per confermare, involontariamente, che il discorso è in effetti privo di un soggetto tangibile via via che le diagnosi diventano sempre più avulse dalle realtà odierne e i propositi diventano sempre più nebulosi; molti ancora si accaniscono a combattere vecchie battaglie di cui sono diventati esperti, preferendo questo anziché passare da un campo di battaglia familiare e fidato a un territorio nuovo e non ancora esplorato a fondo, per molti versi una *terra incognita*[15].

Sul piano generale della spiegazione andrebbe detto che il tentativo di Bauman è quello di descrivere soprattutto la morte delle ideologie a cavallo tra il XX e XXI secolo oltre che i fenomeni di grande migrazione nonché la crisi economica del 2008 e eventi traumatici verificatisi alle soglie dell'Europa in un contesto di capitalismo parassitario. Ad esempio, l'autore ha sostenuto che l'erosione della sfera pubblica non avviene solo attraverso le incursioni neoliberiste dal lato del mercato, ma anche attraverso le incursioni dalla sfera privata (ad esempio, attraverso la crescita della televisione dei reality e di altre modalità di cultura popolare confessionale) che equivalgono a una celebrazione del personale senza porre domande più difficili sui processi attraverso i quali le questioni personali possono essere trasformate in questioni

[13] Cfr. Zygmunt Bauman, *Collateral Damage: Social Inequalities in a Global Age*, Cambridge, Malden, Polity Press, 2011, I.

[14] Cfr. Zygmunt Bauman, *Legislators and Interpreters – On Modernity, Post-Modernity and Intellectuals*, Cambridge, Polity Press, 1987, I.

[15] Zygmunt Bauman, *Liquid Modernity*, Cambridge, Polity Press e Blackwell Publishers Ltd, Oxford, 2000, trad. it. *Modernità Liquida*, Roma-Bari, Laterza, 2011, I, cit. pp. 43-44.

pubbliche che hanno un significato politico piuttosto che, appunto, solo personale. La sua opera descrive comunque la reminiscenza delle difficoltà che egli ha affrontato durante la sua vita e l'angoscia profonda di cui è stato testimone[16]. La riflessione scientifica può mostrare come le convinzioni siano prodotte dalle nostre interazioni con il mondo materiale. Spiegare come, ad esempio, potremmo avere esperienze di qualità secondarie e perché tali esperienze potrebbero essere utili da un punto di vista evolutivo anche se, in senso stretto, non ha esistenza indipendente da noi. La selezione garantisce solo che le nostre capacità cognitive promuovano la sopravvivenza di certe affermazioni piuttosto che fornire la verità. La scienza, tuttavia, deve reagire all'osservazione ed essere comprensibile per noi; osservabilità e intelligibilità sembrano infatti strettamente legate alla nostra natura. Fanno testo a riguardo i suoi riferimenti alla moralizzazione possibile della vita quotidiana, i quali rappresentano alcuni luoghi comuni della sua sociologia[17]. L'autore non dedica molto spazio alle questioni conoscitive, tranne che in alcuni accenni alla comprensione nonché a delle questioni metodologiche del senso comune che vedremo di seguito[18]. Eppure alle soglie della metà del XX secolo egli ha potuto vivere da vicino le risultanze del secondo *Methodenstreit* che videro implicate le correnti del razionalismo critico e la teoria critica della società in Germania[19], preferendo però il contesto polacco e quello della Gran Bretagna. Su questo punto, c'è soltanto un accenno alla teoria critica in *Liquid Modernity* finalizzato a stabilire nuove correnti di pensiero a confronto con la sociologia ortodossa, la quale se

> nata e sviluppata sotto l'egida della modernità solida, era incentrata sulle condizioni dell'ubbidienza e della conformità umana, l'interesse primario della sociologia tagliata su misura della modernità liquida deve essere la promozione dell'autonomia e della libertà; tale sociologia deve quindi porre al centro della propria attenzione l'autocoscienza, la comprensione e la *responsabilità* individuale. Per gli abitanti della società moderna nella sua fase solida e gestita, la contrapposizione maggiore era tra conformità e devianza; la maggiore contrapposizione nella società moderna nella sua attuale fase liquefatta e decentrata, l'antitesi da risolvere per spianare la strada a una società autenticamente autonoma, è quella tra assunzione di responsabilità e ricerca di un riparo che permetta agli individui di scaricarsi delle proprie responsabilità [...]. Fare sociologia e scrivere di sociologia mira a scoprire la possibilità di vivere insieme in modo diverso, con meno miseria o senza miseria, una possibilità quotidianamente disattesa, ignorata o ritenuta inesistente. Il non vedere, non cercare e dunque sopprimere tale possibilità è parte integrante della miseria umana e causa prima del suo perpetuarsi[20].

[16] Cfr. di Iain Wilkinson, *The Problem of «Social Suffering»: The Challenge to Social Science,* in «Health Sociology Review», 2004, 13 (2), pp. 113-121; *Suffering: A Sociological Introduction*, Polity Press, 2005; *On Bauman's Sociology of Suffering: Questions for Thinking* in Antony Elliott (ed.), *The Contemporary Bauman*, London, Routledge, pp. 241-256.

[17] Cfr. Zygmunt Bauman, *Morality Begins at Home – Or: Can There Be a Levinasian Macro-Ethics?,* in Harald Jodalen and Arne Johan Vetlesen (eds.), *Closeness – An Ethics*, Oslo, Scandinavian University Press, 1997, pp. 218-245.

[18] Cfr. Zygmunt Bauman, *Towards a Critical Sociology – An Essay on Common Sense and Emancipation*, London, Routledge and Kegan Paul, 1976, I, III.

[19] Cfr. il mio *Il senso e la necessità. Pensare oggi la Scuola di Francoforte*, Roma, Armando, 2022, III, p. 68 e sg.

[20] Zygmunt Bauman, *Modernità liquida*, Op. cit., *Riflessione*, cit. pp. 252-256.

Seguita Bauman in un altro contesto di umanizzazione:

Sin dall'inizio dell'era moderna, la sociologia ha legato il proprio destino all'autoaffermazione dell'umanità. Tale prospettiva resta oggi altrettanto remota quanto lo era all'inizio, sebbene in quei tempi inebrianti le distanze tra le decisioni e la loro messa in atto sembravano più brevi rispetto ad ora e l'assennata verità che gli orizzonti tendono a retrocedere tanto più rapidamente quanto più velocemente tenti di avvicinarli non era stata ancora scoperta. Oggi sappiamo che l'autoaffermazione dell'umanità non è un progetto su commessa, ma il modo dell'umanità di essere nel-mondo. Tale autoaffermazione crea le proprie sfide, sempre più formidabili via via che si aggiungono anelli alla catena dei suoi (sempre parziali) successi. Le sfide poste dall'era moderna che entra nella sua fase liquida sono presumibilmente le più terribili di tutte e ricche di esiti controproducenti[21]. O forse appaiono così terribili perché stiamo appena iniziando a comprenderne l'entità e perché la nostra cassetta degli attrezzi ha pochissimi o forse nessuno strumento adatto ad affrontarli [...]. Mai come prima, l'autoaffermazione dell'umanità (la costante *raison d'être* della sociologia) appare, oltre a essere uno dei più nobili sogni etici, anche il *desideratum* della nostra sopravvivenza; e soprattutto, e nonostante tutto, una proposizione realistica e il prossimo capitolo nella storia dell'uomo[22].

Questo concetto, sebbene ampio e non immediatamente indagabile empiricamente, può essere analizzato, ad esempio, attraverso le negazioni storiche e contemporanee del senso di comunità. Ma l'obiettivo generale sarebbe quello di sviluppare apertamente idee sociologiche attraverso un processo interdisciplinare intellettualmente rigoroso ma aperto e di contribuire alla comprensione e alla dissoluzione dei principali problemi sociali che riguardano l'inumano, alcuni dei quali urgenti (ad esempio, la rappresentazione e il trattamento dei rifugiati e degli emarginati che vengono citati spesso), altri esempi perenni (ad esempio, l'etica della disabilità; l'etica dell'uccisione ecc.). Le domande centrali di questa problematica sono molteplici e risultano essere in numero superiore alle alternative nelle quali troverebbero una risposta adeguata, per cui si affermerebbero quesiti comuni attorno ai quali sono i presupposti epistemici e ontologici che determinano il modo in cui pensiamo agli esseri umani; ci chiediamo, inoltre, come si può dare senso alla disumanizzazione nel mondo attuale andando oltre i confini delle discipline umanistiche, delle scienze sociali e dei campi tecnologici. Inoltre, ci si interroga se lo statuto epistemologico della disumanizzazione sia esplicativo o soltanto descrittivo, e come sia possibile includere o escludere le persone all'interno delle diverse categorie sociali utilizzate nelle interazioni sociali. Potremo anche chiederci se l'essenzialismo sia alla base della disumanizzazione e qual è (se esiste) la giustificazione per negare il pieno status umano ad alcune persone, animali e macchine nonché come si sono spostati i confini dell'umanità nel passato e come si sposteranno in futuro. Oltre potremo domandarci con Bauman che tipo di ruolo giocano il divario animale/umano e quello macchina/uomo nella nostra ontologia sociale e in che modo la categoria dell'umano sia collegata alle molteplici gerarchie nelle varie società. E

[21] Cfr. Will Atkinson, *Not All That Solid Was Solid Has Melted Into Air (or Liquid): A Critique of Bauman on Individualization and Class in Liquid Modernity*, in «Sociological Review», 2008, 56, pp. 1-17; Martin Jay, *Liquidity Crisis: Zygmunt Bauman and the Incredible Lightness of Modernity*, in «Theory, Culture & Society», 2010, 27 (6), pp. 95-106.

[22] Zygmunt Bauman, *Society under Siege*, Cambridge, Polity Press, 2002, trad. It. *La società sotto assedio*, Roma-Bari, Laterza, 2011, cit. pp. XXXI-XXXII.

in ultimo, come si collega la disumanizzazione alla spiegazione e alla prevenzione della violenza, del pregiudizio e della discriminazione e cosa ci dice la ricerca sulla disumanizzazione sugli intrecci tra scienza e società. Dunque, sembrano sostenere le posizioni di Bauman, che la disumanizzazione fa parte integrante della produzione di conoscenza delle/nelle scienze sociali contemporanee, sociologia compresa. Inoltre, va detto che il suo progetto utilizza una metodologia storica ed epistemologica incorporata e riflessiva. Esso mira a fornire un contributo accademico sostanziale alla comprensione della disumanizzazione utilizzando un approccio storico e filosofico *integrato* nei confronti delle scienze sociali, umanistiche e della ricerca tecnologica. Un simile approccio sarebbe orientato ai problemi che hanno gli stessi scienziati e studiosi che indagano su di un fenomeno specifico, senza perdere il suo nucleo centrale. Pertanto, una stretta collaborazione con gli scienziati e gli studiosi interessati nella società del futuro è parte integrante di tale approccio. Rispetto al suo nucleo prettamente filosofico, il progetto mira a un contributo unico e piuttosto *riflessivo* a questioni genuinamente legate alla disumanizzazione. Quella parte riflessiva del progetto riguarda questioni epistemologiche e anche ontologiche, in particolare una riflessione sociologica su valori, scopi, metodi e standard nei rispettivi campi scientifici.

Anche se tali questioni sono molto rilevanti per scienziati e studiosi, questi ultimi di solito non lavorano direttamente sulle tematiche di questo tipo, a meno che non siano attivi nelle discussioni metodologiche o nelle discussioni su come scienza e società si relazionano alla *doxa*. Poiché entrambe le parti, quella più radicata e quella più riflessiva, sono critiche nello spirito, l'obiettivo generale è – in poche parole – assumere una determinata posizione epistemologica critica sulla disumanizzazione e l'inumano, le negazioni dell'umano nelle scienze e nelle società. Da qui l'ipotesi che la sociologia debba far parte di quella conoscenza riflessa in grado di trasmettere un'incessante decostruzione delle realtà sociali, indipendentemente dal fatto per cui essa possa o meno codificare la sua politica militante in una teoria[23]. Come nel caso della disumanizzazione,

> la sociologia imbastisce una conversazione diretta con la *doxa* dei non addetti ai lavori – il senso comune o la conoscenza dell'attore. Ciò implica la trasmissione di messaggi che si trasformano in stimoli tali da evocare risposte che a loro volta diventano stimoli – in linea di principio *ad infinitum*. La trasformazione dei messaggi in stimoli efficaci è mediata dalla ricezione, a cui fa seguito l'attribuzione di senso, che implica normalmente un'interpretazione (selettiva). Nella sua varietà sociologica la conversazione mira al confronto tra le *Erfahrungen* e le *Erlebnisse*, «relativizzando» in tal modo le seconde e cercando al tempo stesso di allargare, invece che restringere e limitare, lo spettro delle scelte da conversatori. [...] l'obiettivo cruciale di una simile conversazione è, nel lungo periodo, lo scardinamento della diffusa, forse perfino quasi universale, abitudine dei «non sociologi» (altrimenti noti come «persone ordinarie nella loro vita ordinaria») di eludere la categoria esplicativa espressa con «allo scopo di» quando si tratta di riferire la loro condotta e di ricorrere invece a un'argomentazione del tipo «causa di». Dietro questa abitudine c'è una tacita supposizione, occasionalmente espressa benché il più delle volte inconsapevole e raramente messa in discussione, che «le cose stanno come stanno» e «la natura è la natura – punto», e la convinzione che vi sia poco o niente che

[23] Cfr. Ali Rattansi, *Bauman and Contemporary Sociology: A Critical Analysis*, Manchester University Press, 2017, pp. 127-145.

gli attori – singolarmente, disgiuntamente o collettivamente – possano cambiare nei verdetti della natura. Il risultato è una visione del mondo inerte, impermeabile a qualunque argomentazione[24].

Il contesto epistemologico dell'umanizzazione della disciplina stessa fa riscontro a quel tipo di indeterminatezza cui si sottopone la sociologia come scienza quando tende a rapportarsi al senso comune, rispondendo a domande circa la sua legittimità di fronte al mondo. Una di queste, potrebbe riguardare il senso della presa visione di un sapere specialistico, laddove:

> «Prendere sul serio la sociologia» è una sfida non essenzialmente diversa dalla necessità di prendere sul serio qualunque altro tipo di conoscenza – prenderla sul serio sulla base della competenza presunta delle sue fonti in un mondo saturo di opinioni in competizione fra loro che si affannano a corrodere la veridicità genuina o attribuita a ciascuna di esse. Non «essenzialmente» diversa, e tuttavia più difficile da gestire rispetto al caso di molte altre scienze accademicamente istituzionalizzate e questo, suggerisco, per una ragione che risiede nella specifica natura della sociologia come dialogo con il cosiddetto «senso comune»: il tema della indagine sociologica è condiviso con i suoi oggetti. I sociologi e gli oggetti (analogamente umani!) del loro studio raccontano storie relative alla «stessa» esperienza e non c'è una ragione immediatamente evidente per attribuire una valore più elevato alle storie raccontate dagli specialisti della sociologia – diversamente dal caso delle storie raccontate da fisici, geologi o astronomi, storie concernenti oggetti ed eventi situati molto al di là dell'esperienza di vita di donne e uomini ordinari (non esperti e non accreditati) e quindi *a priori* tali da sottrarsi a qualunque esame non professionale della loro veridicità[25].

Un altro appunto, che sembra seguire Bauman da vicino, è quello che conduce alla messa in discussione del possesso della conoscenza nei tempi istruiti e pressanti della «modernità». Peraltro, ciò conduce a dei risultati che possono essere utili ai fini della determinazione di uno spazio di attributi qualificanti per la definizione di categorie portanti dell'analisi empirica del mondo. Egli afferma ultimamente di come:

> il possesso della conoscenza, per quanto abilitante sotto numerosi aspetti cruciali, non possa che essere disabilitante sotto altri aspetti, e questa è un'altra seria ragione che va ad aggiungersi alla necessità che il sociologo si impegni criticamente con la *doxa*. Il lavoro della conoscenza – focalizzando visione e volontà umane su alcuni frammenti o aspetti del mondo – non può essere compiuto senza «danni collaterali»: distogliendo gli occhi e la volontà da altri frammenti o qualità. Tale selettività della conoscenza (l'ostinata compresenza di effetti disabilitanti), e quindi il carattere misto delle sue benedizioni e dall'ambiguità del suo impatto, non possono essere «sanati» poiché si tratta di condizioni necessarie e non negoziabili dell'efficacia della conoscenza nella loro capacità abilitante la realizzazione di ogni compito è facilitata tracciando una linea che separi ciò che è «rilevante» da ciò che è «irrilevante»: in altre parole, dall'interazione fra «focalizzarsi su» e «astrarsi da». Permettetemi – seguita Bauman, *n.d.a.* – di illustrare tale ineludibile ambiguità e l'ambivalenza che ne deriva attraverso un elemento, niente affatto

---

[24] Zygmunt Bauman, Michael Hviid Jacobsen, Keith Tester, *What use is sociology?*, Cambridge, Polity Press, 2014, trad it. *La scienza della libertà – A cosa serve la sociologia?*, Trento, Erickson, 2022, I, cit. pp. 29-30.

[25] Zygmunt Bauman, Michael Hviid Jacobsen and Keith Tester, *La scienza della libertà – A cosa serve la sociologia?*, Op. cit., IV. cit. pp. 130-131.

marginale e trascurabile, della visione pressoché universale del presente: il concetto di «rischio» e di «calcolo del rischio». Il rischio, come ha fatto notare Ulrich Beck, pioniere della sua esplorazione contemporanea di cui è tuttora il teorico più competente, ha «amalgamato la conoscenza con ciò che non si conosce entro l'orizzonte semantico della probabilità» fin dall'inizio della modernità[26].

La categoria del «rischio» ha costituito praticamente un tentativo per mettere in salvo l'affermazione di «potere» per salvaguardare l'incertezza. E di questo parleremo.

3.2

Il sociologo americano George Ritzer in un suo voluminoso lavoro del 2017[27] ricco di spunti per le scienze empiriche ha espletato le sue funzioni di osservatore che privilegia degli alterni fenomeni di globalizzazione e di consumo nella «modernità/postmodernità» trattando le questioni in oggetto dal punto di vista dell'affermazione di una metateoria in grado di sposarsi con la teoria sociale del *globalismo* e della *globalità* (come vedremo) e di attrarre ipotesi di lavoro abbastanza produttive, le quali possono anche riprendere la trattazione della vita quotidiana di Bauman e Ulrich Beck contrapposta alle pratiche scientifiche.

> La modernità avanzata produce i rischi, ma produce anche la riflessività[28] che consente di mettere in questione sé stessa e i rischi che produce. Infatti spesso sono le persone vittime dei rischi che incominciano a riflettere su di essi: incominciano a osservare e a raccogliere i dati sui rischi e sulle loro conseguenze, diventano esperti che criticano la modernità avanzata e i suoi pericoli e lo fanno, in parte, perché non possono più contare su scienziati che lo facciano al posto loro [...]. La scienza è diventata la protettrice di una contaminazione globale di persone e natura. Da questo punto di vista, non è esagerato dire che nel modo in cui trattano i rischi in molti ambiti, le scienze, fino a prova contraria, hanno sperperato la propria reputazione storica di razionalità[29].

L'attenzione di chi osserva può essere calamitata da alcuni processi empirici dove è rintracciabile una distinzione tra *globalismo* e *globalità* (citata sopra), trattata soprattutto dal tedesco Ulrich Beck nell'affermarsi di processi transnazionali (diversi dalle relazioni internazionali)[30] e ripudiata da alcuni teorici della globalizzazione americani

[26] Zygmunt Bauman, *Michael* Hviid Jacobsen and Keith Tester, *La scienza della libertà. A cosa serve la sociologia?,* Op. cit.,IV. cit. p. 142.

[27] Ho partecipato alla lettura preliminare del testo prevista per l'edizione italiana (2020) e istruita dall'editore.

[28] Cfr. Jens Zinn, «Reflexive Modernization», in *The Blackwell Encyclopedia of Sociology*, edited by George Ritzer, Oxford, Blackwell, 2007, pp. 3829-3830; si veda Antony Giddens, *Identità e società moderna*, Napoli, Ipermedium, 1999 (1991).

[29] George Ritzer, Jeffrey Stepnisky, *Sociological Theory*, Sage Publications, 2017, 2018, trad. it. *Teoria sociologica*, Torino, UTET, 2020, XIV, cit. p. 386.

[30] Cfr. Ian Clark, «International Relations», in *Encyclopedia of Globalization*, edited by Jan Aart Scholte and Roland Robertson, New York, MTM, 2007, pp. 664-670.

in virtù del fatto per cui eventi solamente economici possano impedire di descrivere le risultanze multidimensionali di mutamenti verificatisi, invece, nell'ecologia, nella politica e nella cultura nonché nella società civile. La dimensione economica verrebbe trattata come se si evolvesse in una «direzione lineare» di dipendenza crescente dal mercato mondiale. Tale sarebbe il *globalismo*, al quale si contrappone la *globalità* rintracciabile nei processi transnazionali che: «esistono da molto tempo; nondimeno, la globalità è nuova per almeno tre motivi: 1) la sua influenza sullo spazio geografico è molto più estesa di quanto non sia mai avvenuto in precedenza; 2) la sua influenza nel tempo è molto più stabile ed è continua di periodo in periodo; 3) vi è una densità molto maggiore di vari suoi elementi, tra cui le relazioni e le reti transnazionali»[31]. Elementi costitutivi e indicatori della *globalità* secondo Beck possono riassumersi a confronto con le manifestazioni stesse della transnazionalità nel modo seguente: «1) la vita quotidiana e le interazioni attraverso i confini nazionali sono profondamente coinvolte; 2) c'è l'auto-percezione di questa transnazionalità in sfere come quella dei mass media, del consumo e del turismo; 3) la comunità, il lavoro e il capitale sono sempre più delocalizzati; 4) c'è una crescente consapevolezza dei pericoli ecologici globali e delle azioni da intraprendere per affrontarli; 5) c'è una crescente percezione delle alterità transculturali che incontriamo nelle nostre vite; 6) le industrie della cultura globale sono diffuse a livelli mai prima conosciuti; 7) c'è una crescita, in termini di numero e di forza, degli accordi, degli attori e delle istituzioni transnazionali»[32]. In tal modo è possibile perfezionare a livello metodologico la tematica della «modernità» a stretta distanza dalle corrispondenze rilevabili nella vita reale e a confronto delle esigenze operate dai soggetti tra i confini nazionali di ciò che Beck definisce uno stadio successivo della società, caratterizzato da un pressante processo di denazionalizzazione, per cui si troverebbe uno stretto legame tra la *globalità* e una seconda «modernità».

Il livello d'esame del *globalismo* e della *globalità*, il primo processo che indica la dipendenza soltanto dal mercato globale e il secondo che ammette l'esistenza di attori transnazionali, appartiene all'esercizio comparativo di analisi sociali empiriche che riguardano la diffusione su scala mondiale di pratiche, relazioni, abitudini e organizzazione della vita sociale, cioè la *globalizzazione*, e quel processo che ammette, invece, l'intreccio tra globale e locale e che è stato definito in maniera originale dallo scozzese Roland Robertson (1938-2022) *glocalizzazione*. Fanno testo a riguardo le eterogeneità di accertamento del processo di definizione della *globalizzazione* che giungono fino a noi[33] e che si mostrano attraverso esiti operanti empiricamente che riguardano la «modernità»[34]. A differenza di una delle prime definizioni di *globalizzazione* di Anthony Giddens che risale al 1998, per cui questo processo riguarderebbe non solo «la trasformazione del tempo e dello spazio delle nostre vite» ma la creazione di «nuove

[31] George Ritzer, Jeffrey Stepnisky, *Teoria sociologica*, Op. cit., XVI, cit. p. 441.

[32] *Ibidem*.

[33] Cfr. Larry Ray, *Globalization and Everyday Life*, Parte di *The New Sociology*, Routledge, 2007, pp. 65-89.

[34] Cfr. Jonathan Friedman, *Global System, Globalization and the Parameters of Modernity*, in Mike Feathersone, Scott Lash, *Global Modernities*, London, Sage, 1995, pp. 69-90; v. in *Globalization*, a cura di Roland Robertson e White Kathleen, Collana «Critical Concepts in Sociology», XVIII, Routledge, 2002, vol. I.

regioni economiche e culturali che a volte valicano il confine dello stato-nazione»[35], Robertson anticipava addirittura la cognizione del fenomeno iniziale e allargava per la prima volta la prospettiva di indagine, al di là di una trattazione specifica del cosmopolitismo, così come avverrà nelle analisi di Beck. Lo stesso Giddens che, nel frattempo scriveva che fin quasi «alla fine del ventesimo secolo, accanto agli stati nazionali sono esistiti gli imperi multinazionali» e che si poteva «affermare che l'ultimo impero è scomparso con il crollo del comunismo sovietico nel 1990»[36], aveva elaborato a suo tempo una definizione del processo di governo *globale*, per cui egli sosteneva: «L'espansione della democrazia cosmopolita è una condizione per un'efficace regolazione dell'economia mondiale, che affronti le disuguaglianze economiche globali e controlli i rischi ecologici. Non ha senso contestare il fondamentalismo di mercato a livello locale ma lasciare che regni a livello globale [...]»[37]. Ma procediamo con ordine. I principi della *glocalizzazione*, secondo Ronald Robertson, esprimerebbero un modello di assoluto rispetto dello sfruttamento delle risorse, dei pensieri e dell'ambiente, cioè un modo di agire che possa tenere conto delle diversità culturali, cercando nello stesso tempo di arginare i processi troppo globalizzati e privi di regole delle interconnessioni che appaiono nel mercato globale economico, culturale, informatico e anche spaziale. In tal modo, si potrebbe guardare con estrema fiducia a un futuro che riconosca la tutela delle identità locali che dovrebbero trarre vantaggi a tutti i livelli della realtà globale. Come ha ribadito Bauman nel 1998:

> La glocalizzazione è innanzitutto e soprattutto una ridistribuzione di privilegi e privazioni, di ricchezza e povertà, di capacità e incapacità, di potere e impotenza, di libertà e costrizione. Essa è, si potrebbe dire, un processo di *ristratificazione* universale, nel corso del quale viene messa insieme su scala mondiale una nuova gerarchia socio/culturale che si auto-riproduce. Una tale differenza e identità comune, che la globalizzazione dei mercati e delle informazioni promuove e rende «necessaria», non è una diversità tra partner eguali. Ciò che è libera scelta per alcuni è destino crudele per altri. E poiché questi altri tendono a crescere irrefrenabilmente nel numero e a sprofondare sempre di più nella disperazione che nasce da un'esistenza priva di prospettive, si avrà diritto a percepire la glocalizzazione come il concentrarsi del capitale, della finanza e di tutte le altre possibilità di scelta e d'azione effettiva, ma anche, ed in primo luogo, come un *concentrarsi della libertà* di agire[38].

Ciò che si percepisce è l'attenzione verso un campo *globale* che possa risultare efficace per spiegare la fusione di diverse forme di vita, così come era stato espresso già nel 1992 dallo stesso Roland Robertson nel testo *Globalization – Social Theory and Global Culture*[39] quando si affermava che

---

[35] Antony Giddens, *The Third Way, The Renewal of Social Democracy*, Polity Press, 1998, trad. it. *La terza via. Manifesto per la rifondazione della socialdemocrazia*, Milano, Il Saggiatore, 1999, II, cit. pp. 44-45.

[36] Antony Giddens, *Sociology*, Cambridge, Polity Press, 1989 (2001), trad. it. *Fondamenti di sociologia*, Bologna, il Mulino, 2009, XI, cit. p. 243.

[37] Antony Giddens, *La terza via. Manifesto per la rifondazione della socialdemocrazia*, Op. cit., V. cit. p. 141.

[38] Zygmunt Bauman, *On Glocalization: Or Globalization for Some, Localization for Some Others*, «Thesis Eleven», 54, 1998, trad. it. *Sulla glocalizzazione: o globalizzazione per alcuni, localizzazione per altri*, in *The Bauman Reader*, Blackwell Publisher Inc, USA; Blackwell Publisher Ltd Oxford, UK, 2001, trad. it. *Globalizzazione e glocalizzazione, Saggi scelti a cura di Peter Beilharz*, Roma, Armando, 2005, X, cit. p. 343.

[39] Cfr. Roland Robertson, *Globalization- Social Theory and Global Culture*, SAGE Publications Ltd, 1992, trad. it. *Globalizzazione- Teoria sociale e cultura globale*, Trieste, Asterios Editore, 1999.

> L'attuale interesse per la globalità e la globalizzazione non può essere considerato semplicemente come un aspetto della realizzazione del «progetto» occidentale di modernità oppure, salvo che in termini molto ampi, dell'Illuminismo. In un mondo sempre più globalizzato, c'è un'esaltazione della coscienza della civiltà, della società, del gruppo etnico, della regione e persino dell'individuo. Si impone alle entità sociali di collocarsi nell'ambito della storia mondiale e del futuro globale. E ancora, la globalizzazione in sé e per sé implica la diffusione dell'*aspettativa* di tali dichiarazioni di identità[40].

Proprio in quel contesto di spiegazione Roland Robertson ha simulato in un modello, che è illustrato nella Figura 3.1, l'illustrazione delle componenti del concetto di *globalità* e il modo in cui empiricamente possiamo attribuire un senso a questo fenomeno. Come si nota, il passaggio tra le società nazionali e il sistema mondiale implica un certo ampliamento dei concetti di relativizzazione del riferimento societario, in rapporto alle esigenze del genere umano, dettate dalla relativizzazione della cittadinanza. Il modello indica graficamente quattro componenti principali sottoponibili a mappatura, le quali specificano una periodizzazione riferibile al secolo XX con gli sviluppi delle parti interconnesse delle società, dei singoli individui, delle relazioni individuali e del genere umano. La prospettiva indicata esamina le variazioni empiriche rispetto alle immagini dell'ordine mondiale e il processo di globalizzazione in una dimensione che assume i caratteri di una rappresentazione quanto più realistica. Esistono anche dei processi causali o «forze trainanti» della globalizzazione, che si mostrano rispetto all'economia globale dello schema. Il campo globale illustra anche la varietà dei processi di *relativizzazione*:

> Con questo termine si vuole indicare il modo in cui, col procedere della globalizzazione, si lanciano sfide sempre più audaci alla stabilità di prospettive particolari e alla partecipazione individuale e collettiva al processo complessivo di globalizzazione [...] questo quadro del campo globale è stato delineato soprattutto in riferimento alla globalizzazione e alla globalità contemporanea. È una rappresentazione ideal-tipica di ciò che si intende qui per complessità globale. Da un importante punto di vista, essa indica processi complessivi di differenziazione per quanto riguarda la complessità globale. In termini generali, l'applicazione del modello sottende l'opinione secondo cui i processi di differenziazione delle principali sfere della globalità crescono con il tempo[41].

Il modello indicato in Figura 3.1 non specifica la ricerca del *rischio* ma indica alcune delle componenti principali rinvenibili in un campo culturale di cambiamenti epocali sottoponibili a indagine empirica, rintracciabili ad esempio nella ricerca identitaria. Peraltro, va detto che il rapporto tra globalità e sociologia è complesso. La premessa fondamentale alla base della richiesta di una sociologia globale è che viviamo in una società globale, cioè in una società caratterizzata da un crescente grado di interconnessione a più livelli. Particolarmente importanti a questo proposito sono gli aspetti storici, economici, politici, culturali, demografici, militari e ambientali dell'interconnessione globale. Probabilmente, le percezioni sulla natura globalizzata del mondo in cui viviamo, sia basate sulle opinioni degli esperti che sul senso comune,

---

[40] Roland Robertson, *Globalizzazione – Teoria sociale e cultura globale*, Op. cit., I, cit. p. 47.

[41] *Ivi*, p. 49.

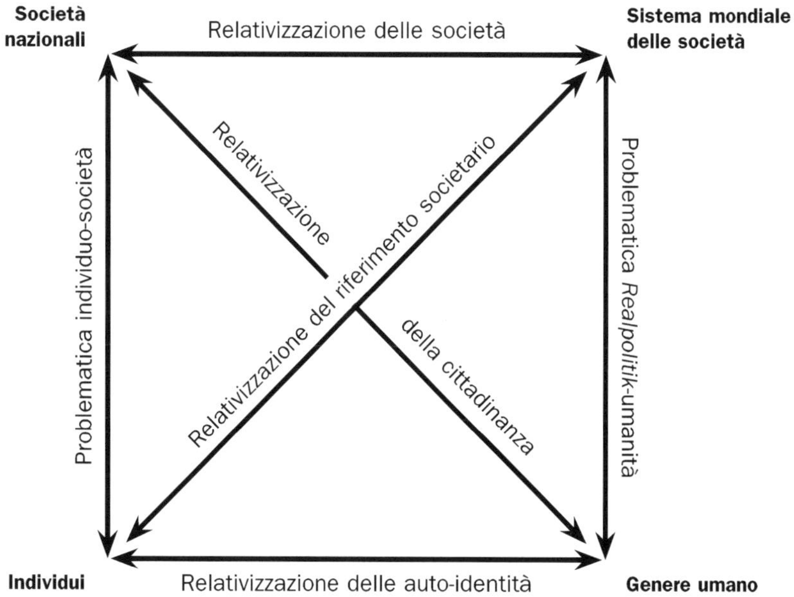

Figura 3.1 – Esempio di campo globale.

stanno iniziando ad avere un impatto all'interno della sociologia, così come in altre discipline delle scienze umane e sociali. Tale prospettiva globale implica che la sociologia debba impegnarsi non solo con la mutevole architettura concettuale della globalizzazione, ma anche con il riconoscimento del valore epistemologico e dell'agency del mondo al di là dell'Occidente. Sicuramente sarebbe errato rappresentare il «mondo oltre l'Occidente» come un'entità omogenea, monolitica o unificata. Un primo passo verso la costruzione di una coscienza globale, tuttavia, è ammettere che – come espresso negli atteggiamenti etnocentrici difesi dalla maggior parte dei suoi leader ideologici – l'Occidente si è occupato principalmente di se stesso e della sua presunta posizione di civiltà superiore nella divisione globale del potere[42]. Esiste quindi un rapporto molto stretto tra la sociologia e la cultura e questo processo di avvicendamento è visibile in ogni trasformazione che interessa il mondo globale. Ad ogni modo, come scrive sempre Robertson: «globalità si riferisce alla condizione di estesa consapevolezza del mondo come insieme, comprendendo il suo aspetto di specie»[43]. Di fatto, l'esistenza paradossale del progresso e del rischio sono i temi principali dell'opera di Ulrich Beck. Il contributo di Beck al settore è veramente ampio e variegato ed è innegabilmente uno dei principali trattati teorici sul rischio sociale della fine del XX e dell'inizio del XXI secolo. Come ricorda Darry S. L. Jarvis in *Theorizing Risk: Ulrich Beck, Globalization and the Rise of the Risk Society* (v. SSRN, 2008), Beck ha saputo generare una piccola industria della ricerca sul rischio e, in misura non trascurabile, è riuscito a portare quest'ultimo al centro dell'attenzione come strumento analitico pri-

[42] Cfr. Simon Susen, *Sociology in the Twenty-First Century. Key Trends, Debates, and Challenges*, Basingstoke Palgrave Macmillan, 2020, p. 640 e sg., traduzione mia.

[43] Roland Robertson, *Globalizzazione. Teoria sociale e cultura globale*, Op. cit., IV, cit. p. 113.

mario per comprendere i dilemmi della tarda «modernità». Il suo lavoro ha toccato la psiche culturale della società contemporanea ed evidenziato le paure condivise al di là dei confini nazionali, dal degrado dell'ecologia globale, alle pandemie sanitarie globali come l'AIDS e la SARS, al terrorismo internazionale, alle emergenze alimentari, o alle conseguenze per la salute di tecnologie come OGM, radiazioni elettromagnetiche, sostanze chimiche, tossine industriali. In particolare, va detto che la società del rischio è una delle teorie sociali più ambiziose, estese e dibattute non solo in sociologia. Si tratta di una grande teoria che riguarda la transizione dalla moderna società industriale a una nuova era caratterizzata in misura maggiore dai rischi tecnologici. La società del rischio è definita non solo dalla distribuzione dei beni (ricchezza), ma soprattutto dalla distribuzione dei «mali» (inquinamento, contaminazione e altri sottoprodotti della produzione ecc.). Si tratta di pericoli tecnologici che, essendo prodotti dalla società, sono considerati prevenibili ed entrano in contrasto con i pericoli «naturali» che sono stati tradizionalmente studiati dai ricercatori. Detto questo, entrambi i tipi di rischi hanno impatti che sono intensificati o mitigati dai sistemi sociali, economici, politici e culturali – sono entrambi definibili «sociali» in questo senso. Pertanto, il rischio ambientale per la salute è visto come una costruzione sociale. Tra le proposizioni fondamentali della tesi della società del rischio vi sono: l'aumento della portata e del potenziale delle catastrofi; una crescente perdita di fiducia negli esperti e nella scienza, considerati incapaci di prevedere e proteggere la popolazione da questi rischi tecnologici; e, infine, il proliferare di rivendicazioni di conoscenza contrastanti, che determinano un'erosione del consenso tra gli esperti sulla gestione dei rischi ambientali e tecnologici. In breve, le incertezze della scienza sono diventate molto più evidenti nella società in generale, in rapporto stretto alle strutture sociali. Per tutte queste constatazioni, andrebbe ricordato che Ulrich Beck è stato uno dei sociologi più importanti degli ultimi decenni. Per questo motivo ci interesseremo più di lui che di altri studiosi che hanno trattato di questi temi nella esposizione che seguirà, traendo vantaggio dalle numerose traduzioni dei suoi saggi. Va detto che la sua tesi centrale sulla società mondiale del rischio è diventata molto popolare e dibattuta anche di recente in vari continenti, poiché cattura le preoccupazioni attuali sulle conseguenze della «modernità», i timori per il rischio e la sicurezza come risultato della globalizzazione e le sue implicazioni per lo Stato e l'organizzazione sociale. Gran parte della discussione che ne è scaturita negli ultimi tempi, tuttavia, è stata di natura concettuale astratta e non sempre ha trovato riscontro in campi quali la scienza politica, la teoria politica e le relazioni internazionali, cosa che è stata invece ripresa da una trattazione che mostrava le evidenze empiriche in relazione agli effetti della globalizzazione sul rischio individuale e sul rischio sistemico per lo Stato. Ma andiamo ora alla radice del problema.

Nella sua pubblicazione in tedesco del 1986 *Risikogesellschaft. Auf dem Weg in eine andere Moderne* (Frankfurt am Main, Suhrkamp Verlag)[44] Beck ha descritto la società del rischio come una sorta di «condizione strutturale ineludibile dell'industrializzazione avanzata» e ha criticato fortemente la «moralità matematizzata» del pensiero degli esperti e del discorso pubblico sul profilo del rischio. Tutto questo si è verificato

[44] Cfr. Ulrich Beck, *Risk Society Revisited. Theory, Politics, Critiques and Research Programs*, 1999, trad. it. *La società del rischio. Verso una seconda modernità*, Roma, Carocci, 2000, 2013.

dopo l'esplosione del reattore 4 della centrale di Chernobyl, in Ucraina. Sebbene la valutazione del rischio orientata alle politiche sostenesse la gestibilità dei rischi, egli ha fatto notare più volte che «anche il resoconto oggettivo più contenuto e moderato delle implicazioni del rischio comportava una politica, un'etica e una morale nascoste». Il rischio quindi non sarebbe stato riducibile al mero prodotto della probabilità di accadimento moltiplicata per l'intensità e la portata del danno potenziale. Piuttosto, esso è un fenomeno socialmente costruito, per cui alcune persone hanno una maggiore capacità di definire i rischi rispetto ad altre che possono essere considerate. Non tutti gli attori traggono realmente beneficio dalla riflessività del rischio, ma solo quelli che hanno una reale possibilità di definire i propri rischi. Beck notava di come l'esposizione al rischio stesse sostituendo la classe come principale disuguaglianza della società moderna, a causa del modo in cui lo stesso può essere definito riflessivamente dagli attori: i rapporti di definizione nella società del rischio dovrebbero essere concepiti in modo analogo ai rapporti di produzione. Le disuguaglianze di definizione consentivano quindi agli attori più potenti di massimizzare i rischi per gli «altri» e di minimizzare i rischi per «sé stessi». La definizione del rischio, in sostanza, poteva risultare come un vero e proprio gioco di potere[45]. Questo era particolarmente vero per la società mondiale del rischio, dove i governi occidentali o i potenti attori economici tenderebbero a definire i fenomeni per gli altri. Secondo Beck, la teoria della società del rischio mondiale sosteneva che le società moderne fossero particolarmente modellate da nuovi tipi di rischio, che le loro fondamenta fossero scosse dall'anticipazione globale di catastrofi globali. Essa (la teorizzazione) comprenderebbe: 1) de-localizzazione: le cause e le conseguenze non sono limitate a un luogo geografico o a uno spazio, ma sono in linea di principio presenti; 2) incalcolabilità: le sue conseguenze sono in linea di principio incalcolabili; in fondo si tratta di rischi ipotetici, che, non da ultimo, si basano sulla non conoscenza indotta dalla scienza e sulla mancanza di informazioni normali; 3) non-compensabilità: il sogno di sicurezza della prima «modernità» si basava sull'utopia scientifica di rendere sempre più controllabili le conseguenze non sicure e i pericoli delle decisioni; gli incidenti potevano accadere, purché e perché si riteneva che fossero compatibili. Ora, rispetto a ciò, andrebbe detto che il clima è cambiato in modo irreversibile, se i progressi dell'ingegneria umana rendono possibili interventi irreversibili contro l'esistenza umana, se i gruppi terroristici hanno già a disposizione armi di distruzione di massa ecc. Non solo la prevenzione ha la precedenza sul risarcimento, ma si cerca anche di anticipare e prevenire rischi la cui esistenza non è stata provata.

L'autore tedesco è tornato su questi punti in un'analisi successiva, nella quale ha cercato di spiegare in dettaglio la delocalizzazione, l'incalcolabilità e la non compensabilità indicate sopra. In particolare, la delocalizzazione dei rischi di interdipendenza incalcolabili avverrebbe a tre livelli: 1) spaziale: i rischi (ad esempio, il cambiamento climatico) che non rispettano lo Stato-nazione o altri confini; 2) temporale: i rischi hanno un lungo periodo di latenza (ad esempio, i rifiuti nucleari), per cui il loro effetto nel tempo non può essere determinato in modo affidabile; 3) sociale: grazie alla com-

[45] Cfr. John Adams, *Risk*, London, University College London Press, 1995, II; Ulrich Beck, *World Risk Society*, Cambridge, Polity Press, 1999, II.

plessità dei problemi e alla lunghezza delle catene causali, l'attribuzione delle cause e delle conseguenze non è più possibile con alcun grado di affidabilità (ad esempio, le crisi finanziarie)[46]. Ciò affida a un'analisi retrospettiva il fatto per cui, da allora, la ponderazione quantitativa del rischio è divenuta una pratica ufficiale dell'analisi sociologica e scientifica, così come ci indica Beck quando afferma che le modalità del calcolo del rischio sono sottoposte a un processo di esame scientifico degli effetti, là dove gli scienziati si comportano

> come se non ci fosse un secolo di differenza tra gli incidenti locali del XIX secolo ed i potenziali di catastrofi latenti alla fine del XX. Infatti, se si distingue tra minacce calcolabili e minacce non calcolabili, sotto la superficie del calcolo del rischio, nuove forme di *imponderabilità e di minacce prodotte da scelti industriali* si moltiplicano nel quadro della globalizzazione di industrie ad alto rischio, sia ai fini di guerra che di pace [...]. Paragonati con queste conseguenze globali, i pericoli della prima industrializzazione mostrano di appartenere ad un'altra epoca. I pericoli delle forze produttive nucleari e chimiche base a cui abbiamo pensato ed agito a questo riguardo: spazio e tempo, tempo di lavoro e tempo di riposo, fabbrica e stato nazionale, persino i confini tra i continenti. Detto in altri termini, nella società del rischio le conseguenze sconosciute e non volute assurgono al ruolo di forza dominante nella storia e nella società[47].

La logica quantitativa di distribuzione della ricchezza e del rischio si completa con l'esame dei rischi nella modernizzazione e la loro dipendenza dal sapere. Infatti:

> Come le ricchezze, i rischi sono oggetto di distribuzioni, e sia le une che gli altri creano situazioni: situazioni di *classe* (*Klassenlagen*), o situazioni di rischio (*Risikolagen*). Tuttavia, in questi due casi si ha a che fare con un bene diverso di conflitto relativo alla sua distribuzione. Nel caso delle ricchezze della società si ha a che fare con beni di consumo, con reddito, possibilità di accesso all'istruzione, proprietà ecc., intesi come beni scarsi e desiderabili. Al contrario, i rischi sono un prodotto secondario della modernizzazione in *indesiderabile abbondanza*, che va o eliminata, o negata, o reinterpretata. Alla *logica positiva dell'appropriazione* si contrappone quindi una *logica negativa dello smaltimento*, dell'evitare, del negare, del reinterpretare [...]. Molti dei nuovi rischi (contaminazioni nucleari o chimiche, sostanze tossiche nei cibi, malattie tipiche del mondo moderno) si sottraggono completamente alla capacità umana di percezione diretta. Sempre più si impongono all'attenzione pericoli spesso non visibili né percepibili da chi ne è toccato; pericoli che a volte non dispiegano più i loro effetti nell'arco di vita di quanti ne sono investiti, ma in quello dei loro discendenti; pericoli, comunque, se hanno bisogno degli «organi di senso» della scienza – *teorie, esperimenti, strumenti di misurazione* – per poter essere *visibili ed interpretabili in quanto tali*[48].

Il legame tra analisi scientifica ponderata e calcolo del rischio è molto stretto. Scrive Beck:

> La dipendenza dal sapere e la non visibilità delle situazioni di pericolo caratteristiche della società moderna non bastano a darne una definizione concettuale, perché contengono in sé ulteriori componenti – si pensi per tutti agli esiti odierni contenuti nell'uso della intelligenza artificiale e la crisi degli algoritmi *n.d.a.* Gli enunciati sui pericoli non sono mai riducibili a meri

[46] Cfr. Ulrich Beck, *Living in the world risk society*, in «Economy and Society», Volume 35, Number 3, August 2006, pp. 329 345, traduzione mia.

[47] Ulrich Beck, *La società del rischio. Verso una seconda modernità*, Op. cit., I, cit. p. 29.

[48] *Ivi*, p. 35.

> enunciati di fatto. Per essi è costitutiva tanto una componente *teorica* quanto una componente *normativa*. La mera constatazione della presenza di «concentrazioni allarmanti di piombo nei bambini» o di «pesticidi nel latte materno» rappresenta *di per sé* tanto poco una situazione di pericolo quanto le concentrazioni di nitrati nei fiumi o il contenuto di biossido di zolfo nell'aria – e lo stesso sembra valere per l'encefalite spongiforme bovina ESB (o «mucca pazza»), *n.d.a.* È necessario aggiungere un'interpretazione causale, che faccia apparire ciò come un risultato del modo di produzione industriale, come un necessario effetto collaterale dei processi di modernizzazione – sui consumatori, *n.d.a.* Nei rischi socialmente riconosciuti, le istanze e gli attori del processo di modernizzazione, con tutti i loro interessi particolari e le loro dipendenze, sono presupposti e messi in relazione diretta secondo lo schema di causa ed effetto, con danno e minacce distantissimi sul piano sociale, sostanziale, spaziale e temporale[49].

Le considerazioni espresse da Beck ci conducono a riconoscere che (soprattutto) la società moderna è diventata una società dei rischi, nel senso che è sempre più occupata a discutere, prevenire e gestire i rischi che essa stessa ha prodotto. L'esempio odierno può essere il COVID-19. Tuttavia, molti obiettano che questo sia indice di isteria e di una politica dell'apparire, istigate e amplificate dai media[50]. Al contrario, chi osserva le società europee odierne dall'esterno non può fare a meno di notare che ciò che ci preoccupa riguarda principalmente rischi di lusso. Dopo tutto, il nostro mondo appare decisamente più sicuro rispetto, ad esempio, alle regioni più isolate dell'Africa, dell'Afghanistan, dell'Ucraina, del Myanmar e del Medio Oriente. Le società moderne si distinguono forse proprio per il fatto che in larga misura sono riuscite a mettere sotto controllo le contingenze e le incertezze, ad esempio per quanto riguarda gli incidenti, la violenza e le malattie. Eventi recenti ci hanno ricordato, ancora una volta, quanto sia limitata la pretesa di controllo delle società moderne di fronte alle forze naturali: dalla catastrofe dello tsunami, alla distruzione di New Orleans a causa dell'uragano Katrina, fino alla devastazione di vaste regioni in Sud America e Pakistan[51]. Anche se l'intervento dell'uomo non può fermare i terremoti, limitare uragani o eruzioni vulcaniche, è possibile prevederli con ragionevole accuratezza e agire in termini di assetto strutturale e di pianificazione delle emergenze. Per quanto possano essere vere, queste osservazioni non tengono conto del punto più ovvio del rischio, cioè la netta distinzione tra rischio e catastrofe. Il rischio non significa catastrofe, ma anticipazione della catastrofe. Il rischio esiste in uno stato di virtualità permanente e diventa «attuale» solo nella misura in cui viene anticipato. Nel momento in cui i rischi diventano reali, ad esempio sotto forma di attacco terroristico, essi cessano di essere rischi e diventano catastrofi. I rischi si sono già spostati altrove: nell'attesa di altri attacchi, nell'inflazione, nei nuovi mercati, nelle guerre o nella riduzione delle libertà civili, senza tecniche

---

49 *Ivi*, p. 36.

50 Cfr. Ulrich Beck, *The Reinvention of Politics: Rethinking Modernity in the Global Social Order*, Cambridge, Polity Press, 1996; si veda inoltre di Ulrich Beck, *Politics of Risk Society*, in Jane Franklin (ed.) *The Politics of Risk Society*, Cambridge, Polity Press, 1998; vedi i contributi di Anthony Giddens, Susie Orbach, John Gray, Ray Pahl, Martin Woollacott, Anna Coote, Patricia Hewitt e altri.

51 Cfr. Ulrich Beck, *Ecological Enlightenment: Essays on the Politics of the Risk Society*, Atlantic Highlands, NJ, Humanities Press, 1995, I; *Ecological Politics in an Age of Risk*, Cambridge, Polity Press, 1995; *World Risk Society as Cosmopolitan Society? Ecological Questions in a Framework of Manufactured Uncertainties*, in «Theory, Culture & Society», 13(4), 1996, pp. 1-32.

di visualizzazione, senza forme simboliche, senza media ecc. In altre parole, è irrilevante se viviamo in un mondo che, di fatto o in un certo senso, è «oggettivamente» più sicuro di tutti gli altri; se si prevedono distruzioni e disastri, questo stimola comunque una reale spinta ad agire.

3.3

Le ipotesi di Beck contengono generalmente una requisitoria sulla scienza che varca i limiti imposti dalla riflessione sulla conoscenza scientifica e sui meriti di questa di fronte alla differenziazione del mondo soprattutto in rapporto ai rischi di natura cosmopolitica[52]. In particolare, su questo punto l'autore potrà tornare ripetutamente nella sua produzione decennale[53]. Peraltro, l'elogio di questo importante aspetto costituisce un punto fermo per la nostra prospettiva e riguarda da vicino la trattazione che seguirà. I rischi sono testualmente definiti come «probabilità di danni fisici dovuti a determinati processi tecnologici o di altro tipo»[54]. Essi sono sempre accompagnati da una teoria generale della società moderna, come vedremo più avanti, e non solo. I rischi connessi a un cambiamento sociale accelerato, non ultimi i suoi effetti collaterali, possono essere domati solo da un cambiamento sociale ancora più rapido. È in questo contesto che Beck sostiene che, attraverso la tecnologia moderna, la società, la cultura e la natura ora interagiscono in modo ubiquitario e a una velocità e profondità senza precedenti. Possiamo dare un senso a queste trasformazioni solo attraverso un quadro concettuale integrato e questo è esattamente ciò che la società del rischio ha cercato di ottenere: sviluppare una comprensione più sofisticata di come ciascuno di questi ambiti interagisce con gli altri e del ruolo che la tecnologia gioca nel creare queste interconnessioni. Fondamentalmente, quindi, la teoria di Beck si basa sul presupposto che la natura, la società e la cultura siano ambiti separati e che il nostro compito sia quello di sviluppare modi nuovi o almeno migliori di guardare al modo in cui a loro volta si intersecano e interagiscono. La teoria della società del rischio mondiale sostiene, tuttavia, che le società moderne sono modellate da nuove tipologie di rischio, che le loro fondamenta sono scosse dall'anticipazione globale di catastrofi globali: in primo luogo, esiste una delocalizzazione, per cui le cause e le conseguenze non sono limitate a un luogo geografico o a uno spazio, ma sono in linea di principio presenti. In secondo luogo ciò che esiste è una sorta di incalcolabilità, per cui le sue conseguenze sono in linea di principio incalcolabili; in fondo si tratta di rischi «ipotetici», che,

[52] Cfr. Ulrich Beck, *The Cosmopolitan Perspective: Sociology of the Second Age of Modernity*, in «British Journal of Sociology», 51(1), 2000, pp. 79-105; v. Ulrich Beck, E. Beck-Gernsheim, *Individualization: Institutional Individualism and its Social and Political Consequences*, London, Sage, 2002.

[53] Cfr. Ulrich Beck, *The Cosmopolitan Vision*, Cambridge, Polity Press, 2006; *The cosmopolitan condition: Why methodological nationalism fails*, in «Theory, Culture & Society», 24 (7-8), 2007, pp. 286-290; *Varieties of second modernity and the cosmopolitan vision*, in «Theory, Culture & Society», 33 (7-8), 2016, pp. 257-270.

[54] Ulrich Beck, *Risk Society. Towards a new Modernity*, Sage Publications, 1992, cit. p. 4, traduzione mia.

non da ultimo, si basano sulla non conoscenza indotta dalla scienza e sulla mancanza di informazioni normali. Per terzo esiste ancora la non-compensabilità: il sogno di sicurezza della prima «modernità» si basava sull'utopia scientifica di rendere sempre più controllabili le conseguenze non sicure e i pericoli delle decisioni; gli incidenti potevano accadere, purché e perché si riteneva che fossero compatibili. Il clima è cambiato in modo irreversibile, se i progressi dell'ingegneria umana rendono possibili interventi irreversibili contro l'esistenza umana, se i gruppi terroristici hanno già a disposizione armi di distruzione di massa. Non solamente la prevenzione ha la precedenza sul risarcimento, ma si cerca anche di anticipare e prevenire rischi la cui esistenza non è stata ancora provata[55].

Di fatto, la modernizzazione contiene in sé esiti che mostrano il limite ragguardevole della riflessione sistematica condotta sul rischio e la resa quantitativa di certe analisi sociologiche che possono svilupparsi. Scrive Beck:

> La pretesa della razionalità scientifica di rilevare *obiettivamente* la pericolosità del rischio si smentisce sempre da sé: da una parte si regge su un *castello di carte di assunti speculativi*, e si muove esclusivamente nel quadro di enunciati di tipo probabilistico, le cui prognosi in fatto di sicurezza e rigore non potrebbero essere confutate nemmeno dal reale verificarsi degli incidenti. Dall'altra, per poter parlare sensatamente di rischi occorre aver prima assunto una prospettiva *orientata sui valori*. L'accertamento dei rischi *si basa* su *possibilità* matematiche e su interessi sociali, anche e soprattutto quando viene presentato con certezza scientifica. Occupandosi dei rischi della civiltà, le scienze hanno sempre abbandonato in partenza il proprio terreno della logica sperimentale e hanno contratto un matrimonio poligamo con economia, politica ed etica; o, più precisamente, vivono con esse in una sorta di unione di fatto. Questo carattere celatamente eterodiretto della ricerca sul rischio si manifesta in tutta la sua problematicità quando gli scienziati pretendono ancora di detenere il monopolio della razionalità. Gli studi sulla sicurezza dei reattori nucleari si limitano a stimare determinati rischi *quantificabili* sulla base di incidenti *probabili*. Le dimensioni del rischio vengono quindi ridotte fin dall'inizio alla mera gestibilità tecnica. In certe cerchie si dice che i rischi tecnicamente non ancora gestibili non esistono, e comunque non nel calcolo scientifico e nel giudizio giurisdizionale. Queste minacce non calcolabili si sommano a un rischio residuale sconosciuto che diventa ciò che ciascuno di noi, in ogni luogo, riceve in dote dall'industrialismo. Per ampi strati della popolazione e per chi si oppone all'energia nucleare è invece di centrale importanza il suo *potenziale catastrofico*. Quando basta *un solo* incidente per essere annientati, anche una probabilità minima è pur sempre troppo alta. Ma gli approcci quantitativi al rischio si concentrano sulla probabilità di un incidente e negano la differenza, diciamo, tra una sciagura aerea limitata e l'esplosione di un impianto nucleare che, per quanto improbabile possa essere, coinvolge intere nazioni e le generazioni a venire. Inoltre, nella discussione pubblica hanno un ruolo anche quegli aspetti dei rischi che negli studi in materia non vengono affatto trattati: la proliferazione delle armi atomiche, la trasformabilità di tecnologie chimiche e atomiche dagli usi civili a quelli militari, la zona grigia tra produzione civile e produzione bellica che si espande coll'espandersi delle industrie e dei mercati del rischio in tutto il mondo, la contraddizione tra errore umano e sicurezza, gli effetti di lungo termine e l'irreversibilità delle decisioni sulle tecnologie pesanti che mettono in gioco la vita delle generazioni future[56].

---

[55] Cfr. Ulrich Beck, *Living in the world risk society*, Op. cit., p. 334, traduzione mia.

[56] Ulrich Beck, *La società del rischio. Verso una seconda modernità*, Op. cit., I, cit. p. 39. Si veda Ulrich Beck, *World Risk Society*, Op. cit., II.

Per il sociologo Beck, un ovvio risultato del successo della «modernità» industriale e della applicazione di nuove tecnologie è stata la sua ampia distribuzione territoriale e la sua capacità di attraversare le frontiere e le culture infiltrate. La sua prospettiva, come vedremo, ricalca anche il possesso di intenzioni particolari che possono essere fatte risalire alla sociologia della scienza in una misura di certo preminente. L'estensione delle idee di Beck alle aree del lavoro industriale e dell'economia politica ha avuto un impatto significativo, contribuendo ai dibattiti accademici «di periodo» sul lavoro precario e sulla globalizzazione industriale. In *The Brave New World of Work* (Polity Press, 2000), Beck descriveva le conseguenze di una transizione dalle relazioni sociali basate sulle classi a un ordine sociale organizzato intorno alla società del rischio. Egli individuava lo storico conflitto di classe tra capitale e lavoro all'interno dei confini degli Stati-nazione, riconoscendo che le multinazionali operano sempre più indipendentemente dalle restrizioni del lavoro organizzato, o si stanno destituzionalizzando. La tesi centrale di *The Brave New World of Work* affermava che la società del rischio mondiale è responsabile della proliferazione del lavoro precario, in uno scenario in cui l'occupazione a tempo pieno era sostituita da biografie lavorative contingenti e flessibili, messe insieme da individui in costante stato di transizione e auto-reinvenzione. Beck chiedeva con convinzione la creazione di una società civile cosmopolita di «cittadini del mondo» per organizzare il lavoro e l'attività umana intorno a gruppi di interesse transnazionali piuttosto che alla nazionalità. In questo importante libro, l'autore tedesco esaminava come il lavoro sia diventato instabile nel mondo moderno e presentava una nuova visione per il futuro. Beck iniziava descrivendo come la società del lavoro tradizionale, con i suoi percorsi lavorativi che durano tutta la vita, stia lasciando il posto a un mondo molto meno stabile, in cui le competenze possono essere improvvisamente svalutate, i posti di lavoro cancellati, la copertura sociale ridotta o addirittura eliminata. L'Occidente sembrava dirigersi verso una struttura sociale di ambiguità e attività multiple che finora sono state più caratteristiche dei Paesi in via di sviluppo. Ma quella che sembrava essere la fine delle pratiche lavorative tradizionali potrebbe essere vista anche come un'opportunità per sviluppare nuove idee e modelli di lavoro nel XXI secolo. La visione alternativa di Beck era incentrata sul concetto di *cittadini attivi* organizzati democraticamente in reti locali, e sempre più spesso anche regionali o transnazionali. Contro la minaccia dell'esclusione sociale, tutti possono e devono avere il diritto di essere inclusi in una nuova definizione e distribuzione del lavoro industriale. Ciò comporterebbe un movimento costante tra l'occupazione formale (con una forte riduzione dell'orario di lavoro) e alcune forme di «lavoro civile» artistico, culturale e politico auto-organizzato, garantendo così un accesso paritario a una protezione sociale completa. L'obiettivo doveva essere quello di trasformare l'insicurezza in una discontinuità positiva e arricchente della vita.

Allo stesso tempo, però, la globalizzazione industriale non andrebbe trattata affatto come un processo indipendente. Per Beck, l'avvento della globalizzazione mette costantemente in seria discussione la territorialità e la sovranità dello Stato, riduce l'autorità dello Stato e limita la capacità dei suoi cittadini di agire in modo unilaterale o indipendente; compromette l'autonomia economica, costringendo gli Stati ad agire in modi e ad adottare politiche ampiamente commisurate agli interessi di un capitale altamente mobile. Inoltre, de-nazionalizza i mercati, crea un modello di concorrenza internazionale per gli investimenti stranieri e fa sì che lo Stato risponda a un'utenza internazionale anziché puramente nazionale e locale. La fonte di legittimità dello Stato è principalmente interna, ma gran parte delle sue esigenze materiali possono essere soddisfatte solo attraverso l'interazione economica esterna. L'autenticità democratica della cittadinanza viene messa in discussione in condizioni di modernità riflessiva, e i meccanismi di responsabilità e correttezza che erano alla base della modernità e delle società industriali sono compromessi dal ruolo sempre più influente di attori e processi transnazionali. La globalizzazione determina quindi un gioco di potere tra attori politici fissati a livello territoriale (governo, parlamento, sindacati) e attori economici non territoriali (rappresentanti del capitale, della finanza, del commercio) e si traduce in una «economia politica dell'incertezza e del rischio», in cui la fuga di capitali, i colpi di capitale, la delocalizzazione, la produzione offshore e l'esternalizzazione possono mettere in discussione la sicurezza economica dello Stato e dei cittadini. Molte sono le crisi evidenziabili nel processo di forte industrializzazione che accompagna a sua volta parecchie crisi che scaturiscono dall'implementazione dei risultati programmati dalla modernizzazione dell'industria. Le crisi ecologiche, ad esempio, emergono dal successo dell'industrializzazione e dalla diffusione onnipresente della città come punto di raccolta primario per il commercio, il lavoro e lo spazio vitale[57]. I sistemi democratici di distribuzione, la dipendenza dal trasporto automobilistico, il fabbisogno di risorse e di energia, la distruzione dell'habitat naturale e l'inquinamento che ne consegue sono tutte conseguenze indesiderate che hanno un impatto cumulativo sull'ecologia locale e globale, forse fino a provocare danni irreversibili, come nel caso del riscaldamento globale che è divenuto un tema centrale. Allo stesso modo, la diffusione delle tecnologie genetiche e la loro crescente applicazione in vari ambiti della medicina, delle tecnologie alimentari e dell'allevamento degli animali potrebbero produrre rischi intergenerazionali a lungo termine. Gli sviluppi tecnologici hanno quindi aumentato la nostra capacità di agire sul mondo in modo così esteso e capillare che le conseguenze delle nostre azioni hanno superato la nostra capacità di prevederle. L'esplosione della centrale nucleare di Chernobyl dell'aprile 1986[58], ad esempio, ha avuto conseguenze ben al di là di qualsiasi scenario di emergenza immaginato dagli ingegneri e scienziati che hanno progettato e costruito l'impianto, avendo un impatto non solo sui cittadini locali, ma anche al di là dei confini nazionali e a livello intergenerazionale, con un costo incalcolabile di deformità e anomalie congenite nei neonati.

Secondo Beck, quindi, anche la conoscenza scientifica gioca un ruolo fondamentale ma paradossale nella società del rischio. La sua applicazione attraverso gli sviluppi tecnologici è centrale per l'immaginazione moderna e per l'organizzazione della vita sociale stessa, poiché non esiste ambito dell'azione umana che sia esente dalla ricerca scientifica e dalle sue raccomandazioni pratiche. Qualunque siano le nuove sfide che le società moderne possono affrontare, la scienza e le sue varie istituzioni – università, sistemi sanitari, unità burocratiche e di pianificazione di ogni tipo – sono quasi uni-

[57] Cfr. di Ulrich Beck, *Ecological Politics in an Age of Risk,* Op. cit., p. 47 e sg.; *Democracy without Enemies.* Cambridge, Polity Press, 1998 e *Power in the Global Age,* Cambridge, Polity Press, 2005, p. 87 e sg.

[58] Cfr. Ulrich Beck, *The anthropological shock: Chernobyl and the contours of the risk society,* in «Berkeley Journal of Sociology», 32 (1), 1987, pp. 153-165.

versalmente al centro delle possibilità per le loro soluzioni pratiche. Allo stesso tempo, però, la tecnologia è una fonte permanente di paure, preoccupazioni: dagli effetti collaterali delle vaccinazioni all'intelligenza artificiale che si rivolta contro gli esseri umani, la tecnologia rimane una fonte inesauribile di possibilità e scenari particolari nel presente. Eppure, le società moderne non possono semplicemente sottrarsi alla scienza e alla tecnologia, tanto che si potrebbe parlare di una geopolitica della scienza capace di influenzare diversi sistemi sociali, coinvolgendo anche gli scienziati stessi. A questo punto, come ho potuto già segnalare, sembrerebbe chiaro che:

> al di là di principi ideali, gli ultimi decenni della nostra vicenda storica globale e internazionale caratterizzerebbero la natura vincolante dei rapporti tra sistema scientifico e sistema economico-industriale, anche al cospetto di un capitalismo finanziario che supera l'impiego di un unico capitalismo di natura manageriale [...]. Di fronte a questo processo, assume di nuovo una certa importanza il problema della responsabilità degli scienziati, che concerne più l'individuo, e cioè il singolo ricercatore, cioè colui che può fare ricorso a principi etici «interni» alla sua disciplina e, più che a principi etici «eterni» rispetto ad un discorso più generalizzato di comprensione della/nella scienza. Dinanzi a questa consapevolezza va anche detto che il processo di industrializzazione di cui è oggetto la scienza ha saputo creare una sorta di processo di «alienazione» e di spersonalizzazione dello scienziato, laddove si potrebbe affermare una natura collettivizzata di scienza in cui lo stesso scienziato è espropriato del momento decisionale per ciò che concerne il suo lavoro di ricerca. In questo senso, soprattutto nel mondo contemporaneo, il ricercatore non è più il padrone della sua ricerca (così e come, ormai da tempo, il capitalista non è più l'unico padrone della sua fabbrica) ma solo il titolare di un settore minimo di un processo fortemente parcellizzato. Ciò vuol dire che le sedi e le logiche della decisione progettuale, promozionale e finanziaria risultano essere sempre più lontane e burocratiche aziendalistiche rispetto alla possibile sfera autonoma del ricercatore, laddove quest'ultimo viene comunque investito di una carica di responsabilità sociali e culturali[59].

Al contrario, le società moderne non hanno altra scelta che rivolgersi proprio alla scienza e alla tecnologia per attenuare o limitare questi rischi. Questa dialettica immanente della scienza, essendo allo stesso tempo fonte di certezza e causa di ansia, è al centro di ciò che Beck chiama il processo di modernizzazione riflessiva[60]. Egli sostiene, inoltre, che il potere esplicativo di nozioni chiave come «nazione» e «classe» viene rapidamente indebolito dalle nuove sfide globali imposte dall'applicazione tecnologica. Dovremmo smettere di trattare gli Stati-nazione come se fossero in grado di prevenire, per non parlare di contenere o risolvere, questi rischi moderni e contemporanei; classe e nazione appartenevano al «vecchio» quadro dei tempi moderni a cui l'ascesa della società del rischio ha posto fine. Non solo queste nozioni non sono in grado di cogliere la novità dei rischi guidati dalla tecnologia applicata, ma in realtà ostacolano la nostra capacità di comprenderne le caratteristiche più importanti. Sono nozioni che si riferiscono a un'epoca passata ma che, poiché continuano a influenzare il modo in cui pensiamo agli eventi contemporanei, ora limitano la nostra capacità di comprendere la novità del cambiamento sociale. L'idea di una nuova era di globalizzazione è quindi incorporata nella tesi originale di Beck sulla società del rischio e non gli è

[59] Guglielmo Rinzivillo, *La geopolitica della scienza*, in «Il Geopolitico. Rivista di analisi geopolitiche e sociologiche», Anno I, Giugno 2017, cit. p. 10.

[60] Cfr. Ulrich Beck, *Risk Society. Towards a new Modernity*, Op. cit., pp. 155-182.

servito molto tempo per analizzarne gli aspetti mentre sviluppava la propria nozione empirica di società *mondiale del rischio*[61].

Un'altra assunzione importante del sociologo di fronte alla modernizzazione e all'incremento delle tecnologie riguarderebbe gli effetti sociali delle definizioni del rischio che non dipenderebbero dalla loro validità scientifica, ma che si concretizzano nel sistema. Scrive ancora Beck:

> Questa varietà di interpretazioni, tuttavia, si fonda anche sulla logica degli stessi rischi di modernizzazione. Dopo tutto, ciò che qui si tenta di fare è mettere in relazione effetti dannosi con singoli fattori difficilmente isolabili nel complesso sistema del modo di produzione industriale. L'interdipendenza sistemica degli attori altamente specializzati della modernizzazione nell'economia, nell'agricoltura, nel diritto e nella politica corrisponde all'assenza di singole cause e responsabilità isolabili. È l'agricoltura a inquinare il suolo, o invece i contadini sono soltanto l'anello debole della catena dei cicli distruttivi? Forse rappresentano solo dei mercati, dipendenti e subordinati all'industria dei mangimi e dei fertilizzanti, e forse si dovrebbe fare le va su di essa per la disintossicazione preventiva dei suoli. Tuttavia, anche le autorità avrebbero potuto già da tempo proibire o ridurre drasticamente la vendita delle sostanze tossiche. Ma non lo hanno fatto. Anzi, con il sostegno della scienza continuano a rilasciare autorizzazioni per la produzione di sostanze tossiche «innocue» che ci danneggiano sempre di più. La responsabilità sta allora nella giungla dei rapporti tra amministrazioni, scienza e politica? Però, in fondo, non sono certo loro a coltivare i campi. E allora la colpa è forse proprio dei contadini? Ma loro sono stretti nella tenaglia della Comunità europea, devono realizzare sovrapproduzione con un impiego intensivo dei fertilizzanti per poter sopravvivere economicamente... In altre parole: la divisione altamente specializzata del lavoro corrisponde ad una generale complicità, e questa a sua volta ad una generale irresponsabilità. Ciascuno è causa *ed* effetto, e in tal modo anche *non-causa*. Le cause si perdono in un amalgama complessivo di attori e condizioni, reazioni e controreazioni, il che procura al concetto di sistema evidenza sociale e popolarità. Il significato biografico dell'idea di sistema si mostra in questo: è possibile fare delle cose e continuare a farle, senza doversene assumere la responsabilità. Si agisce, per così dire, in propria assenza [...]. L'altro generalizzato – il sistema – agisce in ciascuno ed attraverso ciascuno questa è la morale da schiavi della civiltà, in cui si agisce personalmente e socialmente come se si fosse soggetti ad un destino naturale, alla «legge di gravità» del sistema[62].

A tutto ciò farebbe riscontro la vantata riflessività critica dello sviluppo tecnologico-scientifico, cui Beck dedica il capitolo settimo del suo libro più importante.

Riprendendo i risultati empiricamente operanti del discorso sull'industrialismo più moderno e attualizzato, l'autore intende operare una distinzione

> tra modernizzazione della tradizione e modernizzazione riflessiva della società industriale, nel rapporto tra pratica scientifica e sfera pubblica – dove, *n.d.a.* – si possono differenziare due costellazioni: scientificizzazione *primaria* e scientificizzazione *riflessiva*. In un primo momento la scienza viene applicata al mondo «dato» della natura, dell'uomo e della società. Nella fase riflessiva, le scienze si confrontano con i loro stessi prodotti, i loro difetti e i loro problemi collaterali, cioè approdano ad una *seconda creazione di civiltà*. La logica di sviluppo della prima fase è da riconnettersi ad una scientificizzazione *dimezzata*, nella quale le pretese di conoscenza e di illuminismo della razionalità scientifica sono esentate dall'applicazione metodica dello scetticismo scientifico a se stesso. La seconda fase si basa su una *scientificizzazione* completa,

[61] Cfr. Ulrich Beck, *What Is Globalization?,* Cambridge, Polity Press, 2000, II.

[62] Ulrich Beck, *La società del rischio. Verso una seconda modernità*, Op. cit., I, cit. p. 43.

che ha esteso il dubbio scientifico anche ai fondamenti immanenti e alle conseguenze esterne della scienza. In questo modo *entrambe le sue pretese, di verità e di illuminismo, sono sfatate.* La transizione da una costellazione all'altra avviene dunque nella *continuità* della scientificizzazione; tuttavia, proprio per questo si formano relazioni interne del lavoro scientifico completamente *diverse*[63].

Rispetto alle innovazioni del libro del 1986 molti autori hanno evidenziato come la considerazione di Beck della scienza sia sottoponibile a una sorta di critica «di periodo» che interessa soprattutto esiti di comprensione più attualizzabili, rispetto alle condizioni in cui la ricerca scientifica si troverebbe nel momento in cui si vanta una modernizzazione di ordine riflessivo[64]. Di fatto, non mancano le impressioni interpretative e continue delle tesi vantate da Beck alle soglie degli anni Novanta del XX secolo e riportate in un dibattito sempre più recente[65] che ha però perso il senso della misurazione dei fenomeni indicati che era stato evidenziato in partenza. Beck affermava all'origine che: «Con il passaggio alla prassi, le scienze vengono ora confrontate con il loro passato e il loro presente oggettivati: con se stesse come prodotto e produttore della realtà e dei problemi che devono analizzare e risolvere. In questo modo, esse assumono una rilevanza centrale non solo come fonte di soluzioni di problemi, ma anche come *causa di problemi*. Nella prassi e nella sfera pubblica le scienze sono sempre più messe di fronte non soltanto al bilancio dei loro successi, ma anche a quello delle loro sconfitte, cioè allo specchio delle loro promesse non mantenute. Le ragioni di ciò sono molteplici: proprio con il crescere dei successi aumentano sproporzionatamente i rischi dello sviluppo tecnico-scientifico sul piano pratico, le soluzioni e le promesse di liberazione hanno ampiamente manifestato i loro aspetti negativi e questi ultimi, a loro volta, sono diventati oggetto di approfondite analisi scientifiche. E, in modo alquanto paradossale, nel mondo scientificamente settorializzato e professionalmente amministrato le prospettive future e la possibilità di un'espansione della scienza sono legate anche alla critica della scienza»[66]. Inoltre, andrebbe ricordato che:

L'*espansione* della scienza presuppone e *svolge* una critica della scienza e della prassi degli esperti nelle loro modalità date, in un periodo nel quale la scienza si concentra sulla scienza; perciò la civilizzazione scientifica si sottopone ad un'autocritica comunicata pubblicamente che ne scuote i fondamenti e l'autocomprensione. Ciò rivela un grado di insicurezza rispetto ai suoi fondamenti e ai suoi effetti che può essere superato solo dal potenziale di rischi e di prospettive di sviluppo che essa dischiude. In questo modo prende avvio un processo di demistificazione della scienza, nel corso del quale la struttura della scienza, la prassi e la sfera pubblica sono sottoposte ad una trasformazione radicale[67].

---

[63] *Ivi*, pp. 219-220.

[64] Cfr. Margareta Bertilsson, *Review: The role of science and knowledge in a risk society: comments and reflections on Beck*, in «Industrial Crisis Quarterly», vol. 4, N. 2, 1990, p. 141 e sg.

[65] Cfr. Gabe Mythen, *Ulrich Beck: A Critical Introduction to the Risk Society*, Pluto press, 2004, pp. 11-29, pp. 117-136; si veda Denis T. Campbell, *Risk Society and Science in Modern Age*, New York, NP, 2016, II.

[66] Ulrich Beck, *La società del rischio. Verso una seconda modernità*, Op. cit., VII, cit. p. 220.

[67] *Ivi*, pp. 220-221; si veda Rayner Scott, *Science and Transactions in the Public Domain*, New York, NP, 2015, p. 25 e sg.

In secondo luogo, è importante sottolineare la tendenza verso una de-monopolizzazione delle pretese di conoscenza scientifica. Questo fenomeno emerge in un contesto in cui la scienza, pur rimanendo necessaria, diventa sempre meno sufficiente. Tale dinamica è il risultato della riflessività intrinseca allo sviluppo tecnico-scientifico nella società del rischio. Ne deriva una sicura indipendenza della ricerca scientifica nelle condizioni di cambiamento:

> *Ciò che è essenziale, piuttosto, è quale tipo di scienza venga praticato in relazione alla prevedibilità dei suoi effetti collaterali a prima vista imprevedibili.* Ciò che è determinante in questo contesto è se permane l'*iperspecializzazione* che produce da sé effetti collaterali e quindi sembra confermare continuamente la propria «inevitabilità», oppure se sarà riscoperta e avrà nuovo sviluppo la forza della *specializzazione nel contesto*; se viene riacquisita la *capacità di apprendere* ad affrontare le conseguenze pratiche o se l'ignoranza delle conseguenze pratiche creerà *situazioni irreversibili* connesse alla *presunzione di infallibilità* e che rendono in partenza impossibile apprendere dagli errori pratici: in che misura nel fronteggiare i rischi della modernizzazione il trattamento dei *sintomi* può essere sostituito da un'autentica rimozione delle *cause*, in che misura i *tabù pratici* dei rischi «autoprovocati» dalla civilizzazione sono riprodotti o infranti scientificamente attraverso le variabili e le cause prese in considerazione; in che misura, dunque, i rischi e le minacce possono essere interpretati metodicamente e oggettivamente, sviluppati scientificamente oppure minimizzati e cancellati[68].

Seguita Beck:

> Così, la scoperta dei rischi della modernizzazione com'è avvenuta finora solleva necessariamente il nido di vespe dei rapporti competitivi tra professioni scientifiche e suscita tutte le resistenze che attraverso le generazioni una professione scientifica ha opposto con tutte le sue forze (incluse quelle scientifiche) contro l'«invasione espansionistica» nei suoi «problemi preferiti» e nelle «condutture dei fondi di ricerca» installate con tanta cura. Di fronte ai problemi di competizione e agli irresolubili conflitti tra scuole di pensiero che qui erompono, il riconoscimento sociale e il trattamento dei rischi sono destinati a fallire fintanto che la sensibilità *pubblica* di fronte a determinati aspetti problematici della modernizzazione non cresca e non si volga in critica e magari in movimenti sociali, articolandosi e scaricandosi in proteste contro la scienza e la tecnologia. I rischi della modernizzazione, dunque, possono soltanto essere «imposti», «prescritti» dall'*esterno* alle scienze, in forza del riconoscimento pubblico. Essi si basano su *definizioni e rapporti non intrascientifici*, ma *sociali*, e anche all'interno delle scienze la loro incidenza può dispiegarsi solo grazie alla forza motrice che opera sullo sfondo: l'ordine delle priorità sociali. A sua volta, ciò presuppone una forza finora sconosciuta della critica della scienza e della cultura, basata almeno in parte su una *ricezione di competenze alternative*. Nelle condizioni riflessive cresce cioè la probabilità che nei diversi ambiti d'azione sociali venga attivata, raccolta dall'esterno oppure trasferita all'esterno una consapevolezza scientifica dei problemi collaterali, tale da condurre a *forme di scientificizzazione della protesta contro la scienza*[69].

Accanto all'esame della scientificizzazione primaria e riflessiva vanno posti problemi di utilizzo delle metafore per descrivere lo sviluppo della scienza. Rivitalizzando queste ultime, Beck ha sviluppato il suo rifiuto dei modelli di sviluppo delle scienze sociali basati sulle transizioni, creando un quadro in grado di catturare il dinamismo

[68] Ulrich Beck, *La società del rischio. Verso una seconda modernità*, Op. cit., VII, cit. p. 223.

[69] *Ivi*, p. 226.

del mondo contemporaneo. Per comprendere la metamorfosi del mondo, ha affermato che è necessario indagare gli sviluppi e i processi nascenti ma distinti che fungono da presagi del futuro. E ciò riguarderebbe proprio la scienza. Qui si impone una visione che sta per indicare uno stato di inconsapevolezza della metamorfosi imminente, e l'idea di trasfigurazione – piuttosto che di cambiamento – è incorporata in esempi concreti, ad esempio il trattamento della fecondazione in vitro, la clonazione genetica, il cambiamento climatico e la crisi finanziaria globale. Lavorando su questi temi, viene enfatizzata l'incertezza che circonda i rischi artificiali creati dagli esseri umani. Utilizzando la metafora della metamorfosi, Beck riprende le sue incursioni nel cosmopolitismo, sottolineando i limiti del «nazionalismo metodologico» come meccanismo per fornire soluzioni nazionali basate sullo Stato a quelle che sono problematiche intrinsecamente globali. Estendendo la sua argomentazione, afferma che le dinamiche combustibili del rischio e della globalizzazione non tanto destabilizzano quanto demoralizzano i sistemi esperti, il che significa che i tentativi di parte dei governi degli Stati-nazione di sostenere le istituzioni in difficoltà sono inutili. La metamorfosi implica quindi un processo di drammatico sconvolgimento che polverizza le strutture tradizionali, creando spazio per nuovi modi di vivere e formazioni istituzionali alternative[70]. Indicando il processo per cui si intensificano gli sforzi per leggere lo sviluppo della scienza, questa

> sperimenta non soltanto una rapida diminuzione della sua credibilità pubblica, ma nello stesso tempo si dischiude anche *nuovi campi di attività e di applicazione*. Per fare un esempio, negli ultimi anni le scienze naturali e tecniche hanno raccolto molte delle critiche pubbliche che sono state loro rivolte e sono state capaci di trasformarle in opportunità di espansione: nella differenziazione concettuale, strumentale e tecnica dei rischi «ancora» o «non più» tollerabili, delle minacce alla salute, dei carichi di lavoro ecc. Qui si può cogliere l'autocontraddizione nella quale sembra imbattersi lo sviluppo scientifico nella fase della scientificizzazione riflessiva: la *critica pubblica dello sviluppo avvenuto finora diventa il motore dell'espansione*. È questa la logica di sviluppo in base alla quale i rischi della modernizzazione vengono costituiti in un gioco combinato e carico di tensione tra scienza, prassi e sfera pubblica per poi tornare ad agire nella scienza, provocandovi «crisi di identità», nuove forme di organizzazione e di lavoro, nuovi fondamenti teorici, nuovi sviluppi metodologici ecc. [...]. La discussione pubblica dei rischi della modernizzazione è la strada della trasformazione degli errori in opportunità di espansione nelle condizioni della scientificizzazione riflessiva[71].

La visibilità dei rischi nella modernizzazione si commisura in Beck rispetto a degli «effetti collaterali», i quali si spingono al di là di ogni possibilità di previsione scientifica. In questo ambito, è importante stabilire sempre correlazioni teoriche per scoprire il potenziale pratico e autonomo-critico delle scienze, nel momento in cui si segue una teorizzazione dell'empiria, la quale dimezza la forza della speculazione e mette in risalto l'esigenza pratica di definire in modo essenziale la varietà del rischio, definibile come «uno stadio particolare, intermedio tra la sicurezza e la distruzione, dove la percezione

---

70 Cfr. Gabe Myten, *Ulrich Beck: E-Special Introduction*, in «Theory, Culture & Society», Vol. 37, Issue 7-8, 2020, V, traduzione mia.

71 Ulrich Beck, *La società del rischio. Verso una seconda modernità*, Op. cit., VII, cit. p. 227.

dei rischi minacciati determina pensieri e azioni»[72]. La sociologia si presenta come la disciplina più adatta ad accogliere e affrontare queste sfide, poiché strategicamente connessa a una teoria dell'apprendimento della ragione scientifica. Per Beck quindi:

> Gli scienziati sociali possono dare il loro contributo a questo riguardo. Essi dovrebbero essere in grado di incoraggiare l'emancipazione della scienza dal destino auto-inflitto dell'immaturità e della cecità rispetto ai rischi. Nessuno ha la ricetta per questo, e forse nemmeno un consiglio. Nel caso delle scienze sociali, perlomeno la questione guida è la seguente: come possono la scienza sociale e l'esperienza sociale essere correlate l'una all'altra in modo tale che venga ridotto lo spettro delle conseguenze secondarie non viste? E come può la sociologia, nonostante tutta la sua frammentazione in campi di lavoro particolari, essere messa in condizione di offrire un contributo alla *specializzazione scientifica in nessi e contesti* (il che equivale, in fondo, al suo fine originario)? Ciò di cui si va alla ricerca è una teoria dell'*apprendimento* della razionalità scientifica che concepisca quest'ultima come modificabile nel confronto con i pericoli auto-prodotti. Diversamente che nel caso dell'epistemologia analitica, che assume e tenta di ricostruire la razionalità della scienza diventa un *progetto futuro*, che partendo soltanto dalle forme del presente non può essere né rifiutato né acquisito. Come la confutazione dell'irrazionalità della prassi scientifica predominante non significa affatto la fine della scienza, a condizione che le capacità di critica e di apprendimento dei contenuti, tradizionale per la prassi di ricerca, venga trasferita ai fondamenti della conoscenza e all'applicazione delle conoscenze. In questo modo, la riflessività, *attualmente latente* del processo di modernizzazione verrebbe assunta nella coscienza scientifica[73].

La particolarità dell'indagine condotta fino a questo momento sulla relazione tra scienza e modernizzazione rivela un rapporto esistente ed evidente tra la probabilità e il rischio soprattutto in termini di una logica quantitativa che accompagna i processi riflessivi e ne delimita gli effetti[74]. In rapporto agli effetti, i rischi sono affermazioni fattuali e di valore. In altre parole, la sociologia funge da tramite con l'esistenza di nessi che si rapportano agli effetti immediati del processo di modernizzazione, in modo che questi ultimi possano essere misurati o controllati. Nel campo della sociologia del rischio, l'autore implica anche una distinzione tra una prospettiva realista e una costruttivista, utilizzando sia l'una che l'altra nella misura in cui queste meta-narrazioni sono utili per comprendere la natura ambivalente del rischio nella società mondiale nella quale ci troviamo a vivere e nella quale possiamo attuare dei ripensamenti della collettività[75]. Ma, in maniera specifica, va detto che:

> La sociologia del rischio ricostruisce un evento socio-tecnologico nella sua (im)materialità. Quando i rischi sono ritenuti reali le fondamenta degli affari, della politica, della scienza e del-

[72] Ulrich Beck, *La società del rischio. Verso una seconda modernità*, Op. cit., VIII, cit. p. 327. Si veda Ulrich Beck, Antony Giddens e Scott Lash (eds.), *Reflexive Modernization: Politics, Tradition and Aesthetics in the Modern Social Order*, Cambridge, Polity Press, 1994; si veda di Scott Lash, *Reflexivity as non-linearity*, in «Theory, Culture & Society», 20 (2), 2023, pp. 49-57.

[73] Ulrich Beck, *La società del rischio. Verso una seconda modernità*, Op. cit., VII, cit. pp. 252-253.

[74] Cfr. Ulrich Beck, Wolfgang Bonss e Christoph Lau, *The theory of reflexive modernization: Problematic, hypotheses and research programme*, in «Theory, Culture & Society», 20(2), 2003, pp. 1-33; si veda Ulrich, Beck e Edgar Grande, *Varieties of second modernity*, in «*British Journal of Sociology*», 61 (3), 2010, pp. 409-443.

[75] Cfr. Ulrich Beck e Daniel Levy, *Cosmopolitanized nations: Re-imagining collectivity in world risk society*, in «Theory, Culture & Society», 30 (2), 2013, pp. 3-31.

> la vita quotidiana sono in continuo mutamento. Di conseguenza il concetto di rischio, quando considerato scientificamente (rischio = incidente X probabilità), assume la forma del calcolo di probabilità, che sappiamo non può mai escludere il *worst case*. Questo diviene importante in vista della distinzione socialmente molto rilevante fra *decision makers* del rischio e quelli che devono occuparsi delle conseguenze delle decisioni prese da *altri* [...]. Come i calcoli matematici (calcoli di probabilità o simulazioni d'incidente), i rischi sono direttamente e indirettamente correlati alle definizioni culturali e agli standard in base ai quali si considera una vita tollerabile o intollerabile[76].

In realtà, la definizione di sociologia è assoggettata sempre alla trattazione del concetto di società mondiale del rischio, che significa molte cose, tra le quali vanno annoverate quelle che seguono, indicando un significato per ognuna delle posizioni seguenti: «1) né distruzione né fiducia/sicurezza ma virtualità reale; 2) un futuro minaccioso, (ancora) contrario alla realtà di fatto, che diviene il parametro di influenza dell'azione corrente; 3) affermazioni di fatto e giudizi dei valore che combinano in una moralità matematizzata; 4) controllo e mancanza di controllo come espresso dall'incertezza prodotta; 5) conoscenza o inconsapevolezza realizzata in conflitti di (ri) conoscimento; 6) globale e locale simultaneamente ricostituiti come "glocalità" dei rischi; 7) distinzione tra conoscenza, impatto latente e conseguenze sintomatiche; 8) un mondo ibrido fatto dall'uomo che ha perso il suo dualismo tra natura e cultura»[77]. Infine, Beck anticipa il suo intento principale, nel momento in cui compie delle differenziazioni che intaccano la versione più moderna della concezione della società globale del rischio.

> Il mio punto di vista interpreta ciò che altri vedono come lo sviluppo di un ordine postmoderno in termini di uno stadio di modernità radicalizzata (seconda fase), uno stadio in cui le dinamiche dell'individualizzazione, della globalizzazione e del rischio minano la prima fase della modernità industriale dello stato-nazione e le sue fondamenta. La modernità diventa *riflessiva*, il che significa che si preoccupa delle sue conseguenze involontarie, dei suoi rischi e delle sue implicazioni a partire dalle sue fondamenta. Mentre molti teorici postmoderni sono critici nei confronti delle grandi narrazioni, della teoria generale e dell'umanità, io rimango legato a tutto ciò, ma in un senso nuovo[78].

---

[76] Ulrich Beck, *La società del rischio. Verso una seconda modernità*, Op. cit., Postfazione, cit. pp. 329-331

[77] Ulrich Beck, *La società del rischio. Verso una seconda modernità*, Op. cit., Postfazione, cit. pp. 340-341.

[78] Ulrich Beck, *La società del rischio. Verso una seconda modernità*, Op. cit., Postfazione, cit. p. 347.

Capitolo 4
La logica dei repertori culturali

4.1

La complessa esperienza sociologica scientifica di Pierre Bourdieu (1930-2002) ruota sicuramente attorno all'opera *La distinction, Critique sociale du jugement*, (Paris, Les Édition de Minuit, 1979) ripubblicata in Italia nel gennaio 2024 con il titolo *La distinzione. Critica sociale del gusto* (Bologna, il Mulino, precedente edizione 1983) e caratterizzata all'origine da una importante ricerca empirica condotta con una imponente mole di dati statistici, con una analisi di etnografia e una riflessione sulla pratica epistemologica della cultura e del consumo di soggetti esposti. Di fatto, l'opera di cui parliamo in questo capitolo è il frutto di indagini precedenti sulla resa scolastica delle classi. In sostanza, questa analisi complessiva si svolge sulle relazioni di classificazione oggettiva, ovvero sul rapporto tra i sistemi di classificazione (il gusto) e le condizioni di esistenza (la classe sociale). Questi sistemi influenzano scelte che risultano oggettivamente sistematiche e conducono a una critica sociale del giudizio, strettamente connessa al quadro delle classi sociali e degli stili di vita. Da questa prospettiva emerge la scoperta che l'arte rappresenta uno dei luoghi privilegiati per la negazione del mondo sociale. La ricerca e i commenti teorici propongono un nuovo modo di fare riferimento all'arte o alla fruizione di questa, in una dimensione strategica e nuovi punti di osservazione coltivati dai sociologi. Nel *Post Scriptum: elementi per una critica «volgare» delle critiche «pure»*, Bourdieu mette in evidenza alcune categorie sociali utilizzate dall'approccio kantiano sull'analisi e giudizio sul gusto, là dove le indagini empiriche fungono da tramite per una riformulazione *in toto* di tutta una serie di questioni che ineriscono ad arte, bellezza, cultura e gusto. Il rifiuto di un approccio classico è deliberato e scatena tutta una serie di problematiche. Per cui, esordisce Bourdieu:

> «Ciò che il gusto puro rifiuta è proprio la violenza a cui si abbandona lo spettatore popolare (basti pensare alla descrizione che Adorno fa delle musiche popolari e dei loro effetti); esso esige il rispetto, quel distacco che consente di tenere a distanza. Dall'opera d'arte, finalità senza altro fine al di fuori di se stessa, esso pretende che tratti lo spettatore in modo conforme

> all'imperativo kantiano, cioè come un fine e non come un mezzo. Per questo, il principio del gusto non è altro che un rifiuto o, meglio, un *disgusto*: disgusto per gli oggetti che impongono il godimento e disgusto per il gusto grossolano e volgare che si compiace di questo godimento imposto [...]. Il disgusto è l'esperienza paradossale del godimento estorto con la violenza, del godimento che suscita orrore. Questo orrore, ignoto a coloro che si abbandonano alla sensazione, deriva, in ultima analisi, dalla abolizione del distacco tra la rappresentazione e la cosa rappresentata, in cui si afferma la libertà; deriva cioè dall'alienazione, dallo smarrimento del soggetto nell'oggetto, dalla sottomissione senza mediazioni al presente immediato, provocato dalla violenza asservente del «piacevole»[1].

Il senno epistemologico dell'autore è abbastanza chiaro e indica un modo nuovo di guardare all'arte, là dove alcune specifiche correlazioni possono essere trattate come fondamentali per un completo processo di comprensione. Così la teoria del gusto puro,

> nonostante continui a negare al gusto tutto ciò che può somigliare ad una genesi empirica, psicologica e soprattutto sociale, ricorrendo ogni volta alla scissione magica tra il trascendentale e l'empirico, trova però le sue basi – come attestano la contrapposizione che essa instaura tra il piacevole, che «non rende colti» ed è solo un godimento, e la cultura, oppure le allusioni all'apprendimento ed all'educazione del gusto – nell'empiria di un rapporto sociale: l'antitesi tra la cultura e il piacere fisico (o, se preferiamo, la natura) si radica nella contrapposizione tra la borghesia colta ed il popolo, sede fantasmatica della natura incolta, della barbarie dedita al puro godimento: «Il gusto resta sempre barbarico, quando abbia bisogno di unire al piacere le attrattive e le emozioni, o di queste faccia anche il criterio del suo consenso». In quanto piacere ascetico, piacere vano, che racchiude in se stesso la rinuncia al piacere, piacere depurato dal piacere, il piacere puro sembra fatto apposta per diventare il simbolo della superiorità morale e per fare dell'opera d'arte una prova di superiorità etica, una misura indiscutibile della capacità di sublimare, che definisce l'uomo *veramente umano* [...][2].

A livello di contrapposizione con l'idea del gusto «puro», l'autore fornisce (Capitolo 1) un quadro di sviluppi dell'idea del gusto naturale, per cui quest'ultima: «trae le sue parvenze e la sua efficacia dal fatto che, come tutte le strategie ideologiche che si sviluppano nella lotta quotidiana tra le classi, *naturalizza* delle differenze reali, trasformando in differenze di natura delle diversità che derivano invece dai modi di acquisizione della cultura e dando un riconoscimento di legittimità solo a quel rapporto con la cultura (o con il linguaggio) che presenta meno tracce visibili della sua genesi»[3]. L'affermazione di uno stile che cambia la prospettiva sta nell'affermare che «la vera cultura è natura» e anche esemplificando tutto ciò con le differenze trovate nella definizione dell'arte e dei suoi insegnamenti razionali, per cui essa fornirebbe dei sostituti dell'esperienza diretta, offrendo delle scorciatoie «sul lungo sentiero della familiarizzazione», consentendo delle pratiche che costituiscono prodotti dei concetti e delle regole esistenti al di là della affermazione del gusto. Il senso estetico sarebbe quindi un senso della distinzione, là dove si specifica un preciso atteggiamento, che è una espressione distintiva di una posizione che rivendica nello spazio sociale, «il cui valore

---

[1] Pierre Bourdieu, *La distinction*, Paris, Les Édition de Minuit, 1979 trad. it. *La distinzione. Critica sociale del gusto*, Bologna, il Mulino, 2024, X, cit. pp. 496-497.
[2] *Ivi*, pp. 499-500.
[3] *Ivi*, p. 67.

distintivo si determina *oggettivamente* nel rapporto con altre espressioni, risultanti da condizioni diverse»; là dove: «i gusti (cioè le preferenze espresse) rappresentano l'affermazione pratica di una differenza necessaria»[4]. Per ritornare al *Post Scriptum*, va notato che l'autore affronta il problema di indicare l'origine naturale dell'arte soprattutto quando:

> Il mondo prodotto dalla «creazione» artistica non è solo «un'altra natura», ma una «contro natura», un mondo prodotto secondo natura, ma contro le normali leggi della natura – quelle della pesantezza nella danza, quelle del desiderio e del piacere nella pittura o nella scultura ecc. – grazie ad un atto di sublimazione artistica, fatto apposta per adempiere ad una funzione di legittimazione sociale: la negazione del godimento inferiore, grossolano, volgare, mercenario, venale, servile – in una parola naturale – racchiude l'affermazione del carattere sublime di coloro che sanno fruire dei piaceri sublimati, raffinati, distinti, disinteressati, gratuiti, liberi. La contrapposizione tra i gusti di natura ed i gusti di libertà introduce un rapporto, che è lo stesso che passa tra il copro e l'anima, tra coloro che sono solo natura e coloro che, con la loro capacità di dominare la propria natura biologica, fanno valere la loro legittima pretesa di dominare la natura sociale[5].

Così appare l'intenzione di Bourdieu di perfezionare alcuni dei temi epistemologici messi in campo nel corso della sua esperienza presso il Collège de France, stante un incremento di riflessione per l'arte che comunque aveva impegnato l'autore ancora prima della soglia degli anni Ottanta del XX secolo[6]. Successivamente, si renderebbe necessario un allontanamento critico dalla comprensione del mondo sociale, rispetto all'arte stessa, in termini di riflessione teorica. Questo approccio, per molti aspetti, rispecchia le ambizioni di trattare il concetto in termini epistemologici e favorisce una rivalutazione dell'«empirico» che è stato trascurato, come ad esempio avviene nella celebre *Critica del giudizio*. Ciò è particolarmente vero per la sua teoria dell'azione sociale che, opponendosi sia al soggettivismo sartriano sia all'oggettivismo strutturalista, pone al centro dell'analisi del comportamento sociale l'*habitus*, come vedremo più avanti, cioè «un sistema di disposizioni durevoli e trasponibili, strutture strutturate predisposte a funzionare come strutture strutturanti»[7]. In quanto sistema di credenze «incarnate», il senso pratico cui l'autore fa ricorso è un «senso del gioco», l'immersione in un sistema di regole – oggettive – che preesistono all'agente e che definiscono un gioco in cui nasciamo e che ignoriamo – fenomenologicamente – come tale. I concetti sviluppati da Bourdieu, come «*habitus*», «campo», «*illusio*» e «capitale simbolico», permettono di comprendere meglio la misura in cui le strutture sociali permeano gli strati psichici che costituiscono ciò che i soggetti considerano il dominio della loro intimità, così e come si afferma ne *La distinction. Critique sociale du jugement* che stiamo esaminando.

Prima di procedere oltre e chiarire gli intenti della prima parte dell'opera in questione andrebbe ricordato, soprattutto per il campo specifico di sociologia dell'educa-

---

[4] *Ivi*, p. 53.

[5] *Ivi*, p. 501.

[6] Cfr. Pierre Bourdieu, *Sociologie genérale*, Volume 1, *Cours au Collège de France (1981-1983)*, Paris, Editions Raisons d'agir/Editions du Seuil, 2016, trad. it. *La logica della ricerca sociale. Sociologia generale*, Vol. 1, Milano, Mimesis, 2019.

[7] Pierre Bourdieu, *Le sens pratique*, Paris, Ed. de Minuit, 1980, cit. p. 88; trad. it, *Il senso pratico*, Roma, Armando, 2005; si veda *Raisons pratiques: sur la théorie de l'action*, Paris, Seuil, 1994, II.

zione, il corpo di ricerche empiriche pilota condotte da Pierre Bourdieu sul «capitale culturale» in un'epoca immediatamente precedente alla stesura de *La distinzione*, anche perché le ricerche empiriche sulla riproduzione – di questo trattiamo ora – indicano un passaggio strategico con l'analisi dei processi di riproduzione delle classi sociali e dell'origine culturale dei processi di mutamento, segnalando pertanto il transito tra una logica dei sistemi a una logica delle trasformazioni utile a segnalare l'origine delle disuguaglianze e della selezione del cosiddetto capitale culturale, così e come è stato definito. Una delle fondamentali acquisizioni de *La réproduction* (1970) trattava dell'autonomia relativa al sistema scolastico grazie alla quale l'insegnamento serviva in modo specifico le strutture sociali. Questo libro presentava la sintesi teorica delle ricerche iniziate con *Les Héritiers* nel 1964, per cui si affermava che se da un lato la scuola proclamava il proprio ruolo di strumento democratico di mobilità sociale, dall'altro essa aveva la funzione di legittimare – e quindi in una certa misura perpetuare – le disuguaglianze di opportunità nella cultura, trasmettendo, attraverso i criteri di giudizio che utilizzava, privilegi socialmente condizionati in meriti personali o «doni». Utilizzando progressivamente statistiche che misuravano le disuguaglianze di opportunità nell'accesso all'istruzione superiore in base all'origine sociale e al genere, e basandosi su studi empirici degli atteggiamenti di studenti e docenti, nonché su un'analisi delle regole – spesso non scritte – del gioco universitario, si poteva dimostrare al di là dell'influenza delle disuguaglianze economiche, il ruolo dell'eredità culturale (un sottile capitale di conoscenze, competenze e *know-how* che i figli delle classi privilegiate devono al loro ambiente familiare) che costituisce un patrimonio tanto più redditizio in quanto professori e studenti risultavano restii a percepirlo come un prodotto sociale. Ora, va detto che sulla base di un lavoro empirico continuo sulla relazione pedagogica, sull'uso letterario o mondano della lingua e della cultura universitaria, sugli effetti economici e simbolici degli esami e dei diplomi, viene costruita una teoria generale delle azioni di violenza simbolica e delle condizioni sociali dell'occultamento di quest'ultima. Chiarendo le condizioni sociali dell'imposizione simbolica, questa teoria definisce i limiti metodologici delle analisi che, sotto l'influenza combinata di linguistica, cibernetica e psicoanalisi, tendono a ridurre le relazioni sociali a relazioni puramente simboliche. La scuola produce illusioni i cui effetti sono tutt'altro che illusori: ad esempio, l'illusione dell'indipendenza e della neutralità della scuola è alla base del suo contributo più specifico alla riproduzione dell'ordine costituito. Dal canto suo, la riproduzione dei rapporti di classe era anche l'effetto di un'azione pedagogica esercitata *in primis* da un certo capitale culturale insieme a certi atteggiamenti nei confronti della cultura.

È indubbio che certe risultanze acquisite nelle ricerche sulla riproduzione ricadano sulla struttura iniziale del testo *La distinction*, soprattutto nello stile dell'impostazione primaria delle ricerche nate dalla intenzione di trattare

> il rapporto pedagogico come un semplice rapporto di comunicazione e di misurare il rendimento, cioè, più precisamente, di determinare i fattori sociali e scolastici della riuscita della comunicazione pedagogica mediante l'analisi delle variazioni del rendimento della comunicazione in funzione delle caratteristiche sociali e scolastiche dei recettori. In opposizione agli indici comunemente utilizzati per misurare il rendimento di un sistema d'insegnamento, il rendimento informativo della comunicazione pedagogica costituisce indubbiamente uno degli indici più si-

> curi della produttività specifica del lavoro pedagogico, soprattutto quando esso tende a ridursi, come nelle facoltà di lettere, alla manipolazione delle parole. L'analisi delle variazioni dell'efficacia dell'azione di inculcamento compiuta principalmente in e attraverso la relazione di comunicazione conduce dunque al principio primo delle inuguaglianze della riuscita scolastica dei bambini provenienti dalle differenti classi sociali. In effetti possiamo porre, in via ipotetica, che il grado di produttività specifica di ogni lavoro pedagogico diverso dal lavoro pedagogico realizzato dalla famiglia è funzione della distanza che separa l'habitus che esso tende a inculcare (sotto l'aspetto qui considerato, la padronanza dotta della lingua dotta) dell'habitus inculcato da tutte le forme anteriori del lavoro pedagogico e, al termine della regressione, dalla famiglia (cioè, qui, la padronanza pratica della lingua materna)[8].

Per questo, andrebbe segnalato che il concetto di «*habitus*» di Pierre Bourdieu, di cui si è anticipata sopra la denominazione, denota una modalità che consente all'individuo di agire in modo routinario, creativo e innovativo. Centrale nella teoria di Bourdieu è il tentativo di descrivere le relazioni dinamiche tra le condizioni strutturali di un'esistenza individuale, le attività dell'individuo come prodotto della socializzazione in queste condizioni e la capacità di azione, che pur essendo illimitata, è comunque strettamente limitata, dell'individuo stesso. Nel processo di socializzazione, nell'individuo si crea un sistema di disposizioni permanenti, inclusa la sensibilità come prerequisito per lo sviluppo personale. Questo sistema di disposizioni e sensibilità è una precondizione necessaria per il successo dell'attività sociale.

A questo punto va anche affermato che Bourdieu sviluppò il concetto di capitale culturale alla fine degli anni Sessanta del XX secolo, studiando il sistema educativo francese e notando che gli studenti della classe media tendevano a persistere a scuola, mentre gli studenti della classe operaia avevano tassi di abbandono abbastanza elevati. Egli sosteneva in più fasi antecedenti alle due opere centrali che stiamo esaminando che sebbene l'istruzione dovesse propriamente servire come veicolo per la mobilità sociale in cui gli studenti potessero lavorare secondo le loro attitudini naturali, il sistema educativo in realtà riproduceva la struttura delle classi sociali esistente; un meccanismo importante attraverso il quale è avvenuta questa riproduzione è stato, appunto, il capitale culturale. Il sociologo francese ha descritto quest'ultimo come «la competenza linguistica e culturale e quel rapporto di familiarità con la cultura che può essere prodotto solo dall'educazione familiare quando trasmette la cultura dominante». Il capitale culturale riconosciuto e premiato dagli insegnanti e dal sistema scolastico era quello posseduto dalle classi medie e alte, come vedremo dall'analisi di certi dati. Peraltro, l'autore distingue tre forme di capitale culturale: «incarnato», «oggettivato» e «istituzionalizzato». Il capitale culturale incarnato si riferisce ai propri gusti, ai modi di parlare e di comportarsi, e alla conoscenza generale della cultura apprezzata dalle classi dominanti. Il capitale culturale oggettivato si riferisce a oggetti che richiedevano capitale culturale incarnato per essere apprezzati, come le opere d'arte o la letteratura. Il capitale culturale istituzionalizzato è capitale culturale legittimato, spesso anche sot-

[8] Pierre Bourdieu e Jean Claude Passeron, *La reproduction. Élements pour une théorie du système d'enseignement*, Les Edition de Minuit, Paris, 1970 trad. it. *La riproduzione. Teoria del sistema scolastico ovvero della conservazione dell'ordine culturale*, Rimini, Guaraldi Editore, 1972, II, cit. pp. 121-122; si veda edizione Les Edition de Minuit, 1993.

to forma di credenziali educative. Queste forme di capitale culturale potrebbero essere state convertite in altre forme, in modo che il possesso di capitale culturale incarnato possa consentire a un individuo di acquisire capitale culturale istituzionalizzato. Inoltre, va specificato che il concetto di capitale culturale faceva parte della più ampia teoria della pratica di Bourdieu, che includeva anche i concetti di *habitus* (la propria visione del mondo o disposizione) e di campo (il contesto in cui si svolgeva l'azione sociale). Concentrandosi sul sistema educativo, come mostrano alcune delle ricerche de *La réproduction*, Bourdieu sosteneva che le scuole funzionassero in base alla cultura della classe dominante e si aspettava che tutti gli studenti ne fossero informati. Mentre questo era vero per le classi medie e alte, che erano esposte a questa cultura fin dalla nascita e durante tutta l'infanzia in ambito familiare, la classe operaia e gli studenti poveri erano privi di questo capitale culturale ed erano svantaggiati a scuola. Questi potevano non essere apprezzati dagli insegnanti, potevano non comprendere materiali o compiti basati sulla cultura dominante e rinunciare all'istruzione quando vedessero la discrepanza tra le loro risorse culturali e quelle richieste dalla scuola. Pertanto, gli studenti della classe media e alta avevano maggiori probabilità di persistere a scuola, ottenere credenziali e diventare parte della classe media o alta una volta adulti, rafforzando la stratificazione nella società.

A livello solamente esemplificativo indichiamo la prima ricerca che è stata illustrata nella Tabella 4.1, dove si esplicitano alcune caratteristiche salienti della rilevazione che si è svolta. Scrivono gli autori:

> Tali relazioni, trattandosi di una popolazione definita da un certo passato, a sua volta definito dall'azione continua nel tempo di questi fattori, assumono tutto il loro significato solo se ricollocate nel processo della *carriera*. Se abbiamo scelto di adottare qui un metodo di esplorazione deduttiva, lo abbiamo fatto perché solo un modello teorico come quello che mette in relazione i due sistemi di relazioni sussunti sotto i due concetti di *capitale linguistico* e di *grado di selezione* è in grado di mettere in luce il sistema dei fatti che esso costruisce come tali instaurando tra loro una relazione sistematica. All'opposto della verifica «puntinista» che sottomette a sperimentazioni parziali una serie discontinua di ipotesi parcellari, la verifica sistematica che ci accingiamo a proporre intende dare alla sperimentazione il suo pieno potere di smentita confrontando i risultati del calcolo teorico con le constatazioni della misura empirica[9].

Comunque, la Tabella 4.1 riporta la rappresentazione schematica dei gradi relativi di selezione in termini di + e di –. La stessa rappresenta la traduzione approssimativa delle opportunità di accesso all'università che caratterizzano i differenti sotto-gruppi. A livello di standard linguistico, va detto che quest'ultimo rappresenta meglio un istituito culturale della società meritocratica, per cui esso consente di riprodurre i rapporti di dominio sociale. Il grado di padronanza dello standard linguistico è in rapporto con lo status dell'individuo nella gerarchia sociale, per cui è uno dei principali componenti di ciò che Pierre Bourdieu chiama «capitale simbolico». Lo standard linguistico, che in quanto parte del capitale simbolico si può chiamare «capitale linguistico», viene rapportato al grado di selezione e infine alla competenza linguistica, che varia nelle classi popolari rispetto alle classi medie e a quelle superiori (come mostra-

---

[9] Pierre Bourdieu e Jean Claude Passeron, *La riproduzione. Teoria del sistema scolastico ovvero della conservazione dell'ordine culturale*, Op. cit., II, cit. pp. 123-124.

Tabella 4.1

		Capitale linguistico	Grado di selezione	Competenza linguistica
Classi popolari	Parigi	–	+ +	+
	Provincia	– –	+	–
Classi medie	Parigi	–	+	0
	Provincia	– –	0	– –
Classi superiori	Parigi	+ +	– –	0
	Provincia	+	–	0

to sopra in tabella). In sostanza, un francese che non sia in grado di costruire correttamente una frase o conservi nella sua pronuncia dei tratti dialettali è praticamente privo della possibilità di elevarsi ai vertici della scala sociale, qualunque sia la sfera di attività che si è scelto: politica, affari, cultura. Rientra in questi limiti del discorso anche l'avere sottolineato l'importanza di fare ricorso al capitale linguistico, là dove si tende a stabilire una sorta di stratificazione del dato che è impellente alle forme di dominio sociale della lingua dominante e caratteristica del campione esaminato. Scrivono gli autori:

> Particolarmente manifesta nei primi anni della scolarità in cui comprendere e maneggiare la lingua costituiscono il punto d'applicazione principiale del giudizio dei maestri, l'influenza del capitale linguistico non cessa mai di esercitarsi: lo stile viene sempre preso in considerazione, implicitamente o esplicitamente, a tutti i livelli del curriculum e, per quanto a gradi diversi, in tutte le carriere universitarie, anche scientifiche. Inoltre la lingua non è soltanto uno strumento di comunicazione, ma fornisce, oltre un vocabolario più o meno ricco, un sistema di categorie più o meno complesse, tant'è che l'attitudine al deciframento e alla manipolazione di strutture complesse, che siano logiche o estetiche, dipende in buona parte dalla complessità della lingua trasmessa dalla famiglia. Ne consegue logicamente che la mortalità scolastica cresce andando verso le classi più lontane dalla lingua scolastica. Non solo ma, in una popolazione che è il prodotto della selezione, l'ineguaglianza della selezione tende a ridurre progressivamente e talvolta ad annullare gli effetti dell'inuguaglianza dinnanzi alla selezione[10].

La Tabella 4.2 mostra invece la percentuale di individui appartenenti alle classi della società francese che ottengono dei punteggi rapportabili a determinati risultati esprimibili in numeri. Commentano gli autori:

> Sapendo che il vantaggio degli studenti originari delle classi superiori è sempre più nettamente contrassegnato via via che ci si allontana dai settori della cultura direttamente insegnata e totalmente controllata dalla Scuola e si passa ad esempio dal teatro classico al teatro d'avanguardia o ancora dalla letteratura scolastica al jazz, si comprende come, nel caso di un comportamento come l'uso scolastico della lingua scolastica, le differenze tendono ad attenuarsi al massimo e persino a invertirsi: di fatto, gli studenti altamente selezionati delle classi popolari ottengono in

[10] Pierre Bourdieu e Jean Claude Passeron, *La riproduzione. Teoria del sistema scolastico ovvero della conservazione dell'ordine culturale*, Op. cit., II, cit. pp. 124-125.

Tabella 4.2

Voto (su 20)	Parigi			Provincia			In totale		
	Classi popolari %	Classi medie %	Classi superiori %	Classi popolari %	Classi medie %	Classi superiori %	Classi popolari %	Classi medie %	Classi superiori %
Meno di 12	9	31	**35**	54	**60**	41	46	**55**	42,5
Più di 12	**91**	69	65	46	40	**59**	54	45	**57,5**

questo campo risultati per lo meno equivalenti a quelli degli studenti provenienti dalle classi più alte, meno fortemente selezionati, e superiori a quelli degli studenti delle classi medie, altrettanto sprovvisti di capitale linguistico o culturale, ma meno fortemente selezionati[11].

Ora, nella lettura dei dati andrebbe notato che, a differenza delle classi popolari, gli artigiani e i commercianti beneficiano dell'allargamento della base sociale del reclutamento delle università, soprattutto in rapporto all'innalzamento relativo del livello di vita rispetto all'atteggiamento delle classi medie di fronte alla scuola. «Allo stesso modo se, quale che sia l'ambiente cui appartengono gli studenti parigini ottengono risultati superiori a quelli degli studenti provinciali, è proprio tra gli studenti originari delle classi popolari che la differenza legata alla residenza è più netta (91% rispetto al 46% che ottengono più di 12 (su 20) anziché 65% e 59% com'è per le classi superiori). Gli studenti originari delle classi popolari ottengono a Parigi i migliori risultati, seguiti dagli studenti delle classi medie e dagli studenti delle classi superiori (Tabella 4.2): per comprendere questo insieme di relazioni, bisogna tener presente che da una parte la residenza parigina è associata a vantaggi linguistici e culturali e dall'altra che il grado di selezione correlativo alla residenza parigina non può essere definito indipendentemente dall'appartenenza di classe, non fosse altro in ragione della struttura gerarchica e centralizzata del sistema universitario e, più generalmente, degli apparati di potere. Se definiamo – continuano gli autori della ricerca, *n.d.a.* – il valore relativo (+, 0, –) l'importanza del capitale linguistico trasmesso dai differenti ambienti familiari e il grado di selezione che implica l'entrata all'università, a Parigi e in provincia, per le differenti categorie sociali, vediamo che basta comporre questi valori per rendere conto della gerarchia dei risultati nell'esercizio del linguaggio (Cfr. Tabelle 4.1 e 4.2, *n.d.a*). Questo modello rende dunque sistematicamente ragione delle variazioni empiricamente constatate, cioè per esempio della posizione degli studenti parigini originari delle classi popolari (+) in rapporto agli studenti parigini delle classi superiori (0) e in rapporto agli studenti provinciali delle classi popolari (–) o ancora della posizione relativa degli studenti delle classi medie che, a Parigi (0) come in provincia (– –) ottengono risultati inferiori agli studenti delle classi popolari. Consegue inoltre da queste analisi che se la parte degli studenti delle classi popolari che accedono all'università venisse ad accrescersi in modo sensibile, il grado di selezione di questi studenti indebolendosi compenserebbe sempre meno gli svantaggi scolastici legati all'i-

[11] *Ibidem.*

neguaglianza della ripartizione del capitale linguistico e culturale tra le classi sociali. Si vedrebbe dunque riapparire la correlazione diretta tra i risultati scolastici e la classe sociale d'origine che, nell'insegnamento superiore, si osserva pienamente solo nei settori meno direttamente controllati dalla Scuola, mentre nell'insegnamento secondario, essa si manifesta già persino nei risultati più scolastici»[12].

La ricerca sul capitale culturale in oggetto mette in campo anche le percentuali tra maschi e femmine di risultati inerenti le materie di insegnamento, dopo la divisione in gruppi nonché il rapporto al voto (su 20), supponendo anche che in determinate classi sociali il capitale linguistico sia egualmente ripartito tra i due sessi indicati prima. L'espressione dei gradi relativi di selezione in termini di + e – dovrebbe tradurre le probabilità di accesso all'università e le probabilità condizionali di accesso ad alcune facoltà (esempio Lettere) che caratterizzano i differenti sotto gruppi. A livello numerico si stabiliscono delle relazioni tra il capitale linguistico, grado di selezione e competenza linguistica, nella composizione indicata nelle tabelle superiori, dividendo la selezione stessa al momento dell'ingresso all'università e al momento dell'ingresso nella facoltà che si è citata sopra. Si studiano anche le percentuali di studenti che appartengono alle classi sociali in totale rispetto alla competenza linguistica di certe materie, come ad esempio il greco o il latino nonché su materie universitarie come la filosofia e la sociologia che sono differentemente valorizzate. Se ne conclude che:

> Se tutte le variazioni osservate si lasciano interpretare a partire da un principio unico i cui effetti sono differenti a seconda della struttura del sistema completo delle relazioni nelle quali e mediante le quali si applica, ciò avviene perché esse non esprimono tanto una somma di relazioni parziali quanto una struttura in cui il sistema completo delle relazioni comanda il significato di ciascuna di esse. Così, almeno in questo caso, l'analisi multivariata rischierebbe di condurre all'aporia o alla reificazione di relazioni astratte se l'approccio strutturale non restituisse alle classi logiche ritagliate dai vari criteri la loro esistenza piena di gruppi sociali definiti dall'insieme delle relazioni che li uniscono e dalla totalità dei rapporti che essi mantengono con il loro passato e, per il suo tramite, con la loro situazione presente[13].

Una ricerca successiva, condotta nell'identico contesto sociale di elaborazione dei dati, si propone di dimostrare come, in modo sistematico, la logica del sistema delle determinazioni legate all'appartenenza di classe operi lungo l'intera carriera scolastica, ristrutturandosi in funzione del diverso peso che possono assumere diversi fattori (per esempio il capitale culturale o il reddito) nelle varie fasi del curriculum, distinti, ad esempio, in elementare, secondaria, universitaria e post-universitaria. D'altra parte, va tenuto presente che in questo sistema di fattori, incessantemente ristrutturato e sotto l'effetto stesso della propria azione, le determinazioni relative alla classe sociale di origine perderebbero progressivamente il loro peso a vantaggio delle varie determinazioni scolastiche costituenti. In sostanza, un certo schema di analisi andrebbe studiato per mostrare in termini inequivocabili che i meccanismi attraverso i quali la struttura dei rapporti di classe tende a riprodursi agiscono sugli *habitus* che ne favoriscono la

---

[12] Pierre Bourdieu e Jean Claude Passeron, *La riproduzione. Teoria del sistema scolastico ovvero della conservazione dell'ordine culturale*, Op. cit., II, cit. pp. 128-129.

[13] *Ivi*, p. 142.

riproduzione. Un'altra indagine può essere condotta sulla logica del sistema che conduce alla logica delle trasformazioni, analizzando le relazioni che si stabiliscono tra la carriera scolastica e le caratteristiche sociali dei campioni di studenti osservati. Differenti gradi di competenze linguistiche possono indicare le possibili trasformazioni del rapporto pedagogico e della potenziale crisi del sistema di insegnamento, soprattutto se si considera la struttura della distribuzione delle opportunità scolastiche a seconda delle classi sociali (con spostamento verso l'alto o verso il basso).

> Proprio nel momento in cui comincia a rompersi l'accordo perfetto tra il sistema scolastico e il suo pubblico di elezione, si svela in effetti l'«armonia prestabilita» che sosteneva così perfettamente questo sistema da escludere qualsiasi interrogativo sul suo fondamento. Il malinteso che incombe sulla comunicazione pedagogica resta tollerabile solo nella misura in cui la Scuola è in grado di eliminare coloro che non assolvono le sue esigenze implicite e riesce a ottenere dagli altri la complicità necessaria al suo funzionamento. Trattandosi di una istituzione che può assolvere la propria funzione di inculcamento solo nella misura in cui è mantenuto un minimo di adeguamento tra il messaggio pedagogico e l'attitudine dei ricettori a decifrarlo, bisogna apprendere nei suoi effetti propriamente pedagogici l'aumento del pubblico e della dimensione dell'organizzazione per scoprire, in occasione della crisi nata dalla rottura di questo equilibrio, che i contenuti trasmessi e i modi istituzionalizzati della trasmissione erano oggettivamente adatti a un pubblico definito per lo meno tanto dal suo reclutamento sociale quanto dal suo debole volume: un sistema di insegnamento che si fonda su una pedagogia di tipo tradizionale può assolvere la sua funzione di inculcamento solo nella misura in cui si indirizza a studenti muniti del capitale linguistico e culturale – e dell'attitudine a farlo fruttificare – che presuppone e consacra senza mai esigerlo espressamente e senza trasmetterlo metodicamente. Ne consegue che, per un sistema siffatto, la vera prova non è tanto quella del numero quanto della qualità sociale del suo pubblico[14].

Seguirebbe qui un'avvertenza degli autori, e cioè:

> Se bisogna trattare il sistema di insegnamento come sistema di comunicazione per afferrare la logica specifica del rapporto pedagogico e, perciò, della sua irregolarità, bisogna guardarsi dall'attribuire al modello costruito a prezzo dell'autonomizzazione metodologica del funzionamento tecnico del sistema d'insegnamento il potere di spiegare la totalità degli aspetti sociali della crisi del sistema e, in particolare, tutto ciò che lo investe nella sua funzione di riproduzione della struttura dei rapporti tra le classi sociali[15].

La serie di ricerche empiriche insegnano che solo la costruzione di un sistema di relazioni tra il sistema di insegnamento e la struttura dei rapporti esistenti tra le classi è in grado di produrre «concetti relazionali i quali, tipo quelli di opportunità scolastica, atteggiamento nei confronti della Scuola, distanza dalla cultura scolastica o grado di selezione, integrano nell'unità di una teoria esplicativa proprietà legate all'appartenenza di classe (come l'ethos o il capitale culturale) e proprietà pertinenti all'organizzazione scolastica, quali ad esempio la gerarchia dei valori che implica la gerarchia degli istituti, delle sezioni, delle discipline, dei gradi o delle pratiche»[16]. La logica me-

---

[14] Pierre Bourdieu e Jean Claude Passeron, *La riproduzione. Teoria del sistema scolastico ovvero della conservazione dell'ordine culturale*, Op. cit., II, cit. p. 160.

[15] *Ibidem*.

[16] Pierre Bourdieu e Jean Claude Passeron, *La riproduzione. Teoria del sistema scolastico ovvero della conservazione dell'ordine culturale*, Op. cit., II, cit. pp. 163-164.

todologica è la stessa nei vari casi presi in esame[17]. I rapporti di forza esistenti tra le classi sociali stimolano un'analisi approfondita dei processi della cultura, della lingua, dell'istruzione e successivamente dell'arte ecc., nelle forme stabilite dai protocolli di ricerca empirica condotti su campioni significativi di individui, stante il riconoscimento in un sistema scolastico o universitario superiore. Per questo motivo, le indagini degli anni Settanta del XX secolo segnano un imperioso ricorso alla sociologia empirica che può tradursi anche in una sorta di continuità coinvolgendo Bourdieu e i suoi collaboratori nell'ascesa della pratica scientifica applicata alla cultura, con i suoi repertori e le sue posizioni di evidente mutabilità. È lo stesso Bourdieu che sollecita una rilettura delle indagini quando sostiene che:

> Ritornare a riflettere sugli strumenti dell'analisi non costituisce quindi uno scrupolo epistemologico, ma è una condizione indispensabile della conoscenza scientifica dell'oggetto: l'ignavia positivista porta a concentrare l'intenzione di verifica, tutta difensiva, sull'intensità delle correlazioni rilevate, invece di spingere l'interrogazione sulle stesse condizioni della misurazione delle correlazioni, che possono essere alla radice stessa dell'intensità relativa di queste correlazioni[18].

Come si è visto, *La réproduction* sollecita, così come altre ricerche minori, domande e risposte che inquadrano la sociologia empirica in un filone di risultati importanti dal punto di vista esplicativo introducendo anche temi più complessi, come ad esempio quelli affrontati successivamente ne *La distinction*. La pratica scientifica è la stessa, anche nei confronti del diverso materiale esaminato in questa seconda opera importante di Bourdieu. In una rilettura del testo, condotta dopo diversi periodi di assestamento, si è elaborata una critica costruttiva, suscitata a suo tempo dalle controversie che l'opera aveva sollevato a livello internazionale[19]. Tale critica si concentra soprattutto sul tentativo di riformulare scientificamente una sociologia della cultura in grado di sviluppare una visione più solida sul ruolo dell'opzione accademica, più che scolastica, nella società contemporanea. Questo ruolo viene analizzato in relazione all'aumento dei livelli di istruzione, alla disoccupazione di massa, agli abbandoni scolastici e alla crescente segregazione spaziale, tutti fattori che possono aver influito sulle relazioni tra i gruppi sociali. A queste precise risultanze sono adibiti tutti i materiali empirici raccolti che compongono l'opera. In particolar modo a livello statistico, i dati raccolti hanno evidenziato una serie di problematiche in cui il rapporto tra le classi sociali e lo spazio sociale risulta indicativo di risultati significativi. Questi risultati riguardano, in particolare, la percezione di campi di interesse diversificati, rilevanti soprattutto per la famiglia, la scuola e per aggregazioni sociali di crescente importanza. L'esemplificazione numerica di un impianto culturale di ricezione può fornire tutta una serie di informazioni circa la attitudine del sistema a raccogliere le risultanze definitive di uno spazio collettivo che registra alcune trasformazioni nel campo culturale, così come una certa spiegazione sociologica quantitativa si attenderebbe. Scrive Bourdieu, anticipando la situazione:

---

[17] Cfr. Michael Grenfell, Frédéric Lebaron, *Bourdieu and Data Analysis. Methodological Principles and Practice*, Edited Collection X, 2014, II, III.

[18] Pierre Bourdieu, *La distinzione. Critica sociale del gusto*, Op. cit., I, cit. p. 93.

[19] Cfr. Philippe Coulangeon, Julien Duval, *Trente ans après La Distinction de Pierre Bourdieu*, La Découverte, 2013, pp. 45-58; p. 99 e sg.

> Dato che ogni spazio sociale, per esempio, la famiglia o la scuola, funziona contemporaneamente come sede in cui si produce la competenza e come sede in cui essa riceve il suo prezzo, ci si potrebbe aspettare che ogni campo attribuisca il suo prezzo massimo ai prodotti che provengono da esso: cioè che il mercato scolare attribuisca il massimo valore alla competenza scolasticamente attestata ed alle modalità scolastiche, mentre i mercati dominati da valori extrascolastici, si tratti dei salotti e delle cene «mondane», o di tutte le occasioni della vita professionale (colloqui di assunzione, conferenze di direzione, incontri ecc.) e persino scolastica (colloqui finali dell'ENA o della facoltà di Scienze politiche), in cui si tratta di valutare la *persona complessiva*, dovrebbero attribuire il prezzo più alto al rapporto familiare con la cultura, svalutando contemporaneamente tutte le attitudini e le competenze in cui riaffiorino le condizioni di acquisizione scolastiche. Ma questo significa non fare i conti con gli effetti di dominio, che fanno sì che i prodotti del modo di produzione scolastico possano ritrovarsi svalutati in quanto «scolastici» sullo stesso mercato scolare. Il segno più evidente dell'eteronomia del mercato scolastico lo si vede in effetti nell'ambivalenza del trattamento che esso riserva ai prodotti dell'*habitus* «scolastico», che è tanto maggiore quanto più debole è l'autonomia del sistema scolastico nel suo insieme (che varia a seconda dei momenti e dei paesi), o quanto più è debole l'autonomia di una delle istituzioni che la costituiscono nei confronti delle domande delle frazioni dominanti della classe dominante[20].

Ciò vuole anche dire che la mancanza di una conoscenza approfondita in ambiti propri della cultura si rapporta in modo discontinuo al soddisfacimento di esigenze culturali, appunto, che dipendono dai gruppi di appartenenza, in situazioni scolastiche e che hanno luogo nel corso di un'inchiesta con l'impiego di materiali empirici come, ad esempio, le percentuali.

Dal punto di vista dell'individuazione dell'*habitus* di classe, andrebbe chiarito, come fa l'autore nel corso dell'opera, che:

> Le determinazioni che si esercitano durante tutto il corso dell'esistenza sugli attori sociali costituiscono un sistema, al cui interno un peso predominante spetta a fattori quali il capitale che si possiede (definito sia nelle dimensioni complessive che nella sua struttura) e la correlativa posizione nei rapporti di produzione (individuati attraverso la professione, con tutte le determinazioni che ad essa si accompagnano, come l'influenza delle condizioni di lavoro, dell'ambiente professionale ecc.) [...]. È facile capire come la mediazione dell'*habitus*, che definisce il rapporto con la posizione sincronicamente occupata e, con esso, le prese di posizioni pratiche, o esplicite, sul mondo sociale – il modo in cui le opinioni politiche si distribuiscono tra la destra e la sinistra corrisponda, in misura molto stretta, al modo in cui si distribuiscono le classi e le frazioni di classe nello spazio definito – nella sua prima dimensione – dalle dimensioni complessive del capitale – e – nella seconda dimensione – dalla struttura di questo capitale[21].

Le determinazioni di classe spostano gli interessi di comprensione dell'arte allo stesso modo in cui esse si manifestano nei rapporti che l'arte intrattiene con ognuno dei gruppi individuati ai fini dell'indagine.

La Figura 4.1 segnala il rapporto in percentuale tra il discorso specifico sull'arte e le competenze per professione o posizione sociale. Come illustrazione del grafico che presentiamo e che è riportato nel Capitolo 1 del testo in esame, possiamo seguire l'au-

[20] Pierre Bourdieu, *La distinzione. Critica sociale del gusto*, Op. cit., I, cit. pp. 86-87.

[21] *Ivi*, p. 449.

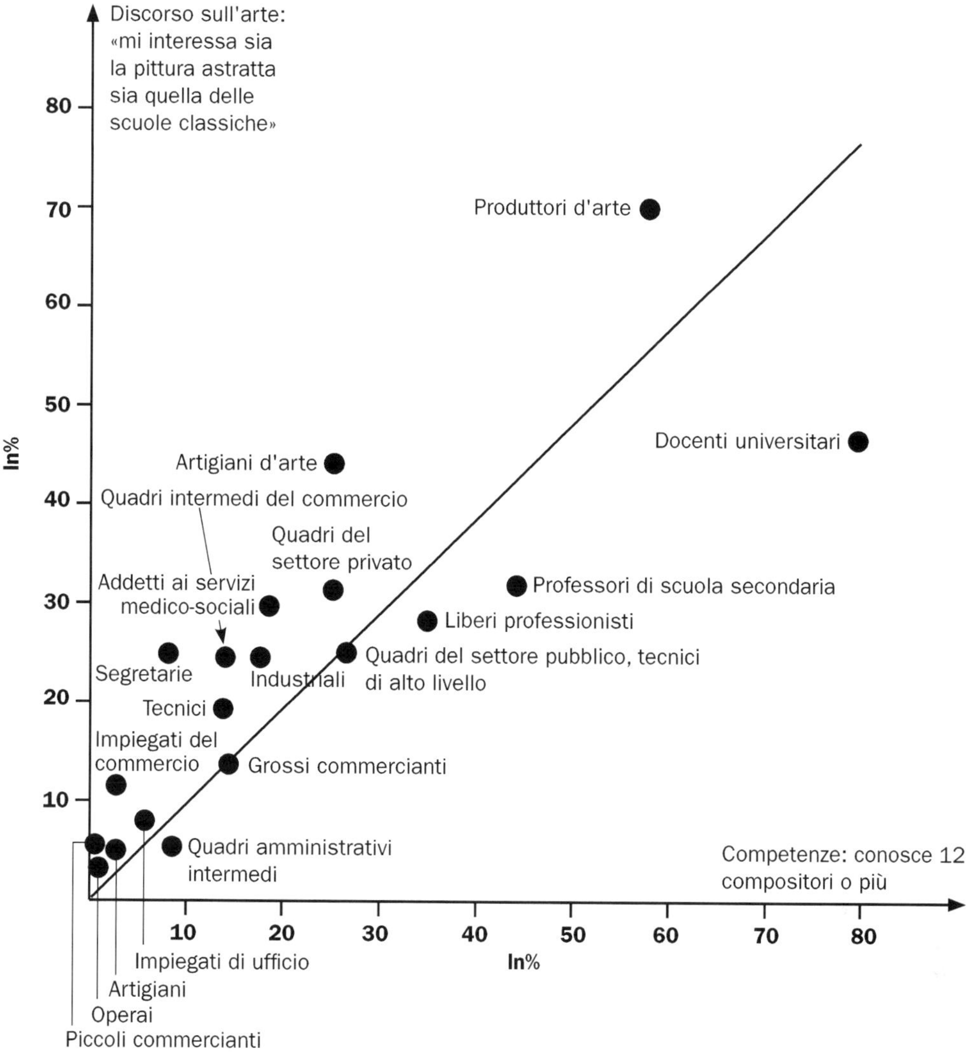

Figura 4.1 – Discorso sull'arte e sulle competenze.

tore mentre illustra alcune caratteristiche salienti del rapportarsi all'indagine condotta sul campo in termini scolastici.

> Per far vedere queste specie di senso mondano, irriducibile ad un insieme di conoscenze strettamente controllabili, che il più delle volte si accompagna ad un forte capitale culturale ereditario, basta mettere a confronto le variazioni di queste due dimensioni della competenza culturale: il possesso di conoscenze specifiche quali i nomi dei compositori ed il «fiuto» necessario a valorizzarle, misurato con la capacità di riconoscere, tra i vari giudizi proposti, quelle che Flaubert avrebbe chiamate «opinioni *chic*». Sul diagramma su cui sono riportate, per ogni categoria, la percentuale delle persone che conoscono i compositori di almeno dodici opere musicali e la percentuale di coloro che rispondono che, ad esempio, «li interessa sia la pittura astratta che quella delle scuole classiche», si riconoscono le frazioni (insegnanti di scuola

secondaria o dell'insegnamento superiore) per le quali la conoscenza vera e propria prevale rispetto al senso della risposta giusta e, all'estremo opposto, quelle che hanno un senso della posizione legittima senza rapporto con la loro competenza specifica (piccola e grande borghesia nuove e produttori artistici), mentre il divario si riduce al minimo tra i piccolo-borghesi o i borghesi in ascesa (maestri elementari, quadri amministrativi intermedi, tecnici di alto livello, quadri superiori del settore pubblico). L'orrore che i borghesi (e soprattutto i borghesi in declino) manifestano per lo «scolastico» trova un indubbio fondamento nella svalutazione che, *malgrado tutto*, il mercato scolastico infligge alle conoscenze approssimative ed alle confuse intuizioni che si basano sulla familiarità. Così, per esempio, si capisce meglio la denuncia della *routine* scolastica, che sta alla base della maggior parte delle innovazioni dei nuovi operatori culturali (animatori, educatori ecc.), se si tiene presente che la piccola borghesia consolidata dispone di un capitale scolastico relativamente consistente rispetto ad un'eredità culturale relativamente ridotta; mentre la piccola borghesia di tipo nuovo (di cui gli artisti rappresentano un caso estremo) dispone di una forte eredità culturale rispetto ad un capitale scolastico relativamente scarso[22].

4.2

Dal versante metodologico si notano alcune similitudini sulla fissazione quantitativa dell'analisi dei dati statistici in ricerche complementari come quelle presentate ne *La distinzione* e in altre indagini sulla scolarità dei gruppi sociali divisi in classi di appartenenza. L'autore del libro dedica una nota finale alla metodologia e, nel testo, fa riferimento al grafico della Figura 4.1, affermando che:

> I criteri di separazione logica, usati dalla statistica per creare le sue classi, ed i relativi dati che essa si incarica di registrare, costituiscono, quindi, anche dei principi di divisone socio-logica: non si possono interpretare in modo corretto le variazioni statistiche connesse alle due principali variabili nella loro definizione più elementare, il livello di istruzione e la provenienza sociale, se non si tiene presente che esse sono indistinguibili da definizioni antagonistiche della cultura legittima e del rapporto legittimo con la cultura o, in forma più precisa, da differenti mercati, sui quali le proprietà che accompagnano l'una o l'altra assumono prezzi molto diversi[23].

Come descrizione delle operazioni e delle fasi condotte nel corso della ricerca, Bourdieu sostiene che:

> L'inchiesta che è servita di base per questo lavoro è stata condotta nel 1963, dopo una pre-inchiesta per colloqui approfonditi e per osservazioni etnografiche, su un campione di 692 soggetti (maschi e femmine) di Parigi, di Lille e di una piccola città di provincia. Per disporre di una popolazione sufficientemente ampia da permettere l'analisi delle variazioni delle pratiche e delle opinioni in base ad unità sociali abbastanza omogenee, nel 1967-68 abbiamo svolto una inchiesta complementare, che ha portato così il numero delle persone intervistate a 1217. Poiché l'inchiesta misurava atteggiamenti relativamente stabili, questo scarto di tempo non dovrebbe aver influito sulle risposte (ad eccezione, forse, della domanda sulle canzoni, un ambito

[22] *Ivi*, pp. 88-89.
[23] *Ivi*, pp. 92-93.

della cultura che subisce un rinnovamento più rapido [...]. Il campione, che comprendeva un numero quasi uguale di parigini e di abitanti della provincia, è stato costituito in modo tale da permettere l'analisi delle pratiche e delle scelte in base alle frazioni: le classi superiore e media sono pertanto sovrarappresentate, in modo da poter dare a tutte le frazioni che le compongono dimensioni sufficienti, sempre rispettando il modo in cui esse si distribuiscono all'interno della classe. Ciò ha permesso, in particolare, di studiare i gusti di categorie socioprofessionali molto ridotte al momento in cui l'inchiesta è stata fatta, ma che, come la piccola borghesia di tipo nuovo, risultavano occupare posizioni strategiche ed il cui numero e la cui importanza hanno effettivamente continuato ad aumentare [...]. Costruito in base all'ipotesi dell'unità dei gusti, il questionario includeva, oltre ad un insieme di domande sulla pratica della fotografia e sugli atteggiamenti verso di essa, che sono stati analizzati in un'altra sede, venticinque domande sui gusti in materia di arredamento della casa, di abbigliamento, di canzoni, di cucina, di lettura, di musica, di fotografia, di radio, di modi di divertirsi ecc.[24].

Un importante cenno merita l'enunciazione della scelta delle variabili e dei sistemi di variabili in rapporto alle classi e rispetto alla descrizione dello spazio sociale e alle sue trasformazioni (Capitolo 2 del testo in esame). In ciò si manifesta l'economia delle pratiche.

«Ciò significa che una classe o una frazione di classe si definisce non solo attraverso la posizione nei rapporti di produzione che può venir individuata mediante indicatori quali la professione, il reddito o anche il livello di istruzione, ma anche attraverso una determinata proporzione fra i sessi, una determinata distribuzione nello spazio geografico (che, dal punto di vista sociale, non è mai neutro), e mediante tutto un insieme di *caratteristiche ausiliarie* che possono fungere, come esigenze sottointese, da principi effettivi di esclusione o di selezione, senza venir mai formalmente enunciati [...] (è il caso, per esempio, dell'appartenenza etnica o sessuale); molti criteri ufficiali funzionano in effetti da copertura a criteri nascosti, dato che il fatto di esigere un determinato titolo di studio può essere ad esempio un modo per esigere di fatto una determinata provenienza sociale»[25].

Il livello di costruzione delle variabili tiene conto di tali considerazioni rispetto all'oggetto della ricerca, laddove:

I rapporti individuali tra una variabile dipendente (come le opinioni politiche) e le cosiddette variabili indipendenti, come il sesso, l'età e la religione, o persino il livello di istruzione, i redditi e la professione, tendono a nascondere il sistema complessivo dei rapporti che costituiscono la vera ragione della forza e della forma specifiche assunte dagli effetti registrati in quella particolare correlazione. La più indipendente delle variabili «indipendenti» nasconde un'intera trama di correlazioni statistiche che, in modo sotterraneo, sono presenti nel suo rapporto con una determinata opinione o una determinata pratica [...]. La classe sociale non si definisce affatto mediante una proprietà (nemmeno quella più determinante, come le dimensioni e la struttura del capitale), né mediante una somma di proprietà (sesso, età, provenienza sociale, origine etnica – per esempio: componente di bianchi e di persone di colore, di immigrati e di nativi ecc. –, redditi, livello di istruzione ecc.) e neppure mediante serie di proprietà subordinate ad una proprietà fondamentale (la posizione nei rapporti di produzione) in un rapporto di causa effetto, di condizionante e condizionato; bensì mediante la struttura dei rapporti tra tutte le proprietà

[24] *Ivi*, pp. 517-520.

[25] *Ivi*, p. 104.

pertinenti, che conferisce a ciascuna di esse, ed agli effetti che questa esercita sulle pratiche, il suo valore peculiare[26].

Le trasformazioni tra le varie classi e il sistema di istruzione e i mutamenti del sistema scolastico nonché tutte le trasformazioni della struttura sociale sono registrabili tramite l'esercizio dell'indagine sociologica condotta sulla riproduzione, stante l'avviamento di ricerche come quelle presentate ne *La distinzione*. Anche i declassamenti e le riclassificazioni nonché le trasformazioni morfologiche e le varie strategie sono comprese nella possibilità di indicare una piattaforma di ricerca degli spazi sociali. Ne sortisce un quadro di spiegazione della misura del declassamento, rapportato agli attori e alle possibilità realmente esistenti per questi di reagire alle strategie di svalutazione dei titoli.

Le strategie di riconversione non sono altro che un aspetto delle azioni e reazioni continue, con cui ogni gruppo cerca di mantenere o di cambiare la propria posizione nella struttura sociale o, più esattamente – in uno stadio dell'evoluzione delle società divise in classe, in cui si può conservare solo cambiando – di *cambiare per conservare*. Nel caso particolare, ma assai frequente, in cui le azioni con cui ogni classe o frazione di classe lavora per conquistare nuovi vantaggi- cioè per guadagnare un vantaggio rispetto alle altre classi e quindi, oggettivamente, per *deformare la struttura* dei rapporti oggettivi tra le classi (quelli registrati dalle *distribuzioni* statistiche delle proprietà) – sono controbilanciate (e quindi annullate dal punto di vista *ordinale*) dalle reazioni, indirizzate verso gli stessi obiettivi, delle altre classi, la risultante di queste azioni contrapposte che si annullano nello stesso movimento che suscitano, consiste in una *traslazione complessiva* della loro concorrenza, come ad esempio le possibilità di struttura della distribuzione, tra le classi o le frazioni di classe, dei beni che costituiscono la posta accesso all'istruzione universitaria[27].

La Figura 4.2 riporta in percentuale le professioni in rapporto alla traslazione dei tassi di scolarizzazione dei giovani tra i 16 e i 18 anni dal 1954 al 1968.

I tassi di scolarità rappresentati nel grafico sono indubbiamente sopravvalutati, per il fatto che le statistiche tengono conto solo dei giovani censiti nelle rispettive famiglie – escludendo quelli che vivono da soli, in convitto, in collegio ecc. – ed indubbiamente in misura maggiore mano a mano che si scende lungo la gerarchia sociale. Il lieve restringimento del ventaglio che sembra delinearsi nell'ultimo periodo è imputabile, da un lato, all'effetto di saturazione che colpisce le categorie più in alto e, dall'altro, al fatto che la statistica non tiene conto della distribuzione degli adolescenti delle diverse classi tra corsi di studio che stanno tra loro in un ordine fortemente gerarchizzato. Tra il 1967-68 ed il 1976-77, nella seconda classe dell'istruzione pubblica, la componente di figli di operai (che nel 1975 rappresentava il 40,7% dei giovani di 17 anni) è rimasta costante (passando dal 25,7% al 25,9%) mentre la componente di figli di quadri e di liberi professionisti passava, nello stesso periodo, dal 15,4% al 16,8%. Inoltre, nel 1976-77, tra gli studenti di seconda, il 57,6% dei figli di quadri superiori e di liberi professionisti erano nella sezione C (di orientamento prevalentemente scientifico), contro il 20,6% dei figli di salariati agricoli e il 25,5% dei figli di operai. Tendenze analoghe si osservano a livello di istruzione universitaria, dove gli studenti provenienti dalle classi popolari vengono relegati in misura sempre maggiore nelle facoltà di lettere e di scienze o nei corsi brevi di carattere tecnico, mentre gli

[26] *Ivi*, pp. 104-108.
[27] *Ivi*, pp. 152-163.

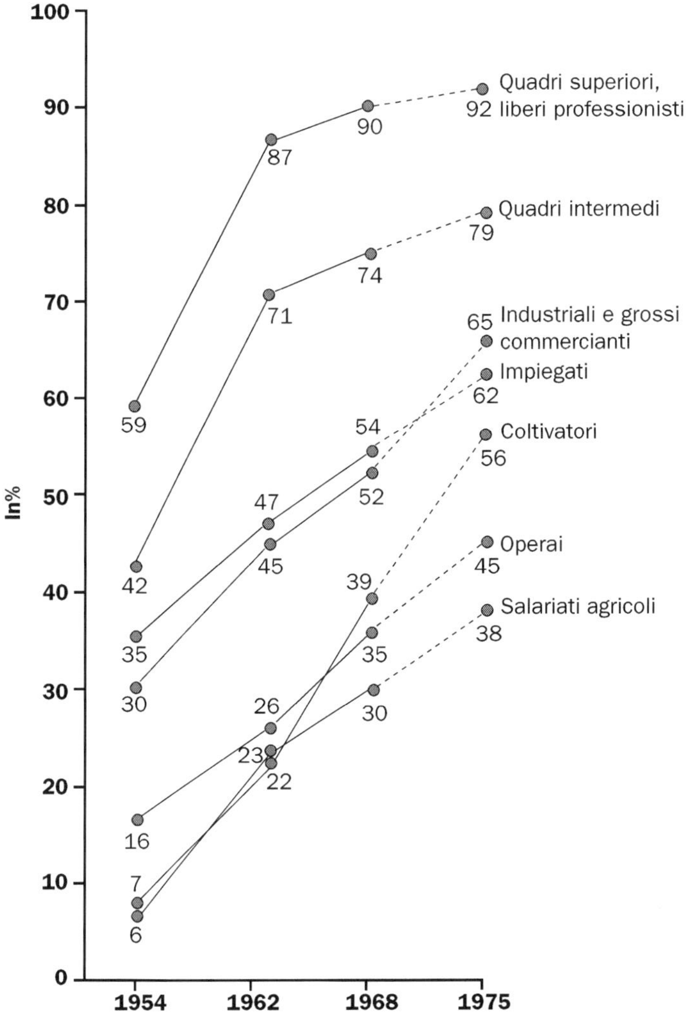

Figura 4.2

studenti provenienti dalla classe dominante si orientano verso le grandi scuole, verso le facoltà di medicina e, in caso di minor successo scolastico, verso le università minori di commercio e di amministrazione»[28].

Due parole sulle tecniche investigative. La validità dell'uso delle interviste di cui si accennava sopra si pone come un altro aspetto particolare di questa esposizione, nel momento in cui la relazione investigativa si differenzia dalla maggior parte degli scambi della vita ordinaria per il fatto di essere finalizzata alla pura conoscenza, restando comunque, qualunque cosa si faccia, una relazione sociale che esercita effetti (variabili a seconda dei diversi parametri che possono influenzarla) sui risultati ottenuti. Solo la riflessività, che è sinonimo di metodo, basata su un mestiere sociologico

[28] *Ivi*, pp. 163-165.

permette di percepire e controllare immediatamente, nella conduzione stessa dell'intervista, gli effetti della struttura sociale in cui essa si svolge. In sostanza, cercare di scoprire cosa facciamo quando instauriamo una relazione di intervista significa innanzitutto cercare di scoprire quali effetti possiamo inconsapevolmente produrre con questo tipo di intrusione, sempre un po' arbitraria, che è al centro dello scambio (in particolare con il modo in cui presentiamo noi stessi e l'indagine, con l'incoraggiamento dato o rifiutato ecc.); significa cercare di far emergere la rappresentazione che l'intervistato ha della situazione, dell'indagine in generale, della particolare relazione in cui si inserisce, dei fini che persegue, ed esplicitare le ragioni per cui accetta di entrare nello scambio. Solo misurando l'entità e la natura della discrepanza tra l'oggetto dell'indagine, così come percepito e interpretato dall'intervistato, e l'oggetto assegnatogli dall'intervistatore, quest'ultimo può cercare di ridurre le distorsioni che ne derivano, o almeno capire cosa si può e cosa non si può dire, le censure che impediscono di dire certe cose e gli incentivi che spingono a sottolinearne altre. È l'intervistatore che dà inizio al gioco e ne stabilisce le regole; è l'intervistatore che, il più delle volte di quanto capita, assegna all'intervista, in modo unilaterale e senza una preventiva negoziazione, obiettivi e pratiche a volte poco definiti, almeno per l'intervistato. A questa asimmetria si aggiunge l'asimmetria sociale, quando l'intervistatore occupa una posizione gerarchica più elevata rispetto all'intervistato. Dal canto suo, il sociologo può far sì che l'intervistato più lontano da lui socialmente si senta legittimato a essere ciò che è se riesce a mostrargli, attraverso il tono e soprattutto il contenuto delle sue domande, che, senza pretendere di annullare la distanza sociale che lo separa dall'intervistato (a differenza della visione populista, il cui punto cieco è il proprio punto di vista), è capace di mettersi al suo posto.

> Tenendo sempre presenti i limiti dei dati raccolti e di tutte le informazioni ottenute (in un rapporto molto artificiale, come lo è, in ogni caso, l'intervista con questionario), durante il corso dell'analisi, cioè ogni qualvolta che si presentava una difficoltà o che la cosa era imposta dal sorgere di una nuova ipotesi, abbiamo fatto delle osservazioni e delle interviste sul campo. Ma, soprattutto, abbiamo dovuto imparare poco per volta a trasgredire la regola non scritta secondo cui nella costruzione scientifica possono intervenire soltanto i dati raccolti nelle condizioni socialmente definite scientifiche, cioè grazie alle interviste ed alle osservazioni strutturate (una regola che sicuramente non si imporrebbe con tanta forza all'inconscio scientifico, se non avesse il «merito» di metter fuori gioco il sociologo, lasciandolo alla mercé della socioanalisi che ogni analisi metodologica corretta richiede); in questo modo, abbiamo fatto riemergere tute le informazioni che il sociologo inevitabilmente possiede in quanto soggetto sociale; informazioni che, controllate mediante un confronto con i dati misurabili dall'osservazione, hanno tutti i diritti di rientrare nel discorso scientifico[29].

Per evitare di proiettare le proprie rappresentazioni su quelle degli attori sociali, un importante compito del sociologo sarà quello di raccogliere queste categorie (che ognuno usa spontaneamente per classificare) nel modo più ingenuo possibile, di registrarle così come sono, cercando sempre di scoprire chi le ha prodotte, chi le usa e qual è il loro campo di validità. Per Bourdieu, dunque, la società è il luogo non tanto di una lotta di classe quanto di una «lotta di classificazioni»: come gli individui vengo-

[29] *Ivi*, pp. 522-523.

no classificati, in quali categorie, da chi, secondo quali criteri, e così via. Come afferma il sociologo francese in una sua lezione accademica del 19 maggio 1982 al Collège de France: «Bisogna essere consapevoli: la classificazione è una posta in gioco di lotte nella scienza e nella società, per far entrare nella scienza il fatto che ogni classificazione è una posta in gioco di lotte, sia nella scienza che nella società. Una scienza esauriente delle classificazioni deve includere questa lotta che concerne le stesse classificazioni»[30]. In definitiva, l'oggetto specifico della scienza sociale è rappresentato nella «relazione tra gli *habitus* e i campi»[31]. In fondo, esercitare il potere di classificare significa fare legittimamente delle distinzioni, tracciare dei confini e stabilire un gruppo delimitandolo. Ogni potere è quindi abbinato al potere simbolico, il cui possesso permette di imporre classificazioni note e riconosciute, di circoscrivere un gruppo in cui queste classificazioni sono più o meno efficaci, di rappresentare questo gruppo (in tutti i sensi), di parlargli con autorità e di parlare in suo nome o, più in generale, di imporre una modalità legittima di rappresentazione del mondo sociale. L'interrogazione scientifica condotta esclude per definizione l'intenzione di esercitare qualsiasi forma di violenza simbolica in grado di influenzare le risposte; resterebbe il fatto che non possiamo affidarci alla sola buona volontà in queste questioni, perché ogni sorta di distorsione è incorporata nella struttura stessa della relazione investigativa. Queste distorsioni devono essere comprese e padroneggiate, e ciò deve avvenire nello svolgimento stesso di una pratica che può essere riflessiva e metodica, senza essere l'applicazione di un metodo o l'attuazione di una riflessione teorica.

Bourdieu sostiene inoltre, in relazione all'analisi in esame, che:

> Solo un diario di questa ricerca potrebbe fornire un'idea esatta delle infinite scelte, tutte così meschine e risibili, tutte così difficili e decisive, e, quindi, anche delle infinite riflessioni teoriche, spesso infime senza alcuna dignità dal punto di vista della normale teoria, che è stato necessario compiere nel corso di molti anni: di fronte ad un questionario di difficile classificazione, o di una curva imprevista, o di una domanda mal formulata, o di una configurazione distributiva a prima vista incomprensibile, per arrivare ad un discorso che sarà tanto più riuscito quanto più riuscirà a far dimenticare le migliaia e migliaia di ritocchi, di controlli, di correzioni, di ritorni che lo hanno reso possibile, nonostante in ogni sua parola esso sia comunque in grado di far emergere il grande contenuto di realtà che lo distingue dallo stile tipico della saggistica. Ci siamo pertanto limitati a fornire, al momento opportuno, e nel corso stesso dell'esposizione dei risultati, le informazioni indispensabili per capire e per controllare i passaggi dell'analisi statistica, preoccupandoci anche di evitare sia quell'enfasi metodologica che spesso nasconde la mancanza di una autentica riflessione sulle operazioni compiute, che quelle altezze teoriche che espropriano il lettore di qualsiasi strumento di verifica[32].

E aggiunge che:

> Gli ostacoli epistemologici che la scienza sociale deve superare sono innanzitutto ostacoli sociali; per esempio l'immagine ordinaria della gerarchia dei compiti costitutivi della professione di sociologo, che spinge tanti ricercatori a sfuggire alle attività umili, facili e feconde, per dedicarsi

---

[30] Pierre Bourdieu, *La logica della ricerca sociale. Sociologia generale,* Vol. 1, Op. cit., cit. p. 91.

[31] Pierre Bourdieu e Loïc Wacquant, *Réponses. Pour une anthropologie reflexive*, Paris, Seuil, 1992, cit. p. 94; trad. it. Torino, Bollati Boringhieri, 1992.

[32] Pierre Bourdieu, *La distinzione. Critica sociale del gusto*, Op. cit., Appendice prima, cit. p. 523.

ad esercizi che sono al tempo stesso difficili e sterili [...]. Infatti, a differenza delle *intuizioni*, a volte anche suggestive, della saggistica, dell'enunciazione di una tesi, a volte coerente, della teoretica a tutti i costi e delle *constatazioni*, a volte valide, dell'empirismo, i sistemi provvisori degli enunciati scientifici che cerano di abbinare la coerenza interna e la compatibilità con i fatti possono venir prodotti solo grazie ad un lavoro lento, difficile, e destinato a rimanere ignorato [...][33].

Tutta questa consapevole dimostrazione di interesse per la ricerca empirica ci introduce a discutere della teoria della pratica, che viene concepita da Bourdieu come «terza via» di mediazione e di superamento di due opposte tendenze metodologiche: l'oggettivismo e il soggettivismo.

La teorizzazione della pratica sottende una logica.

L'idea di logica pratica, logica in sé, senza riflessione cosciente né controllo logico, è una *contraddizione in termini*, che sfida la logica logica. Questa logica paradossale è quella di ogni pratica, o meglio di ogni *senso pratico*: afferrata da *ciò di cui si tratta*, totalmente presente al presente e alle funzioni pratiche che essa vi scopre sotto forma di potenzialità oggettive, la pratica esclude il ritorno su di sé (cioè sul passato), ignorando i principi che la governano e le possibilità che essa racchiude e che non può scoprire se non agendoli, cioè dispiegandoli nel tempo. Ci sono atti che un *habitus* non produrrà mai se non incontra la situazione in cui potrebbe attualizzare le sue potenzialità: è noto ad esempio che le situazioni limite dei tempi di crisi danno ad alcuni l'occasione di rivelare delle potenzialità sconosciute a sé stessi e agli altri. È su questa interdipendenza dell'*habitus* e della situazione che si appoggiano i registi quando mettono in relazione un *habitus* (scelto, intuitivamente, in quanto principio generatore di uno stile particolare di parole, di gesti ecc.) e una situazione artificialmente pianificata in modo da attivarlo, creando così le condizioni della produzione delle pratiche (che possono essere completamente improvvisate) conformi alle loro aspettative[34].

Seguita Bourdieu in un altro contesto di sviluppo teorico:

la scienza sociale non parla mai tanto il linguaggio della regola quanto nel caso in cui esso è totalmente inadeguato, cioè nell'analisi di formazioni sociali in cui, a causa della costanza nel tempo delle condizioni oggettive, la parte che spetta alla regola nella determinazione reale delle pratiche è particolarmente ridotta, poiché l'essenziale è affidato all'automatismo dell'*habitus* [...]. Si comprende così come, nella misura in cui supera la distanza distanziante che istituisce la pratica come un *oggetto*, posto davanti all'osservatore come un corpo estraneo, questo modo di pensare permetta di farsi *soggetto teorico* della pratica degli altri o propria, ma ben diversamente da come ritengono gli apostoli del «vissuto». Questa *appropriazione* presuppone tutto il lavoro necessario in primo luogo per oggettivare le strutture oggettive o incorporate, poi per superare la distanza inerente all'oggettivazione, e farsi così soggetto di tutto ciò che è altro, in sé e negli altri. Il lavoro scientifico procura cioè, in questo caso, una strana esperienza, che avvicina l'estraneo senza togliergli nulla della sua estraneità, in quanto autorizza la familiarità più familiare con ciò che è più estraneo nell'estraneo, e costringe perciò a una distanza, condizione di una vera appropriazione, da ciò che è più estraneo in ciò che più è personale[35].

---

33 *Ivi*, p. 527.

34 Pierre Bourdieu, *Il senso della pratica*, Op. cit., V, cit. p. 142 e nota 11.

35 Pierre Bourdieu, *Il senso della pratica*, Op. cit., II, cit. pp. 225-226. Si veda dello stesso in *La logica della ricerca sociale. Sociologia generale*, Vol 1, Op. cit., pp. 282-285 (lezione del 2 novembre 1982).

La teoria della pratica fornisce strumenti di pensiero utili per analizzare le strutture e le relazioni sociali complesse che influenzano le differenze nelle pratiche individuali[36]. L'applicazione della teoria della pratica ai contesti educativi come nella ricerca sulla distinzione, ha apportato contributi significativi alla comprensione del ruolo che le scuole e i sistemi educativi svolgono nel rafforzare le disuguaglianze sociali e culturali, come già mostrato nella Figura 4.1. Per molti studenti, la scuola e la classe si configurano come spazi caratterizzati da vincoli, relazioni di potere, risorse e dinamiche di conflitto differenti rispetto ad altri contesti sociali. Questa differenza è maggiore per alcuni studenti rispetto ad altri, poiché la scuola spesso assume la cultura, i valori e gli atteggiamenti dominanti della classe media. Gli studenti provenienti da altri contesti tendono a essere svantaggiati, indipendentemente dalla diversità e dalla ricchezza della loro esperienza. La teoria della pratica offre un modo per comprendere empiricamente non solo ciò che le scuole fanno agli studenti, ma anche come lo fanno[37]: si tratta di un insieme di «strumenti di pensiero» da analizzare tramite l'utilizzo di indagini empiriche. Bourdieu ha saputo esprimere questa teoria come un'equazione: [(*habitus*) (capitale)] + campo = pratica][38]. La pratica si riferisce alle azioni e ai comportamenti di un individuo, che risultano dalle relazioni tra le sue disposizioni (*habitus*) e la sua posizione in un campo (capitale), all'interno dell'attuale stato di gioco di quell'arena sociale (campo)[39]. L'*habitus*, come si è chiarito molte volte, comprende le disposizioni che influenzano gli individui a diventare ciò che sono[40]. L'*habitus* opera al di sotto del livello di calcolo e di coscienza, sottendendo le pratiche di condizionamento e di orientamento e fornendo agli individui un senso di come agire e rispondere «senza obbedire consapevolmente a regole esplicitamente esposte come tali»[41]. L'*habitus* è così strutturato dalle circostanze passate e presenti, come l'educazione familiare e le esperienze educative. È anche generativo, in quanto contribuisce a dare forma alle pratiche presenti e future. È una «struttura» sistematicamente ordinata. Esso indirizza gli attori a fare determinate cose, orientando le azioni e le inclinazioni senza determinarle strettamente; è fondamentalmente legato al campo (o ai campi) in cui si sviluppa. Le pratiche, tuttavia, non derivano unicamente dall'*habitus* di una persona, ma emergono come il prodotto di un'esperienza.

Condizioni diverse producono *habitus* distinti, ciascuno caratterizzato da schemi generatori specifici che si applicano in modi differenti nei vari ambiti della pratica, dando origine a pratiche eterogenee. In tal modo si renderebbe possibile esplicitare le funzioni della ricerca sociologica nel disegnare i limiti e le resistenze dei detentori dell'ordine costituito in rapporto alla possibilità di compiere un'autoanalisi della pro-

---

36 Cfr. Pierre Bourdieu & Loïc Wacquant, *An Invitation to Reflexive Sociology*, Chicago, University of Chicago Press, 1992.

37 Cfr. Carmen Mills, *Reproduction and transformation of inequalities in schooling: the transformative potential of the theoretical constructs of Bourdieu*, in «British Journal of Sociology of Education», 29 (1), 2008, pp. 79-89.

38 Cfr. Pierre Bourdieu, *Distinction: A Social Critique of the Judgement of Taste*, Harvard University Press, 1984, p. 101; trad. it. p. 102.

39 Cfr. Karl Maton, *Habitus*, in Michael Grenfell (Ed.), *Pierre Bourdieu: Key concepts* (2nd edition, pp. 48-64), Durham, Acumen, 2012.

40 Cfr. Pierre Bourdieu, *The Logic of Practice*, Stanford University Press, 1990.

41 Pierre Bourdieu, *The Logic of Practice*, Op. cit., cit. p. 76.

pria pratica, così come mostra Bourdieu in una raccolta di lezioni tenute al prestigioso Collège de France tra il 1982 e 1983 e raccolte in volume[42]. Rispetto al testo sulla *distinzione* specifica a proposito dell'*habitus*:

> Struttura strutturante, che organizza le pratiche e la loro percezione, l'*habitus* è anche una struttura strutturata: il principio di divisione in classi logiche, che organizza la percezione del mondo sociale, è a sua volta il prodotto dell'incorporazione della divisione in classi sociali. Ogni condizione viene definita in modo inscindibile dalle sue caratteristiche intrinseche e dalle caratteristiche relazionali che derivano dalla sua posizione nel sistema delle condizioni che è anche un *sistema di differenze*, di posizioni differenziali, cioè da tutto ciò che la distingue da tutto il resto che essa non è ed in particolare da tutto ciò con cui essa è in contrasto: l'identità sociale si definisce e si afferma nella differenza. Ciò significa che negli atteggiamenti dell'*habitus* si trova inevitabilmente iscritta tutta la struttura del sistema delle condizioni, che si realizza nell'esperienza di una condizione collocata in una posizione particolare di questa struttura: i contrasti più di fondo della struttura delle condizioni (alto/basso, ricco/povero ecc.) tendono ad imporsi come principi fondamentali di strutturazione delle pratiche e della loro percezione[43].

In sostanza, l'*habitus* coglierebbe proprio le differenze di condizione, percependole sotto forma di differenze nelle pratiche e attraverso criteri di differenziazione che sono il prodotto di tali differenze. Bourdieu applica tali risultanze al gusto e ai consumi, rilevando contrasti tra fazioni del capitale culturale, tenendo tuttavia sullo sfondo i cambiamenti di condizione sociale che si trovano (statisticamente) connessi con l'espressione di gusti che sono rapportati, ad esempio, alle classi di appartenenza, come sempre.

Rispetto a questi consumi, emergono dei contrasti di prospettiva che agitano le scelte del sociologo in corrispondenza del rapporto tra la classe media e quella dominante. In questa relazione si misura la penetrazione dello stile di vita in rapporto all'*habitus*, in quanto è il gusto del necessario a produrre uno stile di vita distintivo, più o meno marcato, in rapporto ai modi negativi che si addensano in una sorta di privazione che si commisura ad altri stili progressivi. Esistono dei gusti di lusso e dei gusti del necessario, che evidenziano contrasti sociali in grado di esprimere una distinzione, ad esempio, tra la classe operaia e le classi superiori. Ciò che vi è celato è un sistema delle differenze che si agita tra i componenti di queste classi sociali.

> In questo modo si delinea uno spazio dei corpi di classe che, prescindendo dalla causalità biologica, tende a riprodurre nella sua logica specifica la struttura dello spazio sociale. Non è quindi un caso che le proprietà fisiche vengano colte mediante dei sistemi di classificazione sociale, che non sono affatto indipendenti dalla distribuzione delle varie proprietà tra le diverse classi sociali: le tassonomie in auge tendono a contrapporre, ed a gerarchizzare, le caratteristiche più frequenti tra i dominanti (cioè quelle più rare) e quelle più frequenti tra i dominanti[44].

In tal modo, l'autore ha delineato uno spazio dei corpi di classe che, prescindendo dalla causalità biologica, tende a riprodurre nella sua logica specifica la struttura dello

[42] Cfr. Pierre Bourdieu, *Sociologie genérale*, Vol. 2, *Cours au Collège de France (1982-1983)*, Editions Raisons d'agir/Editions du Seuil, 2020, trad. it. *La logica della ricerca sociale. Sociologia generale*, Vol. 2, Milano, Mimesis, 2021.

[43] Pierre Bourdieu, *La distinzione. Critica sociale del gusto*, Op. cit., III, cit. p. 175.

[44] *Ivi*, p. 201.

spazio sociale. Questo processo si collega all'individuazione di uno stile nei rapporti tra gli elementi utili a identificare gli aspetti dominanti percepiti attraverso il gusto.

> Ne consegue che, solo moltiplicando le analisi empiriche sui rapporti tra campi relativamente autonomi di produzione di una particolare classe di prodotti ed il pubblico dei consumatori da essi raccolto, che talvolta funziona anch'esso come un campo (senza per questo smettere di essere determinato dalla posizione che occupa nel campo delle classi sociali) si può effettivamente sottrarre all'astrazione delle teorie economiche, che pretendono che esista un consumatore unico, ridotto al suo potere di acquisto (a sua volta ridotto al suo reddito) ed un prodotto unico, definito, in maniera altrettanto arbitraria, da una funzione tecnica, che si suppone identica per tutti. Solo in questo modo, infatti, è possibile fondare un'autentica teoria scientifica dell'economia delle pratiche[45].

Lungo questo ragionamento, è di un certo rilievo il ricorso dell'autore a concetti sociologici che designano il fatto che la provata disponibilità di capitale (economico e culturale) possa fornire all'individuo che li possiede credibilità, status e autorità, dandogli un vantaggio fondamentale per accedere a una posizione sociale accettata e riconosciuta dagli altri. Il capitale simbolico è quindi un mezzo per ottenere il riconoscimento e la legittimazione della propria posizione rispetto allo spazio sociale conquistato. Importante, come vedremo tra poco, è il ricorso a un intrico di relazioni sociali che Bourdieu denomina i «campi» studiandone le dinamiche. Due parole su questa forma di capitale definito:

> C'è dunque una maniera di esistere delle situazioni sociali che è un *percipi*, un essere percepito, e il capitale simbolico è una forma dell'essere percepito che implica, da parte di coloro che percepiscono, un riconoscimento di colui che è percepito. Si può dire che una delle poste in gioco della lotta simbolica è di modificare l'essere modificando l'essere percepito, nella misura in cui l'essere percepito fa parte della verità completa dell'essere quando si tratta del mondo sociale [...] non si può comprendere completamente la realtà sociale se non s'include il fatto che non è semplicemente ciò che è, ma che è in parte costituita anche dalla rappresentazione che gli agenti sociali si fanno di questa realtà [...]. La lotta simbolica ha dunque come posta in gioco il cambiamento dei gruppi, dei rapporti tra gruppi, della suddivisione in gruppi, della gerarchia dei gruppi, attraverso il cambiamento della visione dei gruppi, cioè della percezione che le persone che fanno parte dei gruppi hanno dei gruppi di cui fanno parte, e anche della percezione degli altri gruppi. La posta in gioco è il cambiamento del principio di visione e di divisione: dal momento in cui creo una classe, creo contemporaneamente una classe complementare; se percepisco una forma, concepisco anche lo sfondo. È una delle ragioni per le quali le rappresentazioni sono quasi naturalmente dualiste e qui sta proprio uno dei difetti del pensiero, e in particolare del pensiero sul mondo sociale: i sociologi usano tipologie dualiste a piene mani. Se comprendete ciò che vi dico, state all'erta in futuro: è normale che il discorso sul mondo sociale debba esaltare questo genere di conoscenza in un discorso apparentemente scientifico, come spesso accade in sociologia; essa può, semmai, assumerlo come oggetto d'indagine. Questa lotta simbolica è una lotta per l'impostazione della visione legittima delle divisioni, del punto di vista giusto sul mondo sociale, della giusta prospettiva sul mondo sociale. Il rapporto tra questa lotta e ciò che chiamo «potere simbolico» o «capitale simbolico» è molto semplice[46].

---

45 *Ivi,*. pp. 230-231.

46 Pierre Bourdieu, *La logica della ricerca sociale. Sociologia generale,* Vol. 1, Op. cit., pp. 129-130 (lezione del 2 giugno 1982); si veda dello stesso in *La distinzione*, Op. cit., pp. 329-382.

Quasi in ultimo, Bourdieu affronta ne *La distinzione* la dinamica dei campi. I campi, secondo il sociologo francese, sono delle reti di relazioni sociali, sistemi strutturati di posizione sociale all'interno dei quali si svolgono lotte o manovre per le risorse, le poste in gioco e l'accesso. Il campo funziona praticamente come un gioco: tutti giocano lo stesso gioco, anche se non necessariamente in modo consapevole o con lo stesso vantaggio. La società nel suo complesso è un campo strutturato secondo delle relazioni di dominio. Essa contiene al suo interno una serie di campi che, pur avendo una certa autonomia, non sono mai completamente separati dal campo dominante. *Habitus* e campo sono quindi strutture relazionali ed è la loro relazione che fornisce la chiave di lettura della pratica. Ciascuna contribuisce a plasmare l'altra e, in modo significativo, entrambe sono in evoluzione, quindi le relazioni tra *habitus* e campo sono continue, dinamiche e parziali. Bourdieu descrive il capitale proprio come la moneta del campo. Più specificamente, il capitale agisce come relazione sociale all'interno di un sistema di scambio. Bourdieu[47] ha descritto tre tipi di capitale: economico, sociale e culturale. Il capitale economico comprende la ricchezza materiale di una persona; il capitale culturale può essere descritto come conoscenze, abilità, gusti, preferenze estetiche e culturali, che possono essere incarnate, oggettivate attraverso risorse materiali o qualifiche istituzionalizzate; il capitale sociale comprende i contatti, le affiliazioni e le reti di contatti, compresa la capacità di trarre beneficio da queste reti. Il discorso riguarda, come si è voluto mostrare fino a qui, la costruzione dello spazio sociale sulla base della distribuzione dei diversi tipi di capitale descritti. La realizzazione di questa struttura, presentata in *La distinction*, evidenzia in particolare come questi tipi di capitale siano contrapposti e combinati tra loro. Ciò permette di mettere in luce l'omologia che esiste tra la struttura dello spazio sociale globale e quella del sistema educativo. Più specificamente, si osserva una corrispondenza tra i diversi livelli di strutturazione: come in una sorta di incastro quasi infinito di campi e sotto-campi, emerge un'omologia identica nella struttura, ma su livelli differenti, tra il campo del potere e il campo di alcune corrispondenze. Le stesse opposizioni si ritrovano a tutti i livelli, sulla base di coppie definite semplici di certe opposizioni – alto/basso, fatti/teorie, teoria/ideologia, sinistra/destra, cultura/economia, spirito/materia, spirituale/temporale ecc. – ma in combinazioni particolarmente complesse, a volte anche dello stesso tipo.

Vediamo quindi che ogni campo sociale presuppone proprietà sociali che funzionano come capitale; più precisamente, esiste un campo in cui le proprietà sociali funzionano, ad esempio, come «relazione sociale di potere», un altro modo per designare un tipo di capitale. È il campo che fa il capitale, che costituisce certe proprietà sociali come posta in gioco e strumento di lotta. Ora, l'analisi del campo, ad esempio delle *grandes écoles*, fornisce un quadro ancora più chiaro della relazione inscindibile tra il concetto medesimo di campo e quello di capitale. La posta in gioco nella contrapposizione tra le *grandes écoles* è l'accesso al campo del potere, cioè al campo dei campi, quel campo particolare in cui si lotta per sapere quale campo (culturale, economico, religioso ecc.) debba prevalere su tutti gli altri, legittimando così il valore relativo dei

[47] Cfr. Pierre Bourdieu e John Richardson, *The forms of capital*, in *Handbook of theory and research for the sociology of education*, Connecticut, Greenwood Press, 1986, pp. 241-256.

vari campi specializzati. In altre parole, la battaglia è per determinare quale specie di capitale sia la più legittima e possa imporsi sugli altri. L'emergere di tale campo è, infatti, legato all'emergere di una pluralità di campi relativamente autonomi e specializzati derivanti dal processo di differenziazione del mondo sociale, che allo stesso tempo mette in competizione e in conflitto i detentori di diverse specie di capitale candidate al dominio, i padroni dell'industria contro gli intellettuali, gli alti funzionari contro gli aristocratici, i signori della guerra contro i sacerdoti e così via. Le lotte per la competizione e la preminenza tra le varie *grandes écoles* per l'occupazione delle posizioni di potere al più alto livello dimostrano che anche questo campo di forze sociali è un campo di lotta molto particolare poiché, a differenza delle lotte interne ai campi specializzati, è anche un campo di lotta a sé stante. In ultimo, la sociologia dell'educazione conduce a una sociologia del dominio nella misura in cui l'approccio in termini di campo ci porta a interrogarci sul ruolo che, in termini di accesso alle posizioni sociali dominanti, spetta a questa particolare specie di capitale creato dalla scuola: il capitale scolastico o, meglio ancora, il capitale culturale garantito dallo Stato sotto forma di riconoscimenti particolari. Il campo di potere è quindi definito da Bourdieu come uno spazio in cui diverse specie di capitale si confrontano in una lotta la cui posta in gioco è il dominio del campo sociale attraverso il dominio legittimo di una specie di capitale su tutte le altre. Il campo del potere, scriverà, «è un campo di forze definito nella sua struttura dallo stato del rapporto di forza tra [...] diverse specie di capitale. È anche, inseparabilmente, un campo di lotte per il potere tra i detentori di diverse specie di potere»[48], cioè tra i detentori di capitale specifico (economico o culturale in particolare) in quantità sufficiente da occupare posizioni dominanti all'interno dei rispettivi campi.

Non resta che concludere con Bourdieu sul senso della distinzione:

> Se è vero che, come si è cercato di stabilire, la classe dominante costituisce uno spazio relativamente autonomo, la cui struttura è definita dal modo in cui i diversi tipi di capitale si distribuiscono tra i suoi membri, per cui ogni frazione si caratterizza in modo specifico, grazie ad una determinata configurazione di questa distribuzione, a cui corrisponde, con la mediazione dell'*habitus*, un determinato stile di vita; e se è vero che il modo in cui il capitale economico ed il capitale culturale si distribuiscono tra le frazioni presenta strutture simmetriche ed inverse, mentre le diverse strutture patrimoniali stanno, insieme alla traiettoria sociale, all'origine dell'*habitus* e delle scelte sistematiche che questo genera in tutti gli ambiti della pratica; se è vero che le scelte generalmente riconosciute come estetiche costituiscono una dimensione di quest'*habitus*; se tutto ciò è vero, allora queste strane strutture si devono ritrovare nello spazio degli stili di vita, cioè nei differenti sistemi di disposizioni. È questo quanto si è cercato di stabilire, sottoponendo all'analisi delle corrispondenze l'insieme dei dati che abbiamo raccolto[49].

Arrivati a questo punto, sarebbe importante riprendere teoricamente la ricaduta di queste indagini empiriche sulla sociologia scientifica dell'educazione, soprattutto nel momento in cui l'emergente corpo di ricerca sulle tecnologie educative – che ha ap-

---

[48] Pierre Bourdieu, *La Noblesse d'État. Grandes écoles et esprit de corps*, Paris, Les Editions de Minuit, 1989, cit. p. 375.

[49] Pierre Bourdieu, *La distinzione. Critica sociale del gusto*, Op. cit., V, cit. p. 273.

plicato la teoria della pratica in contesti scolastici[50] – evidenzia il potenziale dell'inquadramento sociologico per fornire una comprensione profonda e situata su come e perché si verificano le disuguaglianze (anche digitali, se vogliamo). Ad esempio, i risultati della ricerca pilota suggeriscono che la pratica tecnologica degli studenti è oggi influenzata dalle loro disposizioni o inclinazioni verso la tecnologia, che influenzano a loro volta il modo in cui si impegnano con essa, cercano esperienze basate sulla tecnologia e percepiscono le diverse possibilità offerte da quest'ultima. In alternativa, uno studente diverso, la cui famiglia utilizza le tecnologie prevalentemente per il tempo libero, potrebbe percepire le pratiche tecnologiche in ambito scolastico come poco familiari, difficili o irrilevanti. Ciò non significa che quest'ultimo abbia un deficit di competenze e conoscenze. Un'analisi più approfondita dell'ambito domestico di questo studente, comprese le regole che circondano l'uso della tecnologia e l'orientamento verso pratiche sociali o di svago, può rivelare l'opportunità di sviluppare forme di capitale culturale meno apprezzate (ad esempio, il tempo e la libertà concessi allo studente per operare in ambiti di gioco online). «Il capitale culturale oggettivato ha una serie di proprietà che si lasciano definire solo attraverso la sua relazione con il capitale culturale nella sua forma incorporata. Il capitale culturale oggettivato è trasmissibile nella sua materialità oggetti materiali e mediatici»[51]. Tramite questa pratica nel campo online, lo studente si connette ad altri giocatori per sviluppare sofisticate abilità di gioco e di creazione di contenuti e diviene nuovamente oggetto di indagine sociologica empirica[52]. Estendendo questo particolare esempio, la comprensione della pratica tecnologica di questi ultimi studenti e/o individui rivelerebbe quindi l'opportunità di creare connessioni tra i vari campi della pratica tecnologica per sviluppare competenze e conoscenze digitali formali a scuola per la creazione di contenuti oggettivi.

---

50 Cfr. Pierre Bourdieu, *Les conditions sociales de la circulation internationale des idées*, in «Cahiers d'histoire des littératures romanes», 1990, 1-2, pp. 1-10; si veda *L'inconscient d'école* in «Actes de la recherche en sciences sociales», no 135, 2000, pp. 3-5.

51 Pierre Bourdieu, *The Forms of Capital*, in John G. Richardson (ed.), *Handbook of Theory and Research for the Sociology of Education*, New York, Greenwood, 1986, pp. 241-258, trad. it. *Forme di capitale*, Roma, Armando, 2015, cit. p. 96.

52 Cfr. Pierre Bourdieu, *Esquisse pour une auto-analyse*, Paris, Raison d'Agir, 2004.

Capitolo 5

L'azione contro il sistema

5.1

I già lontani anni Settanta e Ottanta del XX secolo hanno visto concretizzarsi in Francia a livello teorico-pratico dei riferimenti e interessi specifici dei sociologi del lavoro industriale verso i movimenti studenteschi, regionalisti e femministi al posto della supremazia accordata fino a quel momento al movimento operaio di stampo marxista-socialista e messa in prima discussione da autori come Alain Touraine (1925-2023), direttore di ricerca all'«École des Hautes Études en Sciences Sociales» di Parigi dal 1970 e François Dubet, Szusza Hegedus (1946-2022) e Michel Wiewiorka, facenti parte della sua équipe sin dai tempi di *Le Mouvement ouvrier* (Paris, Fayard, 1984), un libro che succede a *La Conscience ouvrière* scritto da Touraine nel 1966 ed edito a Parigi da Seuil. Quest'ultimo ha praticamente iniziato a occuparsi di sociologia negli anni Cinquanta del XX secolo, in un momento in cui la Francia si stava ricostruendo attorno all'industria, come del resto l'Italia con l'utilizzazione pragmatica delle ricerche sul campo condotte da Alessandro Pizzorno (1924-2019) sulla *company town* degli stabilimenti Bassetti al pari di quanto era accaduto a Ivrea con la Olivetti. In Francia, dopo la lunga eclissi del durkheimismo, anche la sociologia si stava ricostruendo attorno a due grandi figure «di periodo», Raymond Aron (1905-1983) e Georges Philippe Friedmann (1902-1977). Touraine in particolare si unì al gruppo di ricercatori di Friedmann con Michel Crozier (1922-2013), Henri Mendras (1927-2003), Jean-Daniel Reynaud (1926-2019) e René Tréanton (1925-2015) e si occupò della questione del lavoro nell'industria, del movimento operaio e agricolo. In particolare, proprio mentre Touraine si affiancava al CNRS, il suo studio pilota sulla coscienza operaia nelle fabbriche Renault si discostava molto dalle due concezioni dominanti della coscienza di classe. La prima era sicuramente la concezione comunista, largamente egemone in territorio francese e tra gli intellettuali più impegnati: la coscienza di classe era una coscienza dello sfruttamento economico che si elevava alla globalità grazie a una coscienza politica comandata dall'avanguardia del Partito Comunista. La seconda, proveniente da oltreoceano, era innanzitutto un sentimento di profonda disuguaglianza e di esclusione dal processo negoziale in virtù delle logiche acclarate del sistema. Nella citata opera *La conscience ouvrière* e soprattutto in *Sociologie de l'action* (Paris, Seuil, 1965), Touraine definisce la coscienza di classe degli operai come la tensione avviata tra l'organizzazione del lavoro industriale e la richiesta di autonomia professionale. È in nome di questa autonomia che si andrebbe a strutturare il conflitto di classe tra i padroni dell'industria e gli operai che vogliono controllare lo sviluppo industriale. Da questo versante, prendono corpo gradualmente le prime indagini empiriche sui movimenti sociali, scaturite dall'esame della coscienza di classe, centrale per il movimento operaio, anche se soprattutto in *Le Mouvement ouvrier* si esercita il confronto tra il movimento operaio tradizionale e i nuovi movimenti emersi dalla metà degli anni Sessanta in diversi Paesi. *Le Mouvement ouvrier* è il quinto di una serie di studi su vari movimenti sociali pubblicati nell'arco di circa dieci anni da Touraine e dal suo gruppo di ricercatori. Quest'opera non solo segna un ritorno alla cosiddetta questione operaia, un ambito che il sociologo francese aveva abbandonato per i quindici anni precedenti, ma costituisce anche una riaffermazione del ruolo del sindacalismo nella società contemporanea, nonostante il declino del movimento operaio e della coscienza di classe; quest'ultimo fenomeno di aggregazione venne descritto causalmente come «un mouvement défini par sa position dans des rapports de classe et qui met en cause l'utilisation des forces de production de la société industrielles»[1].

Dal punto di vista metodologico Touraine ha scelto sempre di studiare questi movimenti formando gruppi impegnati di attivisti coinvolti a vari livelli nella stessa lotta. Per evitare che i discorsi si potessero cristallizzare e chiudersi in sé stessi, l'intervento sociologico li sottoponeva a tre stimoli principali. Il primo era il dibattito interno tra gli attivisti, che non possono sviluppare le loro posizioni senza scontrarsi con gli altri, ma questo forum non era sufficiente e i sociologi invitavano gli attivisti a discutere con i loro avversari. In questo modo, si creava e si misurava una distanza tra il discorso e le relazioni sociali «reali», una distanza che portava gli attivisti stessi a riflettere sulle proprie azioni particolari. La maggiore originalità dell'intervento sociologico non risiedeva solo nell'organizzazione di questi dibattiti e nella durata del lavoro dei gruppi – diverse decine di ore di discussione – ma nel ruolo stesso dei ricercatori, che analizzavano i dibattiti e il lavoro dei gruppi e offrivano agli attori le proprie interpretazioni. Dal punto di vista dell'ipotesi relativa alla formazione (o meno) di un nuovo movimento sociale, essi sottoponevano le loro analisi agli attori chiedendo loro di reagire. Mentre la maggior parte dei manuali di metodologia insiste sulla neutralità del ricercatore, che viene identificato con una semplice macchina di registrazione, il meno invadente possibile, nel caso delle ricerche di Touraine il ricercatore si impegna in una discussione sociologica con i giocatori dopo tutta una serie di lunghi dibattiti. Il termine di intervento deve essere inteso nel suo senso più forte, e bisogna ammettere che questo strumento metodologico ha stravolto alcune abitudini professionali legate alla «rottura epistemologica» e all'oggettivismo. Il ricercatore si impegnava quindi in una lunga relazione con gli attori e faceva di questa relazione l'oggetto centrale della sua analisi. Naturalmente, questa stessa relazione doveva essere oggettivata, il che,

---

[1] Alain Touraine, François Dubet *et al.*, *Le Mouvement ouvrier*, Paris, Fayard, 1984, cit. p. 21; vedi di Gertrude Rolle, *Sociologie de la conscience ouvrière en Touraine et dans le monde aujourd'hui*, Paris, DBL, 2018, p. 35 e sg.

tuttavia, non implica che la persona studiata sia stata ridotta a mero soggetto d'analisi. Ciò significava moltiplicare i gruppi di ricerca per garantire che la stabilità delle osservazioni potesse trascendere la singolarità degli individui e dei gruppi. In definitiva, si poteva definire un movimento sociale come un'azione collettiva da parte degli individui per realizzare un cambiamento sociale; questa azione era volta a controllare gli orientamenti sociali del loro ambiente. Tutto ciò, andava oltre il movimento di protesta del gruppo e sfidava in un certo senso il potere e il suo dominio. Inoltre, va detto che, per essere considerato un movimento sociale, il fenomeno doveva basarsi su alcuni principi: l'opposizione tra gli attori, l'universalità della rivendicazione, che non derivava da interessi particolari e, infine, la definizione dell'identità particolare degli attori coinvolti. Questo si poteva compiere anche nell'aumentato interesse pragmatico dei ricercatori sociali per gli ambiti storico-concreti, soprattutto dove si potevano rappresentare delle dimensioni principali: l'accumulo di azioni, oggetti e risorse, intesi anche come forme di capitale culturale; l'attenzione verso la rappresentatività dei modelli di conoscenza e delle espressioni culturali; infine, il confronto con modelli di creatività, sia orientati all'innovazione sia legati alla tradizione.

Nel maggio 1968, la posizione di Touraine intravvede questa sorta di novità del metodo utilizzato e si distingue chiaramente da quella dei suoi colleghi francesi, del calibro di Cornelius Castoriadis (1922-1997), Maurice Duverger (1917-2014) ed Edgar Morin (n. 1921). Anche se l'evento aveva diversi significati, i sociologi differivano profondamente nel significato che davano agli eventi. Edgar Morin lo vedeva soprattutto come una rottura culturale: il Maggio '68 rompeva con la vecchia cultura austera e ascetica delle società industriali e chiedeva una cultura della libertà individuale, della comunità elettiva, di quelli che in seguito sarebbero stati chiamati valori «post-materialisti». Altri sociologi più tradizionali, come Boudon e Bourdieu, hanno visto il Maggio '68 come una conseguenza della crisi universitaria causata dalla massificazione e dal rischio di declassamento sociale. Michel Crozier, e in parte Raymond Aron, lo considerarono invece come una manifestazione dei blocchi politici e istituzionali di una società che si stava modernizzando ma non riusciva a riformarsi. In *Le communisme utopique* (Paris, Seuil, 1968), Touraine affermava che il Maggio '68 era la premessa di un'altra lotta di classe, che contrapponeva la tecnocrazia agli attori sociali – lavoratori, studenti, donne – che opponevano la loro autonomia alla gestione scientifica e tecnica della società. Per tutti questi sociologi, il Maggio '68 si basava quindi su una sorta di equivoco, perché il movimento adottava il linguaggio delle sinistre, dei bolscevichi e dei comunisti per parlare di qualcos'altro.

Venti anni dopo, nel 1988, Touraine ha pubblicato un'opera monumentale sulla società e la politica in America Latina, e più specificamente sul modo di sviluppo di quel continente. Pur trattando ampiamente di alcuni importanti movimenti sociali in America Latina (populismo, lotte contadine, sindacalismo operaio e movimenti urbani), *La Parole et le sang*[2] non è un'opera sui movimenti sociali in senso stretto. Le forme di azione culturale, politica, sociale ed economica che analizza sono troppo complesse e troppo diverse da quelle incontrate altrove per essere facilmente esaminate in questa sede. È invece nella ventina di libri pubblicati tra il 1965 e il 1984, da solo o con

[2] Cfr. Alain Touraine, *La parole et le sang*, Paris, Odile Jacob, 1988.

la sua équipe di ricercatori, che Touraine si è occupato dei movimenti sociali e delle relative questioni teoriche e di metodo. È quindi a queste opere, e in particolare a *Le Mouvement ouvrier*, che dobbiamo guardare per capire come Touraine abbia concepito il rapporto tra il movimento operaio e i nuovi movimenti sociali nei Paesi industriali avanzati dell'Occidente[3]. Di una certa importanza sono l'avviamento della rivista «Sociologie du travail» e nel 1981 del «Centre d'analyse et d'intervention sociologique» (Cadis) presso l'HESS che Touraine dirigerà fino al 2000. Nel 1984 da Fayard a Parigi esce *Le retour de l'acteur. Essai de sociologie*, dove l'autore sostiene che:

> Da quando si comincia a evitare il ricorso a un principio meta-sociale, accogliendo l'idea che esista una contraddizione fra società e natura, diviene necessario concepire le classi come attori collocati con all'interno di contraddizioni, bensì di conflitti. È allora preferibile, per sottolineare questa importante variazione, che si parli di movimenti sociali anziché di classi sociali. *Il movimento sociale è l'azione, culturalmente orientata e insieme socialmente conflittuale, di una classe sociale definita dalla sua posizione di dominio o di dipendenza entro il modo di appropriazione della storicità, dei modelli culturali d'investimento, della conoscenza e della moralità, verso i quali il movimento stesso è orientato.* I movimenti sociali non sono mai isolati rispetto agli altri tipi di conflitti. Il movimento operaio, che mette in causa il potere sociale degli imprenditori industriali, non è separabile dalle rivendicazioni e dalle pressioni tendenti ad accrescere l'influenza sindacale sulle decisioni economiche, sociali e politiche. Ma il vero indicatore della sua esistenza è la presenza di elementi non negoziabili all'interno delle negoziazioni, e di conseguenza l'impossibilità da parte di un sindacato, interprete del movimento operaio, di condurre un'azione puramente strumentale, in termini di costi e ricavi[4].

Riferendosi alla situazione più attuale Touraine sostiene:

> il movimento culturale più importante è quello delle donne. Da una parte, esso si oppone alla condizione femminile tradizionale, e trasforma con ciò stesso la nostra immagine del soggetto; dall'altra, appare diviso fra due tendenze che rappresentano di fatto forze sociali contrapposte: una tendenza liberale, in lotta per l'eguaglianza e che attira categorie sociali elevate (cui interessa più di reclamare l'accesso al parlamento, o all'esercizio della professione medica, che non la possibilità di ottenere lavori non qualificati per le donne); e una tendenza radicale che si batte per la specificità più che per l'eguaglianza, addirittura diffidando di quest'ultima, e rifiuta un dominio che è insieme sociale e sessuale, sia ricollegando l'azione delle donne a quella del proletariato, sia denunciando la dominazione sessuale propriamente intesa, sia infine contrapponendo una concezione relazionale della vita sociale, più vicina all'esperienza biopsicologica delle donne, a una concezione tecnocratica di impronta maschile. I movimenti culturali sono importanti soprattutto agli albori di un nuovo periodo storico, quando gli attori politici non rappresentano ancora domande e movimenti sociali nuovi, mentre, d'altra parte, la trasformazione del campo culturale sollecita dibattiti di fondo sulla scienza, l'investimento economico o i costumi[5].

Il libro del 1984 che abbiamo annunciato sopra è diviso in tre parti principali. La prima espone le principali critiche dell'autore al pensiero sociologico classico e critico; strettamente intrecciata con l'ascesa e lo sviluppo della società industriale, la so-

---

[3] Cfr. Jean-Guy Vallancourt, *Mouvement ouvrier et nouveaux mouvements sociaux: l'approche d'Alain Touraine*, in «Cahiers de recherche sociologique», n. 17, 1991, pp. 213-214, traduzione mia.

[4] Alain Touraine, *Le retour de l'acteur. Essai de sociologie*, Paris, Librarire Arthème Fayard, 1984 trad. it. *Il ritorno dell'attore sociale*, Roma, Editori Riuniti, 1988, cit. p. 127.

[5] Alain Touraine, *Il ritorno dell'attore sociale*, Op. cit., cit. p. 129.

ciologia classica analizza, definisce e legittima i fondamenti della modernità. Questa tradizione sociologica è abituata alle grandi rappresentazioni della vita sociale associate al dispiegarsi della rivoluzione industriale e urbana: il progresso materiale, il trionfo della ragione, l'avvento dell'individuo, l'influenza della democrazia rappresentativa, l'incessante cambiamento dei modi di organizzazione del lavoro, della produzione e degli stili di vita. Fondamentalmente evoluzionista, la sociologia classica è tormentata dal problema del rapporto tra ordine e movimento. Questa lo risolve a suo modo postulando l'esistenza di un insieme, la società, in costante modernizzazione e dotato di meccanismi di integrazione e regolazione. Ideologia della modernità, questa sociologia si basa sull'ipotesi che la conoscenza del sistema e la comprensione degli attori corrispondono perfettamente. Questa corrispondenza è ancora più forte con la sociologia funzionalista di ispirazione parsoniana, dove l'attore è definito essenzialmente dai molteplici ruoli che è chiamato a svolgere nell'organizzazione sociale. Ma più ci addentriamo nel XX secolo, più diventa evidente che l'attore e il sistema sono in contrapposizione. Ciò ha gettato il discorso sociologico tradizionale in una crisi epocale e ha avviato una sorta di sociologia critica. Alla luce dei giganteschi sconvolgimenti che stavano minando le fondamenta stesse della modernità, un contro-discorso ha attaccato gli assunti fondanti della sociologia classica e, a partire dagli anni Sessanta del XX secolo, è arrivato a imporre l'idea di una netta separazione tra l'attore e il sistema, rivelando le relazioni di potere che permeano da vicino il tessuto sociale. Tuttavia, questa sociologia si è sviluppata in direzioni assai contraddittorie. La prima corrente descrive la società come un implacabile sistema di dominio, un ordine la cui logica di riproduzione mette a tacere gli attori sociali, schiacciandoli e facendoli scomparire. Dall'altra parte, una seconda scuola di pensiero, attenta alle dinamiche delle organizzazioni complesse, dà la priorità all'attore e ai suoi giochi e calcoli strategici, ma praticamente ignora il suo posto nel sistema sociale. Da questo punto di vista, la società non è altro che un mercato politico, un insieme flessibile di regole e vincoli che alla fine si dissolvono in una rete infinita di transazioni, accordi e compromessi. In breve, un mondo in cui l'attore – con le sue convinzioni, i suoi progetti, le sue relazioni sociali, la sua capacità di azione propria – viene gradualmente eliminato. Il risultato è stato una cancellazione generale dell'idea di azione sociale. Per questo è più che mai importante, secondo Touraine, ricostruire una modalità di analisi sociologica in grado di individuare le metamorfosi della vita sociale, restituendo un posto centrale alla categoria dell'azione sociale. In breve, definire una nuova rappresentazione delle dinamiche sociali articolata intorno a due idee chiave: che le relazioni sociali sono relazioni conflittuali e che gli attori in conflitto sono guidati da orientamenti culturali condivisi. Da qui il costante riferimento alla nozione di movimento sociale. Questo è il ritorno dell'attore: la riscoperta del soggetto come produttore della propria storia. Non più un soggetto conquistatore e rivoluzionario, ma un soggetto libertario che cerca di difendere la propria identità personale e la propria autonomia liberandosi dalla morsa dei grandi apparati programmatori della prassi sociale in una prospettiva anti-funzionalista e post-marxista.

La seconda parte del libro in questione richiama i temi principali di una sociologia dell'azione sociale. In essa l'autore ripete più volte la tesi che funge da filo conduttore del suo approccio sociologico. Divisa tra ordine e movimento, la società è una complessa rete di relazioni sociali definita fondamentalmente dalla sua capacità di autoproduzione e autotrasformazione. Questo ci riporta alla nozione di «storicità», che non si riferisce solo all'idea di investimento economico, ma soprattutto all'idea di creazione incessante di modelli culturali e di trasformazione degli orientamenti normativi della vita sociale in pratiche. La gestione di questa sempre maggiore capacità della società di agire su se stessa è la posta in gioco dei conflitti che stanno lacerando il campo sociale, definito, a questo livello, come un sistema aperto di relazioni di dominio, contestazione e potere: in breve, un sistema di relazioni di classe. Il concetto di movimento sociale serve proprio a descrivere e analizzare questi conflitti tra attori di classe per l'appropriazione della storicità ed è al centro della problematica di Touraine, nella misura in cui il suo scopo è quello di comprendere come la vita sociale si costruisca e si ricostruisca attraverso azioni conflittuali che cercano di trasformare i rapporti di dominio sociale che si esercitano sulla popolazione. La terza parte, infine, esamina criticamente i nuovi movimenti sociali all'opera nelle cosiddette società post-industriali, le condizioni della loro formazione e del loro sviluppo, nonché il reale significato e l'impatto delle loro azioni alla fine del XX secolo. Il capitolo dedicato alla nascita della società post-industriale, che Touraine preferisce chiamare società programmata, non aggiunge nulla di nuovo. In poche parole, stiamo entrando in un nuovo tipo di società caratterizzata non più dallo stravolgimento dell'organizzazione del lavoro e della produzione di oggetti materiali, ma da un'attenzione sistematica e permanente per programmare la trasformazione dello stile e del modo di vita degli individui. Ciò presuppone la creazione di vasti apparati tecno-burocratici che esercitano una presa sempre maggiore sui comportamenti, sulle relazioni sociali e sull'identità personale nel suo complesso. Si sta così delineando un mondo completamente nuovo, in cui la produzione sociale tende sempre più ad assumere la forma di una produzione incessante di informazioni, linguaggi, simboli, segni e immagini[6].

A monte di queste considerazioni va fatto notare che Alain Touraine vuole proporre una nuova rappresentazione della vita sociale, poiché ritiene che la sociologia debba affrontare la definizione dell'azione in contrapposizione al sistema, anche se quest'ultimo è da intendersi come un intreccio di attori sociali; una società industriale, organizzata come un'azienda o come un esercito e che cerca soprattutto di dominare la natura, a un nuovo tipo di organizzazione sociale capace di agire più direttamente sui comportamenti e sulle relazioni sociali, in particolare attraverso la produzione di informazioni, linguaggi e immagini. La vita sociale non può più essere intesa come manifestazione di un'essenza – o di esigenze funzionali – ma come una costante invenzione, attraverso il conflitto e la negoziazione, delle regole della vita collettiva. Basti dire qui che l'autore cercherà di sostituire una rappresentazione della vita sociale basata sulle nozioni di società, evoluzione e ruolo, con un altro versante in cui le nozioni di storicità, movimento sociale e soggetto occuperanno una posizione altrettanto centrale. L'aver discusso, infine, del movimento delle donne ha rappresentato un momento significativo nella comprensione delle dinamiche del tempo presente.

---

[6] Cfr. Carol Levasseur, *Alain Touraine, Le retour de l'acteur*, Paris, Fayard, 1984, su «Politique», N. 8, autunno 1985, traduzione mia.

> L'aspetto più importante della sociologia classica sta nel fatto che, dando vita a grandi universi storici, portatori di senso in quanto tali, riduceva l'analisi dell'azione sociale alla ricerca della posizione dell'attore all'interno del sistema. La sociologia dell'azione respinge questa spiegazione dell'attore attraverso il sistema. Essa vede, al contrario, in ogni situazione il risultato del rapporto fra attori, definiti dai loro orientamenti culturali così come dai loro conflitti sociali. Se attribuisce un'importanza decisiva alla nozione di movimento sociale, è perché questo non costituisce la risposta a una situazione, bensì la messa in discussione del rapporto di dominio che consente a un attore – quello che possiamo chiamare classe dirigente – di gestire le principali risorse culturali disponibili. È insufficiente e anche pericoloso parlare di determinismi sociali; l'attore individuale, infatti, mentre è condizionato da una situazione, contribuisce nello stesso tempo al prodursi di tale situazione. In questo senso è vero che noi ci sviluppiamo dentro città costruite prima di noi; ma è ancora più vero che i piani urbanistici traducono sempre rapporti fra attori sociali e politici. Questo consente di eliminare un malinteso. I sociologi diffidano a ragione di tutte le forme di identificazione fra l'osservatore e l'attore, dato che queste riducono l'analisi all'interpretazione di un discorso e la declassano, per così dire, a ideologia di basso livello. Una sociologia dei movimenti sociali, e più generalmente dell'azione sociale, è agli antipodi di una tale interpretazione ideologica, proprio perché separa i differenti significati dell'azione e i diversi tipi di rapporti sociali in cui si trova collocato l'attore[7].

Il punto essenziale per Touraine è riconoscere che il significato di un'azione non può essere ridotto né all'adattamento dell'attore a un sistema più o meno istituzionalizzato di norme sociali, né alle varie operazioni cognitive che si manifestano in qualsiasi attività sociale. L'azione, in questa visione, non sarebbe solo un comportamento sociale, poiché certi valori culturali e sociali che la guidano devono essere essi stessi spiegati e non solo postulati. Tali valori possono essere compresi in modo soddisfacente, senza ricorrere a principi assoluti o extra-sociali, solo se vengono messi in relazione con l'azione che li genera. Questa relazione non è il frutto di una consapevole volontà, ma deriva da ragioni che la sociologia dell'azione ha il compito di indagare. Questa affermazione appare strettamente legata alla definizione di una sociologia intesa come scienza dell'azione. Tale definizione risulterebbe priva di fondamento se si considerasse l'azione come una semplice risposta a una situazione data: dovremmo allora cercare la ragion d'essere dell'azione in una situazione definita indipendentemente da essa, e ci scontreremmo con l'insolubile problema di capire come l'azione umana, normativamente orientata, possa essere la risposta a una situazione prettamente naturale: ma sappiamo bene che per Touraine ogni risposta a questa domanda non può che essere dottrinale, ricorrendo per decreto a qualche principio di unità tra il significato umano dell'azione e il necessario divenire. Da un lato, l'azione non può essere definita solo come una risposta a una situazione sociale: è soprattutto una sorta di creazione, innovazione e attribuzione di significato. Un movimento sociale, ad esempio, crea conflitti, istituzioni e nuove relazioni sociali, là dove si ricerca la ragion d'essere di questi movimenti. D'altra parte, l'azione non può più essere concepita come espressione di un movimento storico, perché o quest'ultimo viene definito in termini puramente naturalistici, e il passaggio dalla natura alla cultura diventa incomprensibile; oppure si presuppone che i due ordini di realtà siano uniti nel loro principio, e questo principio deve essere stabilito sin dall'inizio, con un colpo di forza dottrinale. Il fatto

[7] Alain Touraine, *Il ritorno dell'attore sociale*, Op. cit., cit. p. 45.

che la sociologia dell'azione si presenti innanzitutto come sociologia del lavoro non implica alcuna affermazione sull'importanza oggettiva o soggettiva del lavoro come determinante, come fattore del comportamento sociale, un'espressione che non abbia nemmeno un significato nella prospettiva che si genera. Non ha senso quindi chiedersi se l'uomo sia più profondamente definito dal lavoro, dal linguaggio o dalle sue relazioni sociali. Questo è molto importante.

Peraltro, il capovolgimento della nozione di soggetto non è privo di pericoli né di limiti e avvisaglie per il futuro. Il pericolo principale è quello di rinchiudere l'attore nel rifiuto del sociale in nome del non-sociale; potrebbe trattarsi dell'individuo ma altrettanto facilmente del gruppo o della comunità: come vediamo in diversi Paesi del Terzo Mondo, il rifiuto della dominazione straniera ha portato a varie forme di fondamentalismo comunitario. La distanza che il soggetto prende rispetto all'organizzazione della società non deve isolarlo, ma piuttosto prepararlo al suo ritorno all'azione, portarlo a investire in un movimento sociale o in un'innovazione culturale. Una nuova rappresentazione della vita sociale non può nascere all'improvviso: essa si svilupperà solo con la formazione di nuovi attori sociali e l'organizzazione dei conflitti per la gestione di una storicità già in gran parte trasformata. Ma, già da subito, è necessario indicare questa nuova discontinuità nella storia del pensiero sociale, ed è possibile indicare la natura dei cambiamenti in atto. Chi continua a vedere solo la crisi, a sentire solo la scomposizione dei vecchi discorsi, rischia di tardare nel superare la crisi; coloro che si sforzano di contenere la sociologia in un'immagine – positiva o negativa – della società come sistema capace di mantenere contro ogni previsione i suoi principi ispiratori fondamentali sono condannati ad accentuare ogni giorno di più il carattere ideologico del loro discorso. Infine, chi crede che la ricerca si sviluppi meglio quando non è ostacolata da idee troppo generiche si renderà presto conto che la sua posizione, troppo poco ambiziosa, può solo portare a un indebolimento della ricerca e alla sua sottomissione agli interessi reali o presunti dei potenti. Come ha chiarito Touraine:

> L'idea di soggetto non può occupare certamente una posizione estrema, giacché la sua importanza è troppo centrale, ma non può neanche essere semplicemente al centro dell'analisi, poiché non essa sola, ma la coppia che forma con l'idea di razionalizzazione definisce gli orientamenti culturali della società moderna. L'idea di razionalizzazione tende il più delle volte a combinare centralità culturale e associazione alla gestione dell'ordine costituito; l'idea di soggetto tende a occupare un luogo culturalmente altrettanto centrale, ma è associata a un contenuto sociale contestatore. La razionalizzazione è legata più fortemente all'azione delle forze dirigenti, mentre la soggettivazione spesso ha costituito il tema centrale del movimento sociale delle categorie dominate[8].

A livello di riflessione «di periodo» andrebbe notata la necessità di specificare subito che in ogni luogo l'azione sociale può venire meno ai propri fraintendimenti e avviare un processo per cui è possibile raccogliere i risultati della sua mobilitazione anche in campo avverso a quello collettivo. Fanno testo a riguardo gli studi degli anni Ottanta del XX secolo sul movimento antinucleare, su quello regionalista, «Solidarność» in Po-

[8] Alain Touraine, *Critique de la modernité*, Paris, Librairie Athème Fayard, 1992 trad. it. *Critica della modernità*, Milano, Il Saggiatore, 1997, III, 2, cit. p. 286.

lonia, il movimento femminista e così via. Esistono, infatti, numerosi esempi di azione sociale, per ogni ambiente che si costituisca come oggetto di indagine empirica. A livello di trattazione, ad esempio, della *histoire evenementielle* Touraine conferma la sua definizione della storia il cui tempo è il più rapido, quello cioè, degli individui o della vita quotidiana. In merito a tutto ciò viene trattata l'apparizione di nuovi attori sociali, là dove gli avvenimenti possono suggerire delle risposte che mirano a intraprendere un'interpretazione sociologica delle evidenze storiche che segnano, ad esempio, le situazioni di riflusso. Scrive l'autore riferendosi a un tempo ormai trascorso ma riproponibile nello spirito dell'epoca:

> Su scala mondiale, ciò che ha maggiormente contribuito a mettere in dubbio l'importanza dei nuovi movimenti sociali è il trionfo degli Stati autoritari. Chi si era sentito solidale con i movimenti antimperialistici (si trattasse della liberazione dell'Algeria o del Vietnam) si trovò di fronte, dopo una vittoria presto divenuta amara, a poteri autoritari, burocratici, ideologici, repressivi. Più in generale, si può continuare a credere nei movimenti sociali quando il più esteso e potente dei sistemi totalitari pretende di fondare la propria legittimità sul movimento operaio? Bisogna, però, constatare che Solidarność, in particolare, ha dimostrato come un regime totalitario, associato per di più a una dominazione straniera, possa reprimere, ma non sopprimere, degli attori sociali animati da una tenace volontà di ricostituire una società civile. Dimostrazione tanto più convincente in quanto non è affatto limitata alla sola Polonia: nello stesso momento, tutta una parte dell'America latina, in cui i movimenti sociali si erano dissolti prima ancora di essere repressi dalle dittature militari, ritorna alla democrazia e assiste alla riorganizzazione degli attori sociali, principalmente i sindacati[9].

Da ciò deriva il fatto che il soggetto sociale debba essere trattato come un attore sociale che, in quanto portatore di valori, si impegna senza necessariamente calcolare in modo prudente il bilancio tra costi e benefici; esso vuole «fare della sua vita una storia», cioè darle un significato che vada oltre la somma dei piccoli piaceri personali. Questa nuova consapevolezza dell'importanza dell'individuo, in un pensatore che fino ad allora si era dedicato allo studio dei movimenti collettivi, si spiega in parte con un nuovo contesto sociale di cui i sociologi dovevano tener conto. Importante a questo riguardo è l'avvenuta pubblicazione di *Critique de la modernité* nel 1992, dove si afferma che:

> Il soggetto non è riflessione sul Sé dell'esperienza vissuta; esso si contrappone a ciò che inizialmente saremmo tentati di chiamare ruoli sociali, e che in realtà è la costruzione della vita sociale e personale a opera dei centri di potere che creano consumatori, elettori, un pubblico nel momento stesso in cui offrono risposte a domande sociali e culturali. L'individuo, se non si costituisce in forma di soggetto, è costituito come Sé da tali centri di potere che definiscono e sanciscono i suoi ruoli. Questo non sono neutri, tecnici, non sono costituiti mediante la divisione tecnica del lavoro e la differenziazione funzionale delle varie istituzioni. Coloro che consumano la società anziché produrla e trasformarla sono sottoposti a quanti dirigono l'economia, la politica e l'informazione [...]. L'individuo diviene soggetto, strappandosi dal Sé, solo in quanto si oppone alla logica di dominio sociale in nome di una logica della libertà, della libera produzione del sé[10].

---

[9] Alain Touraine, *Il ritorno dell'attore sociale*, Op. cit., cit. pp. 49-50. V. di Alain Touraine *et al., Solidarność*, Milano, FrancoAngeli, 1982, I.

[10] Alain Touraine, *Critica della modernità*, Op. cit., III, 2, cit. p. 275.

Questo libro del 1992 celebra il trionfo del soggetto, cioè della soggettività personale, dei diritti umani, della libertà di coscienza, della fede, dell'autenticità personale, della capacità di definire sé stessi, anche contro i vincoli del funzionamento della società sociale. Così il soggetto si manifesta in svariate esperienze e movimenti in cui gli individui fanno appello non solo ai loro interessi, ma anche alla loro libertà e alla loro singolarità[11]. A questo punto, è utile un confronto con alcune delle prime posizioni tenute da Touraine nel saggio dedicato precedentemente al ritorno dell'attore sociale, nel momento in cui egli specificava che:

> Il «ritorno dell'attore» può tuttavia sembrare qualcosa di anomalo, nel momento in cui scrivo. È il meno che si possa dire: una sociologia che parla di azione, di storicità, di movimenti sociali, di rappresentanza politica delle domande sociali, apparirà a qualcuno navigare contro corrente. Questo libro non vuole alimentare polemiche, ma lo scrivo nella piena consapevolezza di trovarmi stretto fra un nuovo individualismo disilluso e le forme degenerate e burocratizzate delle vecchie rappresentazioni della vita sociale. E quale potrebbe essere d'altronde la sua ragione d'essere se non quella di uscire da questa doppia *impasse* della teoria sociale, per contribuire alla ricostruzione della conoscenza sociologica? [...]. L'attore sociale una volta protestava contro le tradizioni, le convenzioni, le forme di repressione e i privilegi che gli impedivano di essere riconosciuto. Oggi protesta con la stessa forza, ma contro gli apparati, i discorsi, l'evocazione di pericoli esterni, che gli impediscono di far ascoltare i suoi progetti, di definire i suoi specifici obiettivi e di impegnarsi direttamente nei conflitti, i dibattiti e le negoziazioni come desidererebbe. Il ritorno dell'attore non è quello dell'angelo, ma caso mai quello della vecchia talpa; e il compito della sociologia consiste nel perforare lo schermo delle ideologie morte o pervertite, come pure le illusioni del puro individualismo o il fascino della decadenza, per far risaltare la presenza dell'attore e aiutare a farne intendere la parola. L'analisi del sociologo si terrà dunque più lontano possibile dai discorsi accademici che la società tiene su se stessa; dovrà sforzarsi di essere più vicina alle emozioni, ai sogni, alle ferite di tutti quelli che si vivono come attori ma che non sono riconosciuti come tali – perché le forme di organizzazione politica e le ideologie sono in grande ritardo rispetto alle pratiche, alle idee e alle sensibilità autenticamente contemporanee[12].

Il cambiamento di mentalità rispetto alla considerazione della vita sociale che non può essere più intesa come la manifestazione di un'essenza particolare o di esigenze tra loro funzionali, ma come la costante invenzione, attraverso conflitti e negoziazioni, di regole della vita collettiva e individuale[13]; essa insorge e agisce direttamente sulla situazione sociale che si presenta e che si rappresenta attraverso l'attore, o il ritorno di quest'ultimo sulla scena dell'involucro industriale che si chiude su se stesso. Di fatto, in questa prospettiva il soggetto diventa gradualmente il creatore di se stesso. Il modo in cui si compie la sociologia nella scelta dei suoi rapporti sociali ricorda il modo in cui si svolge l'azione nel mondo del lavoro[14]. È una affermazione il fatto per cui:

---

[11] Cfr. François Dubet, *Touraine: Le sujet contre le système*, in «Lua Nova: Revista de Cultura e Política», N. 106, 2019, pp. 15-35, traduzione mia.

[12] Alain Touraine, *Il ritorno dell'attore sociale*, Op. cit., cit. pp. 52-54.

[13] Cfr. Alain Touraine, *Pourrons-nous vivre ensemble? Égaux et différents*, Paris, Fayard, 1999, I; si veda *Penser autrement*, Pais, Fayard, 2007, p. 28 e sg.

[14] Cfr. Alain Touraine, *Sociologie de l'action*, Paris, Seuil, 1965, p. 57; si veda edizione LGF, 2000.

> Parlando dei movimenti sociali e dei loro conflitti aperti, è anche possibile comprendere meglio come si verifichino processi di chiusura delle istituzioni e si stabilisca l'ordine da esse mantenuto, e come i rapporti di produzione si trasformino in rapporti di riproduzione. Lo stesso punto di partenza chiarisce anche le forme di disgregazione dei rapporti sociali e dell'azione sociale – un po' come, qualche tempo fa, una sociologia della società poteva chiarire lo studio di ciò che definiva marginalità, devianza, anomia. Infine, una sociologia del mutamento, non meno che una sociologia dell'ordine, devono fondarsi sulla conoscenza dei sistemi che regolano i rapporti sociali e le loro poste culturali[15].

Il risultato di queste affermazioni sarà un possibile ricorso alla sociologia dell'azione, la quale faccia risaltare la storicità, il soggetto e i movimenti sociali, affermando la necessità di ricostruire una coscienza sociologica che possa centrare l'importanza di ricorrere alla avanzata modernità[16] in un senso capace di dirigersi sempre verso uno sviluppo che interpella i classici e che li convoglia in una prospettiva nuova di analisi. Comprendere allo stesso tempo l'ordine e il movimento diviene essenziale per individuare i grandi problemi che circondano e agitano la sociologia, nel tentativo assennato di costruire un sapere coerente sulla vita sociale, nel momento in cui si ammette che la crisi della sociologia discende dalla mancanza di una logica centralizzata della vita collettiva. Scriverà Touraine più avanti nel tempo in rapporto a tutto ciò che circonda il vantato soggetto e l'azione sociale:

> Un *movimento sociale* è contemporaneamente un conflitto sociale e un progetto culturale. Ciò vale sia per quello dei dirigenti sia per quello dei diretti. Esso mira sempre alla realizzazione di valori culturali e contemporaneamente alla vittoria su un avversario sociali. Una lotta rivendicativa di per sé non è un movimento sociale; può essere difesa corporativa, utilizzazione della congiuntura sul mercato del lavoro, persino pressione politica. Perché essa divenga movimento sociale occorre che parli in nome dei valori della società industriale e che se ne faccia paladino contro i suoi avversari. Non vi è alcun movimento sociale nella società industriale sinché gli operai si oppongono all'industrializzazione, distruggono le macchine o resistono a nuove tecniche, anche quando ciò accade per ragioni importanti e legittime, dal momento che queste tecniche minacciano la loro occupazione; non vi è movimento sociale neanche se l'azione sindacale non è positivamente diretta verso il rafforzamento dell'autonomia operaia e non lotta, in particolare, contro al brutale dichiarazione dei padroni tayloristi: non siete pagati per pensare [...]. L'idea di movimento sociale si oppone con la stessa forza sia a una concezione storicista sia a una concezione utilitaristica dell'azione collettiva[17].

Questo indirizzo sarà perseguito anche in profondità nell'affermazione di un mondo che rientra gradualmente nella definizione contemporanea di «post-sociale»[18] e non solo di società «post-industriale», secondo quanto affermato da Touraine nel corso di molti decenni di studi e riflessioni sulla sociologia del lavoro e in stretto rapporto al saggio del 1992 che abbiamo più volte esaminato. Di fatto, proprio in relazione a

---

15 Alain Touraine, *Il ritorno dell'attore sociale*, Op. cit., cit. p. 55.

16 Cfr. Alain Touraine, *Un nouveau paradigme. Pour comprendre le monde d'ahjourd'hui*, Paris, Fayard, 2005, p. 25 e sg.; si veda anche *Défense de la modernité*, Paris, Seuil, 2018, I, II.

17 Alain Touraine, *Critica della modernità*, Op. cit., III, 2, cit. p. 283.

18 Cfr. Alain Touraine, *Noi, soggetti umani. Diritti e nuovi movimenti nell'epoca postsociale*, Milano, Il Saggiatore, 2017, I, II; Cfr. Danilo Martuccelli, *La Consistance du social*, Presses universitaires de Rennes, 2005, II.

quest'ultimo, andrebbe ricordato che Touraine riprende qui la riflessione fondamentale aperta da libri come la già citata *Sociologie de l'action*, *Production de la société* (1973), *Pour la sociologie* (1974). Scegliendone uno in particolare, potremo analizzare la vita sociale sulla base dei movimenti sociali che cercano di controllare la storicità, vale a dire il modo in cui le società agiscono su se stesse. È questo il tema centrale del secondo testo che abbiamo da poco indicato, annunciato all'epoca da Rémi Hess (ne «L'homme e la societé» n. 33-34 del 1974, pp. 250-251) in contemporanea all'uscita di studi come quelli di Yves Barel, Henry Lefèbvre (1901-1991) e Nicos Poulantzas (1936-1979) nonché presentato da Joffre Dumazedier (1915-2002) – su «Revue française de sociologie», A. 1974, 15-4, pp. 601-605 – e da altri autori ancora. In *Production de la societé* (1973) Touraine sostiene con forza che:

> La sociologia dell'azione afferma che le condotte sociali devono essere comprese nei loro orientamenti. Essa rifiuta ogni opposizione tra la realtà fondamentale delle relazioni economiche e le rappresentazioni che ne sarebbero i derivati e che sembrerebbero comandarle artificialmente. Ma essa rifiuta anche altrettanto nettamente di accettare l'inquadramento dell'insieme dei rapporti sociali all'interno di un sistema di valori e di norme. La storicità è un'azione della società su se stessa, ma la società non è un attore; essa non ha né valori né potere. Valori e norme appartengono agli attori che agiscono nel campo di storicità, alle classi sociali [...]. La sociologia della storicità, essendo una sociologia dell'azione, si scontra con la difficoltà propria a tutti gli approcci che analizzano il senso delle condotte [...]. La sociologia ha risposto generalmente a questa obiezione contro di lei dichiarando che il suo oggetto non è l'attore, ma la *relazione sociale*. Il senso che essa analizza non può confondersi con la coscienza dell'attore, per il semplice fatto che bisogna rendere conto delle condotte di due o più attori implicati in una relazione sociale. Questa risposta è la sola possibile[19].

Egli, inoltre, qualifica un discorso sui sistemi d'azione storica, che sarebbero

> un insieme di forme sociali che permettono di passare da un modello culturale, modello di creatività, a un modello di consumo situato sul versante dell'ordine e delle risorse. Gli elementi sociali, si interpongono tra gli elementi culturali. Un modello culturale richiede l'impiego di risorse sociali e la creazione di un principio d'ordine. È all'interno di queste forme sociali che si forma un modello di consumo, attraverso il quale le condotte culturali sono sottoposte al controllo del modello culturale. Il sistema d'azione storica è dunque definito dall'incrocio di coppie di opposizioni. Questo l'oppone a un'organizzazione sociale che sarebbe definita di norme e dalla differenziazione verticale e orizzontale degli status e dei ruoli. Esso non è il codice di una società, ma l'argomento del suo dramma, la messa in opera della sua azione su se stessa a partire dal lavoro. La dialettica dell'azione storica è fatta di opposizioni e di complementarietà tra il voler essere e l'essere in una società, tra la produzione di sé e la sua pratica. L'azione sociale non si definisce soltanto per degli scambi all'interno di un insieme o per le risposte a degli stimoli; essa interpone tra le condizioni materiali d'esistenza e le forme d'organizzazione sociale e culturale, un sistema di orientamenti, il sistema d'azione storica, incarnazione della storicità[20].

---

[19] Alain Touraine, *Production de la societé*, Paris, Édition du Seuil, 1973 trad. it. *La produzione della società*, Bologna, il Mulino, 1975, I, cit. pp. 88-91; si veda Steven Hilgard, *The sociology of society*, DBP, Boston, 2010, I, p. 35 e sg.

[20] Alain Touraine, *La produzione della società*, Op. cit., I, cit. p. 100.

Rispetto al modello disegnato sopra, Alain Touraine affronta il tema di una suddivisione della organizzazione economica e sociale in campi particolari, indicata qui sotto nella Figura 5.1, dove si descrivono gli orientamenti sociali e culturali attraverso cui uno stato della storicità controlla e dirige la pratica sociale. La descrizione del sistema indica l'intersezione di orientamenti e risorse in rapporto alla configurazione di elementi di movimento e ordine, là dove esistono quattro momenti particolari che interpongono reciprocamente i vettori società e cultura i quali sono differenziati per modelli culturali, gerarchici e inseriti tra azioni e bisogni sociali. Il sistema d'azione storica non si configura come un attore che riesce per definizione ad esercitare un potere o un'autorità soprattutto in rapporto a un sistema di controllo sociale che ne assicura il mantenimento. La storicità viene definita come «un lavoro sul lavoro», nel senso che essa non risulta essere una rappresentazione della società ma una vera e propria azione a un tempo di presa di distanza rispetto alla pratica e di controllo su di essa. La storicità rappresenta l'interpretazione del suo lavoro e delle varie forme di organizzazione e di consumo che vi sono legate. Importante è la definizione ulteriore dell'attività economica che vi si svolge, nel momento in cui interviene una definizione possibile delle forze di produzione che specificano situazioni di cambiamento. Lo stesso contenuto della storicità implica un coinvolgimento dei sistemi d'azione storica che dipende dal punto di approdo dell'accumulazione nell'attività economica, in relazione al fatto che la storicità stessa si delinea attraverso l'attività economica, la definizione delle classi sociali e al modello di organizzazione presente. «Se l'accumulazione si situa a livello della produzione, cioè se una società accumula la *capacità di produrre*, dunque la produttività, il modello culturale corrisponde in maniera diretta alla produzione. La società è definita dalla sua capacità di trasformarsi; il sistema d'azione storica corrisponde punto a punto al sistema d'attività economica»[21]. Quest'ultimo, rispetto alla Figura indicata sopra, può anche strutturarsi in modo da allineare internamente il modello culturale con la produzione, la gerarchia con la distribuzione, la mobilizzazione con l'organizzazione e i bisogni con il consumo, nel momento in cui società e cultura si

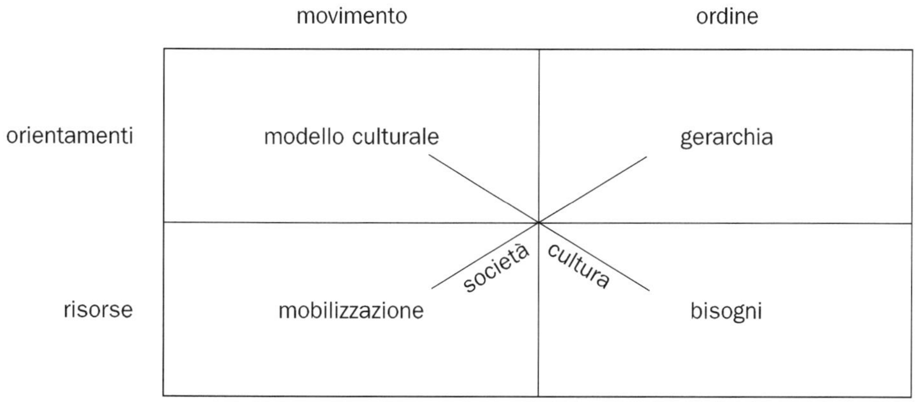

Figura 5.1 – Suddivisione dell'organizzazione economica e sociale.

[21] Alain Touraine, *La produzione della società*, Op. cit., I, cit. p. 106.

intersecano come elementi sociali e culturali, appunto, mostrando così un isomorfismo dei sistemi rispetto ai suoi stessi elementi e in termini di caratteristiche economiche. I tipi sociali che ne sortiscono, a detta di Touraine, manifestano la loro novità di società programmate e post-industriali le quali non accumulano beni consumabili, strumenti di scambio o capitale, ma anche mezzi per produrre il lavoro e anche grazie al progresso tecnico. L'analisi di quest'ultima configurazione indica all'interno del sistema indicato sopra in Figura 5.1 il modello culturale e lo sviluppo, rispetto all'indicazione della produzione P; la gerarchia in rapporto alla meritocrazia in seno alla distribuzione D; la mobilitazione e gli obiettivi in connessione con l'organizzazione O; e, infine, i bisogni collegati alla fruizione in seno al consumo C.

La posizione di alcuni degli elementi che formano il sistema d'azione rimandano a un principio di movimento, sotto forme elaborate che permettono alla società di incentivarsi a livello economico, dietro al quale esistono principi meta-sociali di tipo storicista che conducono alle forze produttive, all'energia della natura, al lavoro produttivo. In termini di orientamenti e risorse, come mostrato prima, il modello culturale è legato alla distribuzione, la gerarchia alla produzione, la mobilizzazione al consumo e, infine, i bisogni all'organizzazione, là dove si specificano il movimento e l'ordine. Le varie tipologie di società sono indagate rispetto alla possibilità di fornire un quadro pertinente degli sviluppi interni ed esterni al sistema d'azione, dove potremo dare anche una definizione per l'avanzamento della discussione, per cui:

> Il *modello culturale* è molto lontano dall'essere la coscienza di una pratica di investimento e di sviluppo. Esso trae dall'ordine delle cose un principio d'ordine che non coincide con la realtà osservabile, poiché si oppone a un principio di disordine [...]. La *mobilizzazione* mette in relazione degli attori definiti dal loro posto nella *distribuzione*, dunque del loro *status* intendendo queste parole nei suoi due sensi contemporaneamente: posizione e livello. La *gerarchia* non è separabile dalle forme d'organizzazione economica e sociale dunque dal posto occupato nella comunità da parte delle categorie etniche e di sesso, di età e di parentela. In fine i *bisogn*i sono situati nell'ordine della *produzione*, essi sono comandati dalle risorse [...]. Non esistono altri casi possibili che i quattro che ho definito[22].

Anche le classi sono trattate da Touraine come attori storici:

> L'azione di ogni classe è determinata dalla doppia dialettica delle classi; essa è nello stesso tempo risposta all'avversario e orientamento diretto verso il modello culturale. Secondo le circostanze, l'uno e l'altro aspetto dell'azione di una classe o dell'altra è più o meno pronunciato ed è uno dei compiti principali di una sociologia delle classi studiare le modificazioni apportate all'insieme del sistema d'attori quando uno degli elementi di questo subisce certe modificazioni. I rapporti di classe costituiscono un *campo degli attori storici* tale che ciascuno dei suoi elementi e i rapporti tra loro sono interessati da ogni cambiamento che interviene in qualunque punto del campo. L'insieme di queste trasformazioni, quale che ne sia l'origine o la natura, è spiegata dalla struttura del campo, cioè, nella sua forma più generale, dalla doppia dialettica delle classi sociali[23].

---

22 Alain Touraine, *La produzione della società*, Op. cit., I, cit. p. 146.

23 *Ivi*, p. 188.

Fanno qui testo l'esperienza maturata dall'autore negli studi sull'America Latina e gli articoli apparsi sulla rivista *Sociologie politique* e curati da Pierre Birnbaum e François Chazel (1937-2022) – Paris, Librairie Armand Colin, 1971 in un contesto di sviluppo di tematiche e problemi ricorrenti. L'analisi delle classi in *Production de la societé* anticipa in un certo senso alcune conclusioni sulle questioni che derivano dal fatto che, rispetto alle classi, i movimenti sociali sono caratterizzati da richieste più individualizzate, così e come nota l'autore nel testo al Capitolo VI, anche in rapporto all'appartenenza a un gruppo con lo stesso tenore e stile di vita, lo stesso genere o la stessa religione che possono essere più determinanti della appartenenza a una stessa classe sociale. Ma poiché le disuguaglianze restano elevate nel confronto sociologico delle classi sociali si segnalano sempre situazioni di disagio con l'affermazione di un divario sociale generalizzato. L'appartenenza di classe condurrebbe a un comunitarismo che prevale in società, là dove, ad esempio, il consumo di massa ha saputo produrre gruppi di individui che consumano gli stessi prodotti e quindi appartengono alla medesima classe sociale. Ovviamente, per Alain Touraine, l'appartenenza a una classe comporta un *habitus* che si esprime in uno stile di vita o in gusti specifici e che conduce a conflitti sociali che risultano essere più frequenti. La spiegazione di Touraine si rapporta in modo contrario alle forzature «di periodo» di autori come Henry Mendras, per cui le classi sociali non esistono più poiché sono comparsi sulla scena storica nuovi gruppi sociali che hanno abbracciato dei processi di mediatizzazione. La caratterizzazione delle classi sociali in *Production de la societé* può sempre considerarsi esplicativa di un punto di vista assolutamente contrapposto, anzi esso rispecchia la concezione produttiva tra classe superiore e classe popolare in un contesto di rappresentazione che adesso visioneremo da vicino, stante la considerazione di un conflitto persistente rappresentato generalmente dallo schema presente in Figura 5.2.

Come concretizzazione del discorso operabile sullo schema illustrato qui sopra, si intende che alla fine i rapporti di classe costituiscono quel *campo degli attori stori-*

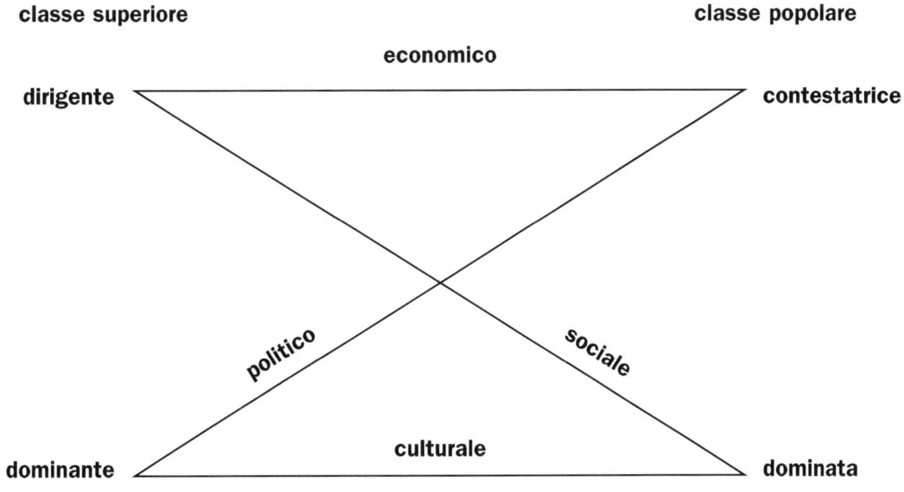

Figura 5.2 – Modalità del conflitto di classe.

ci indicato e che la storicità sia trattata come produttore di classi sociali nonché che i rapporti di classe non debbano essere trattati o ricondotti alla logica interna di un sistema di dominazione, per cui la medesima azione delle classi tende a rapportarsi all'analisi di situazioni e di movimenti particolari e, infine, a non essere ridotta a indicare soltanto gli attori concreti, colti globalmente, con un principio di spiegazione. Nota Touraine, come il lavoro del sociologo:

> consiste nel comprendere al di là di queste ideologie, i rapporti sociali, i conflitti reali, i movimenti sociali antagonisti e anche la natura del campo storico nel quale si situano questi conflitti e questi movimenti. *La società non deve mai apparirgli come una situazione, come un'organizzazione sociale, ma prima di tutto come un'azione*: costruzione di un campo storico attraverso la conoscenza, l'accumulazione, il modello culturale, conflitto per la dominazione di questo campo, sistema di relazioni politiche per la gestione e l'organizzazione di una formazione storica concreta, e infine organizzazione attraversata dalla opposizione della tecnologia e del potere [...]. *Il concetto di classe è legato a quello di conflitto e si oppone sia a quello di valore che a quello di contraddizione*[24].

Riferiti allo schema rappresentato sopra, possiamo indicare a livello esplicativo con Touraine che:

> I rapporti di classe hanno una dimensione temporale che un approccio sincronico troppo rigido rischia di farsi sfuggire. La classe *dirigente*, orientata verso il modello culturale, è per questo fatto tesa verso l'*avvenire*. Ma la stessa classe superiore, in quanto *dominante*, è orientata verso il *passato* [...]. Le stesse osservazioni si applicano alle classi popolari. In quanto *contestatrici* esse inventano un contro-modello di società che appare come un programma o una previsione d'*avvenire*, ma in quanto *dominate*, esse difendono un'acquisizione professionale, sociale e culturale, che si estende a quella delle classi popolari più *antiche*: durante un periodo di progresso rapido dell'industrializzazione la classe operaia è segnata dalle sue origini [...]. Al contrario quando il conflitto di classe oppone soprattutto *dirigenti* e *contestatori*, quando considera l'avvenire più che il passato, esso di definisce in termini più *operativi* [...]. Se la classe superiore è soprattutto *dirigente* e la classe popolare agisce soprattutto come *dominata*, i conflitti oppongono soprattutto delle forze di cambiamento contro al difesa di interessi acquisiti[25].

Focalizzando ancora il modello possiamo affermare che:

> Analizzando queste modalità del conflitto non si deve dimenticare che esse non possono essere definite che all'interno di un modello generale di conflitto. Non si tratta di dire che questo è, secondo i casi, culturale o politico, che si situa a livello dell'organizzazione sociale o delle istituzioni. Esso si attua sempre a livello di sistema d'azione storica, poiché le classi sono gli attori della storicità. Ma il conflitto si manifesta più o meno direttamente a livello della storicità. Se oppone soprattutto una classe dominante a una classe dominata, è attraverso la lotta intorno mai garanti dell'ordine sociale che si organizza. Allora la distanza tra un conflitto di classe e una crisi dell'organizzazione sociale e del potere è più debole[26].

---

24 Alain Touraine, *La produzione della società*, Op. cit., III, cit. p. 199.

25 *Ivi*, pp. 202-204.

26 *Ivi*, p. 205.

Dato che i rapporti di classe, così come sono stati considerati, non sono separabili dal sistema d'azione storica che per il loro oggetto e in particolare dal suo modello culturale, Touraine si accinge più avanti nel testo in questione ad analizzare il campo, gli attori e le modalità dei rapporti di classe in ogni tipo di società possibile, considerano però il passaggio dalla società industriale alla società post-industriale, nel momento in cui si accenna a una definizione dell'industrializzazione capitalistica che si definisce storicamente e anche accennando al conflitto tra capitale e lavoro. È importante rilevare che il sociologo francese traccia una definizione della società post-industriale, quando afferma che: «L'originalità di questa società è che il suo modello culturale è direttamente legato al lavoro creatore e che l'accumulazione che vi gioca il ruolo principale è quella della creatività stessa, cioè della capacità di conoscenza scientifica»[27]. In questo contesto sarebbe più semplice attribuire un ruolo alle classi dominanti, considerando il pericolo di non avere delineato a sufficienza una loro collocazione storicamente valida e pertinente, almeno dalla parte degli attori sociali. Sta di fatto che il sistema d'azione storica e i rapporti di classe che abbiamo esaminato possono definire un campo d'azione storica che si contrappone alla definizione di una società e di un insieme di unità concrete che sappiano regolare la propria organizzazione e il proprio funzionamento, là dove si può esercitare un controllo sociale sulle unità di appartenenza. Analogamente, sarebbe utile una ricognizione dei rapporti tra il sistema politico o istituzionale e le classi, cioè tra le classi e gli intermediari tra il campo di storicità e l'organizzazione sociale, cosa questa che Touraine illustra bene nel Capitolo IV del testo che stiamo esaminando. Anche l'organizzazione sociale, intesa come realizzazione di un sistema di dominazione, può diventare oggetto di indagine sociologica, tenendo in conto le modalità di ricerca della storicità dei fenomeni implicati, nel momento in cui l'organizzazione stessa diviene alquanto oppositiva all'affermazione seria di un sistema d'azione storica e di rapporti di classe rinnovabile anche dalla presenza dei movimenti sociali.

5.2

Il Capitolo VI di *Production de la societé* è dedicato ai movimenti sociali. La definizione di questi ultimi rapportata all'attualità offre significativi spunti di riflessione sistematica nella costruzione stessa del concetto e rispetto alle considerazioni «di periodo». Infatti, Touraine definisce ai giorni nostri (2017) i movimenti sociali come una «azione conflittuale organizzata al fine di modificare il tipo di uso sociale degli orientamenti culturali principali di una società accettati da vari avversari»[28], mentre specifica nel testo del lontano 1973 che essi rappresentino: «l'azione conflittuale di agenti di classi sociali che lottano per il controllo del sistema d'azione storica»[29]. Come si nota,

[27] *Ivi*, p. 215.

[28] Alain Touraine, *Noi, soggetti umani. Diritti e nuovi movimenti nell'epoca postsociale*, Op. cit., cit. p. 292.

[29] Alain Touraine, *La produzione della società*, Op. cit., VI, cit. p. 397.

in questo quarantennio esiste una graduale perdita di attori del sistema storico o meglio una riproposizione di agenti che trovano di fronte a loro dei fenomeni avversi da dovere ribaltare. Questa perdita di consistenza è dovuta probabilmente al mutamento delle condotte collettive in una realtà nella quale si mescolano tutti i livelli di analisi come si vedrà nella considerazione dell'attualità. Fatto sta che negli anni Ottanta del XX secolo il sociologo francese ha studiato in successione il movimento antinucleare, il movimento regionalista, «Solidarność» in Polonia, il movimento femminista e così via, variando anche la propria indagine con risultanze diverse che lo hanno portato ad un cambiamento di riflessione. La definizione dei soggetti d'indagine storica rimane indissociabile dalla storicità e dalle relazioni sociali in cui i soggetti sono inseriti. Il soggetto è ciò che permette all'individuo di creare la propria situazione sociale. Non lo fa in una sorta di introspezione distaccata da tutte le relazioni sociali, ma nel e attraverso il conflitto che conduce contro le forze e i poteri che tendono a controllarlo. I nuovi movimenti sociali stanno assumendo quindi la forma di una difesa dell'individuo e l'azione collettiva si sta spostando dalle questioni economiche a quelle personali e morali, come la difesa della dignità umana, il rispetto dei diritti umani e la richiesta di scelte di vita personali. Questa è l'analisi della società post-industriale. In tutti questi anni a partire dal 1973, e nonostante i cambiamenti che si sono verificati, Touraine ha concentrato il suo pensiero su una domanda centrale: come gli esseri umani possono cogliere sé stessi e costruirsi sia come individui singoli che come attori sociali. In definitiva, per Touraine, il soggetto dell'azione non può essere la società (che finirebbe per dare una personalità alla società), né l'individuo (che rovinerebbe ogni tentativo di analisi sociologica), né un attore collettivo concreto, come un partito politico o un sindacato (che porterebbe a negare la libertà e l'autonomia degli individui). In realtà, gli attori principali dell'azione sociale non possono che continuare a essere i movimenti sociali, da non confondere con l'accezione usuale del termine, che definisce quel soggetto come qualsiasi forma di protesta: sciopero, manifestazione ecc. Il movimento sociale è sempre definito come il conflitto per il controllo della storicità; ad esempio, il movimento sociale caratteristico della società industriale è il movimento operaio. È questo movimento che porta con sé la capacità di trasformazione sociale. Ma più recentemente, Touraine ritiene che il movimento sociale caratteristico del XXI secolo sarà il movimento delle donne.

Il problema dell'autoproduzione conflittuale della società e i temi che vanno dalla società programmata alla storicità, dai conflitti di classe e la coscienza di classe ai sistemi d'azione storica nonché dallo studio dei rapporti sociali al mutamento sociale e dall'affermazione del principio di identità, di totalità e d'opposizione, costituiscono il tramite degli interessi di Touraine a partire da *Production de la societé* partendo anche da opere successive come *La voix et le regard. Sociologie des mouvements sociaux* (Paris, Editions du Seuil, 1978) e *Lutte étudiante* scritto in collaborazione di François Dubet, Zsuzsa Hegedius e Michel Wieviorka (Paris, Editions du Seuil, 1978)[30]. In molti casi le considerazioni espresse in questi libri rimandano indietro nel tempo alla constatazione dell'esistenza reale di un momento *clou* dello sviluppo di elementi visibili

---

[30] Cfr. Guy Minguet, *Les mouvements sociaux, la sociologie de l'action et l'intervention sociologique: A propos de deux ouvrages d'Alain Touraine*, in «Revue française de sociologie», Vol. 21, N. 1, 1980, p. 121 e sg.

all'analisi sociologica e al passaggio strategico a una realtà migliorata, per certi versi, dei rapporti sociali, così e come ciò si evidenzia nel volume *La societé postindustrielle. Naissance d'une societé* (Paris, Editions du Seuil, 1969). Cinque anni dopo si presenta una riproposizione di fatti che hanno a che fare con l'assunzione di un campo di conflitti che si rapporta all'organizzazione sociale stessa e che vede, almeno scorrendo i capitoli di *Production de la societé*, evidenziarsi gli elementi di una profonda crisi. Negli stessi anni, e precisamente nel 1970, Touraine fonda il CEMS, cioè il Centro Studi sui Movimenti Sociali presso l'«École de Hautes Études» dopo avere lasciato il Laboratorio di Sociologia Industriale. Il Centro si fa portatore di diversi orientamenti culturali, tra i quali vi sono quelli espressi da Manuel Castells ne *La question urbaine* (Paris, Maspero, 1972)[31]. Riassumendo, l'intento di Touraine rispetto ai movimenti sociali è il seguente:

> Ma prima di studiare l'interazione di diversi tipi di condotte collettive, bisogna anzitutto distinguere chiaramente il conflitto di classe dalla resistenza all'autorità o dalla pressione su sistemi istituzionali. Ciò significa distinguere delle specie di condotte collettive che corrispondono al sistema d'azione storica, al sistema istituzionale e al sistema organizzazionale. L'essenziale dell'analisi sarà dedicato poi allo studio dei movimenti sociali, condotte collettive di storicità. Infine bisognerà considerare la proiezione dei movimenti sociali a livello del sistema istituzionale e soprattutto della organizzazione sociale, dunque la trasformazione del conflitto sociale in lotta contro il potere costituito[32].

L'affermazione successiva è quella dell'identificazione di una crisi che percorre tutto l'arco dell'organizzazione collettiva e che si manifesta in comportamenti riconoscibili con l'assetto di una società moderna, dove l'attore è definibile dall'interno comprese le sue regole, i suoi costumi e i suoi bisogni, agendo anche in funzione di diversi gruppi di appartenenza e di più ruoli. L'attore determina così una azione di rottura e attiene a una sorta di strategia complessa. I movimenti che si formano si occupano di eguaglianza e di lotta di liberazione, come il movimento delle donne. Il successo di questo movimento, scrive Touraine:

> facendo entrare nuovi e vasti campi della «vita pubblica» e estendendo l'area del controllo sociale organizzato, può andare a profitto della nuova classe dirigente, per esempio aprendo nuovi mercati o suscitando una nuova «moralità», capace di lottare efficacemente contro gli elementi sovversivi introdotti nella lotta liberatrice, ma può anche aiutare la formazione di nuovi movimenti sociali popolari che si levano contro questa avanzata delle forze conservatrici modernizzate[33].

Nel complesso, i conflitti tendono a costituire e organizzare l'attore, che si definisce attraverso termini istituzionali e di organizzazione. Nella pratica delle relazioni sociali vige un principio di identità, seguito da uno di opposizione. Il conflitto, infatti, tende a far sorgere l'avversario, contribuendo così alla formazione della coscienza de-

---

[31] Cfr. *Sociologia in movimento. Teoria e ricerca sociale di Alain Touraine*, a cura di Antimo Luigi Farro, Milano, Guerini e Associati, 2012, I, pp. 21-22.

[32] Alain Touraine, *La produzione della società*, Op. cit., VI, cit. p. 398.

[33] Alain Touraine, *La produzione della società*, Op. cit., VI, cit. p. 411. Si veda Jacques Boucher, *Les recompositions des mouvements sociaux*, Paris, DBD, 2012, p. 56 e sg.

gli attori coinvolti. Ora, si evidenzia come la dimensione del conflitto possa risultare determinante in ogni movimento sociale concreto, stante il fatto per cui l'agente del movimento sociale può non essere definibile in termini di classe. Rispetto alla Figura 5.1 va detto che il movimento sociale non è necessariamente globale, nel senso che il conflitto può realizzarsi rispetto a ciascuno dei termini utilizzati o elementi dello schema:

> Esso ha caratteri differenti a seconda che il suo luogo sia l'ordine o il movimento, gli orientamenti o le risorse, il sociale o il culturale. Ma anche se è localizzato, il movimento sociale non cessa di ricorrere a un principio di totalità. Ciò si realizza in uno sforzo per controllare e orientare le agenzie sociali che hanno per funzione di assicurare l'esistenza di uno degli elementi [...]. I movimenti sociali più importanti sono tuttavia anche i più globali ed è difficile pensare che un movimento possa restare in maniera durevole circoscritto a uno degli elementi della storicità, perché allora rischia di confondersi con condotte collettive analizzabili a livello istituzionale o a livello organizzazionale. I movimenti sociali importanti mettono in causa gli orientamenti generali del sistema di azione storica, cioè l'azione di insieme del loro avversario[34].

È un'evidenza che il movimento sociale non possa che essere analizzato al di dentro del campo della storicità, anche trattando la contrapposizione delle classi o delle forze esprimibili da quest'ultime. Il movimento sociale, inoltre, è sempre posto a rimettere in gioco le funzioni dell'ordine sociale e la possibilità di operare delle scelte comuni, in termini di identità sociale, personale e collettiva. Il campo d'azione storica definisce la natura del movimento sociale e non è definibile soltanto in rapporto agli avversari, considerando anche il fatto che esso possieda una certa autonomia. Dal punto di vista sociologico, è chiaro che l'oggetto della analisi non può mai essere il movimento sociale in se stesso, ma dovrà essere il campo d'azione storica di cui il movimento sociale rappresenta uno degli attori.

I movimenti sociali definiscono così il campo d'azione storica che è vissuto da attori che sono rappresentabili attraverso la dialettica delle classi sociali, sia verso il passato che verso il futuro. Ciò riguarda, ad esempio, l'emergere di nuovi attori nel panorama degli avvenimenti post-industriali, soprattutto quando la classe popolare assume una posizione difensiva. Per quello che concerne i nuovi movimenti sociali che emergono nella società programmata, essi seguirebbero da vicino la ricomposizione sociale dei dominati, nel senso che si è indicato nella Figura 5.2. Per Touraine, questa imprecisione è temporanea, così come all'inizio della società industriale non era scontato che la classe operaia e il suo nucleo centrale, gli operai specializzati, emergessero come classe di opposizione attraverso il movimento operaio come movimento centrale. Per alcuni studiosi, al contrario, questa molteplicità e diversità di movimenti e gruppi sociali caratterizzava il nuovo tipo di società e sarebbe quindi rimasta. In questo caso, i nuovi movimenti sociali sono più il prodotto di conflitti tra gruppi e categorie che tra classi sociali, anche se «le relazioni antagoniste che hanno per oggetto l'appropriazione e la destinazione della produzione sociale non cessano di esistere»[35].

---

34 Alain Touraine, *La produzione della società*, Op. cit., VI, cit. p. 416.

35 Alberto Melucci, *Mouvements sociaux, mouvements postpolitiques*, in «Revue internationale d'action communautaire», 10/50, 1983, pp. 13-30; si veda *Partir des conflits pour analyser les mouvements sociaux*,

La società post-industriale produce alienazione, anche rispetto alla definizione di un campo d'azione storica, là dove i movimenti sociali possono rappresentare l'urto tra una classe superiore-dirigente e una classe inferiore, nel momento in cui esistono situazioni di rottura della coscienza individuale o collettiva sottomessa all'attrazione contraddittoria della partecipazione dipendente e della coscienza di classe. Di fatto, l'esistenza dei movimenti sociali può essere negata e combattuta, soprattutto là dove la coscienza di classe e il movimento sociale non sono mai interamente indotti nelle classi popolari. La dialettica delle classi è straordinariamente importante ai fini di una ricollocazione del conflitto tra parti avverse, in funzione dell'avvenire e di una visione progressista della società. Questa dialettica espone il fatto per cui le classi sono in conflitto per il controllo di un sistema d'azione storica, nella misura in cui, ad esempio, un movimento popolare può essere analizzato come componente di una società futura o anche come un contro-modello di società che si situa nello stesso campo di storicità del modello dominante. Ciò, non esclude l'esistenza di elementi utopici. Scrive Touraine:

> L'operaio è, nella società industriale, *proletario* e *produttore* ad un tempo. Egli partecipa alla storicità, anche se la classe dominante impone il suo dominio sulla società. Ciò porta a dire che i movimenti sociali, quali sono stati definiti, possono esistere solo se *le istituzioni politiche possiedono una certa autonomia*, non sono ridotte ad essere le cinghie di trasmissione di una dominazione sociale, e se, a livello dell'organizzazione sociale, il peso dei valori e della ideologia della classe dominante è limitato dalla resistenza e dalla *autonomia* dell'attività tecnica e dall'opposizione dei lavoratori stessi[36].

Esistono elementi strategici nella definizione della formazione dei movimenti sociali, nel momento in cui si passa dalla coscienza all'azione, esprimendo anche un senso della società, soprattutto indicando che la coscienza di classe è formata, come il movimento sociale, dalla combinazione di una coscienza conflittuale e di una coscienza di storicità, anche se questi elementi non risultano sempre associati l'uno all'altro. Quando esiste una forte separazione dei diversi livelli della società, quali storicità, istituzioni e organizzazioni, la definizione del sistema d'azione storica e dei conflitti si pongono come agenti problematici della pratica sociale, quando il movimento sociale è sommerso dalle pressioni istituzionali e dalle rivendicazioni delle organizzazioni. In tutti i casi, mutamenti di strutturazione dei casi storici si formano in rapporto allo stato dell'organizzazione sociale, del sistema politico e della classe superiore fortemente dominante. Sta di fatto che, secondo quanto afferma Touraine, un movimento sociale non ha forse bisogno di diventare un movimento politico, cioè una forza politica che rivendichi la direzione dello Stato, dal momento in cui prevale in esso una forza riformistica e rivendicativa che può subire l'azione ritardante della alienazione. Secondo Touraine: «I rapporti di classe, la cui posta è il controllo del sistema d'azione storica, sono penetrati nello Stato. Esso da un lato è un agente di controllo al servizio di una classe superiore soprattutto dominante, dall'altro è un agente

«Revue internationale d'action communautaire», 10/50, 1983, cit. p. 42.

[36] Alain Touraine, *La produzione della società*, Op. cit., VI, cit. p. 445.

di intervento di forze sociali che aspirano ad essere dirigenti»[37]. In sostanza, il movimento sociale «*non può apparire allo stato puro: o tende a incorporarsi al sistema politico come forza i pressione istituzionale e allo Stato di cui determina l'intervento, o è legato a una crisi rivoluzionaria attraverso la quale si instaura l'egemonia politica di un nuovo Stato*»[38].

Touraine affronta in ultimo il tema del mutamento sociale e specifica all'inizio della trattazione il passaggio obbligato per la sociologia dallo storicismo alla storicità degli assunti di base. Il mutamento è interpretato, come nel caso della società post-industriale, come un passaggio dal sistema d'azione storica al sistema organizzativo. In questo transito, si passa da sistemi astratti a insiemi concreti, dove si accentuano le discrepanze tra ordine e movimento, come indicato precedentemente nella Figura 5.1. Il mutamento sociale è quanto mai definito in rapporto a movimenti storici intesi come condotte di contestazione dell'ordine di classe e di tensione diretta o indiretta alla storicità; i movimenti storici implicano un passaggio a situazioni concomitanti concrete dal punto di vista storico, anche dove si rappresentano delle contraddizioni interne al sistema della dominazione che conducono alla conquista del potere da parte di una nuova classe dirigente. Scrive ancora Touraine:

> Il mutamento sociale globale non può essere compreso che a partire dalla storicità, ma è il contrario della sua realizzazione. Esso nasce dall'*incontro tra la storicità e il funzionamento, dalle loro tensioni e dalle loro contraddizioni*. Esso non è né l'incontro del sistema con l'evento esterno, né il senso della storia che impone la sua legge naturale agli attori e alle forme sociali che gli resistono. Esso è ad un tempo progetto e rigetto. Il problema centrale è sempre quello di capire come il nuovo nasce dal vecchio. Come uomini vecchi producono nuove società[39].

In conclusione, Touraine esamina la posizione del sociologo in rapporto ai temi trattati, nel suo sforzo di conoscenza e in rapporto definitivo alla domanda principale alla quale il testo del 1973 si è posto dinanzi, e cioè quale tipo di movimento sociale nella civiltà industriale assumerà il ruolo che il movimento operaio aveva durante il periodo centrale dell'economia capitalista e del nazionalismo all'inizio dell'industrializzazione?[40] L'approccio mirava a ritrovare,

> dietro l'apparente «funzionalità» dell'organizzazione sociale e dietro i meccanismi di adattamento al mutamento, la produzione di un campo si storicità e la sua gestione da parte delle classi in conflitto. Esso è costretto a presentarsi come un'espressione sistematica e può dare l'impressione di chiudersi nella sua costruzione; ma sarebbe ingiusto cedere a questa impressione: se questo libro ha raccolto le sue forze, è per armare la sociologia, che nel suo sforzo di conoscenza si scontra con un sistema molto più potente, quello delle forze di controllo sociale, dei regolamenti e delle classificazioni, delle propagande, dei vincoli e delle costrizioni della vita quotidiana[41].

---

37 *Ivi*, p. 484.
38 *Ivi*, p. 490.
39 *Ivi*, p. 586.
40 Cfr. Rucht Dieter, *Sociological theory as a theory of social movements?: A critique of Alain Touraine*, in Rucht Dieter (ed.), *Research on social movements: the state of the art in Western Europe and the USA*, Campus, Frankfurt/M., 1991, pp. 355-384: vedi p. 360.
41 Alain Touraine, *La produzione della società*, Op. cit., Conclusione, cit. p. 587.

Inoltre, Touraine sostiene in misura definitiva rispetto al suo approccio che:

> Affermare che il senso dell'attore è nella relazione sociale non è dunque così banale come può sembrare a prima vista. Ciò rinvia al tema centrale della storicità, della presa di distanza della società rispetto a se stessa e delle coppie d'opposizioni, la cui combinazione forma il sistema d'azione storica. E nello stesso tempo rinvia alla doppia dialettica delle classi sociali, ciascuna ripiegata sui suoi interessi particolari, ma tesa anche verso il controllo del sistema d'azione storica[42].

È in questo senso che gli argomenti suscitati da Touraine in *Production de la société* suscitano un grande interesse per ciò che concerne la critica successiva della società programmata in rapporto alle aporie del mondo moderno che è ormai alle porte.

> La lacerazione dell'utopia tecnocratica e l'istituzionalizzazione più o meno rigida dei movimenti sociali propri dell'epoca industriale indicano imperativamente il campo di lavoro di una sociologia ancora poco certa nei suoi procedimenti, ma che si è imposta da molti anni una distanza critica, un dubbio metodico sulle operazioni e sulle implicazioni dei suoi strumenti concettuali e tecnici[43].

L'immagine della società programmata, post-industriale, viene così richiamata spesso in confronto al sistema d'azione storica che genera partecipazione sociale e culturale nonché l'estensione della gestione dei sistemi sociali analizzati dal loro centro verso le realtà periferiche. In questo senso, ai limiti della società industriale, si cerca di presentare una sociologia dagli obiettivi mondializzati. Il campo sociologico, così e come negli intenti di Touraine, si apre quindi allo studio degli insiemi e degli attori sociali, per cui questi ultimi risulterebbero indissociabili dalla necessità di fare riscontro della realtà effettuale nei suoi mutamenti.

> Se si vuol sapere come la società viene consumata, come valori e norme sono rispettati e interiorizzati oppure no, si può osservare l'attore concreto, nei suoi comportamenti più visibili, nelle sue scelte tra oggetti chiaramente circoscritti e definiti dall'organizzazione sociale [...]. Se ci si interessa alle relazioni politiche e ai meccanismi di decisione, bisogna rinunciare a questo tipo di approccio e analizzare le strategie, le influenze, i negoziati e gli scontri. Infine se si vogliono raggiungere le condotte di classe e i movimenti sociali, non si debbono studiare né degli individui su un mercato, nei dei *partners* in un processo di decisione. Bisogna andare al di là anche del negoziabile e del politico, per cogliere dei conflitti che sono ad un tempo profondi e non unificati, attivi, e soffocati. Il sociologo deve andare a scoprire il suo oggetto di studio, intervenire, entrare nelle zone d'ombra e di silenzio invece di guardare le luci della città che si accendono e di ascoltare i messaggi pubblicitari[44].

---

[42] *Ivi*, p. 591.

[43] *Ivi*, p. 597.

[44] *Ivi*, p. 602.

5.3

Il richiamo a dei comportamenti ufficializzati dell'analisi sociologica nel mondo moderno tra i contemporanei, almeno nella versione di una parte di *Production de la société* che si è appena passata in rassegna, incide non poco sulle forme di implementazione dell'attività conoscitiva dell'attualità e dei suoi riscontri. Touraine, infatti, è un sociologo della contemporaneità, nonostante la sua riluttanza a farsi definire tale, nel senso che egli ammette soprattutto una visione particolare della «società programmata», così come si viene affermando soprattutto in *Critique de la modernité* e in altri studi «di periodo», fino al 2000 e poco oltre. In quel contesto specifico, Touraine definisce la *società programmata*

> (espressione più precisa rispetto a «società postindustriale», che è definita solo in base a ciò cui fa seguito) quella in cui la produzione e la diffusione di massa dei beni culturali occupano il posto centrale che nella società industriale era stato occupato dai beni materiali. La produzione e la diffusione delle conoscenze, delle cure mediche e delle informazioni, dunque l'istituzione, la salute e i *mass media* sono, nella società programmata, ciò che nella società industriale furono la metallurgia, il settore tessile, la chimica e le industrie elettriche ed elettroniche. Perché società programmata? Perché il potere di gestione consiste, in tale società nel prevedere e modificare opinioni, atteggiamenti, comportamenti, nel modellare la personalità e la cultura, dunque nell'entrare direttamente dentro il mondo dei «valori» anziché limitarsi all'ambito dell'utile. La nuova importanza delle industrie culturali sostituisce le tradizionali forme di controllo sociale con nuovi meccanismi di governo degli uomini. Rovesciando la vecchia formula, possiamo dire che la transizione dalla società industriale alla società programmata è il passaggio dall'amministrazione delle cose al governo degli uomini [...]. Nella società programmata la resistenza al potere di gestione non può più basarsi su una filosofia naturalistica della storia; si basa soltanto sulla difesa del soggetto[45].

In questo contesto i vecchi movimenti sociali, soprattutto il sindacalismo operaio e le rivendicazioni conseguenti, cedono il passo a una nuova generazione di attori delle svariate produzioni culturali, come l'istruzione e l'informazione di massa, i quali riempiono lo spazio pubblico per implementare le azioni collettive organizzate, soprattutto dove l'idea di soggetto «si libera dallo storicismo» e le idee postmoderne nascondono tutta la loro provvisorietà dinanzi alla società programmata.

Alcune risoluzioni di questo discorso conducono all'affermazione del soggetto in relazione alla definizione di nuovi rapporti che scaturiscono da situazioni disarmanti che hanno a che fare con la serie di nuove formazioni istruite dalla «modernità». Possiamo concludere con Alain Touraine che:

> L'interesse principale di questa discussione consiste nel rammentare che l'idea di soggetto è inseparabile da quella di rapporti sociali. Nella società programmata l'individuo, ridotto a essere nient'altro che un consumatore, una risorsa umana o un *target*, si contrappone alla logica dominante del sistema affermandosi come soggetto, contro il mondo delle cose e contro l'oggettivazione dei suoi bisogni in esigenze mercantili. Ecco perché l'idea di soggetto è insepa-

[45] Alain Touraine, *Critica della modernità*, Op. cit., III, 2, cit. pp. 287-288. Si veda edizione LGF/Le Livre de Poche, 1995.

rabile da un'analisi della società presente, non come postmoderna ma come postindustriale o programmata. Le teorie postmoderne ci mostrano la scomposizione del soggetto, ma anche le domande crescenti delle minoranze parallelamente allo sviluppo dei sistemi cibernetici. Ma, anziché cogliere solo l'estraneità reciproca di questi due mondi, perché non vedere il loro conflitto, giacché ciascuno dei due non si definisce in se stesso, da un punto di vista tecnologico o culturale; l'uno e l'altro devono essere definiti socialmente, più precisamente sulla base della loro opposizione all'altro. Il che contrappone soprattutto l'idea di soggetto a quella di identità o di coscienza: il soggetto è la contestazione di un ordine, proprio come l'immagine della società sotto forma di mercato mira a ridurre la resistenza delle difese culturali. Spesso viviamo ancora nella coscienza della lacerazione, ma già si fanno intendere nell'opinione pubblica (non ancora nella vita politica organizzata) nuovi conflitti e l'appello alla trasformazione profonda di una società i cui orientamenti culturali sono accettati da alcuni movimenti sociali che si contrappongono quanto alla loro realizzazione sociale e politica[46].

Anche Touraine, come altri studiosi a lui contemporanei, vede nel disincantamento del mondo ciò che rende possibile un nuovo incanto del soggetto e forse un concetto nuovo di razionalità. Infatti, il soggetto, scrive il sociologo francese sempre nel suo libro *Critique de la modernité*, «è definito solo dal suo rapporto, complementare e oppositivo, con la razionalizzazione. È addirittura il trionfo dell'azione strumentale, perché disincanta il mondo, a rendere possibile la comparsa del soggetto. Il soggetto non può esistere finché il mondo è animato, magico. È quando il mondo perde il suo significato che può iniziare il re-incanto del soggetto». In rapporto a ciò, va anche detto che sommariamente i comportamenti alla base di un'analisi di questo tipo sono ben noti: ripiegamento su sé stessi e sulla propria vita privata, perdita di interesse per gli affari pubblici, erosione della sfera pubblica, eccessiva preoccupazione per sé stessi, culto del corpo e della salute, disimpegno e indifferenza verso gli altri. Emerge l'immagine di una società permissiva ed edonistica in cui trionfano i diritti soggettivi, una società consumistica di massa in cui la disintegrazione della comunità e la distruzione dei legami sociali primari sono all'ordine del giorno. Di conseguenza, la vita pubblica è funestata dall'onnipresenza di problemi legati alla vita privata e all'identità, alimentati da una cultura psicologica che invade sempre più l'arena sociale. Come sottolinea giustamente Touraine: «oggi dobbiamo riconoscere che sono i problemi della vita privata, della cultura e della personalità ad essere al centro della vita pubblica».

Molti temi di questa requisitoria si trovano estesi più avanti nel tempo in testi come *Penser autrement* (Paris, Fayard, 2007) e *La fin des sociétés* (Paris, Seuil, 2013), soprattutto in rapporto alla ripresa di interessi vari su una fase moderna di passaggio a una società più avanzata ed etrerogenea. Originariamente, la spiegazione principale si trova ancora racchiusa nel contesto della *Critique de la modernité*, incentrata sull'affermazione dello sviluppo del contesto culturale, del mondo soggettivo, degli oggetti, dei gruppi e degli effetti che agiscono sul soggetto, contemporaneamente al manifestarsi degli effetti negativi sulla società stessa. Touraine cita spesso i lavori di Louis Dumont (1911-1998) e Michel Maffesoli e scrive:

È vero che la società di consumo e di comunicazione è ipermoderna e porta a termine la distruzione delle essenze e degli *status* tramandati *(ascribed)* cominciata nel periodo classico della

[46] Alain Touraine, *Critica della modernità*, Op. cit., III, 2, cit. p. 295.

> modernità; ma è ancor più vero che questa società è il compimento di un lungo movimento di secolarizzazione, di disincanto del mondo. L'immagine che essa produce di se stessa e che le filosofie sociali amplificano maschera gli strappi che rivelano la sua vera natura, la crescente rottura tra un senso che diviene privato e alcuni segni che invadono la vita pubblica, tra alcuni progetti e un mercato, e anche tra l'elaborazione di decisioni democratiche[47] e la libertà di consumo. La difesa del soggetto contro la società di consumo consiste anzitutto nella denuncia dell'ideologia dominante, nella scoperta, in un mondo che si direbbe piatto e omogeneo, di rapporti di potere e di dipendenza, di rotture e di rigetti, di condotte d'aggressività e di carenza. La società ipermoderna non è al di là dei soggetti e dei movimenti sociali; essa rafforza i meccanismi che li distruggono, ma amplia anche il campo della loro azione[48].

In termini più consolidati, andrebbe ribadito:

> Niente deve distoglierci dalla nostra affermazione centrale: *il soggetto è un movimento sociale*. Esso si costituisce non nella coscienza di sé, ma nella *lotta contro l'antisoggetto*, contro le logiche di apparato, soprattutto quando queste diventano industrie culturali e, a *fortiori*, quando hanno obiettivi totalitari. Ecco perché la coscienza del soggetto è stata costantemente associata a una critica della società [...] [per cui, *n.d.a*] il soggetto non ha natura, non ha principi, non ha coscienza; è azione diretta verso la creazione di se stesso attraverso resistenze che non possono mai essere completamente superate. Il soggetto è desiderio di sé[49].

Lo scopo del libro è stato quello di definire un campo culturale e, in particolare le forme del pensiero sociale che costituiscono la posta in gioco dei vari rapporti e dei vari conflitti sociali nonché di quelle forme di azione politica che si possono riorganizzare dinanzi a noi. La risposta che esso fornisce ai lettori e che

> la ragione e il soggetto, che possono in effetti divenire reciprocamente estranei od ostili, possono anche unirsi, e l'agente di tale unione è il movimento sociale, cioè la trasformazione della difesa personale e culturale del soggetto in azione collettiva volta contro il potere e tesa a sottomettere la ragione ai propri interessi[50].

In contesti più recenti, Touraine sviluppa la sua visione dell'individualità nella società post-moderna e studia la possibilità di indicare un nuovo assetto sociale possibile dopo l'età di crisi. Dopo aver studiato i grandi mutamenti che hanno trasformato la nostra vita personale e collettiva nei suoi libri precedenti, l'autore sceglie di dedicarsi alla necessaria trasformazione del nostro modo di pensare a questi cambiamenti. L'idea stessa di società è in crisi: la globalizzazione in tutte le sue forme, i desideri liberati dai divieti, hanno portato al crollo dell'edificio sociale. La definizione di giusto e sbagliato nella nostra società non è più una questione di istituzioni; la consapevolezza di sé prevale sulla consapevolezza delle regole: il soggetto diventa il creatore di se stesso. Partendo da una critica a quello che definisce il discorso interpretativo dominante, che per tutto il XX secolo ha cercato di imporre l'idea di una società senza attori, soggetta a un determinismo prevalentemente economico, Touraine invita a

---

47 Cfr. Alain Touraine, *Critica della modernità*, Op. cit., III, 5, p. 379 e sg.

48 *Ivi*, p. 318.

49 *Ivi*, p. 321 e 333.

50 *Ivi*, p. 434.

scoprire che l'unico principio di valutazione dei comportamenti individuali e delle situazioni sociali è il riconoscimento dei diritti politici, sociali e culturali di tutti gli esseri umani, riconosciuti come esseri liberi e uguali. Il suo interesse invita a ripensare l'individuo come soggetto, chiave di volta di una sociologia ricostruita. Mentre alcuni denunciano l'individualismo, l'autore elogia la soggettivazione, che implica la difesa dei diritti di ogni individuo contro ogni forma di integrazione sociale. L'unità dei comportamenti sociali non è più imposta dalla società o dalla cultura, ma dall'individuo, portatore di diritti universali vissuti in modi diversi[51]. In particolare, avanti nel tempo, egli si interroga sul modo in cui la crisi colpisce l'evoluzione a lungo termine dei rapporti tra economia e vita sociale nonché sul nuovo tipo di vita sociale che denomina *post-sociale* e che è caratterizzato «dalla separazione tra il sistema e gli attori»[52]. L'incontro tra movimenti sociali risulta essere determinante per la definizione di una società che va oltre l'affermarsi della produzione e che riporta il discorso su eventi locali e generalizzati importanti, come lo sono stati, ad esempio, quelli che derivano dalle trasformazioni dell'economia mondiale e dal conseguente trionfo dell'economia finanziaria che ha effetti in tutti i campi della vita personale e collettiva degli individui implicati. In tal modo, come evidenziato anni prima nel testo *Le retour de l'acteur*:

> Un movimento sociale, in base a tale definizione, non è in alcun modo una risposta a una situazione sociale. È questa, invece, che rappresenta il risultato del conflitto fra movimenti sociali in lotta per il controllo dei modelli culturali e della storicità – conflitto che può sfociare in una rottura del sistema politico, oppure in riforme istituzionali, e che si manifesta quotidianamente sotto forma di organizzazione sociale e culturale, o di relazioni di autorità. Un movimento sociale è un'azione conflittuale attraverso al quale degli orientamenti culturali e un campo di storicità vengono trasformati in forme di organizzazione sociale, definite da norme culturali generali e, contemporaneamente, da rapporti di dominazione sociale[53].

Sosterrà ancora Touraine molto più avanti:

> In breve, lo spazio umano dove siamo entrati traduce un'esistenza di eguaglianza che aumenta il diritto di vivere a tutte le categorie sociali del pianeta, cosa attestata dalla sensibilità da molti mostrata nei confronti delle lotte umanitarie condotte per combattere le inuguaglianze che colpiscono alla nascita e non cessano di estendersi nel corso di tutta la vita. Combinare l'uguaglianza e la differenza non è un problema semplice da risolvere, ma ciò è presente al centro delle nostre credenze ed esercita ormai una grande influenza sulle nostre pratiche, e soprattutto sulle nostre pratiche sociali[54].

Le crisi economiche, come quelle che stiamo vivendo da un ventennio a questa parte, sembrano ostacolare la formazione di una società nuova, cioè un contesto di nuovi attori e di nuove relazioni tra questi ultimi. Tutto ciò si gioca in modo stretto in

---

[51] Cfr. Alain Touraine, *Penser autrement*, Op. cit., I, p. 10 e sg.

[52] Cfr. Alain Touraine, *Après la crise*, Paris, Editions du Seuil, 2010; trad. it. *Dopo la crisi. Una nuova società possibile*, Roma, Armando, 2012, cit. p. 15

[53] Alain Touraine, *Il ritorno dell'attore sociale*, Op. cit., cit. p. 125.

[54] Alain Touraine, *Dopo la crisi. Una nuova società possibile*, IV. cit. p. 66.

rapporto alle *défaillances* della società dell'informazione[55]. Gli stessi movimenti, per Touraine, non consisteranno più in un incremento della pressione economica sul mondo finanziario, ma piuttosto in una «agitazione sociale» che sarà lontana dal dovere favorire una ricomposizione del sistema di attori. Egli spiega nel dettaglio che:

> All'inizio del 2010 il risanamento delle banche, un leggero miglioramento del commercio internazionale e anche, in alcuni Paesi, un inizio di ritorno alla crescita – a dire il vero molto limitato e non caratterizzato ancora dalla diminuzione dell'occupazione (tranne che in Canada) – ha indotto qualcuno a pensare che il mondo occidentale, europeo e nordamericano, era capace di uscire dalla crisi. Ottimismo ben poco fondato, dato che in quel momento si annunciava già una seconda crisi. Nel 2009, si è detto, gli Stati erano intervenuti dappertutto per limitare la crisi che aveva raggiunto il suo culmine nel 2008. Il che fu utile. Ma fu pagato al costo di due conseguenze sempre più difficili da sopportare. La prima fu l'aumento del deficit di bilancio degli Stati, che fece dimenticare gli impegni presi in virtù del patto di sicurezza sul limitare questo deficit a meno del 3% del Prodotto Nazionale Lordo (PNL). Il Regno Unito e la Grecia raggiunsero l'11%, la Francia annunciò per il 2010 un deficit dell'8%. La seconda conseguenza fu l'aumento dell'indebitamento pubblico, che arrivò in alcuni Paesi a superare il 100% del PNL[56].

Come è noto, la situazione della Grecia costrinse l'Unione Europea a intervenire con un esborso di 110 miliardi di euro, anche se altre situazioni avrebbero meritato altre attenzioni (Portogallo, Spagna ecc.), registrando il fatto per cui, ad esempio, l'America del Sud, avrebbe resistito alla crisi meglio dei Paesi europei, di fronte ai progressi di altri come l'emergente Cina. Di fatto, l'Europa avrebbe subito una sorta di declino nel panorama internazionale. In questo quadro, seppur incompleto, si registra la posizione di Touraine nell'affermazione perentoria della vantata nascita dei soggetti in una società post-industriale fondata sulla comunicazione:

> Al contrario delle società industriali e post-industriali, dove i rapporti sociali e di produzione e le politiche sociali erano inseparabili, la società che si annuncia può essere rappresentata come marcata dall'opposizione di due principi non sociali, da un lato la globalizzazione, dall'altro il soggetto portatore di diritti[57].

Il passaggio

> alla situazione post-sociale non si realizza da solo, come se derivasse da un'evoluzione progressiva da un tipo di società a un'altra. I Paesi che non riescono a compiere il salto verso un'altra società, non vi pervengono generalmente più per motivi tecnici che in ragione della loro incapacità a concepire e realizzare i cambiamenti necessari. Non si tratta semplicemente d'ignoranza. Il passaggio può essere realizzato in periodo di crisi, di rivolta, d'ineguaglianze crescenti. È allora il rigetto del vecchio mondo a prendere il sopravvento, il che fornisce una forte potenza agli attori interessati, ma questa forza è più orientata verso l'esercizio della violenza che verso l'inventiva. La probabilità di una serie di incidenti ed errori di giudizio è allora più grande che quello del passaggio, metodicamente preparato, e condotto a buon fine, da un tipo di società ad un altro. Perché il fine cui pervenire consiste nella ricostruzione di un insieme sociale vivo ed attivo, e che passa attraverso una ridefinizione dei principali attori da loro stessi, una buona

[55] Cfr. Manuel Castells, *La societé en réseaux. L'ere de l'information,* Paris, Fayard. 1998.
[56] Alain Touraine, *Dopo la crisi. Una nuova società possibile*, VI. cit. p. 96.
[57] *Ivi*, p. 102.

> conoscenza del nemico da combattere, e la coscienza di poste comuni che esistono tra gli attori sociali [...]. I nuovi attori *non sono più sociali*, e devono identificarsi nella difesa dei diritti di portata universale[58].

Gli attori finanziari finiscono in tal modo per avere l'assoluto predominio. Questo, peraltro, sarà l'argomento per alcuni analisti che affronteremo nel prossimo capitolo.

---

[58] *Ivi*, p. 123.

Capitolo 6

Incertezze e crisi della modernizzazione a impatto globale

6.1

L'avvento del neoliberismo e la rimodulazione economica delle classi sociali nella terza ondata della modernizzazione globale hanno decretato la spinta per una reinterpretazione di assetti e categorie che hanno a che fare con l'età digitale. In questo contesto, si intrecciano le vecchie e nuove dispute sul lavoro insieme alle nuove tendenze dei movimenti collettivi organizzati in un contesto assai diversificato di attori e con risultati molto spesso sognati e inaspettati. L'impiego di concetti sociologici scientifici per esplorare le incertezze della tarda modernità appare una scelta sensata per condurre un'analisi rigorosa del presente economico. Questo approccio è ben rappresentato da autori come Luciano Gallino (1927-2015), figura di spicco della sociologia italiana ed europea. Gallino, chiamato a Ivrea da Adriano Olivetti (1901-1960) tra il 1958 e il 1970 per dirigere il Centro di Ricerche Sociologiche della Olivetti, ha contribuito in modo significativo allo studio del mondo moderno, delle sue rappresentazioni industriali e comunitarie.

Tra i suoi meriti principali, si annoverano la fondazione e la direzione, tra il 1970 e il 1980, di uno dei primi istituti di sociologia in Italia e la conduzione della rivista «Quaderni di Sociologia» dal 1968 fino alla sua scomparsa. Dal 1987 al 1999, ha presieduto il Centro di Servizi Informatici e Telematici per le Facoltà Umanistiche dell'Università di Torino e ha coordinato il comitato scientifico del Consorzio Sistema Informativo (CSI/Piemonte). Gallino è stato anche l'ideatore di progetti innovativi come *Formazione Aperta in Rete* (FAR) e del Centro online *Storia e Cultura dell'Industria*, che ha diretto fino al 2007. La sua opera rimane fondamentale per comprendere le trasformazioni economiche e sociali della tarda modernità[1].

Come è noto, il neoliberismo, cui si rivolgono inizialmente gli studi del Nostro, è caratterizzato dalla fede in una crescita economica sostenuta come il mezzo migliore per raggiungere il progresso umano, da una fiducia spropositata nel libero mercato

[1] Ringrazio Paola Borgna dell'Università di Torino per i materiali fornitimi per la prima stesura del presente capitolo.

come mezzo più efficiente per allocare le risorse, da un'enfasi sull'intervento minimo dello Stato negli affari economici e sociali e da un impegno per la libertà di commercio e di capitale[2]. Ciò ovviamente sta ad implicare anche il prezzo delle sue continue crisi cumulative[3]. La globalizzazione che ha avuto luogo a partire dalla fine degli anni Ottanta (intesa da alcuni economisti, appunto, come una «terza» globalizzazione, in seguito alla diffusione di nuove tecnologie di trasporto e comunicazione a partire dalla fine del XIX secolo e all'adozione di un sistema monetario internazionale a metà del XX secolo) è stata guidata dal modello neoliberista, nella misura in cui le politiche economiche nazionali e internazionali che lo hanno reso possibile riflettono credenze e valori neoliberisti. Come ha annunciato l'economista americano David Michael Kotz nel saggio *Globalization and Neoliberalism* del 2000, il neoliberismo appare all'origine abbastanza problematico come teoria dominante del capitalismo contemporaneo. La stabilità e la sopravvivenza del sistema capitalistico dipendono dalla sua capacità di portare avanti una vigorosa accumulazione di capitale, dove per quest'ultimo processo si intende non solo l'espansione economica ma anche il progresso tecnologico. Una vigorosa accumulazione di capitale permette che l'aumento dei profitti coesista con l'aumento del tenore di vita di una parte sostanziale della popolazione nel lungo periodo. Tuttavia, non sembra che il neoliberismo promuova solo una vigorosa accumulazione di capitale nel capitalismo contemporaneo. Ci sono diverse ragioni, infatti, per cui non ci si aspetterebbe che il modello neoliberista promuova un rapido e indolore processo di accumulazione. In primo luogo, esso dà luogo a un problema di insufficiente domanda aggregata nel lungo periodo, derivante dalla forte tendenza del regime neoliberista a ridurre sia i salari reali sia la spesa pubblica. In secondo luogo, il modello neoliberista crea instabilità a livello macroeconomico rinunciando alle politiche anticicliche di spesa e di tassazione dello Stato, riducendo l'efficacia degli «stabilizzatori automatici» attraverso la riduzione dei programmi di assistenza sociale e allentando la regolamentazione pubblica del settore finanziario. Tutto ciò rende il sistema più vulnerabile alle grandi crisi finanziarie e alle depressioni. In terzo luogo, il modello neoliberale tende a intensificare il conflitto di classe, che può potenzialmente scoraggiare gli investimenti capitalistici.

L'analisi di Luciano Gallino parte proprio da qui. Egli sostiene che la crisi economica in corso non è semplicemente la conseguenza di un panico finanziario e di una recessione insolitamente grave, ma è invece una profonda crisi strutturale del capitalismo neoliberista, o in altre parole del libero mercato. Di conseguenza, il perdurare della stagnazione non può essere risolto solo con misure politiche. Gallino, come Kotz[4] successivamente, analizza le cause dell'ascesa delle idee, delle politiche e delle istituzioni del libero mercato a partire dal 1980. Egli dimostra come il capitalismo neoliberista che ne è derivato abbia prodotto lunghe, seppur modeste, fasi di espansione economica, interrotte da recessioni brevi e caratterizzate da un basso tasso di inflazione. Tuttavia, gli stessi fattori che hanno favorito le lunghe espansioni e la bassa infla-

2 Cfr. David Harvey, *A Short History of Neoliberalism*, Oxford, Oxford University Press, 2005, I; John L. Campbell, *Institutional Change and Globalization*, Princeton, Princeton University Press, 2004, p. 31 e sg.

3 Cfr. David M. Kotz, Terrence McDonought, Michael Reich (eds.), *Social Structures of Accumulation: The Political Economy of Growth and Crisis*, Cambridge, Cambridge University Press, 1994, I.

4 Cfr. David Michael Kotz, *The Rise and Fall of Neoliberal Capitalism*, Harvard University Press, 2017, I.

zione – la crescente disuguaglianza, un settore finanziario sempre più avido di rischi e una serie di grandi bolle speculative – non solo erano di per sé discutibili, ma hanno anche portato l'economia su una traiettoria insostenibile. Gallino prima e Kotz dopo interpretano l'attuale spinta all'austerità come un tentativo di approfondire e preservare il capitalismo neoliberista. Tuttavia, sia la teoria dello sviluppo economico che la storia suggeriscono che né le misure di austerità né altri aggiustamenti politici possono portare a un altro periodo di espansione economica stabile. La riflessione di Gallino si collega a un passato in cui l'analisi dei trend economici e della crisi del lavoro veniva messa in relazione con i costi sociali e le migrazioni interne legate all'avvio dell'industrializzazione[5]. Un esempio significativo è rappresentato dal testo *Indagini di sociologia economica* del 1962, che contestualizzava questi temi e li integrava in una discussione sulla rilevanza di processi destinati a influenzare, in una fase successiva, la definizione dello sviluppo economico. In riferimento a quest'ultimo, possono essere utili alcune considerazioni che risalgono a quell'epoca, esattamente a dieci anni dopo, ma che sono estremamente importanti per una visione di base dello studio dell'economia da parte della sociologia sistematica. Scriveva Gallino:

> Per sviluppo economico intendiamo qui uno stato di mutazione dinamico del sistema produttivo di un paese, distinto dalla contemporanea presenza dei seguenti processi e condizioni:
> 1. Un aumento stabile del reddito pro-capite, ciò che implica un tasso di incremento del reddito nazionale superiore al tasso di incremento della popolazione;
> 2. Una distribuzione del reddito tra le varie classi e strati di popolazione che sia tendenzialmente più, e in ogni caso non meno, simmetrica di quella precedente l'inizio dello sviluppo;
> 3. Un aumento permanente della produttività del lavoro, tale da garantire che l'aumento del reddito non sia dovuto soltanto ad una favorevole congiuntura esterna (quale potrebbe essere un aumento dei prezzi internazionali delle materie prime prodotte da un paese) o interna (quale potrebbe essere una serie di annate agrarie eccezionalmente favorevoli);
> 4. Un aumento di produttività che non sia dovuto ad una unica combinazione dei fattori disponibili, ma dia garanzia di restare costante (entro certi limiti) anche con una futura diversa combinazione di fattori[6].

Gli studi sullo sviluppo economico prendevano spunto, soprattutto sul rapporto tra reddito e popolazione, da molti autori ed economisti «di periodo», tra i quali Gallino citava Harvey Leibenstein (1922-1994), Jeffrey Frankel, Ragnar Wilhelm Nurkse (1907-1959), Benjamin Higgins (1912-2001), Walt Whitman Rostow (1916-2003), Jean Fourastié (1907-1990), Simon Smith Kuznets (1901-1985), Hans Wolfgang Singer (1910-2006), Howard Sylvester Ellis (1898-1992), Vittorio Marrama (1914-1982) e altri. Il rimando a questi autori faceva capo anche alla trattazione riassuntiva di Charles Poor Kindleberger (1910-2003) in *Economic development* (New York, McGraw-Hill, 1958, pp. 1-10). Va detto che in rapporto ai processi indicati in quel contesto di sviluppo teorico, andava già chiarito il ruolo dei microsistemi sociali, dei sistemi intermedi e i macro-sistemi in rapporto allo sviluppo economico, là dove proprio in relazione ai macro-sistemi, poteva risultare utile distinguere gli aggregati riferibili a determinati valori o funzioni (ad esempio, le classi sociali) e rispetto a certi tipi di

---

5 Cfr. Luciano Gallino, *Indagini di sociologia economica e industriale*, Milano, Edizioni di Comunità, 1972.

6 *Ivi*, pp. 241-242.

comportamento (ad esempio, i consumatori). Molti di questi elementi saranno presenti nello studio dello sviluppo capitalistico che Gallino continuerà a proporre per molto tempo in avanti con i riflessi proprio nell'attualità, come cercheremo di mostrare più avanti. Le distinzioni proposte richiamavano, infatti, l'esistenza oggettiva di sistemi di relazioni sociali di diversa strutturazione e capacità di determinazione, presenti ancor oggi nella definizione di comportamenti micro, medio o macro-sociale (il mercato, ad esempio) che caratterizzano il modello di sviluppo economico anche in una prospettiva che vede l'aggiornamento di modi e tempi dell'economia in rapporto ai modelli di sviluppo della società stessa e/o dei sistemi sociali. Nel contesto contemporaneo degli studi sociologici sulla globalizzazione, questi concetti fondamentali di sviluppo economico si confermano estremamente validi, soprattutto se rapportati a una serie di requisiti chiave. Tra questi, rientrano:

- una quota di reddito degli investimenti proporzionata ai consumi;
- l'aumento degli investimenti collegati al risparmio in forme produttive, e una loro quota destinata all'incremento della produttività;
- una strutturazione e una specializzazione produttiva del sistema economico;
- incrementi di produzione direttamente confrontabili con la domanda e con la mobilità potenziale dei fattori produttivi, inclusa la manodopera;
- il calcolo degli investimenti e la capacità di risposta delle imprese industriali ad alta intensità di capitale;
- il consumo delle famiglie e il ruolo delle unità sociali, come la pubblica amministrazione;
- infine, le condizioni di utilizzo della forza lavoro in relazione all'offerta di beni destinati ai consumatori integrati nei mercati globali.

È evidente, almeno da un certo punto di vista, che esistono implicazioni sociologiche capaci di definire i sistemi sociali a livello globale e in ogni loro dimensione, partendo da comportamenti razionali che possono essere orientati all'interno delle relazioni che caratterizzano tali sistemi. Uno studio moderno della globalizzazione, infatti, non prescinde da uno studio del risparmio e dell'accumulazione di capitale, dall'osservazione della distribuzione del reddito, dai consumi e dagli investimenti, dalla direzione di questi ultimi, da una certa forma di contabilità nazionale e dalla mobilità di fattori e specializzazione del sistema economico, dal comportamento delle imprese e delle famiglie, dalla struttura della pubblica amministrazione, dai gruppi di lavoro e dalla natura del consumatore nonché degli intermediari implicati nel processo[7]. Peraltro, ciò che si è indicato sopra, connette tra loro molte delle analisi più attuali sul comportamento del neoliberismo economico, in un'ottica peculiare di rigenerazione degli interessi teorici sui processi produttivi che può risultare particolarmente adatta a spiegare le trasformazioni e le crisi dello sviluppo economico medesimo di fronte ai suoi limiti[8].

---

[7] Cfr. Luciano Gallino, *Indagini di sociologia economica e industriale*, Op. cit., III, VIII, cit. pp. 258-276.

[8] Cfr. Colin Crouch, *The strange non-death of neoliberalism*, Cambridge, Polity Press, 2011, p. 147 e sg.; si veda William Davies, *The Limits of Neoliberalism. Authority, Sovereignty and the Logic of Competition*,

In alcuni contesti la globalizzazione può essere definita come una complessa rete di dipendenza reciproca in una moltitudine di settori (economico, sociale e politico). La globalizzazione, come sosterranno alcuni analisti tra i quali Gallino, è stata guidata da una serie di fattori interconnessi come lo sviluppo tecnologico, l'integrazione economica e il movimento delle persone. In termini di prospettive teoriche del neoliberismo economico, la tendenza alla globalizzazione è forse meglio delineata attraverso il «modello della ragnatela»[9]. Ora, in un'epoca caratterizzata da questa espansione neoliberistica, la velocità degli eventi è stata veramente profonda e repentina. Gli eventi in una parte del mondo possono avere un impatto immediato e duraturo su un'altra parte del globo. Gli sviluppi tecnologici della comunicazione legano il mondo in modi inimmaginabili per le generazioni precedenti. In ogni caso, la globalizzazione è costruita su un'intricata rete di comunicazioni all'interno della sfera politica, culturale ed economica a partire dalla seconda metà del secolo scorso. Se ci fosse una sola parola che riassume il fenomeno della globalizzazione in rapporto allo studio sociologico del moderno neoliberismo, sarebbe quella di interconnessione. La globalizzazione è in definitiva un processo che genera livelli di interazione e integrazione sempre più ampi tra una pluralità di attori (come le organizzazioni non governative – ONG), le multinazionali e gli Stati). In un sistema mondiale sempre più interconnesso, le reti transnazionali superano quindi i confini tradizionali e li rendono in gran parte irrilevanti. Inoltre, va detto che il processo viene convenzionalmente suddiviso in tre aree: economica, politica e culturale. In ognuna di queste la misura in cui il mondo è connesso è netta e sembra improbabile un'inversione di tendenza nel prossimo futuro. In termini di globalizzazione economica, il mondo è analogo a un mercato globale. Le economie locali e nazionali sono inserite in un mercato mondiale, dove le forze della domanda e dell'offerta trascendono i confini nazionali e dove le varie crisi si manifestano in modo abbastanza evidente. La diffusione dell'interdipendenza economica è stata facilitata dalla deregolamentazione e dagli sviluppi tecnologici. Una chiara illustrazione di ciò è stata la crisi finanziaria e la contrazione del credito del 2008. Innescato da una complessa relazione tra la deregolamentazione, gli investimenti in obbligazioni ipotecarie, l'emissione di mutui a basso costo e la mancanza di considerazione del rischio sistemico da parte delle banche statunitensi, il contagio finanziario ha interessato praticamente tutti i settori dell'economia globale. L'interconnessione dei mercati non poteva più essere negata nemmeno dagli scettici più convinti della globalizzazione e degli analisti particolari del neoliberismo economico negli Stati Uniti, in Europa e in altre parti del mondo.

Il politologo britannico David Held (1951-2019) sosteneva, quasi alle soglie del 2000, che la globalizzazione consiste nell'ampliamento, approfondimento e accele-

---

London: Sage, 2014, II.

9 Modello sviluppato dall'economista N. Kaldor per spiegare le oscillazioni del prezzo di mercato nel tempo; identifica sotto quali condizioni il prezzo converge all'equilibrio di mercato in presenza di aspettative statiche (www.treccani.it). Il modello parte dal presupposto che la Domanda che esprimono i consumatori è una funzione (dipende) del prezzo osservato all'atto della decisione di acquisto; mentre l'Offerta dei produttori è programmata molto tempo prima che questa venga esibita sui mercati. Questo implica che il consumatore sceglie in funzione di un prezzo osservato (in tempo reale), mentre il produttore decide di produrre in funzione di una aspettativa di prezzo (prezzo atteso).

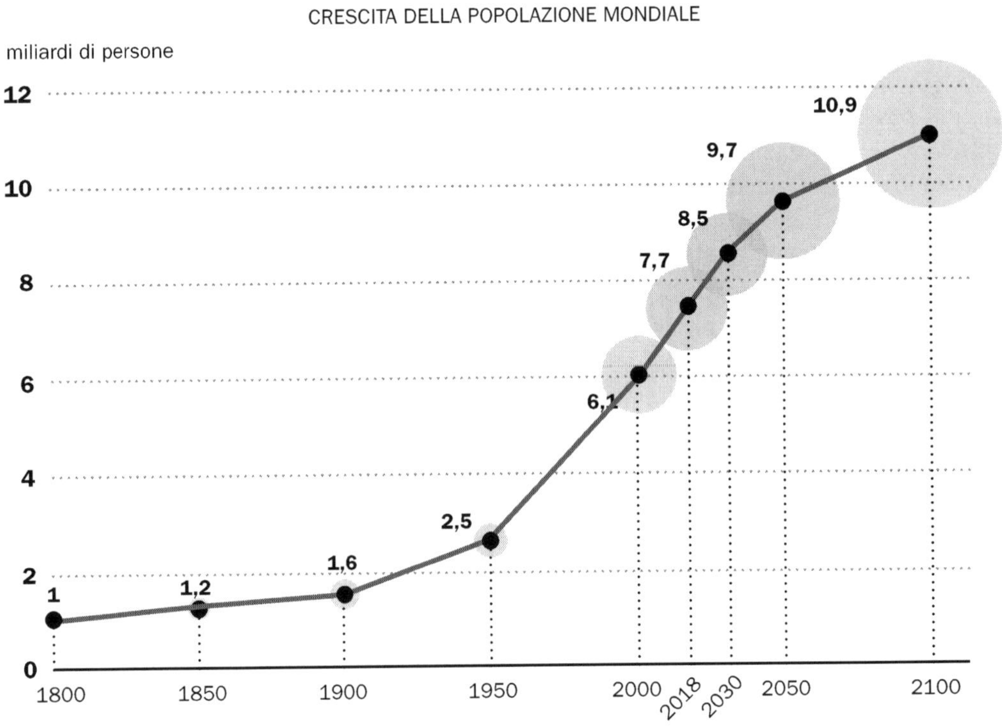

Figura 6.1 – Andamento della popolazione mondiale (Fonte: ONU, World Population Prospects 2019).

razione dell'interconnessione mondiale in tutti gli aspetti della vita sociale contemporanea. Importante, come già accennato, è l'incremento della popolazione nelle sue proiezioni più avveniristiche, come indicato dalla Figura 6.1 (che illustra l'andamento sulla scala globale). Il processo stesso permea tutti gli aspetti delle relazioni internazionali, compreso il connesso sistema statale, economico e quotidiano. Nel contesto critico della globalizzazione, l'interconnessione comporta due elementi correlati. Il primo è l'allentamento dei confini internazionali per facilitare il flusso di beni, servizi e persone. In secondo luogo, le istituzioni sono state create o modificate per adattarsi alla nuova normalità. In questo modo, si può dire che la globalizzazione abbia creato un villaggio globale in cui in qualche modo siamo tutti collegati. Per esempio, gli sviluppi tecnologici ci permettono di condividere immagini e idee in modo immediato e a distanza. In questo senso, la dipendenza reciproca si esprime forse in modo più evidente nell'ambito della globalizzazione economica del neoliberismo. Per quanto riguarda gli aspetti positivi, i Paesi che un tempo avrebbero potuto ingaggiare una guerra ora hanno un forte incentivo finanziario per evitare un simile scenario. Nonostante la retorica ipnotica di una sorta di guerra commerciale tra Stati Uniti e Cina, nessuna delle due parti ha un interesse razionale ad attuare un protezionismo totale. La prospettiva liberale si riferisce a questa situazione come alla «teoria della pace capitalista», così e come è stata definita dagli economisti e scienziati della politica nel 2007, o talvolta alla «teoria della pace commerciale». L'instabilità economica in una regione del mondo può avere un impatto dannoso su altre, come si è visto con la crisi finanziaria globale del 2008. Nonostante un limitato livello di regolamentazione statale, transazioni per trilioni di dollari USA avvengono al di fuori di qualsiasi controllo governativo significativo. Un'altra area in cui l'interconnessione ha importanti implicazioni riguarda l'intervento umanitario. L'elemento normativo del neoliberalismo tende a fornire una base sicura per l'intervento umanitario. Tuttavia, i realisti ci ricordano che le considerazioni umanitarie e strategiche spesso si intrecciano. In questo senso, l'intervento umanitario in un'epoca di globalizzazione può essere giustificato da ragioni di interesse personale. In alcune regioni del mondo, l'intervento è un mezzo utile per prevenire l'instabilità regionale, che può avere ripercussioni anche sulle regioni vicine. Gli Stati hanno anche un interesse razionale ad adottare una definizione altamente selettiva di intervento umanitario. In sostanza, la globalizzazione ci impone di ripensare la nostra visione convenzionale della politica mondiale. Come sottolineava il professor Anthony McGrew nel 2017, il potere sovrano e l'autorità dei governi nazionali si stanno trasformando, ma non necessariamente erodendo, nel XXI secolo[10]. A dimostrazione di ciò, la globalizzazione ha stravolto i presupposti tradizionali (come la dicotomia tra sfera politica interna ed esterna). Anche la cosiddetta «politica di potenza», nel senso consolidato del termine, deve essere riconfigurata per riconoscere l'importanza dei legami economici. Grazie all'interconnessione e alla dipendenza reciproca, una moltitudine di attori svolge un ruolo sempre più importante negli affari globali. La globalizzazione ha portato con sé anche un ampliamento del vocabolario delle relazioni internazionali con termini quali interdipendenza complessa, *soft power*, *governance* globale, e l'elenco potrebbe continuare. Secondo i teorici del neoliberalismo più moderni, l'interconnessione e la dipendenza reciproca contribuiranno alla creazione di un ordine mondiale più pacifico. Poiché gli Stati tendono a massimizzare i propri interessi percepiti, ciascuno di essi mira a mantenere il sistema economico globale. Le dinamiche della globalizzazione consentono dunque agli Stati di sfuggire alla camicia di forza imposta loro dalla concezione westfaliana dello Stato sovrano. Naturalmente, questi assunti normativi sulla globalizzazione non sono universali, anche se toccano soprattutto la natura del neoliberismo economico. La prospettiva realista ha poi una visione meno ottimistica della globalizzazione. Nonostante un innegabile grado di connessione e interdipendenza, il sistema statale rimane anarchico e gli Stati devono sempre garantire la propria sopravvivenza, almeno per i realisti. Il conflitto tra gli Stati (e al loro interno) continua quindi a essere una caratteristica delle relazioni internazionali contemporanee.

Tutto ciò si qualifica anche di fronte ai tentativi di riferirsi alla globalizzazione come che ad uno spazio di mercato, differente dalla «localizzazione» e, più che alla cosiddetta «mondializzazione», in uso soprattutto tra gli autori di matrice francese. A proposito, in rapporto a differenti scenari di imprese e investimenti industriali, è possibile riferirsi alla localizzazione come alla scelta di un luogo più adatto per svolgere l'attività d'impresa stessa, il che presenterebbe vari fattori quali la vicinanza ai mercati e all'approvvigionamento, alla vendita di infrastrutture e alla presenza dei servizi con tutta una serie di incentivi economici per differenziazione tra i distretti industriali o di

[10] Cfr. David Held, Anthony McGrew, *Globalismo e antiglobalismo*, Bologna, il Mulino, 2010, I.

figure produttive. In un'altra accezione, si potrà far discendere la definizione dalle influenze del mercato mondiale, in un contesto nel quale, come nota Gallino:

> Si assume che «globalizzazione» significhi che ciascun attore economico, collettivo o individuale che sia – cioè impresa o lavoratore – è in competizione con qualunque altro attore che offra sul mercato-mondo una merce o una forza lavoro dello stesso tipo. Si vuol dire con ciò che se l'impresa X o il lavoratore Y stanno a Tolosa o a Dublino, mentre un'impresa o un lavoratore siti a Giacarta offrono al mondo lo stesso bene o l'analoga forza lavoro a prezzo inferiore, X e Y non riusciranno a vendere le loro merci o il loro lavoro nemmeno nei dintorni di Tolosa e di Dublino. In questo caso il termine simmetrico localizzazione significa che per competere globalmente è necessario riuscire a soddisfare la domanda di nicchie di mercato *locali* sempre più numerose, differenziate e specializzate. In questa luce i tempi in cui l'azienda industriale produceva un milione di pezzi tutti uguali che vendeva in seguito in tutto il mondo sono finiti. Se vuole arrivare a vendere un milione di pezzi, che potrebbero essere il minimo per sopravvivere, quell'azienda deve produrre tante varietà di quel prodotto quante occorrono per soddisfare la domanda di N piccoli mercati differenti in M regioni del pianeta (N essendo di norma maggiore di M, poiché ogni regione può includere più mercati)[11].

Ciò significa inoltre che il termine globalizzazione:

> abbia il significato di «universalismo del mercato»; ossia rimandi alla diffusione, in ognuno dei campi in cui si può suddividere l'organizzazione sociale, della cultura, dei comportamenti e delle disposizioni del bisogno che appaiono coerenti con la massima espansione del mercato lungo tutte le sue dimensioni. In questa accezione, localizzazione si riferisce allora al recupero o alla difesa delle tradizioni locali, ossia a un movimento che può essere al tempo stesso sociale, culturale e politico di opposizione all'espansione mondializzante del mercato: una istituzione, una modalità di relazione, che in questa prospettiva molti ritengono, o semplicemente sentono, possa emarginare le culture nazionali e regionali o addirittura minacciarne l'esistenza[12].

Importante, a riguardo, è la questione della presenza dello Stato nella creazione del mercato e alcune considerazioni che ne seguono immediatamente. Scrive Gallino:

> Per quanto al presente rimanga vero quanto testé asserito circa il potere dello stato nel costruire e configurare il mercato e i mercati, occorre ciò nondimeno sottolineare che un insieme di processi affermatisi negli anni Ottanta e Novanta del Novecento hanno profondamente trasformato i rapporti tra stato e mercato. La globalizzazione dell'economia, la deregolazione quasi totale dei movimenti di capitali; lo spropositato predominio (di un ordine compreso tra 50:1 e 100:1) degli scambi esclusivamente finanziari (nei quali si scambiano monete, oppure monete contro titoli, obbligazioni, azioni, *futures* ecc.) sugli scambi dell'economia reale (denaro contro prodotti o servizi); l'avvento delle nuove tecnologie dell'informazione e della telecomunicazione, e non da ultimo il radicale ridisegno (o *re-engineering*) delle imprese, hanno reso fluidi, obiettivamente non identificabili, e perciò nei fatti incontrollabili, i confini delle rispettive economie nazionali [...]. La globalizzazione dei mercati ha spinto in tutto il mondo le imprese a perseguire con rinnovata determinazione due obiettivi che per certi aspetti sono insiti fin dalle origini nella natura stessa dell'impresa capitalistica: utilizzare la minor quantità possibile di forza lavoro per unità di prodotto, ovvero accrescere senza posa la produttività del lavoro; e acquistare esclusivamente in ogni dato momento – il che vuol dire in molti casi ogni giorno – la quantità

[11] Luciano Gallino, *Globalizzazione e disuguaglianze*, Roma-Bari, Laterza, 2002, I, cit. p. 24.
[12] *Ivi*, p. 25.

di forza lavoro necessaria per soddisfare la domanda a breve termine. Le più recenti tecnologie dell'automazione, dell'informazione e delle telecomunicazioni, accoppiate con modelli organizzativi fondati sui concetti di ristrutturazione aziendale, produzione snella, esternalizzazione (*outsourcing*), qualità totale, e applicate tanto alla manifattura quanto alla produzione di servizi e al lavoro d'ufficio, sono stati strumenti di grande efficacia per conseguire tali obiettivi di flessibilità congiunta della produzione e dell'occupazione[13].

Nell'età della globalizzazione si rappresenta il fatto per cui il mondo-mercato si viene affermando come un insieme di gruppi di riferimento i quali implicano spostamenti di popolazione da un territorio all'altro (migrazioni e flussi migratori) e una redistribuzione dei salari dovuti alla manodopera dal Sud al Nord del pianeta.

Riprendendo gli antichi studi sull'economia di Karl Polanyi (1886-1964) e i più recenti, sull'economia di mercato di Albert Otto Hirschman (1915-2012) del 1994, sul lavoro di Jeremy Rifkin (1995), sulla stratificazione di Stephen A. Herzenberg, John A. Alic e Howard Wial (1998), sullo sviluppo e la globalizzazione di Mark Weisbrot (1998), Robert Kyloh (1998) e Jean-Claude Delaunay (1999), Gallino imbastisce una ricerca sulle disuguaglianze nel mondo globalizzato, seguendo le tendenze a ribadire il fatto per cui le risorse sociali distribuite in seno alle società avanzate sarebbero collocate in modo diseguale tra i membri di quei contesti, siano essi globali che a carattere locale. Sia che si possa trattare di reddito, di lavoro o di proprietà, di potere politico o di istruzione ecc. si nota che una quota di popolazione possiede sempre certe risorse in misura maggiore o minore di un'altra. La globalizzazione dovrebbe avere due effetti principali sul lavoro e sui redditi. In primo luogo, gli aumenti di produttività, in particolare nei settori commerciabili, dovrebbero tradursi in un aumento dell'occupazione e in una riduzione dei prezzi in tali settori. Quest'ultimo dovrebbe anche tradursi in un miglioramento dei redditi reali e del benessere della popolazione, almeno per certi strati di essa. In secondo luogo, l'aumento dei salari nei settori di esportazione, che si presume siano più intensivi di manodopera non qualificata, dovrebbe portare a una riduzione dei differenziali salariali per livello di competenza e, quindi, a una maggiore equità. La riduzione o l'eliminazione delle tariffe e delle barriere non tariffarie dovrebbe portare a un calo dei prezzi relativi dei beni commerciabili. Ciò comporterebbe, dal lato della produzione, una riallocazione dei fattori verso i settori di esportazione e, dal lato dei consumi, una riallocazione della spesa verso beni e servizi importati. Di conseguenza, la crescita delle esportazioni dovrebbe avere un effetto positivo sull'occupazione, mentre la riduzione dei prezzi relativi dei beni importabili dovrebbe portare a un aumento dei redditi reali. La liberalizzazione del commercio dovrebbe quindi portare a un aumento del benessere per diverse realtà di popolazione. Nel breve periodo, tuttavia, la crescita dell'occupazione derivante dall'aumento delle esportazioni potrebbe essere compensata da una diminuzione dell'occupazione nei settori in concorrenza con le importazioni. L'aumento della concorrenza in questi settori costringe le imprese ad aumentare la produttività, generalmente a spese dell'occupazione. L'effetto netto sull'occupazione dell'apertura economica dipenderà dalla domanda di lavoro in particolari settori e dall'offerta di lavoro.

---

[13] Luciano Gallino, *Globalizzazione e disuguaglianze*, Op. cit., I, cit. pp. 30-36. Si veda anche di Gallino *Manuale di sociologia* (a cura di), Torino, UTET, 1997, cap. V, VII e X; v. edizione 2008.

In questo contesto di analisi, con particolare riferimento alla situazione nel Sud del mondo, il primo risultato atteso, effettivamente osservato nella maggior parte dei Paesi, è l'aumento della produttività nei settori in cui i prodotti sono destinati alla vendita in mercati lontani, in particolare nell'industria manifatturiera. Come si vedrà in seguito, questo risultato è associato a una riduzione del livello di occupazione del settore. Negli anni Novanta, esclusi l'Europa e gli Stati Uniti, la produttività per dipendente è cresciuta a tassi annui compresi tra il 5% e il 7% in Argentina, Brasile, Messico e Perù, mentre in Cile si è attestata circa al 3%. Gli effetti sulla competitività internazionale variano a seconda del Paese studiato e degli indicatori utilizzati per misurare il costo del lavoro. Di solito si sostiene che il costo eccessivo della manodopera può influire sull'accesso ai mercati internazionali, e in un ambiente più competitivo i costi sono effettivamente importanti. Il costo eccessivo della manodopera può essere il risultato di salari più alti o di alti costi non salariali della manodopera o di entrambi. Nella maggior parte dei Paesi, ad esempio in quelli latinoamericani, la situazione attuale non sembra giustificare la priorità data a questo tema, salvo alcuni necessari aggiustamenti per adattarlo al contesto locale. Sebbene di recente abbiano registrato certa ripresa, i salari nella maggior parte dei Paesi latinoamericani sono ancora inferiori a quelli del 1980. Nel 1999 i salari minimi erano mediamente più bassi del 26% rispetto al 1980, ma nello stesso periodo i salari nell'industria manifatturiera sono aumentati del 2,9%. I costi non salariali del lavoro, che includono contributi previdenziali, tasse e benefit obbligatori, variano notevolmente da Paese a Paese, rappresentando una quota compresa tra il 38% e il 64% dei salari. Nel caso del Cile e dell'Argentina, i costi non salariali del lavoro sono superiori a quelli della Corea, simili a quelli degli Stati Uniti e molto inferiori a quelli prevalenti nei Paesi europei dell'OCSE. L'evoluzione del costo del lavoro negli anni Novanta solleva anche altre questioni politiche da considerare. In Paesi come Argentina, Brasile, Messico e Perù, il costo del lavoro, deflazionato in base ai prezzi al consumo, non è aumentato più rapidamente della produttività e, di conseguenza, non ha rappresentato un ostacolo per un maggiore accesso ai mercati internazionali. Tuttavia, se espressi in dollari anziché in valuta locale, o se osservati in relazione ai prezzi alla produzione, i guadagni sono minori e nella maggior parte dei casi la competitività è diminuita. Ciò è dovuto agli effetti della politica macro-economica del periodo, che nella maggior parte dei Paesi ha comportato il mantenimento di valute nazionali sopravvalutate a causa della necessità di ridurre l'inflazione e della liberalizzazione dei flussi di capitale. Parte del calo si spiega con i ritardi nell'adeguamento del tasso di cambio. Nel frattempo, i prezzi interni si adattano a velocità diverse a un ambiente economico più competitivo: i prezzi dei beni scambiati, generalmente inclusi nei prezzi alla produzione, si adeguano in modo relativamente rapido, mentre quelli dei beni di consumo, più influenzati dai beni e servizi non scambiati, tendono ad adeguarsi più lentamente. Il risultato è che, mentre il costo del lavoro espresso in termini di prezzi al consumo non è aumentato, in realtà è cresciuto molto rapidamente rispetto ai prezzi alla produzione. Questa variazione dei prezzi relativi, trovandosi al di fuori della sfera del mercato del lavoro, influisce sulla dinamica della determinazione dei salari perché fa sì che le prospettive dei lavoratori (basate sul potere d'acquisto dei salari) divergano da quelle di coloro che gestiscono le imprese (basate sui margini di profitto). Inoltre, come dimostra chiaramente la situazione dopo la metà del 1997, la competitività dipende anche dagli sviluppi economici di altri Paesi. Nonostante un aumento della competitività dei Paesi latinoamericani compreso tra lo 0,4% e il 10%, la loro capacità di competere con i beni provenienti dai Paesi asiatici è peggiorata. I guadagni di competitività in questi Paesi sono stati di circa il 50% – dal 20% in Thailandia al 60% in Malesia – mentre tra i Paesi latinoamericani l'aumento maggiore, in Colombia, è stato di circa il 10%. In sintesi, la produttività è cresciuta, come previsto, come conseguenza del processo di riforma, ma sono ancora necessari alcuni aggiustamenti. In primo luogo, se si vuole mantenere la competitività internazionale, è necessario esaminare i costi non salariali del lavoro. In secondo luogo, occorre rivedere le politiche macroeconomiche, in particolare i tassi di cambio sopravvalutati e i prezzi relativi. Infine, gli aumenti di produttività non sono stati sufficienti a colmare il divario con i concorrenti.

Tuttavia, esiste un altro scenario da considerare, ossia il fatto che la globalizzazione, oltre a essere un progetto economico-industriale, può essere pensata anche come un progetto di natura politica, come suggerito dal confronto con i decenni successivi. Come noterà Gallino nel 2012:

> Sotto il profilo politico, la globalizzazione è stata mossa da un duplice intento: anzitutto poter disporre di masse di salariati che avessero meno potere di quello che avevano acquisito le classi lavoratrici americane ed europee – mi riferisco ancora all'America del *New Deal* e all'Europa del trentennio successivo alla Seconda guerra mondiale – di incidere sulla distribuzione del reddito, sul governo delle imprese, sull'organizzazione del lavoro. In secondo luogo, si è puntato a ridurre il potere e a comprimere sia i salari che i sistemi di protezione di cui godevano la classe operaia e le classi medie nei loro Paesi d'origine. Per ridurre il potere di un avversario come la classe operaia, non esiste mezzo migliore che togliere di mezzo le basi materiali della sua esistenza [...]. In poche parole, dagli Stati Uniti e dall'Europa, che vuol dire soprattutto l'Unione Europea – e in particolare l'eurozona, che conta oggi 17 Paesi, ed è quella economicamente più forte –, un gran numero di fabbriche e di servizi che girano attorno ad esse è stato trasferito nei cosiddetti paesi emergenti, dove sono state investite migliaia di miliardi di dollari per realizzare impianti produttivi che avrebbero potuto essere tranquillamente creati in gran parte dei paesi d'origine [...]. In prima battuta, già negli anni Ottanta, i cosiddetti «investimenti diretti all'estero» sono stati convogliati soprattutto verso la Cina; altri imponenti flussi di capitali hanno preso la strada verso l'India, Filippine, Indonesia, America Latina. Lo scopo iniziale è stato ovunque il medesimo: poter disporre di una forza lavoro sottomessa, flessibile, pagata cinque o dieci volte di meno che negli USA o nella UE, praticamente priva di qualsiasi diritto (o meglio senza alcuna legge che proteggesse i suoi diritti), con una presenza sindacale praticamente inesistente e nessuna tutela ambientale. L'obiettivo, insomma, era quello di ottenere una completa libertà d'azione nei Paesi emergenti – una libertà d'azione impossibile nei Paesi d'origine (Stati Uniti e Unione Europea) dove le grandi *corporations* erano e sono vincolate da una serie di leggi e di norme nate dalle lotte operaie e dal movimento sindacale, oltre che dagli interventi, almeno per qualche tempo, dai partiti socialdemocratici e democristiani. La Cina, prima, e per certi aspetti anche l'India, in seguito, non sono paesi emersi nell'economia mondiale unicamente con le proprie forze: sono stati in larga misura una creatura dell'Occidente, con il quale solo più tardi hanno iniziato a competere[14].

L'esemplificazione operata sul lavoro e la lotta di classe attesa in termini di globalizzazione ha ammesso una certa marginalità che si verifica anche in termini di esclu-

[14] Luciano Gallino, *La lotta di classe dopo la lotta di classe. Intervista a cura di Paola Borgna*, Roma-Bari, Laterza, 2013, III, cit. pp. 39-40.

sione e non solo di disoccupazione, rispetto agli individui inseriti in un certo processo di produzione in determinati contesti del capitalismo in cui si registra l'esistenza di una popolazione fragile. Scrive Gallino:

> Agli individui si richiede che facciano fronte alle sfide dell'economia mondializzata mostrando capacità di rapido adeguamento ai mutamenti tecnologici e organizzativi, spirito di iniziativa, disposizione alla mobilità professionale e territoriale, assunzione di responsabilità per il proprio futuro. Chi mostra di non possedere in elevata misura tale pluriforme competenza, o viene sospettato di non possederla – che è il caso frequente, da un lato, dei giovani in cerca di prima occupazione, dall'altro degli occupati appena sopra i quarant'anni, siano essi operai, quadri o dirigenti – ha elevate probabilità di essere escluso dal sistema produttivo, o perché è costretto a uscirne, o perché non riesce ad entrarvi[15].

Il rischio di esclusione è molto alto per certe quote di popolazione nel mondo, e ciò si verifica al di là delle misure di stratificazione, quando ci si occupa di mettere in rapporto alla globalizzazione, l'occupazione e i suoi effetti perversi. Per quello che concerne la disoccupazione, egli prosegue:

> Al di là dell'aumento della disoccupazione, dei modesti tassi di crescita, della stasi della produttività e della riduzione dei salari reali, che hanno accompagnato la globalizzazione degli anni Ottanta, altri suoi effetti vanno richiamati: il forte aumento delle disuguaglianze di reddito tra lo strato più ricco e lo strato più povero della popolazione mondiale [...] nonché il degrado economico, sociale e culturale, e talora l'annichilimento fisico, di innumerevoli comunità locali, a causa sia del processo di inurbamento [...] sia della situazione di pressoché totale dipendenza da processi internazionali esogeni in cui la globalizzazione le ha costrette, o di trasferimenti forzati nel quadro di progetti di modernizzazione[16].

Quest'ultimo processo è stato definito in precedenza da Gallino, e per le nostre ricerche si rende necessario riprendere brevemente quella trattazione ai fini descrittivi dell'indagine. La modernizzazione, implica dei processi strutturali che riguardano comunque: a) l'urbanizzazione; b) l'espansione degli strati e delle classi medie e la loro contrazione; c) lo sviluppo e il potenziamento dello Stato; d) lo sviluppo di un sistema di comunicazione e di trasporti; e) una pronunciata differenziazione strutturale di tutti i sotto-sistemi della società; f) la riduzione delle differenze in termini di sviluppo, di reddito, di stile di vita e di cultura; g) l'espansione del sistema educativo istituzionale; h) l'aumento della partecipazione politica sotto varie forme. Questi indicatori empirici ineriscono alla società moderna e la distinzione in gruppi di appartenenza, là dove si differenziano, ad esempio, certe società industriali (Europa, Stati Uniti e Canada, Israele e Australia, Giappone, Russia, Repubblica Popolare Cinese, Polonia ecc.)[17]. Ora, molti autori identificano l'insieme della modernizzazione con la diffusione di tecnologie sempre più avanzate, cioè anche dell'uso di fonti di energia rinnovabili le cui caratteristiche strutturali sono viste come forme di adattamento allo stesso sviluppo tecnologico. Ciò ci dà lo spunto per affrontare subito, da un lato la differenziazione tra

---

15 Luciano Gallino, *Globalizzazione e disuguaglianze*, Op. cit., II, cit. p. 88.
16 *Ivi*, p. 104.
17 Luciano Gallino, *Dizionario di sociologia*, Torino, UTET, 1988, voce: *Modernizzazione,* pp. 428-429.

sistemi di analisi (modelli naturali e modelli sociali), così e come è stata proposta da Gallino negli anni Novanta, e dall'altro il tema del rapporto tra tecnologia e popolazione nelle società più avanzate, il quale si lega direttamente al nesso esistente tra modernizzazione e globalizzazione. Cominciamo dal secondo punto.

6.2

Come fenomeno globale, la tecnologia moderna contribuisce sicuramente ad un miglioramento della qualità della vita per una frazione della popolazione mondiale, anche se tale incremento non è egualmente distribuito tra le società dell'Occidente capitalistico, del Giappone e dei Paesi socialisti nonché del Terzo e Quarto Mondo, a seconda che controllino o meno le materie prime e in attesa di aiuti tecnologici da parte delle società più avanzate. Nello specifico, va detto che:

> Una prassi sociale, organizzativa, educativa, atta a eliminare le attuali contraddizioni della tecnologia darebbe origine molto probabilmente a una tecnologia assai diversa da quella che conosciamo. Va però tenuto presente che lo sviluppo diffuso di qualsiasi forma di tecnologia trova un limite invalicabile nell'aumento della popolazione. Una popolazione data ammette una certa *dose individuale* di tecnologia, relativamente elevata; una popolazione più numerosa non può che ammetterne una dose minore. La ragione è che ogni dose unitaria di tecnologia consuma risorse scarse in assoluto, a partire dallo spazio fisico. Per esempio, quando la mobilità geografica della popolazione era minima, lo spazio pro-capite consumato dall'insieme del sistema dei trasporti era di pochi metri quadrati. Il sistema di trasporto contemporaneo, che favorisce un'altissima mobilità, consuma migliaia di metri quadrati pro-capite sotto forma di strade, parcheggi, aeroporti, officine di riparazione, stazioni autoferroviarie, depositi di veicoli, uffici. Dato che lo spazio non è riciclabile – per altre risorse il riciclaggio può essere una via d'uscita parziale e temporanea alla scarsità – arriva il momento che la dose di tecnologia dei trasporti utilizzabile da ciascuno deve essere ridotta. È quanto si va scoprendo da tempo nelle grandi città: giunti allo stadio in cui *ciascuno* può permettersi l'uso di un'auto, occorre impedire a *tutti* (o alla grandissima maggioranza) di usarla. Altri tipi di tecnologia hanno effetti simili, ed il fattore chiave è sempre la popolazione. La ricerca di un punto di equilibrio tra la grandezza della popolazione e il livello o «dose» di tecnologia disponibile pro-capite sarà uno dei maggiori problemi dei prossimi decenni[18].

Infatti, ragionando in termini di coevoluzione di popolazioni umane e sistemi tecnologici, si potrà ammettere che:

> Nell'evoluzione della nostra specie interagiscono dunque tre ordini di popolazioni: organismi umani, sistemi tecnologici e sistemi socioculturali. Il loro stato attuale è il risultato di milioni di anni di evoluzione congiunta, durante la quale ogni tipo di popolazione ha condizionato, in un intricato circuito di retroazioni amplificatrici e riduttrici, e di proazioni (*feedforwards*), la morfologia, le strutture interne, il comportamento, la densità e la distribuzione degli altri due. L'elevatissima velocità di evoluzione fatta registrare dai sistemi tecnologici da due o tre secoli a questa parte, in cui vari osservatori scorgono l'indice di una loro totale separazione dall'evo-

[18] Luciano Gallino, *Dizionario di sociologia*, Op. cit., voce: *Tecnologia*, cit. p. 709.

luzione biologica, non deve indurre a sottovalutare il fatto che per milioni di anni l'evoluzione degli organismi umani, misurata dalla variazione sistemicamente correlata di centinaia di tratti morfologici e strutturali, fu molto più rapida dell'evoluzione tecnologica, misurata con criteri affini; né che, al presente, non siamo per nulla in grado di valutare la velocità attuale di evoluzione delle popolazioni umane, nessun dato escludendo ch'essa possa un giorno risultare, in retrospettiva, sorprendentemente elevata[19].

È ancora Luciano Gallino a confermare che:

Forse mai i sistemi tecnologici marceranno tra noi esprimendo una coscienza e una volontà loro proprie. Ma fin da ora paiono in certi casi riprodursi ed evolversi come se, anziché mezzi per aiutare la nostra sopravvivenza e riproduzione, o quella dei sistemi socioculturali che a queste danno un senso pur quando ne alterano la probabilità, essi badassero anzitutto ai «loro» interessi riproduttivi. Sebbene i decisori siano pur sempre appartenenti a popolazioni umane, non è l'idoneità di queste, né quella dei loro sistemi socioculturali, che certe loro decisioni massimizzano, ovvero ottimizzano mediando tra l'una e l'altra; bensì quella di determinati sistemi tecnologici. In parte ciò è dovuto al fatto che la dipendenza delle popolazioni umane dalla tecnologia è divenuta così immediata e visibile da assegnare una priorità assoluta al mantenimento delle condizioni di sopravvivenza dei sistemi tecnologici[20].

L'impatto reale del cambiamento dei sistemi tecnologici giocherebbe un ruolo fondamentale nella descrizione dei mutamenti globali cui assistiamo, anche perché molti fenomeni sono il risultato del modo in cui la tecnologia ha realmente plasmato la società e anche l'ambiente negli ultimi anni e decenni[21]. Da ciò ne discendono alcune importanti considerazioni che ci consentono di spiegare meglio il processo per cui la tecnologia risulterebbe essere anche un mezzo preciso di adattamento in rapporto alla popolazione e all'esistenza di indicatori che riguardano la vita stessa dell'uomo in società.

Ciò che caratterizza la tecnologia moderna è l'intreccio inscindibile che viene a stabilirsi, prima o poi, far tecnica e scienza. In forza di tale intreccio, la tecnologia rappresenta la massima espressione del principio di razionalità applicato alle attività umane dirette a scopi pratici: rendere massimo il risultato ottenibile a fronte di risorse date; rendere minimo l'impiego di risorse per ottenere un certo scopo [...]. Tra i principali indicatori dell'efficacia della tecnologia come mezzo di sopravvivenza va anzitutto menzionato, a livello individuale, il forte aumento della speranza di vita alla nascita, dell'ordine di decine di anni, verificatosi entro le società tecnologicamente avanzate nell'arco di poche generazioni. In parallelo, si osserva un aumento assai minore, e in casi non rari una stasi, della stessa speranza di vita nelle società tecnologicamente arretrate. Sulla base di questo indicatore, le società contemporanee si collocano su una scala che vede in cima un piccolo gruppo di società industriali avanzate in cui la dose di tecnologia pro capite è la più alta che si conosca, quali il Giappone, l'Europa occidentale e il Nord America [...]. La superiorità tecnologica assicura in genere la superiorità militare frontale, pur in presenza di una forte inferiorità numerica delle forze in campo[22].

19 Luciano Gallino, *Tecnologia e democrazia. Conoscenze tecniche e scientifiche come beni pubblici*, Torino, Einaudi, 2007, III, cit. pp. 100-101.

20 *Ivi*, p. 124.

21 Cfr. Arnulf Grübler, *Tecnology and Global Change*, Cambridge University Press, 1998, I, II.

22 Luciano Gallino, *Tecnologia e democrazia. Conoscenze tecniche e scientifiche come beni pubblici*, Op. cit., IV, cit. pp. 132-135.

Per ciò che riguarda da vicino i decisori tecnologici andrebbe notato uno scarto di razionalità tra la realtà locale e quella globale al quale corrisponde uno scarto tra razionalità individuale e collettiva nonché un incerto rapporto tra razionalità locale e irrazionalismo globale, quando i consumatori di tecnologia elevano i propri sprechi di materie prime a livello dei Paesi più sviluppati, e quando le risorse stimate vengono esaurite. Scrive ancora Gallino:

> Fa parte della razionalità globale di un attore sociale saper interpretare i segnali che si moltiplicano intorno a esso. Quelli – apparentemente casuali – [...] si potrebbero interpretare nel senso che i decisori tecnologici dell'Occidente riusciranno, nonostante tutto, ad assicurarsi elevate probabilità di sopravvivenza anche per i prossimi decenni, purché si verifichino – questo dice la speranza – alcune condizioni concomitanti. Per esempio, al di fuori dell'Occidente quel che dovrebbe succedere è che soltanto frazioni delle popolazioni locali, le élite, e non già l'intera popolazione, si diano da fare nel prossimo futuro per acquisire una dose di tecnologia pro-capite paragonabile a quella degli occidentali. Ciò al fine di evitare che molte materie prime vadano esaurite, sui mercati mondiali, prima che gli occidentali stessi abbiano trovato il modo di sostituirle con nuovi materiali, o con nuovi prodotti o tecnologie produttive, oppure con processi di reimpiego e riciclo che ne riducano drasticamente la domanda. Inversamente, entro il perimetro dell'Occidente, tutti dovrebbero impegnarsi per aumentare la dose media di tecnologia pro-capite[23].

A questo punto, l'autore prosegue spiegando una classe di problemi che derivano in modo diretto dagli sviluppi della scienza e dalle applicazioni tecnologiche a essi conseguenti, intrecciando argomenti che riguardano la costruzione di modelli nella tecnoscienza. Questi ci aiutano a esaminare il punto successivo che ci eravamo proposti in precedenza, relativo principalmente alla complessità. Di fatto, ad esempio, i modelli di popolazione a matrice sono un potente strumento per studiare le conseguenze dinamiche della struttura del ciclo vitale e dei tassi vitali (tassi di mortalità, fertilità, crescita e sviluppo), soprattutto quando gli individui sono classificati in base alla dimensione o allo stadio di sviluppo, piuttosto che all'età. Inoltre, possono risultare utili a riguardo i modelli di popolazione strutturata. In pratica, se esiste un punto di partenza per pensare alle popolazioni, questo deve essere l'individuo. I singoli organismi nascono, crescono, si sviluppano, maturano, si muovono, si riproducono e alla fine muoiono. La velocità con cui si verificano questi processi determina se la popolazione aumenta o diminuisce, persiste o si estingue, si espande o si contrae, fluttua o rimane stabile. L'ambiente influenza la popolazione attraverso i suoi effetti su questi processi individuali. Per modellare le dinamiche di una popolazione e la loro risposta all'ambiente è necessario un collegamento tra i tassi individuali (collettivamente chiamati «tassi vitali») e i processi demografici. Ora, la classe di problemi cui Gallino si riferisce implica determinati caratteri:

> (a) gli oggetti che fanno problema sono sistemi complessi di dimensione planetaria; (b) alcuni di tali sistemi hanno un'origine naturale, altri hanno origini artificiali, altri ancora derivano da una combinazione inedita di naturalità e artificiosità; (c) le azioni compiute dall'uomo su di essi sono talora manipolatorie (di sistemi preesistenti), talora creatrici (di nuovi sistemi), talora

[23] Luciano Gallino, *Tecnologia e democrazia. Conoscenze tecniche e scientifiche come beni pubblici*, Op. cit., IV, cit. pp. 144-145.

> infine deliberatamente ricorsive (nei casi in cui l'azione si applica sui risultati di un'azione analoga. Le ragioni che ostacolano la formulazione di previsioni attendibili circa lo stato attuale e il comportamento futuro di tali sistemi ineriscono a una serie di disadattamenti esistenti tra: (1) la complessità oggettiva dei sistemi considerati; (2) i processi cognitivi degli attori scientifici che dovrebbero modellizzarli; e (3) i processi valutativi dei *policymaker*[24]. La costruzione di modelli adeguati dei sistemi in oggetto richiederebbe forme di reciproco adattamento di questi tre elementi che al momento sono a mala pena ipotizzabili[25].

A seguire la costruzione di modelli, Gallino utilizza gli studi di autori che vanno da Michael Arbib e Mary Hesse (1986)[26], ad Alberto Baldissera (1992), Pierre Delattre e Michel Tellier (1979), Brian R. Gaines (1984), Hans Jonas (1974)[27], Jacques Richardson (1984), Jeremy Rifkin (1988)[28] e Stanley N. Salthe (1985). L'obiettivo è quello della costruzione di un modello del sapere scientifico emergente dalla interazione di differenti soggetti, nel quale i processi valutativi e cognitivi possono essere collegati in maniera metodicamente controllata, così e come, ad esempio, avviene nei laboratori e nei centri di ricerca. Nello specifico, va detto che: «Tali particolari forme di interazione sociale consentono di "ispessire" i processi di fabbricazione della conoscenza sino a trasformare i segni indeterminati generati dalla strumentazione tecnologica del laboratorio in simboli atti a essere inseriti in modelli di base, in modelli compositi e infine in teorie»[29].

Non è la prima volta che Gallino accenna alla costruzione di modelli, dopo avere affrontato il tema della complessità, che a sua volta scaturisce da un esame di una modellistica che si rapporta alla realtà, attraverso l'espressione dei cosiddetti modelli telefunzionali o modelli del comportamento. In altra sede ho affrontato il problema di una costruzione di «modelli di teoria» attinenti a quelli costruiti in sociologia da molti autori e specialisti, stante il fatto che quelli illustrati da Gallino avrebbero trovato un certo rilievo all'interno delle procedure esaminate. Così mi esprimevo:

> Comunque, nonostante l'elevato grado di sofisticazione raggiunto dagli studiosi in questi campi specifici di indagine (nei quali qui non si ambisce a entrare in dettaglio) sembrano valide e attuali proposte ulteriori che portano a considerare i «modelli di teoria» esistenti più concretamente alla luce della «sperimentazione» del rapporto teoria-ricerca contenuto nei costrutti falsificabili (o modelli, appunto). In particolare, ciò potrebbe valere per la sociologia, anche se una

---

[24] Cfr. Luciano Gallino, *L'incerta alleanza. Modelli di relazioni tra scienze umane e scienze naturali*, Torino, Einaudi, 1992, XXV, p. 270. Si veda di Luciano Gallino, *Intelligenza artificiale, policy making e teoria dell'azione*, in *Teoria dell'attore e processi decisionali* (a cura di), con saggi di Paola Borgna, Renato Grimaldi, Gian Luigi Bulsei, Milano, FrancoAngeli, 1992, I.

[25] Luciano Gallino, *Tecnologia e democrazia. Conoscenze tecniche e scientifiche come beni pubblici*, Op. cit., V, cit. pp. 168-169.

[26] Cfr. Michael Arbib e Mary Hesse, *The Construction of Reality*, Cambridge, Cambridge University Press, 1986, trad. it. *La costruzione della realtà*, Bologna, il Mulino, 1992.

[27] Cfr. Hans Jonas, *From Ancient Creed to Technological Man*, Prentice-Hall, Englewood Cliffs, 1974, trad. it. *Dalla fede antica all'uomo tecnologico*, Bologna, il Mulino, 1991.

[28] Cfr. Jeremy Rifkin, *The Biotech Century. Harnessing the Gene and Remaking the World*, Los Angeles, Tarcher, 1988, trad. it. *Il secolo biotech. Il commercio genetico e l'inizio di una nuova era*, Milano, Baldini & Castoldi, 1998.

[29] Luciano Gallino, *Tecnologia e democrazia. Conoscenze tecniche e scientifiche come beni pubblici*, Op. cit., V, cit. p. 191.

tesi abbastanza condivisibile sostiene che certi problemi delle scienze sociali hanno la medesima struttura logica a prescindere dalla disciplina specifica. Ad ogni modo, appaiono di un certo interesse sia le spiegazioni sistemiche del rapporto teoria-ricerca che lo studio del rapporto teoria-modelli esteso a prospettive di «controllo» dei ragionamenti e delle procedure che influenzano la ricerca stessa. Ad esempio, è noto che la specificità del metodo sta nella logica che presiede la ricerca, cioè il disegno della ricerca e le procedure di «controllo» delle ipotesi. Va notato che l'esistenza del rapporto teoria-ricerca empirica non necessariamente implica un modello e che la costruzione logica di uno di questi ultimi può realizzarsi come sistema assiomatico al di là di presupposti connessi, per esempio, a tecniche di analisi che seppur non orientate alla quantificazione (modelli logici, «qualitativi») sono estremamente rigorose. Di contro, i modelli computazionali, cioè quelli programmati che simulano processi, ammettono la quantificazione, nella versione cosiddetta «dinamica», esemplificata dalla «teoria dei sistemi». Quel che non capita ai modelli di tipo cognitivo[30].

Seguendo però i curatori del volume collettaneo *La sfida della complessità* del lontano 1985, dove compare un saggio dell'autore in questione, potremo illustrare meglio il suo lavoro all'origine e i compiti che ci mostrano:

come la costruzione di un modello scientifico incontri inevitabilmente molteplici problemi di complessità, relativi alla selezione dei tratti dei fenomeni in questione da considerare come pertinenti, alla selezione di modelli locali attraverso cui interpretare questi fenomeni ecc. Più precisamente, egli distingue tra complessità *esterna* (la complessità del processo stesso di modellizzazione) e complessità *interna* (la complessità del modello così costruito). Questi due tipi di complessità sono naturalmente connessi: né l'uno né l'altro possono d'altronde superare una certa soglia, pena l'inutilità del modello. Gallino illustra le procedure che possono venir adottate per il controllo di questi due tipi di complessità attraverso la descrizione del processo di costruzione del *modello EGO*, un modello finalizzato a una migliore delucidazione del *comportamento sociale umano*. Il procedimento di modellizzazione assimila la costruzione del modello a un *percorso in uno spazio di ricerca*, caratterizzato da uno stato iniziale e da uno stato finale (lo stato scopo) collegati in linea di principio da un numero infinito di percorsi. Per selezionare il percorso adottato per approssimarsi allo stato scopo, il costruttore esplora via via una *serie di alternative* (binarie o n-arie), ed è la selezione di particolari alternative a restringere lo spazio di ricerca e a concretizzare via via il modello. Luciano Gallino ci parla delle strategie adottate per la selezione delle alternative nel modello EGO, e del modo in cui queste strategie hanno dato origine a scelte concrete. Così facendo propone un itinerario attraverso le scienze sociali contemporanee al fine della costruzione di un modello integrato del comportamento sociale. E nello stesso tempo, analizzando l'attività esplorativa e costruttiva di un particolare sistema osservante (che è l'autore stesso), approfondisce un tema centrale dell'intero volume: l'idea che la complessità *non è nella natura ma nel codice*, non nel semplice sistema osservato *ma nella congiunzione di sistema osservato e sistema osservante*, in cui hanno posto le scelte, gli scopi, i fini dell'osservatore[31].

Rispetto alle considerazioni che abbiamo fatto in sede di avviamento del discorso sui processi valutativi, possiamo ora riprendere la stesura di un capitolo (XXV) sulla scelta tra i modelli nel testo *L'incerta alleanza* del 1992, sede in cui Gallino sviluppa

[30] Guglielmo Rinzivillo, *Il concreto e l'astratto nelle scienze sociali: i modelli e il rapporto teoria-ricerca*, in «Sociologia», Anno XXXI, n. 1, Nuova Serie, 1997, cit. pp. 160-161.

[31] Gianluca Bocchi, Mauro Ceruti (a cura di), *La sfida della complessità*, Milano, Feltrinelli, 1985, cit. p. 17; il saggio di Gallino è alle pp. 274-297.

uno studio dei modelli di relazione tra le scienze in modo «elastico», soprattutto in rapporto alle scienze socio-umane e naturali, scegliendo la via di uno studio generale delle teorie scientifiche. Il problema all'origine sembrerebbe essere stato inquadrato nella stipula di un governo efficace di grandi sistemi socio-tecnici come sono ad esempio le metropoli, là dove si richiede dal punto di vista della sopravvivenza a lungo termine di una popolazione, l'applicazione di teorie più appropriate per la gestione dei sistemi globali. Ma seguiamo Gallino.

> Abbiamo già osservato che un impegno consapevole dei modelli di relazione tra le scienze potrebbe offrire nuove opportunità per migliorare [...] numerose specie di teorie scientifiche. Nella prospettiva strategica delle politiche pubbliche debbono entrare in gioco altri prerequisiti, per la gran parte ricollegabili a un atteggiamento autocritico e riflessivo nel campo della finalizzazione del progresso scientifico che i *policy-makers* e i loro consulenti scientifici dovrebbero sforzarsi di assumere. Un *policy-maker* dovrebbe sapere che la finalizzazione della scienza a scopi di pubblico interesse in una società aperta – una voluta citazione popperiana – presuppone lo sviluppo di specie completamente nuove di concetti, modelli e teorie. Il loro terreno di coltura può essere soltanto l'integrazione della ricerca scientifica naturalistica e sociale, superando le tradizionali demarcazioni tra scienze [...]. Un diverso approccio mancherebbe il bersaglio, o regredirebbe a una politica autoritaria imposta alle scienze rimaste su posizioni tradizionali. Essenziale è poi che i *policy-makers* acquistino piena coscienza delle opportunità di gettare un ponte tra scienze per consuetudine separate che oggi davvero si presentano ai ricercatori, sebbene questi ultimi, causa l'interesse per la riproduzione sociale (la loro) o obbiettivi politici, molto spesso non sappiano coglierle, e talora addirittura le nascondano. Supponiamo che un *policy-maker* chieda ai suoi esperti quali modelli del mondo dovrebbe prendere a riferimento per elaborare una linea di intervento orientata alla sopravvivenza. Ammesso che siano informati sulla struttura dell'azione scientifica e sulle sottigliezze dei modelli di relazione tra scienze, gli esperti con ogni probabilità risponderebbero che i modelli più attenti alla sopravvivenza, tra quelli interessati alla natura del mondo, sono il sistema e l'organismo; tra quelli incentrati sui tipi di ordine che si suppongono informare il mondo, l'ordine relazionale e l'ordine autonomo o autolegale; tra quelli che indicano ciò che muove il mondo all'azione, la forma e la finalità; infine, tra quelli che rappresentano le origini del mondo, il modello più vicino all'obiettivo della sopravvivenza è l'evoluzione. Quegli stessi esperti potrebbero magari aggiungere che la miglior cosa da fare per un osservatore orientato alla sopravvivenza è assumere una posizione pragmatista o transazionale, senza scartare del tutto l'atteggiamento realista. Forte di questi suggerimenti, il nostro *policy-maker* è ora pronto a chiedere ai suoi collaboratori e ai loro garanti nella comunità scientifica di adottare, lavorando in équipe per mettere a punto il *background* scientifico della sua politica, quei modelli di relazione, e soltanto quelli, che incorporano su ambo i lati i modelli del mondo e dell'osservatore sopra elencati[32].

Gli impieghi dei modelli di relazione tra scienze socio-umane e naturali migliorano l'approccio alla razionalità, anche in rapporto alla qualità di decisioni correlate all'ambiente. Secondo Gallino, la crisi ambientale nella quale ci troviamo è anche figlia di una crisi cognitiva. Egli afferma:

> Modelli inadeguati del mondo nella mente degli attori sociali generano mediocri decisioni di politica ambientale sia sul piano locale che su quello globale. In questo campo, ancor più che

[32] Luciano Gallino, *L'incerta alleanza. Modelli di relazioni tra scienze umane e scienze naturali*, Op. cit., XXV, cit. pp. 270-271.

altrove, la modesta qualità delle decisioni è legata alla frattura esistente tra scienze socio-umane e naturali. Gli scienziati naturali che si sforzano di valutare i cambiamenti globali introdotti nell'ambiente dai processi economici, sociali e demografici sono ostacolati dalla scarsa conoscenza che hanno di questi ultimi. D'altra parte, gli studiosi dei meccanismi economici, sociali e demografici non riescono a dare alle loro ricerche sbocchi efficaci in direzione delle scienze naturali perché sfugge loro il significato profondo dei «cambiamenti ambientali globali[33].

Di nuovo, l'uso di questi argomenti rimanda alla complessità cui accennava Gallino riferita ai sistemi ambientali. Di fatto, i modelli sono sempre più utilizzati per informare la trasformazione dei sistemi uomo-Terra verso un futuro sostenibile, in linea con gli obiettivi di sviluppo sostenibile. Si può sostenere che una maggiore diversità di modelli dovrebbe essere utilizzata per l'analisi della sostenibilità per affrontare meglio la complessità e l'incertezza. Al giorno d'oggi, si possono articolare le fasi per modellare scenari socioeconomici e soprattutto climatici di cambiamento globale con nuovi modelli. Attraverso questi passaggi si generano nuove proiezioni di scenari utilizzando un modello di dinamica del sistema uomo-Terra. La modellazione offrirebbe nuove intuizioni sulla sensibilità delle tendenze della sostenibilità all'incertezza futura e sul loro allineamento o divergenza rispetto alle precedenti proiezioni di scenario basate sui modelli stessi. L'incertezza e la nota complessità di scenari socioeconomici e climatici alternativi sfidano l'analisi dello sviluppo sostenibile basata su modelli. Ottenere una certa visione richiede un'elaborazione sistematica dell'incertezza e della complessità non solo nelle ipotesi di input, ma anche nella diversità delle strutture del modello che simula le dinamiche multisettoriali delle interazioni tra uomo e sistema Terra. È possibile implementare gli scenari di cambiamento ambientale globale, cioè i percorsi socioeconomici condivisi e i percorsi di concentrazione rappresentativi, in un modello di valutazione integrata ricco di feedback delle dinamiche del sistema uomo-Terra, per raggiungere vari obiettivi: (1) fornire ai modellatori passi ben definiti per l'adozione di scenari consolidati e (2) esplorare gli impatti dell'incertezza del modello e della sua complessità strutturale sulla proiezione di questi scenari per lo sviluppo sostenibile. La modellazione mostra trame di scenario internamente coerenti tra i vari settori, ma con realizzazioni quantitativamente diverse di questi scenari rispetto ad altri a causa della complessità strutturale dei nuovi modelli. I risultati evidenziano comunque l'importanza di enumerare gli scenari di cambiamento globale e la loro esplorazione dell'incertezza con una varietà di modelli di relazione con diverse ipotesi di input e strutture per catturare una più ampia varietà di possibilità future e indicatori di sostenibilità. Fatto sta che: «La tecnologia ha diffuso nello spazio planetario la scienza, sistema di prassi e conoscenza, attraverso due processi interagenti, che si sovrappongono per natura e nel tempo: sono l'accelerazione del tasso di (a) tecnologizzazione della scienza e (b) scientificizzazione della tecnologia»[34].

Le variazioni ambientali riportano il discorso sulla crisi cognitiva cui accennava sempre Gallino. Essa si riferisce agli anni Novanta e segnala una mancanza di modelli

---

[33] Luciano Gallino, *L'incerta alleanza. Modelli di relazioni tra scienze umane e scienze naturali*, Op. cit., XXVI, cit. p. 273.

[34] Luciano Gallino, *Tecnologia e democrazia. Conoscenze tecniche e scientifiche come beni pubblici*, Op. cit., IX, cit. p. 272.

adeguati del mondo e anche l'insufficiente dislocazione di materiali scientifici e delle svolte paradigmatiche che esistono sempre all'interno delle scienze. Scriveva ancora l'autore:

> A questo punto ci sembra però di intravedere nello sfondo l'ombra di un sorridente Otto Neurath. Ricorderete che Neurath è l'ideatore di un modello che asserisce la dominanza epistemologica della sociologia sulle scienze naturali. Il cosiddetto mondo naturale è, a suo dire, talmente intrecciato alle attività sociali che ogni osservazione della natura è in realtà un'osservazione della struttura e cultura di una determinata società. A maggior ragione ciò vale per le società industriali avanzate che, con le loro pratiche economiche e tecnologiche, globalizzano il mondo, ivi compresa la sua natura. È perciò lecito chiedersi se questo modello non sarebbe d'aiuto quando il problema è di far capire alla gente che non esiste un sistema ambientale disgiunto dal sistema dei loro comportamenti economici. Esiste un unico sistema. Un'analisi di esso condotta solamente dal punto di vista delle scienze naturali fornisce in genere pessimi risultati perché si perdono tutte le connessioni causali pertinenti con il comportamento umano, a livello sia individuale che collettivo[35].

Continuiamo a considerare il mondo attuale delle crisi socio-economiche a impatto globale.

6.3

In un piccolo volumetto del 2003 dal titolo *La scomparsa dell'Italia industriale* edito a Torino da Einaudi, Luciano Gallino denunciava il pericolo che il nostro Paese diventasse una colonia industriale per una molteplicità di ragioni, tra le quali le mire dell'economia del terzo millennio e della crisi del capitalismo. L'autore riprenderà questi argomenti con ampliamenti in due altri volumi sulla flessibilità che tratteremo più avanti, e cioè *Italia in frantumi* (Roma-Bari, Laterza 2007) e *Il lavoro non è una merce* (Roma-Bari, Laterza, 2009). Completano il quadro i più recenti libri *Finanzcapitalismo. La civiltà del denaro in crisi* (Torino, Einaudi, 2011, 2013, 2021) e *Una civiltà in crisi. Contraddizioni del capitalismo* (Torino, Einaudi, 2023) sui quali torneremo. Altri volumi collegati in qualche modo tra loro sono *Con i soldi degli altri. Il capitalismo per procura contro l'economia* (Torino, Einaudi, 2009), *Il colpo di Stato di banche e governi. L'attacco alla democrazia in Europa* (Torino, Einaudi, 2013) e *Il denaro, il debito e la doppia crisi spiegati ai nostri nipoti* (Torino, Einaudi, 2015). In particolare, il testo del 2003 pone in evidenza il fatto che l'industria in Italia rischierebbe di diventare una sorta di colonia subordinata alle esigenze economiche, sociali e politiche di altri Paesi i quali posseggono una grande industria manifatturiera che, invece, in Italia risulta in dismissione perenne, sollevando così il problema della direzione affidata a industrie estere per assicurare certi livelli di occupazione e reddito altrove, invece che in un contesto nazionale. Gallino tratta lo stato di salute dei settori

[35] Luciano Gallino, *L'incerta alleanza. Modelli di relazioni tra scienze umane e scienze naturali*, Op. cit., XXVI, cit. p. 276.

come l'informatica, l'aeronautica, l'elettronica e la chimica nonché il settore delle automobili con il caso Fiat che è partner della General Motors dal 2000[36]. In tutti questi settori la crisi si è fatta sentire, inducendo, a partire dagli anni Ottanta e Novanta, a riprogrammare le politiche di investimento industriale che hanno portato gradualmente a diversificare le strategie economiche di base e ricollocare i prodotti sul mercato. Sta di fatto che questo insieme di strategie non ha saputo cogliere il segno di uno sviluppo degli investimenti calibrati sull'aumento dei volumi di produzione, soprattutto nel campo dell'industria automobilistica e di fronte al mercato globale. Scrive Gallino in merito a quest'ultima:

> Tre sono appunto le strade per diventare più grandi sul mercato globale: espandere la produzione mediante l'apertura di nuovi impianti in diversi paesi; acquisire il controllo di altre case costruttrici; stabilire forti alleanze (*joint ventures*) con qualche casa costruttrice del gruppo di testa. La Fiat è impegnata – parliamo del 2002, *n.d.a.* – soprattutto sulla prima strada, meno sulle altre due, ma in nessuna è giunta a capo del cammino[37].

In sostanza, il discorso si genera attraverso alcune considerazioni di fondo, che hanno come punto di arrivo una solida premessa stabilita dall'analisi di queste congetture, di fronte al capitalismo globale che detta le regole per tutti i campi di interesse economico. Prima di tutto c'è l'aspetto introduttivo, per cui si può fare riscontro di alcuni settori specifici dell'economia implicati soprattutto nel nostro contesto di sviluppo locale e nazionale come già annunciato e, in secondo luogo, si può fare cenno di seguito alla fisionomia del capitalismo internazionale con le logiche della concorrenza che lo presiedono.

In primo luogo, possiamo dire che:

> Facendo riferimento ai settori sopra richiamati e al peso che continueranno ad avere nel prossimo futuro sulle economie e le società del globo, si constata infatti che in poco più di quarant'anni, all'incirca dal 1960, il nostro Paese ha perduto o drasticamente ridimensionato la propria capacità produttiva in settori industriali nei quali aveva occupato a lungo un posto di primo piano a livello mondiale. È il caso dell'informatica, della chimica, dell'industria farmaceutica. L'Italia è altresì uscita quasi completamente da settori che sembravano avviati ad una forte crescita produttiva all'epoca del boom economico post-bellico, quali l'elettronica di consumo, formata in quel primo periodo principalmente da radio e televisori, impianti per l'alta fedeltà e registratori audio e video. Ciò è avvenuto sebbene i livelli di consumo dei beni di tale comparto, sollecitati da un tasso di innovazione senza precedenti, siano stati in seguito e permangano elevatissimi, come mostra al presente l'eccezionale diffusione dei telefoni cellulari e dei DVD, alimentati peraltro unicamente da marchi esteri. Nemmeno è pervenuta l'Italia a far raggiungere un'adeguata massa critica a industrie dove possedeva, e in parte ancora possiede, un capitale eccezionale di competenze, di tecnologia, di risorse umane, come l'aeronautica civile; e là dove tale massa critica pareva a portata di mano ha pensato bene di fortemente ridurla, come è accaduto con la elettromeccanica *high tech* (automazione e controllo, sistemi per il trasporto e la distribuzione di energia e simili) [...]. Non è un'impresa da poco aver lasciato scomparire interi settori produttivi nei quali si è stati tra i primi nelle classifiche internazionali; non aver colto, né aver l'aria di saper cogliere, le opportunità per diventarlo in quelli dove esistevano le risorse tecnologiche e umane per farlo; infine rischiare di portare da noi all'estinzione l'industria

[36] Cfr. Luciano Gallino, *Italia in frantumi*, Roma-Bari, Laterza, 2007, p. 53 e sg.

[37] Luciano Gallino, *La scomparsa dell'Italia industriale,* Torino, Einaudi, 2003, VI, cit. pp. 90-91

dell'auto, che resta nel mondo la più importante per numero di dipendenti e fatturato. Il tutto in pochi decenni[38].

Per il secondo punto, possiamo dire che alcune considerazioni di base rimandano la situazione del nostro Paese a quell'internazionalizzazione per cui il capitalismo stabilisce sia il proprio andamento e sia le proprie crisi. Ora, mentre l'idea di capitalismo internazionale fa parte dell'economia politica e delle discipline correlate da più di un secolo, il concetto di capitalismo globale è di origine sicuramente più recente. Nonostante il fatto che molti studiosi abbiano utilizzato i termini in modo intercambiabile, la popolarità del concetto di globalizzazione negli anni Novanta ha portato a una sempre maggiore argomentazione a favore di una netta distinzione tra i due concetti. Il capitalismo internazionale è stato generalmente concettualizzato in termini Stato-centrici, concentrandosi principalmente sul modo in cui i capitalisti nazionali con sede in economie nazionali concorrenti e che lavorano attraverso società nazionali operavano oltre confine. Al contrario, il concetto distintivo del capitalismo globale prende le mosse dall'idea di un'economia globale dominata dalle multinazionali in via di globalizzazione e da coloro che le possiedono e le controllano, e da coloro che servono i loro interessi. Questo è davvero il quadro dove si svolgono le vicende dei diversi Paesi del mondo, come il nostro. Come accennato precedentemente, un'attenzione particolare va dedicata al ripercorrere lo sviluppo del concetto di capitalismo globale a partire dagli anni Sessanta del XX secolo, partendo dall'idea transitoria di un'economia-mondo capitalista e attraverso i vari tentativi di definire una concezione genuinamente globale del capitalismo, non più fondata sulle economie e le società nazionali. La resistenza al capitalismo globale viene analizzata in termini di polarizzazione di classe e di crisi ecologica inerenti al sistema. Un altro aspetto, implica la competitività, nelle sue definizioni più attualizzate. Infatti, nell'ambiente competitivo del capitalismo globale, anche gli individui altamente privilegiati possono arrivare a sentire di non avere risorse sufficienti per controllare le percezioni che vogliono dominare. Percependo la propria ricchezza o il proprio successo economico come insufficienti, potrebbero innovare per ottenere ancora di più, come i banchieri di Wall Street le cui macchinazioni finanziarie hanno portato alla «Grande recessione» del 2008. E poiché le innovazioni vendono nuovi prodotti, molti posti di lavoro nelle economie capitaliste richiedono ai lavoratori di produrre un flusso costante di oggetti, azioni o idee creative. Designer industriali, di moda e di software; artisti, autori e compositori; commentatori dei media e ricercatori accademici; in questi lavori e in molti altri, la retribuzione dei lavoratori dipende dalla loro capacità di innovare. In tal modo, le organizzazioni e le altre strutture sociali che forniscono lavoro ai lavoratori creativi (che abbondano nel nostro Paese negli ultimi decenni) sono spesso intensamente competitive. Di tutte le persone che competono per il successo in questi contesti culturali, solo pochi possono avere i best seller, le *performance* più degne di nota, gli articoli più citati, le scoperte scientifiche o addirittura i video virali su Internet. Gli altri concorrenti, e talvolta anche i vincitori, potrebbero non ottenere abbastanza riconoscimento, ammirazione o successo commerciale da consolidare l'immagine di eccellenza nella propria attività. Sebbene l'innovazione sia

38 Luciano Gallino, *La scomparsa dell'Italia industriale*, Op. cit., cit. pp. 4-5.

necessaria per rimanere competitivi, i lavoratori impegnati in queste attività creative di solito godono di molte più risorse per sostenere i loro sforzi rispetto agli innovatori dei gruppi meno privilegiati, e le loro gerarchie percettive tendono ad allinearsi al modello culturale prevalente basato su percorsi di feedback stabilizzati. Questo consente loro di concentrarsi sulla risoluzione di problemi creativi piuttosto che su come affrontare i problemi quotidiani di sopravvivenza, pur limitando spesso le loro innovazioni a rigidi canali commerciali.

Continua Gallino nel testo citato del 2003:

> V'è un altro paio di motivi per affermare che un Paese avanzato non può permettersi di restar privo, se non a suo danno, di aziende manifatturiere; meglio se concentrate in settori chiave dell'economia del 2000, come quelli ricordati all'inizio, meglio ancora se grandi. Un'autentica innovazione di prodotto, tale da migliorarne tangibilmente il valore d'uso, richiede una intensa attività di ricerca e sviluppo (R&S). La R&S richiede grandi investimenti, a fronte del rischio di non riuscire a recuperarli in futuro. La creazione di una molecola farmacologica efficace; il progetto di un motore per auto e per aereo che consumi meno e faccia meno rumore; il disegno di un microprocessore di nuova generazione, sono tutte attività che comportano investimenti d'un ordine di grandezza compreso tra le centinaia di milioni e i miliardi di euro. Dopodiché occorrono altri capitali, in misura pari o superiore, per portarli in produzione. Un Paese che conti prevalentemente su di esse per la propria produzione industriale è condannato a importare tecnologia dall'estero assai più di quanta non riesca ad esportarne, come attestano nel caso italiano i dati relativi all'import-export di brevetti internazionali. Senza godere dei benefici non solo economici, ma anche occupazionali e intellettuali, del lavoro di alta intensità di conoscenza che un ampio apparato di R&S è capace di generare[39].

Come conseguenza di tale atteggiamento, nel corso della globalizzazione è emersa la necessità di introdurre una serie di procedure incentrate sulla promozione del lavoro flessibile, declinato nel tempo in diverse forme e denominazioni. L'affermazione di quest'ultimo in vari contesti di sviluppo si accompagna a una crescente insicurezza occupazionale anche per coloro che dispongono di contratti a tempo indeterminato, soprattutto in presenza di crisi aziendali e del declino di interi settori industriali, come citato sopra.

In questo contesto, molti hanno perso il lavoro anche in aziende con bilanci in attivo e in settori di punta del mercato e della tecnologia, nonostante operassero all'interno di cicli produttivi favorevoli dell'economia globale. In merito alla qualificazione di strumenti e di costi umani della flessibilità, Gallino indica, in un volume del 2009, vari tipi di sistemi lavorativi, evidenziando come questi riflettano una diversificazione dei costi umani legati alla flessibilità nel contesto del capitalismo avanzato.

> 1. Lavoro razionalizzato, strettamente vincolato da fattori tecnici e organizzativi, non di rado sovrapponentisi, quali: descrizione delle mansioni; prescrizioni degli Uffici tempi e metodi; ritmo lavorativo imposto dalle macchine, oppure dalle pressioni del cliente o dal flusso produttivo, nonché controllato dai capi, con o senza l'ausilio di tecnologie informatiche. È il lavoro tipicamente osservabile, oltre che in molti comparti dell'industria manifatturiera dov'è nato, nei call center (il nome ch'è stato dato ai centralini dalla cosiddetta *new economy*); nella ristorazione rapida; nell'agro-alimentare; nei centri dell'*e-commerce* dediti al trattamento informativo e fisi-

[39] Luciano Gallino, *La scomparsa dell'Italia industriale*, Op. cit., cit. p. 12.

co degli ordinativi; nel trasporto su strada; nell'aggiornamento in tempo reale di dati e notizie nei portali del web. 2. Lavori a qualificazione medio-bassa e ad alta intensità di forza lavoro (definiti, nella terminologia internazionale, *middle-to-low skill, labor-intesive jobs*), non razionalizzabili con le tecniche dell'Organizzazione scientifica del lavoro – etichetta ormai desueta nel lessico aziendale, ma pratica diffusa nelle aziende del presente non meno che in passato – nonché poco suscettibili di monitoraggio continuo con mezzi tecnologici o umani. Sono i lavori che caratterizzano, tra i tanti, i settori delle costruzioni stradali, della gestione alberghiera, delle attività di sicurezza, di guardianaggio e portierato, delle imprese di pulizia, degli aiuto-infermieri, della raccolta e del confezionamento di prodotti agricoli, dei mercati generali delle grandi città, degli addetti ai parchi tematici. 3. Lavori semi-autonomi comportanti in genere attività di controllo sull'attività o sul comportamento di altre persone: quadri intermedi, capi reparto, capi ufficio, gestori di supermercati, controllori dei mezzi di trasporto. Sono lavori caratterizzati delle organizzazioni tradizionali, formalmente strutturate in divisioni, reparti, uffici e simili, dotate d'una gerarchia con molti livelli. A causa dei processi di destrutturazione, esternalizzazione e terziarizzazione avviati in molte aziende sin dagli anni Novanta, questi lavori sono tra quelli maggiormente a rischio, se non addirittura di estinzione, d'una forte riduzione proporzionale. 4. Lavori che presuppongono di per sé una qualificazione elevata e sono svolti in condizioni di notevole autonomia e responsabilità: sistemisti informatici, medici, insegnanti, specialisti di analisi biologiche, architetti, ingegneri progettisti, ricercatori di scienze naturali o umane, giornalisti ecc.[40].

L'autore riadatta lo schema fornito da una fonte originaria sulla *new economy* che è dedicata ai nuovi ruoli del lavoro e che si basa sul fronte post-industriale degli Stati Uniti (1998), trattando la classificazione in merito al contesto di sviluppo europeo e italiano in particolare. Lo scenario della flessibilità implica nei vari contesti di sviluppo del post-capitalismo esigenze di formazione permanente e di sviluppo tecnologico, le quali fanno fronte all'aumento della forte domanda di lavoro flessibile tendendo anche a una riorganizzazione del processo produttivo attuata per ridurre il costo del lavoro e per disporre della quantità di forza lavoro dovendo soddisfare dei vincoli formali minimi.

Dopo l'avvento della società tecnologica, la domanda che ci si pone è se la nuova economia sia arrivata o se sia ancora all'orizzonte. Certamente l'economia manifatturiera tradizionale, quella richiamata più volte da Gallino in merito alla vicenda italiana, è sempre più automatizzata grazie alle innovazioni del settore tecnologico. Naturalmente, continuiamo a comprare e vendere prodotti, ma l'economia dei servizi, resa possibile dalla tecnologia, sta diventando una parte sempre più importante dell'economia globale. Viviamo quindi in un'economia qualitativamente diversa da quella degli anni Ottanta del XX secolo. Un numero sempre minore di persone è coinvolto nella produzione diretta, mentre cresce l'ansia di essere sostituiti da macchine, superando la tradizionale paura di vedere il proprio lavoro esternalizzato verso paesi con costi più bassi. Con l'avvento della nuova economia, molti si interrogano se sia davvero ciò che desideravano. Sebbene il termine *new economy* si sia diffuso come parola d'ordine per gli investimenti, in relazione alla promessa delle prime aziende di Internet di cambiare il mondo, la dicitura è stata associata anche alla richiesta di ridisegnare il sistema economico globale. La richiesta di una nuova economia in termini di riprogettazione totale del capitalismo globale è stata avanzata da persone che la considerano un passo

---

[40] Luciano Gallino, *Il lavoro non è una merce. Contro la flessibilità*, Roma-Bari, Laterza, 2009, Vi cit. pp. 87-88.

necessario per raggiungere obiettivi sociali e ambientali. In questo contesto, una nuova economia è quella che si concentra meno sul conseguimento di profitti per gli azionisti attraverso la gestione e più sulla buona cittadinanza d'impresa, sull'impatto positivo sulla comunità e su una distribuzione diversa della proprietà dei beni. Una revisione completa del capitalismo è piuttosto impegnativa, visti gli interessi radicati, anche se alcuni investitori hanno trovato il modo di lavorare all'interno del sistema con investimenti di un certo tipo. Andrebbe anche detto che questo approccio premia primariamente le aziende che agiscono in modo più vantaggioso dal punto di vista sociale e ambientale, anche se ciò limita i profitti. L'impatto di questo movimento sta iniziando a farsi sentire nel mercato quotato in borsa e deve ancora raggiungere il cosiddetto *private equity* e gli angoli più aggressivi della finanza. Mentre la nuova economia in senso tecnologico è stata accolta con grande favore e solo ora viene rimpianta da coloro che ne sono stati colpiti negativamente, una nuova economia che ristruttura il nostro sistema capitalistico intorno a obiettivi sociali, ambientali e di sostenibilità ha incontrato una forte resistenza. Questa resistenza al cambiamento all'interno del sistema ha rallentato così il progresso e ha incoraggiato un numero maggiore di persone, in particolare i più giovani che sopportano il peso della disuguaglianza economica e delle esternalità a lungo termine, a chiedere un cambiamento dell'intero sistema economico.

La nuova economia, quindi, ha comportato forme di accumulazione sia intensive che estensive: le nuove tecnologie hanno aumentato significativamente la capacità di una data quantità di input di lavoro nel produrre una maggiore quantità di output in un determinato processo lavorativo, ma hanno anche intensificato e aumentato l'estrazione di tempo-lavoro per la quantità di forza-lavoro acquistata. Questo si può notare nei processi lavorativi di qualsiasi tipo di occupazione; ad esempio, nel lavoro manifatturiero, i robot limitano i cosiddetti «tempi morti» dei lavoratori; i personal computer hanno esteso e intensificato le aspettative e gli orari di lavoro di avvocati e professori; e le nuove tecnologie sono utilizzate per monitorare le prestazioni lavorative di tutti i tipi di lavoratori del settore dei servizi – ad esempio, tracciando le battute dei tasti degli impiegati dei call center, riprendendo il lavoro dei lavoratori degli alberghi, e così via. In effetti, i programmatori di computer sono spesso immaginati come l'epitome del «lavoro immateriale» (vale a dire, un lavoro che non produce un valore d'uso materiale, ma solo idee, sebbene queste idee siano spesso incorporate in valori d'uso concreti). Ma anche questi nuovi lavoratori della conoscenza sono sempre più spesso impiegati nelle «officine di sviluppo del software», per creare il codice di nuove applicazioni che vengono incorporate in prodotti concreti come i computer e l'arsenale di hardware associato. Il lavoro della conoscenza nella nuova economia, secondo Gallino, avrebbe dimostrato di essere soggetto alla reale subordinazione del lavoro nella produzione industriale e al fenomeno della proletarizzazione come le forme di lavoro precedenti. Il vero paradosso dei processi lavorativi della nuova economia è che hanno ampliato enormemente la capacità umana di produrre, ma anche, in questa fase del capitalismo, dato ai lavoratori un controllo ancora minore sui loro processi lavorativi, su quanto tempo e quanto duramente lavorano e su ciò che producono, come ammettono Gallino e André Gorz (1999)[41]. In secondo luogo, nel periodo di transizione dopo il

---

[41] Cfr. André Gorz, *Reclaiming Work*, Oxford, Polity, 1999, II.

fordismo, è stato spesso suggerito che i nuovi processi lavorativi offrissero un futuro luminoso, persino utopico. Le tecnologie informatiche avrebbero permesso una forte riduzione dell'orario di lavoro, più tempo libero, redditi più alti, un lavoro migliore grazie all'eliminazione dei lavori umili, luoghi di lavoro più democratici e un miglioramento dello stato sociale. Invece, il regime di accumulazione è stato realmente molto diverso. Le riserve di manodopera sono aumentate in vari modi: sono cresciuti i livelli di disoccupazione e il numero di lavoratori che ricevono meno ore di lavoro di quelle che desiderano; di conseguenza, è aumentata la quantità di lavoro precario sotto forma di part-time involontario, di lavoro a contratto e di lavoro temporaneo; è cresciuto anche il tasso di rotazione dei posti di lavoro. Le tendenze occupazionali mostrano un declino dei posti di lavoro stabili e ad alto reddito nel settore industriale e una forte crescita dei posti di lavoro nel settore dei servizi, sia in quelli alla produzione (come l'assistenza informatica, gli avvocati ecc.) sia nei servizi al dettaglio e alla persona, quest'ultimi in espansione e con salari inferiori alla media. I nuovi tipi di occupazione sono spesso più individualizzanti, decentrati in base al livello di retribuzione media. Pertanto, sono spesso meno facilmente sindacalizzabili rispetto ai posti di lavoro industriali più concentrati e sono più suscettibili alle pressioni della concorrenza capitalistica tra le imprese e nel mercato del lavoro. Invece di cercare di guadagnare la fedeltà dei lavoratori attraverso mercati del lavoro interni stabili, le imprese vi riescono offrendo bonus e incentivi personalizzati da un lato, e instillando il timore che le già precarie condizioni lavorative dei dipendenti possano peggiorare ulteriormente o addirittura scomparire, dall'altro. Queste tendenze occupazionali e professionali hanno conferito alcune caratteristiche alla dinamica della distribuzione del reddito nella nuova economia. Anziché ridursi costantemente, l'orario di lavoro è generalmente aumentato, spesso superando le 40 ore settimanali standard. Tuttavia, se da un lato l'allungamento degli orari è diventato un problema endemico, dall'altro un numero crescente di lavoratori ha difficoltà a ottenere un numero sufficiente di ore di lavoro con una retribuzione decente. Pressioni simili si riscontrano nell'area del reddito: gli aumenti salariali annuali per i lavoratori vengono mantenuti al di sotto dei tassi combinati di inflazione e produttività, spostando così una quota crescente del reddito netto verso i profitti; il *welfare* e gli altri trasferimenti sociali alla popolazione dipendente vengono di conseguenza mantenuti al di sotto del tasso nominale degli aumenti salariali, aumentando così i livelli di povertà; e con la discriminazione di genere nell'accesso al mercato del lavoro e nelle retribuzioni, stanno emergendo ulteriori disuguaglianze tra i lavoratori, in quanto i contratti part-time sono sempre più diffusi[42].

In particolare, il processo economico globale della flessibilità del lavoro deriverebbe dal processo che abbiamo indicato e da un andamento sistematico che implica svariati contesti di sviluppo differenziati per i vari Paesi, là dove il lavoro stesso può risultare un oggetto di osservazione socio-economica e sociologica di base. In un altro contesto, Gallino citerà il libro del sociologo francese Georges Friedmann *Lavoro in frantumi* uscito nel 1956 e tradotto in Italia nel 1960. Il lavoro cui si riferiva Friedmann era ovviamente quello ripetitivo, caratterizzato dalla organizzazione tayloristi-

[42] Cfr. Gregory Albo, in Norene J. Pupo, Mark P. Thomas, *Interrogating The New Economy. Restructuring Work in the 21st Century*, University of Toronto Press, 2010, I, pp. 3-20.

ca dell'epoca. Ebbene, se fosse ancora vivo, l'autore potrebbe rieditare il testo con lo stesso titolo ma prendendo di mira non più i contenuti del lavoro, bensì i rapporti tra lavoratori e datori di lavoro stante la diffusione incontrollata di una certa quantità di diversi contratti atipici[43]. Una simile proliferazione: «fa compiere un ulteriore passo verso un mercato del lavoro sul quale la merce lavoro viene scambiata in modo il più possibile analogo a qualsiasi altra merce o materia prima, mentre le persone, i soggetti del lavoro scompaiono vieppiù nell'ombra, ciascuno in attesa del prossimo sms da cui saprà se ha, o non ha più, un'occupazione»[44]. Ciò che si evidenzia è che nella realtà si susseguono i cambiamenti nella politica e nella pratica, rivelando nuovi social network e circuiti di creazione e diffusione della conoscenza, nonché nuove strutture organizzative e una maggiore capacità manageriale per collegare l'operatività congiunta di istituti d'istruzione superiore e mercati. Questo fa emergere un regime di conoscenza/apprendimento post-capitalista in ascesa espresso nel lavoro delle persone, nell'attività manageriale stessa e nel comportamento amministrativo. Si cerca anche di chiarire le contraddizioni interne del regime, notando il peso dei sussidi pubblici incorporati nei nuovi flussi di entrate e lo spostamento dell'enfasi dal servire i clienti allo sfruttamento delle risorse da essi ricavati. In effetti, si possono individuare le caratteristiche emergenti di questo nuovo modello capitalistico, che si distingue dalle versioni precedenti, così come i rapporti tra politica, finanza e relazioni internazionali. Esso è un prodotto della crisi finanziaria globale del 2007-2009, quando si temeva che il capitalismo con il caos prodotto nell'ordine economico dovesse soccombere, per rinascere invece a nuova vita[45]. In un simile contesto di ragionamento va riconosciuto il ruolo primario del lavoro flessibile come una sorta di espressione marcata della flessibilità del movimento stesso di capitale all'epoca della finanziarizzazione che, come vedremo a breve, può essere estesa non solamente alle attività economiche tradizionali ma ad ogni attività umana. È un evidenza il fatto per cui:

> Nelle fabbriche globali il tipo di lavoro e ogni aspetto delle condizioni in cui una persona fornisce la sua prestazione – orari, ritmi di produzione, esposizione a lavorazioni nocive, rischi ambientali, sottomissione ai capi e ai dirigenti, livelli salariali – sono fattori determinanti delle condizioni di vita. Lo stesso si osserva più che mai nell'economia informale: dove è vero che non esiste come nelle fabbriche globali la dipendenza diretta tra lavoro in fabbrica (o in un call center, o in una qualsiasi azienda di servizi) e condizioni di vita, ma dove un miliardo e più di persone vivono condizioni di vita strettamente collegate al fatto di operare in situazioni di assenza quasi totale di diritti, riconoscimento sociale, libertà di accedere ad alcuni elementi essenziali perché una vita si possa considerare decente[46].

Parecchi autori italiani contemporanei, dopo la scomparsa di Gallino, hanno sottolineato in articoli celebrativi apparsi su riviste scientifiche e anche in libri collettanei, il profilo del grande lavoro scientifico di ricomposizione della fattispecie di cri-

---

43 Cfr. Luciano Gallino, *Italia in frantumi*, Op. cit., p. 25.

44 *Ivi*, p. 32.

45 Cfr. Anatole Kaletsky, *Capitalism 4.0: The Birth of a New Economy*, Bloomsbury Publishing PLC, 2010, I, II. Si veda Rhoades Gary, *The Modern Crisis of Capitalism and the New Economy*, New York, HE, 2013 (2016), p. 45 e sg.

46 Luciano Gallino, *La lotta di classe dopo la lotta di classe*, Op. cit., VIII, cit. p. 150.

si del capitalismo moderno che ha caratterizzato l'intera opera di decenni del Nostro, compresi gli anni più vicini a noi, segnati dal cosiddetto «finanzcapitalismo», che il vecchio economista tedesco Rudolf Hilferding (1877-1941) definiva praticamente: «capitale controllato dalle banche e impiegato di conseguenza dagli industriali» (v. su *Das Finanzkapital*, Vienna, 1910). Ricordiamo tra gli autori e anche allievi di articoli e di rassegne dedicate a Gallino, Paola Borgna (2023), Paolo Ceri (2018), Franco Rositi (2016), Sergio Scamuzzi (2017), Adriana Luciano (2016) Maria Carmela Agodi (2015); Maurizio Ferrera (2015), Alberto Baldissera (2016) e molti altri ancora. Il tema principale a fronte del lavoro finale di Gallino è stato riconosciuto da quasi tutti nell'individuazione dello strapotere impersonale dei fondi di investimento e delle istituzioni finanziarie internazionali con l'inclusione del gioco di controllo esercitato sui governi assoggettati e, quindi, con la maturazione globale dei loro interessi all'interno del circuito economico portante del capitalismo in crisi. Dal canto suo, lo studioso ed economista tedesco Jörg Huffshmid (1940-2009) ammonì come il problema delle società avanzate fosse proprio il finanzcapitalismo e non già la crisi. Scrive Gallino:

> Il finanzcapitalismo è una mega-macchina che è stata sviluppata nel corso degli ultimi decenni allo scopo di massimizzare e accumulare, sotto forma di capitale e insieme di potere, il valore estraibile sia dal maggior numero possibile di esseri umani, sia dagli ecosistemi. L'estrazione di valore tende ad abbracciare ogni momento e aspetto dell'esistenza degli uni e degli altri, dalla nascita alla morte o all'estinzione. Come macchina sociale, il finanzcapitalismo ha superato ciascuna delle precedenti, compresa quella del capitalismo industriale, a motivo della sua estensione planetaria e della sua capillare penetrazione in tutti i sotto-sistemi sociali, e in tutti gli strati della società, della natura e della persona[47].

Egli nota di seguito che la mega-macchina del capitalismo industriale aveva come propulsore l'industria manifatturiera mentre il finanzcapitalismo ha come motrice principale il sistema finanziario, differendo i due sistemi che si sono appena illustrati nel processo di accumulazione del capitale.

> Il capitalismo industriale lo faceva applicando la tradizionale formula D1 – M – D2, che significa investire una data quantità di denaro, D1, nella produzione di merci, M, per ricavare poi dalla vendita di queste ultime una quantità di denaro, D2, maggiore di quella investita. La differenza tra D2 e D1 è un reddito chiamato solitamente profitto o rendita. Per contro il finanzcapitalismo persegue l'accumulazione di capitale facendo tutto il possibile per saltare la fase intermedia, la produzione di merci. Il denaro viene impiegato, investito, fatto circolare sui mercati finanziari allo scopo di produrre immediatamente una maggiore quantità di denaro. La formula dell'accumulazione diventa quindi D1 – D2[48].

Per l'aspetto operativo, va detto che il finanzcapitalismo si regge sul sistema finanziario di cui è dotato, grazie all'esistenza di reti e società finanziarie esplicitate nelle *holding* bancarie che controllano banche e compagnie di assicurazione e che esistono

---

[47] Luciano Gallino, *Finanzcapitalismo. La civiltà del denaro in crisi*, Torino, Einaudi, 2011 (2013, 2021), I, cit. p. 5. Si veda anche dello stesso con varianti, *Una civiltà in crisi. Contraddizioni del capitalismo*, a cura di Paola Borgna, Torino, Einaudi, 2023, I, p. 28.

[48] Luciano Gallino, *Finanzcapitalismo*, Op. cit., I, cit. p. 7.

anche in forma registrata e poco visibile, come componenti del sistema. Esiste inoltre, accanto alla «finanza ombra», una parte di investitori istituzionali, come i fondi di investimento o i «fondi di copertura», che sollecitano, insieme alle altre componenti del sistema, scambi quotidiani di denaro e capitali dell'ordine di centinaia di miliardi di dollari o di euro. Queste componenti hanno avuto un esorbitante sviluppo a partire dagli anni Ottanta del XX secolo servendo all'estrazione di valore per ogni aspetto del mondo contemporaneo che abbia a che fare con l'istituzione di una civiltà-mondo non più governata dalla politica ma dall'economia.

L'essenza dell'ascesa del capitalismo finanziario a partire dagli anni Settanta e Ottanta del XX secolo è stata la globalizzazione dei mercati, promossa dal capitale internazionale; il suo mezzo sono stati i mercati finanziari e il suo veicolo sono state le grandi istituzioni finanziarie e le società transnazionali. Il sistema è stato caratterizzato dall'espansione del numero e dei tipi di prodotti finanziari. Al posto dei sistemi bancari, i mercati finanziari hanno iniziato a dominare l'attività economica globale. Ciò ha portato a un aumento delle attività finanziarie transfrontaliere tra governi, imprese, famiglie e individui, promuovendo così una trasformazione globale e complessiva della struttura sociale in politica, economia e cultura. In sostanza, la globalizzazione del capitale finanziario ha dimostrato la crescente importanza nel sistema economico globale dei mercati finanziari, delle istituzioni finanziarie, del capitale finanziario e dei concetti culturali finanziari, che hanno gradualmente acquisito il controllo sul commercio industriale e sulle attività commerciali. Da un lato, l'accumulazione del capitale finanziario è diventata la forma dominante di accumulazione. Dall'altro, la globalizzazione ha consentito al capitale finanziario di diffondere il pensiero e le idee finanziarie e creditizie, promuovendo gli investimenti su scala globale e influenzando profondamente le politiche di governo dello Stato nazionale, l'impiego del lavoro, le relazioni sociali e la vita familiare. In altre parole, l'impatto della finanziarizzazione dell'economia ha travalicato il solo ambito economico, dando origine a un'economia di mercato. A partire dagli anni Ottanta del Novecento, il capitale finanziario è passato gradualmente dal sostenere il settore dell'economia reale al trarre profitto dalle proprie transazioni lucrative. Si è svincolato dai confini geografici, con il risultato che le attività finanziarie globali hanno registrato un trend di crescita esplosivo. Le transazioni finanziarie non si fermano più ai risparmi, alle obbligazioni e alle azioni societarie; ne sono derivati un gran numero di strumenti finanziari, caratterizzati da virtualizzazione, alto rischio, alti rendimenti e alta leva finanziaria. La loro comparsa ha aumentato notevolmente il volume delle transazioni finanziarie e ha promosso lo sviluppo della finanziarizzazione economica. A maggio 2016, la massa monetaria statunitense era di 15.000 miliardi di dollari, il PIL mondiale totale era di 50.000 miliardi di dollari, i mercati azionari e obbligazionari globali valevano 100.000 miliardi di dollari e la portata dei derivati aveva raggiunto i 1.500 miliardi di dollari. Il rapporto di leva finanziaria delle sei principali banche statunitensi era pari a quasi 24 volte le loro attività totali (237.000 miliardi di dollari in derivati/10.000 miliardi di dollari in attività totali). E non si trattava nemmeno del massimo: Deutsche Bank, con 1,6 trilioni di dollari di attività totali, aveva un'esposizione ai derivati di 75 trilioni di dollari; il suo rapporto di leva finanziaria era quindi pari a quasi 47 volte le sue attività totali. Inoltre, le diverse varietà di derivati finanziari possono essere impacchettate più volte e sottoposte a complesse operazioni finanziarie per sintetizzare nuovi strumenti finanziari, soprattutto con l'ausilio di nuove tecnologie come Internet, che accrescono ulteriormente il valore dei derivati.

Il peso del sistema delle banche e dei prodotti finanziari impiegati è molto elevato nei crediti per l'investimento di denaro e capitale e supera di molto il Prodotto Interno Lordo di Paesi come il nostro. Per esempio, il Pil italiano del 2018 è stato pari a 1753 miliardi di dollari, cioè solamente il 3,65% dell'ammontare dei derivati detenuti da una singola banca tedesca, la Deutsche Bank. Questi 48.000 miliardi in titoli azionari rappresentano una grandezza 27 volte superiore a quella di tutti i beni e servizi prodotti in un anno da un Paese di 60 milioni di abitanti, settima potenza manifatturiera del mondo. I derivati, secondo Gallino, rappresentano «una razionale ed efficace garanzia contro il rischio di variazioni sfavorevoli di prezzo atte a verificarsi a distanza di tempo». Il modo di operare del capitalismo dei mercati finanziari si differenzia in vari sistemi di autogestione. Il primo è interno e riguarda l'accumulazione stessa di capitale entro i propri confini; segue poi l'emissione di grandi quantità di titoli, che non sono né azioni né obbligazioni; e ancora l'esercizio moderato dei prestiti a imprese e privati; la messa in opera di fondi pensione e fondi di investimento; la gestione di capitali con attivi finanziari; creazione di fondi di investimento; messa in opera di capitalizzazioni in borsa e finanziarizzazione delle imprese industriali; perseguimento di attività speculative; prevalenza di attività speculative a breve scadenza; azione sul rapporto tra debito interno dei vari Paesi e Pil. L'estrazione di valore si compie attraverso il lavoro e il finanzcapitalismo ha trovato il modo per massimizzare il guadagno pagando il meno possibile il tempo di lavoro effettivo, azzerando gli oneri e impiegando soltanto la quantità di lavoro necessaria in un dato momento per compiere una data operazione nonché investendo e usufruendo di un finanziamento dalle grandi banche (la Banca Mondiale e il Fondo monetario internazionale), trasferendo la produzione dove il costo del lavoro è minore, utilizzando il lavoro flessibile (come estrazione del valore) e, infine, riducendo le pause durante l'orario lavoro a beneficio dei ritmi nella estrazione reale. Esiste anche un legame tra il finanzcapitalismo e gli ecosistemi, soprattutto là dove si è verificata la valorizzazione delle risorse naturali, con conseguenti danni inflitti dall'industria al sistema ambientale. In aggiunta, si osserva un crescente flusso di investimenti finanziari verso il settore agro-alimentare. Inoltre:

> Tra gli indicatori di maggior significato del degrado della civiltà all'epoca del finanzcapitalismo, si colloca in primo piano il forte aumento delle disuguaglianze economiche tra i paesi ed entro di essi. Nelle disuguaglianze, forse più che in ogni altro indicatore, si esprimono le cause e gli effetti del capitale come potere[49].

Ma che tipo di potere? Risponde Gallino:

> L'accumulazione di capitale estratto dal basso e trasferito verso l'alto della piramide sociale, nelle mani di un numero sempre più ristretto di enti e di persone, rappresenta il potere di controllare, formare e trasformare la società contro ogni opposizione. Più direttamente che in ogni altro luogo o aspetto della civiltà-mondo, questo potere di trasformazione si può osservare nelle megalopoli dei cinque continenti. In esse si sono verificati e sono tuttora in corso due impo-

[49] Luciano Gallino, *Finanzcapitalismo*, Op. cit., VI, cit. p. 159.

> nenti movimenti di popolazione, uno centripeto e l'altro centrifugo. Causa preminente del primo è stata la industrializzazione e finanziarizzazione dell'agricoltura. In Africa come in Asia e nell'America Latina, centinaia di milioni di contadini scacciati o fuggiti dalle campagne sono andati a ingrossare la popolazione che nel centro degradato delle megalopoli o nelle loro periferie vive in condizioni miserande in qualche genere di *slum*. Nondimeno nel medesimo periodo si è verificato un intenso movimento centrifugo. Molti di coloro che svolgono professioni specialmente utili per la vita urbana – insegnanti, pompieri e impiegati, poliziotti e operai, piccoli negozianti e funzionari pubblici, infermieri – sono stati espulsi dal centro delle metropoli, comprese quelle europee e americane, a causa dell'aumento astronomico dei prezzi delle abitazioni. A Londra come a Parigi, a Milano come New York o a Madrid, coloro che derivano un elevato reddito da attività finanziarie desiderano tutti abitare il più vicino possibile al luogo di lavoro, e hanno la possibilità di farlo, affrontando il prezzo di acquisto o di locazione di alloggi che costano più di 20.000 euro al metro quadro. Coloro che non possono affrontare prezzo così elevati, determinati dalla composizione tra individui «ad alto valore netto», devono cercarsi un'abitazione a decine di chilometri di distanza dal luogo in cui lavorano. Masse di persone hanno visto così accrescersi il costo fisico ed economico della pendolarità quotidiana – una conseguenza diretta delle disuguaglianze economiche che incide pesantemente sulla qualità della vita[50].

Più in generale, potremo sostenere che i processi di finanziarizzazione non sono semplici irregolarità tra le categorie tradizionali di salario, rendita e profitto, ma piuttosto un nuovo tipo di accumulazione adattato ai processi di produzione sociale e cognitiva odierni[51]. Ne è un esempio la migrazione di popolazione osservata sopra. La crisi finanziaria è una componente fondamentale dell'accumulazione contemporanea e non una classica mancanza di crescita economica. Si può anche dimostrare che l'indebitamento individuale e la gestione dei mercati finanziari sono in realtà tecniche di governo delle trasformazioni del lavoro immateriale, dell'intelletto generale e della cooperazione sociale. La crisi finanziaria ha radicalmente minato il concetto stesso di egemonia economico-politica unilaterale e multilaterale, e si può discutere sugli sforzi verso un nuovo ordine geo-monetario che sono emersi in tutto il mondo in risposta a questo processo del tutto irreversibile. Offrendo una comprensione radicalmente nuova dell'attuale fase dell'economia internazionale e una guida fondamentale per affrontare il capitalismo nella sua forma più recente, l'appropriazione di potere del capitalismo finanziario è un'aggiunta preziosa al panorama contemporaneo delle analisi possibili e di esiti particolari.

Centrale per il capitalismo finanziario sono l'innovazione finanziaria e le speculazioni monetarie. È proprio attraverso l'innovazione che il capitalismo finanziario risponde alle sfide e alle opportunità esterne generando al contempo le sue dinamiche interne. L'innovazione organizzativa più significativa nella finanza è stata, senza dubbio, la banca. Quest'ultima opera sempre come intermediario finanziario, mentre l'usuraio può essere considerato, in un certo senso, un capitalista[52]. Fin dall'inizio dell'innovazione finanziaria nei prodotti, nei mercati e nelle strutture organizzative, si è cercato di minimizzare i rischi connessi per tutti gli utenti. Anche nei mercati finan-

[50] *Ivi*, pp. 163-164.

[51] Cfr. Christian Marazzi, *The Violence of Financial Capitalism*, Semiotext(e), 2011, I.

[52] Cfr. Larry Leal, Jeffrey G. Williamson, *The Cambridge History of Capitalism*, Cambridge, Cambridge University Press, 2014, vol. II, Cap. VIII.

ziari si è assistito a un'evoluzione normativa, sebbene gran parte della fiducia sia stata affidata alla reputazione degli operatori. Ci sono prove che suggeriscono che esiste una forte correlazione tra il reddito pro capite di un Paese e lo sviluppo del settore finanziario, giudicato da misure quali i depositi bancari e la detenzione di titoli. Come conseguenza più o meno immediata del processo generalmente inteso in questa sede si registra una colossale creazione di denaro avente forme monetarie differenziate.

> Il peso di tale massa di denaro, la sua caotica distribuzione e i suoi movimenti incontrollati hanno introdotto nell'economia globale squilibri strutturali irrimediabili nel quadro dell'attuale architettura finanziaria [...]. Nel medesimo periodo tali processi hanno generato una serie di effetti perversi a danno dell'intera civiltà-mondo[53].

Inoltre, secondo Gallino, il denaro «è un oggetto fabbricato, un prodotto manifatturiero», per cui nel processo di creazione del denaro, le banche private e centrali svolgono un ruolo analogo a livelli differenti; le prime concedendo credito sotto forma di prestiti mutui ecc., le seconde emettendo moneta, mantenendo riserve, acquistando titoli e intervenendo sui tassi di sconto. «Oltre a creare trilioni di denaro concedendo prestiti sulla casa e altri beni a milioni di famiglie a reddito medio e basso, le banche hanno creato denaro aggiuntivo in quantità smodate per mezzo della cartolarizzazione o titolarizzazione (*titrisation*) dei crediti stessi»[54].

Spiegando perché i derivati possono essere considerati una nuova forma di denaro, Gallino indica gli effetti perversi del denaro stesso e le trasformazioni delle imprese industriali in enti finanziari, stante il fatto che, ad esempio, le banche si trasformano in venditori di automobili, facendo capo anche alla esternalizzazione della produzione su scala mondiale, alle fusioni di *holding* messe a capo del processo di finanziarizzazione delle imprese industriali con il pericolo di generare stagnazione. Gallino analizza le componenti della crisi economica mondiale iniziata nell'estate del 2007, collegandole ai settori industriali e al trasferimento di intere aree manifatturiere dai Paesi sviluppati a quelli emergenti, con conseguenze di diversa natura. Una parte del lavoro di Gallino è dedicata alla regolazione del processo e alle aspettative dei cittadini di fronte al finanzcapitalismo.

> La duplice impossibilità di conoscere anzitutto che cosa realmente accada nel sistema finanziario attuale, e poi di assoggettarlo a una efficace regolazione, deriva anche dai diversi ordini di complessità che lo caratterizzano. Un primo ordine di complessità – il meno noto e studiato, pure dagli economisti – è costituito dalla struttura giuridica e organizzativa delle maggiori società finanziarie [...]. Dette società o conglomerati o gruppi comprendono tra parecchie centinaia e alcune migliaia di entità giuridiche differenti – dette anche consociate o sussidiarie – distribuite in centinaia di Paesi. Tra codeste entità figura di solito un certo numero di banche commerciali e di banche di investimento, pur nel caso in cui la società controllante sia una banca nominalmente dell'uno o dell'altro tipo. Qualche esempio. Al momento del crollo, settembre 2008, la banca d'investimento Lehman Brothers era formata da 2985 entità giuridiche differenti. Sempre nel 2008 la Deutsche Bank, stando al suo rapporto annuale, comprendeva 1981 entità differenti, di cui solo la metà avevano sede in Germania. A inizio dicembre 2009 il gruppo BPN Paribas faceva registrare circa 500 consociate, tra cui l'italiana BNL; tuttavia è possibile che

[53] Luciano Gallino, *Finanzcapitalismo*, Op. cit., VII, cit. p. 169.

[54] *Ivi*, p. 179.

> l'elenco non includesse ancora tutte le entità giuridiche portate in dono da Fortis, il gruppo finanziario belga salvato pochi mesi prima dal crollo mediante incorporazione nel gruppo parigino [...]. Un secondo ordine di complessità che ha reso impenetrabile e non regolabile il sistema finanziario in essere è inerente alla produzione e distribuzione da parte sua di titoli strutturati Questi titoli sono una specie particolare di derivati[55].

Stagnazione produttiva e accumulazione finanziaria rientrerebbero quindi tra le principali cause strutturali della crisi. Nel libro *Una civiltà in crisi* del 2023 al Capitolo VIII si riporta a riguardo il contenuto del testo *Il colpo di stato di banche e governi* (Torino, Einaudi, 2013), trattando di ipotesi compiute proprio da Gallino sull'esistenza delle disuguaglianze. Si nota che:

> 1) le disuguaglianze di reddito e di ricchezza osservabili negli Stati Uniti e nell'Unione Europea sono macroscopiche e risultano in notevole aumento da decenni. Inoltre esse sono state a lungo fortemente sottostimate; 2) le disuguaglianze, pur essendo un fattore strutturale di lungo periodo della grande crisi economica e finanziaria maturato nel corso di decenni, sono giunte a determinare negli anni Duemila comportamenti collettivi che sono stati uno dei fattori scatenanti della crisi finanziaria del 2007[56].

Ovviamente, nota l'autore, l'esistenza delle disuguaglianze non basta di per sé a spiegare la crisi globale, restando ferma la necessità di risalire a fenomeni complessi che hanno a che fare con gli scambi esistenti tra le economie trattate e anche con i bisogni di quanti si collocano al vertice della piramide dei redditi e della ricchezza messi in relazione con i bisogni di coloro che stanno alla base della piramide stessa. Tutto ciò, dimostra come gli Stati possano liberalizzare la finanza e seguire da vicino le vicende del capitale. Anche lo smantellamento dello Stato sociale[57] contribuisce ad allargare le contraddizioni presenti nel capitalismo globale, là dove la produzione di sicurezza economica richiederebbe la costruzione di sistemi di protezione sociale, in vista di eventi che possono sconvolgere la vita delle persone. L'appello di Gallino è ovviamente sempre quello di non sottovalutare le crisi del capitalismo finanziario che possono assumere le due facce della crisi economica ed ecologica, versanti di un medesimo processo[58]. Egli indica delle alternative e delle riforme finanziarie che i cittadini dovrebbero attivare, con delle proposte democratiche di riforma della struttura finanziaria, per cercare di «incivilire» il finanzcapitalismo. Alcune di queste riguardano l'operatività che i cittadini dovrebbero adottare per sottrarre alle banche il potere di creare denaro e impedire loro di trasformarsi in mega-strutture finanziarie. Seguirebbe, quindi, l'accesso a un controllo democratico della finanza, orientato a promuovere investimenti mirati, esercitare una supervisione trasparente e favorire una redistribuzione equa del reddito, come parte integrante di una riforma del sistema monetario e finanziario. Infine, andrebbero valutate azioni politiche comunitarie in grado di opporsi al predominio del capitale. Tuttavia, il capitalismo appare ancora difficilmente sostituibile, nonostante l'auspicabile affermazione politica di una nuova sinistra, im-

---

[55] Luciano Gallino, *Finanzcapitalismo*, Op. cit., X, cit. pp. 269-271.

[56] Luciano Gallino, *Una civiltà in crisi*, Op. Cit., VIII, cit. p. 196.

[57] Cfr. Luciano Gallino, *Una civiltà in crisi*, Op. Cit., Cap. XII, p. 275 e sg.

[58] Cfr. Luciano Gallino, *Il denaro, il debito e la doppia crisi*, Torino, Einaudi, 2015, vedi Cap. I e II, paragrafi 2 e 6; in *Una civiltà in crisi*, Op. Cit., Cap. XIV, p. 317 e sg.

maginata come una forma di «socialismo ecologico» in grado di promuovere riforme del sistema monetario e dell'economia globale. Una prospettiva che richiede ulteriori approfondimenti e impegno.

Capitolo 7

Scienziati e attori: la fabbrica dei fatti

7.1

Sono passati più di due ventenni da quando Bruno Latour (1947-2022) e Steve Woolgar pubblicarono *Laboratory Life. The Social Construction of Scientific Facts* (Beverly Hills, Sage, 1979). Citando un breve repertorio del 1986 (v. Princeton University Press) possiamo dire che quest'opera molto originale e mai tradotta in italiano presentava la scienza di laboratorio in modo volutamente scettico, e cioè come un approccio antropologico alla cultura specifica dello scienziato che era impegnato nelle ricerche. Attingendo ai più recenti lavori della critica letteraria, gli autori studiavano come il mondo sociale del laboratorio producesse documenti e altri «testi» e come la visione scientifica della realtà potesse diventare quell'insieme di affermazioni considerate, per il momento, irripetibili. Il libro si basava soprattutto sul lavoro empirico svolto da Bruno Latour per due anni nel laboratorio di neuroendocrinologia del Premio Nobel Roger Guillemin (1924-2024) al «Salk Institute for Biological Studies» di La Jolla in California e forniva un importante collegamento tra la sociologia delle scienze moderne e gli studi di laboratorio nella storia della scienza. Il lavoro si ispirava parzialmente alla pratica etnometodologica ed è servito per avviare e approfondire una discussione sull'approccio denominato *Actor Network Theory* (ANT), presente anche nel panorama più recente di studi di sociologia della scienza (anni Duemila). Quest'ultimo si inserisce nella moderna prospettiva degli *Science and Technology Studies* (STS), ambito in cui numerosi ricercatori conducono attivamente studi etnografici di laboratorio. Le ricerche prettamente empiriche caratterizzano altri due lavori di Latour, che sono: *I microbi: trattato scientifico-politico* del 1984 (trad. it., Roma, Editori Riuniti, 1991) e *Aramis ou l'amour des techniques* (Paris, La Découverte, 1992). La Figura 7.1 mostra il laboratorio di Guillemin schematizzato.

Ora, va detto che molti aspetti della scienza descritti dai sociologi sono dipendenti dalle ricorrenti minuzie dell'attività scientifica. Eventi storici, scoperte e concorrenza sono esempi di fenomeni che si collocano al di là di un flusso continuo di attività scien-

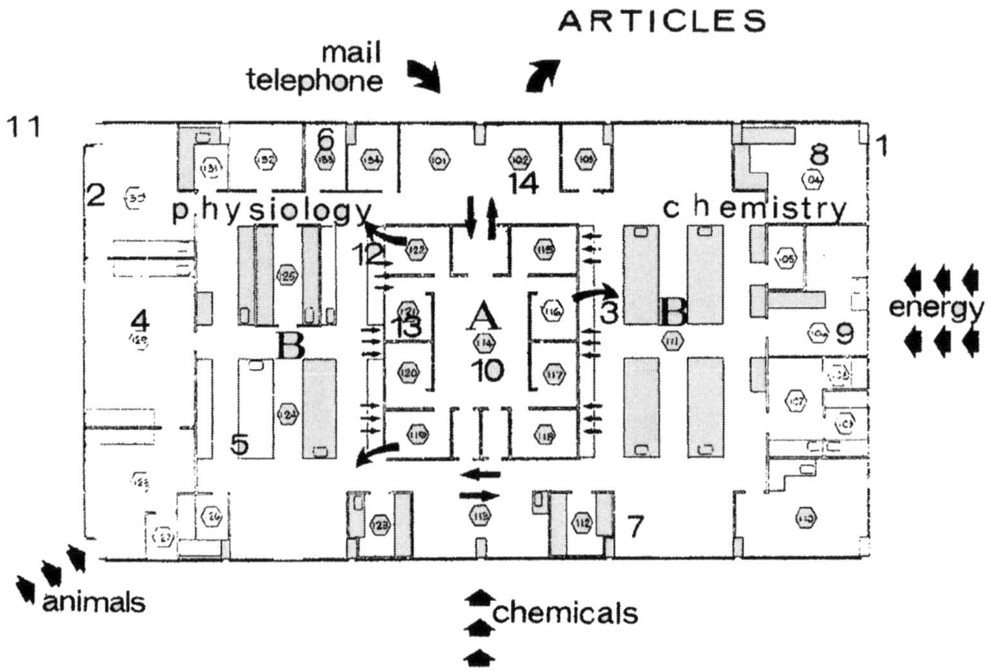

Figura 7.1 – Schema dell'interno del laboratorio di Roger Guillemin.

tifiche in corso[1]. In questa ottica e, anche in una riproposizione moderna dell'opera del 1979 in questione, è possibile cercare di stabilire a monte il carattere altamente simbolico, contestualmente contingente e costruttivo della produzione scientifica della/nella conoscenza[2]. Un concetto fondamentale di quest'opera è che i fatti scientifici non sono semplicemente scoperti, ma costruiti. Questo processo implica una mescolanza di elementi puramente scientifici e «spurii», che comprendono fattori non strettamente legati alla scienza, come la reputazione, la burocrazia, le citazioni, le attrezzature specializzate, i finanziamenti esterni, le dinamiche di discussione e conflitto, nonché le abilità di mediazione. Gli autori scelsero la strada rigorosa di un'analisi finalmente realistica sulla produzione della scienza, rendendo conto delle azioni e delle esitazioni dei ricercatori in questo classico della sociologia della scienza, che ha rinnovato profondamente anche la filosofia dei fatti scientifici. Il fatto rilevante di questa impostazione del lavoro di ricerca scientifica è che i sociologi possono trattare certi argomenti come questioni da osservare nel presente e non come peculiarità riservate esclusivamente a storici professionisti e filosofi della scienza[3]. In particolare, secondo Bruno Latour, il metodo sviluppato precisamente dall'ANT non rappresentava il solito tentativo di descrivere le cose del mondo ma una forma diversificata di attività del pensare. Si trattava di una modalità

[1] Cfr. Bruno Latour e Steve Woolgar, *Laboratory Life. The Social Construction of Scientific Facts,* Beverly Hills, Sage, 1979, 1986, p. 27.

[2] Cfr. Karin, Knorr Cetina, *The Manufacture of Knowledge: An Essay on the Constructivist and Contextual Nature of Science*, Oxford, Pergamon Press, 1981, p. 15 e sg.

[3] Cfr. Michael Lynch, *Art and Artifact: A Study of Shop Work and Shop Talk in a Research Laboratory*, London, Routledge & Kegan Paul, 1985, p. XIV.

di analisi e di giudizio che non coglieva gli enti in quanto oggetti chiusi, auto-limitati e determinati una volta per tutte, bensì era capace di rivelarne e mapparne l'attributo invisibile riconoscibile negli assemblaggi che, nel tempo e nello spazio, possono essere più o meno durevoli, ossia nei limiti, nei bordi e nei confini di una materia che di per sé è estremamente multiforme[4]. Questa consapevolezza era applicata all'intero discorso e trovava origine anche in sperimentazioni vicine alla trattazione originaria, come ad esempio alcune pratiche di laboratorio condotte in Francia, che hanno avuto ripercussioni sul contesto storico attuale[5]. L'ANT sviluppava quindi in prevalenza una modellistica teorica che cercava di descrivere lo sviluppo di particolari situazioni in contemporanea con la presenza di oggetti tecnologici. In sociologia, infatti, l'ANT considera gli individui come attori sociali che interagiscono con sistemi tecnologici per affrontare problemi e migliorare le soluzioni disponibili. Questi attori applicano metodologie specifiche, spesso influenzate da strategie cognitive, per risolvere situazioni di incertezza e affrontare problematiche complesse. In questo senso, l'ANT può essere applicata a situazioni di lavoro dove agiscono individui e soprattutto gruppi di ricerca, là dove si formano i concetti scientifici e si testano processi reali di conoscenza anche all'interno di procedimenti decisionali. Il tutto sarebbe idoneo e diretto, come detto, al miglioramento del *problem solving* in un'ottica dinamica di incentivazione della *performance* nel porre tematiche particolari che migliorano le capacità individuali a sottoporre le situazioni alla creatività di un gruppo di lavoro scientifico.

Il sociologo e ingegnere Michel Callon, che ha diretto il «Centre de sociologie dell'innovation» (CSI) dal 1982 al 1994, ha provato proprio nel 2023 a riallacciare per un periodo particolare le fila di un gruppo di studiosi, tra cui Bruno Latour, alcuni della «Society for Social Studies of Science», altri riuniti attorno alla rivista speciale «Science Studies», sottolineando in quest'ultimo caso l'approccio interdisciplinare che avrebbe permesso agli autori di presentare i lavori scientifici differenziandoli.

> C'est dans cette revue que sont apparus les noms de Barri Barnes, de Harry Collins, de Karin Knorr, de John Law, de Michael Lynch, de Donald MacKenzie, d'Andrew Pickering, de Trevor Pinch, de Henry Small er de Bryan Wynne. Touts ces auteurs s'efforçaient d'aller au plus près des pratiques scientifiques tout en s'efforçant de tenir compte de ce qu'on appelait alors leurs «dimensions sociales» [...]. La revue *Science Studies* avait publié ses premiers numéros des articles montrant l'utilité des outs bibliométriques pour qui les traversaient. Un certain Henry Small, chercheur à l'Institute for Scientific Information (ISI), avait mis au point une méthode ingénieuse, l'analyse des co-citations, qui donnait une représentation précise de l'organisation conceptuelle d'une spécialité et de ses transformations. Bruno, alors qu'il était en Californie et préparait *Laboratory Life*, avais saisi l'intérêt de ces méthodes et notamment de l'analyse des réseaux dé citations. De notre côté, pendant les années 1970, nous avions développé au CSI une méthode nouvelle, connue aujourd'hui sous le nom de *co-word analysis*. Elle avait comme particularité d'être applicable à n'importe quel texte (brevets, articles scientifiques, programmes de recherché, revues commerciales) et par conséquent d'autoriser la description de réseaux thématiques traversant le institutions et s'étendant jusqu'aux marches[6].

---

[4] Cfr. Bruno Latour, *Reassembling the Social: An Introduction to Actor-Network-Theory*, Oxford, Oxford University Press, 2005, I, II.

[5] Cfr. Bruno Latour, *The Pasteurisation of France*, Cambridge, MA, Harvard University Press, 1988, I.

[6] Michel Callon, *Travailler au quotidien avec Bruno Latour*, Condé en Normandie, AOC, 2023, cit. pp. 9-19.

A parte l'accenno alla scientometria, Callon cita anche delle controversie implicabili alle impostazioni «di periodo», ad esempio di David Bloor. Il ragionamento di Bloor ha portato a esplicitare le simmetrie esistenti nella produzione scientifica, un'idea che Bruno Latour ha potuto sviluppare ulteriormente dal 1982, quando si è unito al CSI, integrandosi progressivamente con questa particolare prospettiva d'indagine. In questo contesto, Callon documenta anche la crescente collaborazione di Latour con lui stesso e con Michel Serres (1930-2019), il quale ha contribuito a fornire una visione peculiare della storia della scienza. Famosa la sua apertura *de Les origines de la géométrie:*

> In reazione violenta, ma giusta, contro antichi ideali, perversi, che predicavano un universale quasi sempre riducibile a un dominio imperialista e invadente, i nostri discorsi, da mezzo secolo almeno, risuonarono delle nostre differenze. Dominanti, le scienze umane ci insegnarono, in questo lasso di tempo, non soltanto ad amarci gli uni con gli uni ma a riconoscere e a rispettare i diritti di culture, generi, sessi, lingue e usanze diversi. Dobbiamo esser loro grati di aver aperto queste molteplicità disparate [...]. Avevamo creduto di morire di totalizzazione ed ecco che possiamo perire di sgretolamento. Come se la violenza distribuisse equamente le sue devastazioni[7].

Ma continua Michel Callon:

> Les travaux du CSI trouvaient ainsi leur place dans une topographie qui les reliât aux grands enjeux des sciences humaines sans que ne soient perdus en route le détail et la couleur des études de cas. Faire de la théorie c'est décrire. Son ambition était d'échafauder un système de coordonnées qui permette à chaque événement de trouver sa place[8].

Attraverso alterne vicende si descrive la fitta collaborazione dei ricercatori francesi e di quelli di matrice anglosassone, soprattutto per le vicende che riguardano il progetto della STS (acronimo che significa indifferentemente «Science techniques et societé» o «Science and Technology Studies»), anche se il clima di coesistenza pacifica tra gli autori non sarebbe stato destinato a durare. Inoltre, partecipava al clima esistente tra gli studiosi di diversa appartenenza e posizione geografica l'apparizione negli Stati Uniti del testo di Latour *Science in Action*, divenuto un bestseller.

> Une réputation sulfureuse précédait Bruno quand il fut invité à donner une conférence à l'Institut. Les physiciens, pour la majorité des théoriciens travaillant su la mise en compatibilité de la mécanique quantique et de la relativité, se liguèrent pour empêcher sa nomination. Il en fut profondément effecté. La seconde opération spéciale, comme on dit maintenant, fut lancée, toujours par des physiciens, quelque temps plus tard. La bataille s'inscrivait dans l'ainsi nommée guerre des sciences, qui se révéla être en réalité une guerre picrocholine[9].

Specifica ancora Callon:

> Bruno et moi avions utilisé a plusieurs reprises la comparasion avec la physique pour souligner certaines des différences que l'on jugeait fondamentales entre notre conception de la sociologie

---

[7] Michel Serres, *Les Origines de la géométrie*, Flammarion, 1993, trad. it. *Le origini della geometria*, Milano, Feltrinelli, 1995, cit. p. 7.

[8] Michel Callon, *Travailler au quotidien avec Bruno Latour*, Op. cit., cit. p. 31.

[9] *Ivi*, p. 48.

> et certaines tendances de la sociologie établie. Dans ces années-là j'avais encore bien présent a l'esprit tout ce que j'avais appris pendant le années où je me destinais à faire de la recherché en physique des solides. J'avais conseillé a Bruno de lire le petit livre d'Einstein qui explique de manière lumineuse en quoi consistent la théorie de la relativité restreinte et celle de la relativité génerale. Nous en avions beaucoup discuté et étions arrivés à la conclusion que la comparaison pouvait éclairer ce que nous cherchions à faire: se passer d'un référentiel absolu[10].

Ora, questa teoria non fu solo una formula per ottenere risultati fisici soddisfacenti, ma una rivoluzione completa nel modo in cui concepiamo il mondo. Molti sociologi lo hanno capito in extremis e non è un caso che tante persone si siano interessate a questo concetto. Questo concetto, per Latour e anche per altri, tocca l'essenza stessa delle cose. Possiamo indicare due momenti cronologicamente distinti. Il primo è la teoria della relatività speciale, che spiega che le lunghezze e gli intervalli di tempo tra oggetti ed eventi fisici non sono più intrinseci, ma dipendono dal quadro di riferimento in cui si trova l'osservatore. In parole povere, possiamo dire che rispetto a un quadro di riferimento stazionario, più la velocità di un oggetto tende alla velocità della luce, più le lunghezze si contraggono e gli intervalli di tempo si dilatano. Ciò implica che, a partire da una certa velocità degli oggetti osservati, è necessario abbandonare il tradizionale quadro di riferimento galileiano e introdurre un calcolo relativistico per ottenere risultati validi. In secondo luogo, la teoria della relatività generale, che si intende estendere alla cosmologia, permette di spiegare la gravitazione con la deformazione di una nuova entità chiamata spazio-tempo. Continua Callon:

> Si Bruno se fichât complètement de ce qu'avaient écrit ces physiciens je me sentais quant à moi piqué ai vif. C'est pourquoi je me suis décidé à publier dans *Social Studies of Science* un long commentaire du court chapitre que les auteurs avaient consacré à Bruno. Mon but était de montrer que l'incompréhension n'était pas ou côte de l'anthropologue mais du côte des physiciens[11].

È nel corso degli anni Novanta del XX secolo che Callon finirà per comprendere che lo studio delle scienze e delle tecniche non sarebbe stato per Bruno Latour che una tappa, tra tutte la più difficile da attraversare. Egli sostiene che:

> Les technosciences qui semblaient accréditer l'existence d'une nature passive pou valent s'analyser comme des dispositifs sociotechniques conçus, par mises à l'épreuve successives, pour provoquer la mise en action d'entités observables et contrôlables. Cette mise en action mettait en évidence ce dont étaient capables ou non capables le entités soumises à la question. Il ne s'agissant pas de construction sociale, puisqu'aux entités était laisse la possibilité d'objecter, ou, pour le dire en langage épistémologique, la faculté de réfuter, de ne pas se conformer à ce qui était attend d'elles[12].

Di fatto, i motivi di scambio e di attenzione per il rapporto tra le scienze e la tecnica sono molto presenti in Latour, soprattutto filtrati dai richiami effettivi con le idee di Michel Serrres, dell'antropologo Philippe Descola, dello storico Philippe Pignarre e della belga Isabelle Stengers, già collaboratrice del Premio Nobel per la chimica 1977

---

[10] Michel Callon, *Travailler au quotidien avec Bruno Latour*, Op. cit., cit. p. 50.

[11] *Ibidem*.

[12] *Ivi*, p. 51.

Ilya Prigogine (1917-2003) e direttrice del Dipartimento di studi costruttivisti all'Université Libre di Bruxelles, che ha avanzato una prospettiva a carattere interdisciplinare, sul terreno della storia della scienza, tentando di analizzare la natura delle pratiche scientifiche per dover conciliare la dimensione cognitiva della verità con la sua intrinseca dimensione sociale. Nel dettaglio, la trattazione delle scienze esatte da parte della Stengers ha posto problemi registrati da Latour nel proseguo degli studi sociologici, soprattutto in termini di un'ampia diversità delle forme di conoscenza, seguendo il nuovo modello degli studi sociali sulla scienza. Anche quando la Stengers propose di fornire vie d'uscita dalle opposizioni in vigore nelle discipline scientifiche, entrò in contatto con il materiale che interessava Latour, e cioè con quelle prove che manifestavano la tensione tra oggettività scientifica e credenze, le quali, anziché essere separate, si rivelavano in realtà elementi costitutivi delle scienze stesse, costituendo una sfida per le pratiche sviluppate e continuamente reinventate dagli scienziati. La sfida anche più attuale di Isabelle Stengers è stata quella di parlare di queste cose quasi in modo umoristico, senza farne un oggetto di venerazione o di denuncia, rimanendo il più vicino possibile alla passione degli scienziati sociali, come nelle premesse dei suoi interessi disciplinari. Per questo, i suoi libri non parlano solo di scienza e di metodi più o meno canonici ma estendono la storia della loro invenzione, così e come capita in un testo dal titolo *L'Invention des sciences modernes* che è del 2011 (edito a Parigi da Flammarion), dove si interpretano i molteplici legami tra la scienza e i poteri che la mobilitano, stante il fatto per cui diversi problemi intellettuali mettono in gioco l'identità stessa della pratica scientifica che potrebbe essere inventata o, al limite, rinnovata. Latour avrebbe assorbito queste tendenze così moderne ben venti anni prima, anche quando la trattazione delle pratiche scientifiche più accreditate aveva aperto la discussione politica sul sapere e, da questo punto, arrivando al diritto, o meglio, trattando, come nota Callon, «la chimie et le droit». Anche gli interessi sull'ambiente avrebbero segnato le tappe del lavoro di Latour, oltre che il lavoro svolto presso il Consiglio di Stato con l'esame delle deliberazioni dei differenti organi che, come vedremo meglio più avanti, avrebbe dato il suo frutto con la pubblicazione di *La fabrique du droit. Une ethnographie du Conseil d'État* (Paris, Editions La Découverte, 2002). Sempre alle soglie del Duemila è da registrare il lavoro *Politiques de la nature* (Paris, La Découverte, 1999), testo a sfondo epistemologico nel quale Latour comincia col mettere in discussione l'ecologismo moderno, che in fondo non ha niente a che vedere con la natura. L'ecologia politica (che l'autore intende definire in questo lavoro) non può quindi «conservare» la natura. Latour richiama l'attenzione sul fatto che l'economia politica non deve essere confusa con l'ecologia politica. L'economia politica è solo una delle competenze della collettività, così come lo sono la moralità, la politica e, naturalmente, la scienza. Definiamo così una «casa comune [...] che renda le scienze compatibili con la democrazia». E sui ciò torneremo.

Dopo la ridefinizione sia dell'attività scientifica che di quella politica nel testo del 1999, Latour sembrerebbe riannodare i risultati dei suoi interessi per il pragmatismo mostrati a partire dagli anni Ottanta e combinati con la comparsa di un testo che racchiudeva i concetti di traduzione e problematicità. Come ricorda Callon:

> Bruno avait alors tout en main pour produire son grand oeuvre philosophique. Il avait absorbé, digéré, incorporé Whitehead, Souriau, James, Dewey. Il ne lui restant plus, si on peut dire car

> ce n'était pas une mine tâche, qu'à ré-agencer ces différents apports. Comme d' habitude il le fit avec une grande efficacité et inventivité. Il avait écrit un jour à propos de la science qu'elle était faite de pillage et de bricolage. Il en va de même pour la philosophie[13].

Ma solo quando fu avviata e portata a termine l'indagine sui modi di esistenza, egli fu in grado di tracciare le basi del movimento che invocava, un movimento che non si preoccupava di sostenere ma di realizzare. Come scrive Callon riferendosi a tempi più recenti:

> Il s'était complètement débarrassé de la pesante présence de l'anthropologie symétrique et, j'ajouterais, de la sémiotique, qui après l'avoir beaucoup aidé devenait plus encombrante qu'utile. Dans les trois livres politiques qu'il a publiés, après avoir appris que sa maladie serait plus forte lui, le plus percutant reste à mes yeux le deuxième («Où suis-je?»)[14]. Le livre est une démonstration réussie de la fécondité de sa grille d'analyse[15].

Il racconto sull'impostazione del lavoro di Bruno Latour in seno agli studi sociali della scienza si interrompe nel momento in cui il Nostro sembra scegliere una strada poco battuta nella considerazione di strumenti concettuali e materiali mirati d'analisi scientifica che possono fungere da strategia metodologica per l'analisi della realtà naturale e sociale. Per questo ribadiamo qui un certo interesse verso il testo del 1999 *Politiques de la nature* preceduto da *Non siamo mai stati moderni* del 1991 (Milano, Elèuthera, 2015) e *Il culto moderno dei fatticci* del 1996 (Roma, Meltemi, 2005), cui sarà bene dedicare un po' di spazio. Negli ultimi testi citati, Latour prendeva a modello la ricerca della fabbricazione della realtà nella considerazione della pratica scientifica che poteva ammettere una differenza tra conoscenze e credenze e, precisamente, quella tra fatti e feticci. Scrive l'autore del testo:

> Cominciamo da un piccolo risultato di sociologia delle scienze, senza il quale l'intero percorso sarebbe impraticabile. D'ora in poi chiederemo sempre al lettore di accettare di dissociare le *scienze* – al plurale, iniziale minuscola – dalla *Scienza*, al singolare, iniziale maiuscola: di ammettere che il discorso sulla Scienza non abbia alcun rapporto diretto con la vita delle scienze, che il problema della conoscenza si ponga in modo del tutto diverso a seconda che si voglia «brandire» la Scienza o che ci si dia a percorrere tutti i meandri delle scienze via via che esse si costruiscono; infine che si accetti di considerare che, se la natura – al singolare – ha fatto lega con la Scienza, le scienze invece non necessitano affatto di tale fusione. Se cercassimo di affrontare la questione dell'ecologia politica come se Scienza e scienze fossero un'unica impresa, perverremmo a posizioni radicalmente differenti. Nella prima sezione definiremo infatti la Scienza in termini di *politicizzazione delle scienze a opera dell'epistemologia con il fine di rendere impotente la vita politica ordinaria, facendo gravare su di essa la minaccia di una natura indiscutibile.* Naturalmente, dovremo giustificare una simile definizione, in apparenza contraria al buon senso. Ma se nel termine stesso di Scienza è già racchiuso il viluppo di politica, natura e saperi che dobbiamo imparare a sbrogliare, è facile capire che non possiamo iniziare il nostro percorso senza sbarazzarci dell'ipoteca che la Scienza fa pesare da sempre sia sull'esercizio della politica sia sulle pratiche dei ricercatori scientifici[16].

---

13 Michel Callon, *Travailler au quotidien avec Bruno Latour*, Op. cit., cit. p. 59.

14 *Cfr. Bruno Latour*, *Où suis-je? Leçons du confinement à l'usage des terrestres*, Paris, La Découverte, 2021, trad. it. *Dove sono?*, Torino, Einaudi, 2022.

15 Michel Callon, *Travailler au quotidien avec Bruno Latour*, Op. cit., cit. p. 60.

16 Bruno Latour, *Politiques de la nature*, Paris, La Découverte, 1999, trad. it. *Politiche della natura. Per*

Questo è in gran parte il senso del libro. In un'altra sede poi Latour aggiungerà:

Questo libro è un'opera di *filosofia politica della natura* o, se si preferisce, di epistemologia politica. Esso si pone il problema di scoprire *che fare dell'ecologia politica*. Per rispondere a tale interrogativo, non basta parlare della natura e della politica, occorre parlare anche della scienza. Ora, il punto delicato è proprio questo: l'ecologismo non può essere il semplice ingresso della natura nella politica, poiché è da una certa concezione della scienza che dipende non soltanto l'idea di natura, ma anche, per contrasto, l'idea della politica[17].

Come proseguio Latour indica una seconda parte che tratta dell'ecologia politica distinta dalla *Naturpolitik*.

Ora si tratta di mettere in atto un terzo spostamento se vogliamo trarre il massimo profitto da questa congiunzione favorevole tra sociologia delle scienze e movimento ecologico. Sembra infatti che le scienze sociali più sofisticate abbiano anch'esse abbandonato da tempo il concetto di natura, mostrando che non si ha mai un accesso immediato a «la» natura: lo si ha – sostengono storici, psicologi, sociologi, antropologi – soltanto grazie alla mediazione della storia, della cultura, di categorie mentali specificatamente umane. Sostenendo, noi pure, che l'espressione «la» natura non ha alcun senso, sembrerebbe che abbiamo acquisito il buon senso delle scienze umane[18].

In altri termini, va detto che Latour sembrerebbe ammettere che più si tende a sostenere la costruzione sociale della natura e più si tende a trascurare ciò che accade realmente nella natura mentre quest'ultima viene abbandonata alla Scienza e agli scienziati. Prosegue l'autore:

Non ci sorprendiamo di questa obiezione: la doppia spaccatura tra storia e natura non proviene, ben lo sappiamo, dalle lezioni tratte da studi empirici, bensì ha il fine di tagliar corto con l'osservazione, affinché nessun esempio possa mai turbare la distinzione politicamente necessaria tra problemi ontologici ed epistemologici, con il rischio di unificare sotto il medesimo sguardo della stessa disciplina le due assemblee degli umani e delle cose. Tutta l'epistemologia (politica) ha il fine di impedire l'epistemologi politica limitando la storia delle scienze al piccolo cabotaggio della scoperta, sena alcun effetto sulla durevole solidità delle conoscenze[19].

Conclude Latour:

Il sociale non si compone di soggetti più di quanto la natura si componga di oggetti. Se grazie all'ecologia politica distinguiamo gli oggetti non umani, grazie a essa potremo distinguere anche gli umani dai soggetti: *il soggetto era l'umano, impegnato nella polemica della natura, che opponeva coraggiosa resistenza all'oggettivazione da parte della Scienza* [...]. Quanto alle discipline scientifiche, ove siano state rese visibili, presenti, attive, agitate, non costituendo più una minaccia, potranno portare alla luce quel formidabile potenziale del pluriverso che finora non avevano mai avuto l'occasione di sviluppare poiché erano costantemente schiacciate dall'obbligo di produrre il più rapidamente possibile oggetti «della natura» sfuggendo alle «costruzioni sociali» nell'intento di ritornare velocemente a riformare la società per mezzo dell'indiscutibile ragione. Allentando questa mortale tenaglia dell'epistemologia e della socio-

una democrazia delle scienze, Milano, Cortina Editore, 2000, I, pp. 1-2

17 *Ivi*, p. 323.

18 *Ivi*, p. 28.

19 *Ivi*, p. 32.

logia, l'ecologia politica consente alle discipline scientifiche, emancipatesi dal loro compito di epistemologia (politica), di moltiplicare aule, arene, istituzioni, fori, esperienze, dimostrazioni, laboratori grazie ai quali umani e non umani, da poco liberati, si associno. La Scienza è morta, viva la ricerca e vivano le scienze[20].

Dalla trattazione in oggetto si apprende che i termini «natura» e «società» non designano settori specifici della realtà, ma una forma molto particolare di organizzazione pubblica. Secondo Latour:

> Come ci eravamo impegnati a fare, abbiamo definito la materia prima del collettivo sulla quale verte l'ecologia politica. La congiunzione dei due vocaboli ha quindi un senso. Nel collettivo vi è di fatto un miscuglio tale di entità, di voci, di attori che sarebbe stato impossibile trattarlo o con la sola ecologia o con la sola politica. La prima avrebbe naturalizzato tutte le entità, la seconda le avrebbe socializzate tutte. Rifiutando di legare la politica agli umani, ai soggetti, alla libertà, e di legare la Scienza agli oggetti, alla natura, alla necessità, abbiamo scoperto il lavoro comune alle politiche e alle scienze: mescolare le entità del collettivo per renderle articolabili e *farle parlare*[21].

Grazie alla sociologia delle scienze si potrà comprendere che la natura può essere trattata soltanto come una delle parti del collettivo, là dove il problema fondamentale dell'ecologia politica si pone come la ricerca di una successione per il collettivo stesso inteso come insieme di proposizioni. Bisognerà sapere se le proposizioni che lo compongono sono più o meno bene articolate anche per una sorta di ridefinizione della politica stessa. In sostanza:

> Diviene ora possibile definire le *competenze del collettivo*, a condizione di evitare innanzitutto la contesa delle *due ecopolitiche* che porterebbe a confondere l'ecologia politica con l'economia politica. Se si presenta come al ricapitolazione del collettivo, l'economia usurpa le funzioni dell'ecologia politica e paralizza contemporaneamente la scienza, la morale e la politica imponendo una terza forma di naturalizzazione [...]. Il contributo delle scienze sarà molto più importante di quello della Scienza, poiché verterà su tutte le funzioni insieme, perplessità, consultazione, gerarchia e istituzione – a cui vanno aggiunti il mantenimento della separazione dei poteri e la scenarizzazione [...]. Grazie a questa nuova organizzazione, la dinamica del collettivo diviene chiara[22].

La domanda che ripercorre il testo sin dall'inizio è quella per cui ci si potrebbe chiedere «che cosa è lecito attendersi dalle scienze, una volta che queste siano state liberate dalla Scienza»[23]. Si inizia in tal modo un'inchiesta sulle gerarchie che risultano esse compatibili tra loro e sulle designazioni comuni da attribuire ad ogni operazione, per cui si troveranno in successione certe tappe che permettano di definire una casa comune a tutte le discipline affrontate, nella forma di rendere tutte le scienze compatibili con la democrazia. I collettivi così ridefiniti potranno esplorare mondi comuni, nel senso di ridurre le separazioni tra oggettività e soggettività. I collettivi potranno essere

---

[20] *Ivi*, p. 50.
[21] *Ivi*, p. 100.
[22] *Ivi*, pp. 326-327.
[23] *Ivi*, p. 155.

definiti attraverso le proprie traiettorie particolari di apprendimento. In una sintesi di ultimazione del suo lavoro, Latour concluderebbe:

> a) Poiché la politica è sempre stata fatta sotto gli auspici della natura, non si è mai usciti dallo stato di natura e il Leviatano resta da costituire. b) L'ecologia politica prima maniera ha creduto di innovare mettendo la natura in politica, mentre ha finito coll'aggravare la paralisi della politica causata dalla vecchia natura. c) Per ridare senso all'ecologia politica, occorre abbandonare la Scienza per le scienze, concepite come socializzazione dei non umani, e abbandonare la politica della Caverna per la politica definita dalla composizione progressiva del buon mondo comune. d) Le istituzioni che permettono questa ecologia politica esistono già tutte in filigrana nella realtà presente, anche se si dovrà ridefinire le posizioni della sinistra e della destra. e) Alla celebre domanda «Che fare?» si può dare un'unica risposta: «*Ecologia politica*!», a condizione di modificare il senso del termine dando a esso la metafisica sperimentale conforme alle sue ambizioni[24].

7.2

Nei decenni trascorsi da quando Bruno Latour e Woolgar hanno condotto il loro lavoro sul campo e analizzato i loro dati etnografici, molti esperti di studi scientifici hanno seguito le loro orme, andando oltre al contributo fondamentale degli autori. In verità, una pletora di ricercatori della STS hanno condotto i propri studi di laboratorio tra i quali ricordiamo: Michael Lynch (con il già citato *Art and Artifact: A Study of Shop Work and Shop Talk in a Research Laboratory*, London, Routledge & Kegan Paul, 1985), Sharon Jean Traweek (*Beamtimes and Lifetimes: The World of High Energy Physicists*, Cambridge, MA, Harvard University Press, 1988), Joan Hideko Fujimura, (*Crafting Science: Standardized Packages, Boundary Objects, and «Translation»*, Cambridge, MA, Harvard University Press, 1996), Geoffrey G. Bowker e Susan Leigh Star – 1954-2010 – (*Sorting Things Out: Classification and Its Consequences*, Cambridge, MA, MIT Press, 1999), Park Doing, *Velvet Revolution at the Synchrotron: Biology, Physics, and Change in Science*, Cambridge, MA, MIT Press, 2009). Altri ancora hanno sviluppato gli strumenti della metodologia etnografica, ad esempio: Theresa Conefrey, (*Gender, Culture, and Authority in a University Life Sciences Laboratory*, «Discourse & Society», 1997, 8, pp. 313-340), Graeme Gooday (*Placing or Replacing the Laboratory in the History of Science?*, «Isis», 2008, 99, pp. 783-795), Lisa Garforth (*In/Visibilities of Research: Seeing and Knowing in STS*, «Science, Technology, & Human Values», 2012, 37, pp. 264-285), Neil Stephens e Jarnie Lewis (*Doing Laboratory Ethnography: Reflections on Method*, «Qualitative Research», 2017, 17 (2), pp. 202-216). Anche l'analisi di Latour e Woolgar dei dati etnografici offerti in *Laboratory Life* ha ispirato un'ampia serie di valutazioni. Proprio alcuni dei concetti chiave offerti in *Laboratory Life* – come l'attività quotidiana della scienza, le storie sulle origini, i tipi di dichiarazioni e i cicli di credito – sono stati generalmente ben accolti, ampiamente approvati e gradualmente ripresi dagli studiosi di studi scientifici

[24] *Ivi*, pp. 328-329.

(vedi Knorr Cetina nel testo citato del 1981 e Donna Haraway, (*A Manifesto for Cyborgs: Science, Technology, and Socialist Feminism in the 1980s*, «Australian Feminist Studies», 2, 1987, pp. 1-42). Altri concetti – come l'iscrizione letteraria, la costruzione dei fatti, la micro-elaborazione e la creazione di un ordine dal disordine – hanno sollevato un acceso dibattito e hanno portato a continue controversie. Si vedano ad esempio: Nicholas Tilley (*The Logic of Laboratory Life*, «*Sociology*», 1981, 15, pp. 117-126), Marc Grenier (*Cognition and Social Construction in Laboratory Science*, «*4S Review*», 1983, 1, pp. 2-16), Jan Golinski (*The Theory of Practice and the Practice of Theory: Sociological Approaches in the History of Science*, «*Isis*», 1990, 81, pp. 492-505), Friedel Weinert (*Vicissitudes of Laboratory Life*, «The British Journal for the Philosophy of Science», 1992, 43, pp. 423-429), Sergio Sismondo (*Some Social Constructions*, «Social Studies of Science», 1993, 23, pp. 515-553). Molti studiosi della STS hanno anche risposto in modo frammentario ai concetti per comprendere la pratica scientifica offerti da Latour e Woolgar in *Laboratory Life*, accettandone alcuni e rifiutandone altri; vedi per esempio: Ian Hacking – 1936-2023 – (*The Participant Irrealist At Large in the Laboratory*, «The British Journal for the Philosophy of Science», 39, 1988, pp. 277-294) sulla costruzione irrealista dei fatti.

Importante è anche un volume curato da Michel Callon che raccoglie scritti di Andrew Pickering, John Law, Arie Rip e Peter Groenewegen dal titolo significativo di *La science et ses réseaux. Genèse et circulation des faits scientifiques* (Paris, Éditions La Découverte, 1989) che adesso prendiamo in considerazione. Tutto parte da un interrogativo: come è fabbricato un fatto scientifico? Scrive Callon:

> Pour répondre à cette question il serait aussi vain de nier le mythe de Thalès, c'est-à-dire d'oublier le bâton, la pyramide et le soleil, bref tous le s alliés qui le rendent plus fort, que de retirer à la science les laboratoires qui la rendent possible. Un fait scientifique – défini ici comme énoncé contestable, largement diffusé et que personne ne conteste plus – ne résulte pas d'une évidence naturelle, d'une observation naïve. C'est ce que monstre A. Pickering dans le chapitre 1 consacré aux développements les plus récents de la physique des particules. Une expérience n'est jamais innocente. Son montagne, son interprétation sont largement dépendants des présupposes théoriques des chercheurs qui la réalisent. Les philosophes nomment cela la sous-détermination de la connaissance scientifique par la nature. Nous dirons plus simplement que les phénomènes naturels sont toujours susceptibles de plusieurs définitions et descriptions et quelle les seules observations ne sont jamais suffisantes pour séparer plusieurs interpretations concurrentes. La nature est bon en fille! Elle se laisse exprimer dans plusieurs discours contemporains ou successifs, qui ne sont ni nécessairement cohérents, ni nécessairement compatibles les une avec les autres. Un fait scientifique, par exemple l'affirmation de la structure en double hélice del l'AND ou l'énoncé de la loi de la chute des corps, est nécessairement construit, puisqu'il n'est point une évidence pieusement et fidèlement recueillie[25].

Al di là della sotto-determinazione della conoscenza scientifica, come indicato sopra, Callon sostiene la necessità di comprendere la costituzione dei fatti scientifici, del laboratorio e degli intermediari di ogni tipo che vi confluiscono e che mediano il dialogo del ricercatore con la natura e con la società. E continua:

---

[25] Michel Callon, *La science et ses réseaux. Genèse et circulation des faits scientifiques*, Paris, Éditions La Découverte, 1989, cit. p. 9.

> Un laboratoire rassemble tout d'abord, c'est une évidence, des chercheurs, des techniciens et des gestionnaires qui constituent ce que les économistes appelleraient la force de travail. Cette force de travail se caractérise par les *savoir-faire* et les *compétences* qu'elle incorpore. Ces compétences son en général multiples (compétences administratives, compétences scientifiques ou techniques ells-mêmes diversifies); de plus ells évoluent su cours du temps: d'abord, et ceci est commun à toutes les organisations, parce que des recrutements ou des départs se produisent mai aussi et surtout parce que le travail du laboratoire se traduit en permanence par l'élaboration et l'incorporation de compétences nouvelles[26].

Callon indica degli studi «di periodo» che possono considerarsi come pioneristici e che assumono dal suo punto di vista la configurazione di classici. Egli ricorda i saggi di Bruno Latour (*La vie de laboratoire*, Éditions La Découverte, 1988), di Karin Knorr (il già citato *The Manifacture of Knowledge*, Oxford, Pergamon, 1981), di Michael Lynch (*Art and Artifact in Laboratoty Science*, Londra, Routledge and Kegan Paul, 1985) e di Sharon Traweek (*Buying Time Taking Space: The Culture of the Particle Physics Community*, Cambridge, Mass, 1988).

A seguire il volume del 1989 esiste anche una raccolta di saggi in inglese (1991)[27], che si distingue per il tipo di ragionamento che propone, ovvero la riflessione sulla differenza tra il riconoscere la legittimità della conoscenza scientifica e il metterla in pratica, nel senso letterale del termine. Ora, è vero che molto spesso la letteratura epistemologica ignora tutto ciò che riguarda il funzionamento tecnico e sociale della scienza, come del resto la letteratura sociologica, che generalmente evade i contenuti scientifici, ma ci sono esempi in letteratura che si propongono in modo diverso di parlare di scienza, favorendo anche le pratiche di laboratorio che rappresentano la messa in campo di certi strumenti a confronto di documenti e competenze (Figura 7.1). I laboratori mostrano attori sociali – scienziati e non – che costruiscono conoscenze nel momento stesso dell'azione, alcune delle quali si consolidano nel tempo. Attraverso controversie, conflitti di interpretazione, dubbi e lotte di potere, assistiamo allo sviluppo di un sapere che, una volta accettato, ci fa dimenticare le condizioni in cui è stato prodotto. A poco a poco, ci convinciamo quindi che, per apprezzare la scienza passata, per rilanciare la ricerca sul rapporto tra scienza, tecnologia e società e per capire perché si sta diffondendo irresistibilmente, dobbiamo studiare la scienza che sta per essere prodotta. L'immagine della scienza cambia radicalmente a seconda che la si osservi «in azione», nel processo di costruzione, oppure «pronta all'uso», come una «scatola nera» utilizzabile senza conoscerne storia o contenuto. Gli scienziati tendono a presentare *ex post* il proprio lavoro come un percorso lineare di scoperta della natura; a osservarli in laboratorio, tuttavia, li si trova alle prese con i numerosissimi passaggi di traduzione necessari per trasformare un evento sperimentale nel tassello di una conoscenza cumulabile, così come vedremo in un testo di Latour del 1987. La pratica del laboratorio attende comunque la risoluzione immediata delle dispute sull'interazione di soggetti impegnati in attività scientifiche che li obbligano a cercare di intrattenere relazioni con oggetti di indagine. Potranno adottare anche il motto «persone oltre

[26] Michel Callon, *La science et ses réseaux. Genèse et circulation des faits scientifiques*, Op. cit., cit. p. 11.

[27] Cfr. Michel Callon e Bruno Latour, *La science telle qu'elle se fait*, Paris, La Découverte, 2013 sull'edizione del 1991.

le cose», inteso come una rivalutazione delle azioni reciproche, che includono sia il distanziamento sia la vicinanza agli oggetti stessi. Latour e Woolgar, in particolare, spiegano questa sorta di rituale nei loro saggi dedicati alla costruzione dei fatti sperimentali e tendono a rivalutare le varie pratiche d'osservazione degli avvenimenti irripetibili, sottolineandone la precisione nell'indagine sui fatti. Per molto tempo si è creduto che i fatti fossero delle evidenze empiriche senza pensare a costruirli in modo certo da poter determinare anche una processualità indiscutibile. Alla fine, ad accertarne la validità sarebbe stata la scienza stessa in azione, mantenendosi fedele alla loro origine. I fatti scientifici sarebbero stati prodotti in laboratorio, come congiunzione di vari momenti, vincoli e opportunità, come illustrato dalla Figura 7.2. Essi sarebbero stati trattati come delle vere e proprie entità riproducibili e soprattutto come dei fenomeni *in itinere*, in costruzione e non dati una volta per tutte. La costruzione dei fatti si sarebbe così sostituita all'evidenza empiricamente operante nella coscienza dello scienziato, passando da uno stato inerte a uno stadio manifesto in una serie di evidenze empiriche particolari.

In una traduzione francese di *Laboratory Life* (v. *La vie de laboratoire. La production des faits scientifiques*, Paris, La Découverter, 1988, 1996), Latour e Woolgar sostengono che la fabbricazione di un fatto scientifico si fonderebbe su un sistema di inscrizione letteraria che sarebbe il laboratorio. Essi studiano il caso della genesi del TRF (H), intendendo applicare il cosiddetto «programma forte» di sociologia della scienza.

> Un fait est reconnu en tant que tel lorsqu'il perd touts ses attributs temporels et s'intègre dans un vaste ensemble de connaissances avancées par d'autre. Écrire l'histoire d'un fait se heurte à une difficulté essentielle: il a, par définition, perdu tout référent historique. Il existe une grande différence entre un énoncé litigieux et son acceptation ultérieure (ou antérieure) en tant que fait établi. Le historiens des sciences s'efforcent de mettre en lumière le processus de métamorphose qui a lieu entre ces deux stades, généralement en considéré rant les faits établis comme points de départ et en remontant le cours du temps[28].

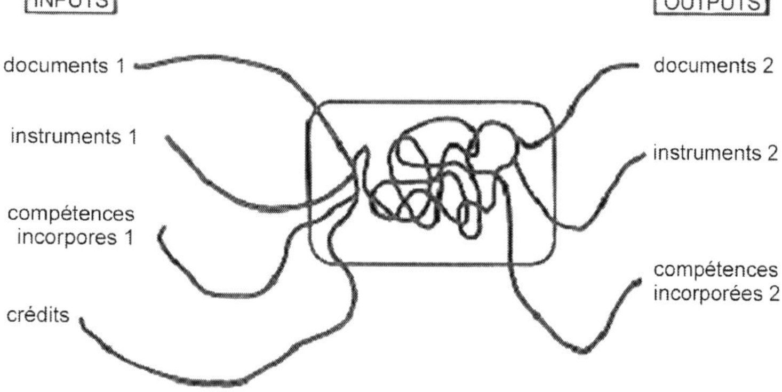

Figura 7.2 – Il laboratorio come centro di produzione.

[28] Bruno Latour, Steve Woolgar, *La vie de laboratoire. La production des faits scientifiques*, Paris, La Découverter, 1996, 3, cit. p. 92.

In questo senso, molta importanza viene riposta nell'azione degli storici della scienza là dove il fatto perde la sua connotazione temporale e diviene interscambio di conoscenze altrui.

> Mais cette approche rend nécessairement difficile l'appréciation d'une situation dans laquelle il n'y a pas de chemin. La plupart du temps, le reconstruction historique passe nécessairement â côte du processus de solidification et d'inversion par lequel un énoncé s'établit comme fait; c'est pourquoi certains sociologues de la science ont avancé qu'il valait mieux être à l'écoute di débat contemporain que se fonder sur des description historiques. En dépit de ces difficulté méthodologiques (que connaissent bien ceux qui pratiquent l'histoire de sciences), nous allons tenter de reconstruire certains événement historiques qui onte eu lieu dans notre laboratoire et cela pour trois raisons principales[29].

In primo luogo, il successo del laboratorio e il merito dei suoi membri sono dovuti alla caratterizzazione di tre sostanze (TFR, LRF e somatostatina). È su queste sostanze che gli autori cercano di ricostruire le connessioni, al di là delle vicende che hanno caratterizzato il laboratorio stesso, fin dalle cause temporali degli anni precedenti alle quali è stato assoggettato. In secondo luogo, va detto che l'analisi della costruzione del TRF si è rivelata accessibile, grazie alla raccolta completa di tutti gli articoli pertinenti. Per terzo, si è scelto di studiare la genesi storica di quello che era considerato già un fatto consolidato, e cioè il TRF (H) ammettendo anche che è possibile ribadire che le analisi storiche possano essere trattate esclusivamente come delle «fictions littérarires». Scrivono gli autori:

> Le TRF (H) est aujourd'hui un objet à la structure moléculaire parfaitement définie, ce qui à première vue semble peu relever d'une analyse sociologique. Si nous parvenons à montrer le processus de construction sociale pour un fait d'une solidité aussi manifeste, ce sera là un argument de poids en faveur du programme fort de la sociologie des sciences. Ainsi, notre étude de la genèse du TRF a pour objectifs de fournir la toile de fond des chapitres suivants, d'expliquer l'influence dont joint le laboratoire et le crédit auquel il peut prétendre, et de renforcer le point de vu eque les faits bruts sont parfaitement compréhensibles en termes de leur construction sociale[30].

Ora, prendendo a modello la ricerca della genesi del TRF (H), gli autori tentano di ricostruire in differenti contesti un approccio storico scientifico che delimita la genesi dei fatti scientifici in modo da fare risaltare gli ambiti di liberazione dei fatti storici stessi in chiave di sociologia della conoscenza scientifica. A tale riguardo presentiamo la Figura 7.3 (in *La vie de laboratoire*) con le avvertenze che seguono: questo diagramma è una combinazione di due fonti di informazione. Sull'asse di sinistra, compare il numero di citazioni agli articoli finali del TRF pubblicati da Andrew Scally (G.I) e Roger Guillemin (G.II). È chiaro che il valore, misurato dal numero di citazioni, rimane quasi invariato in entrambi i casi; è altrettanto chiaro che gli articoli sono stati citati sempre meno con il progressivo consolidarsi del TRF (H) come fatto acquisito. L'asse di destra mostra, invece, il numero di articoli con il TRF (H) nel titolo. La differenza tra le pendenze delle curve di destra e di sinistra illustra la trasformazione

---

[29] *Ibidem.*

[30] *Ivi*, p. 93.

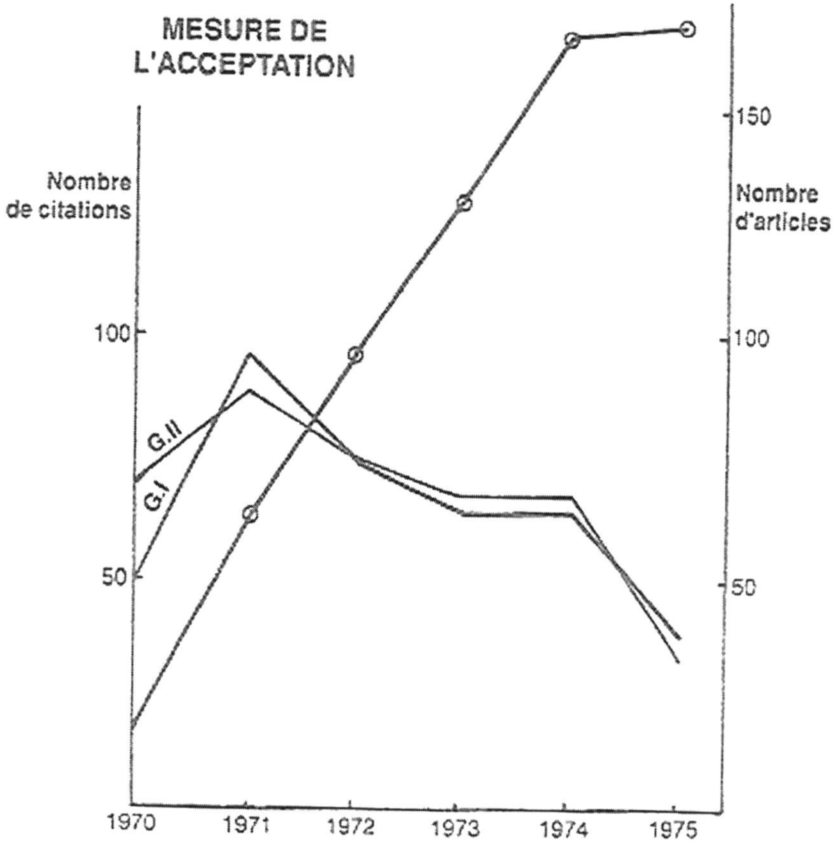

Figura 7.3 – Misura di un fatto scientifico (numero citazioni/articoli per anno).

del fatto. La procedura implica la comparazione degli andamenti ascendenti delle linee, così da fornire una misura della accettazione degli articoli sottoposti a verifica negli anni che comprendono un quinquennio (1970-1975) e mostrare la trasformazione del fatto scientifico nel tempo. Se ne conclude che

> La diminution progressive du nombre de citations indique que la question de savoir qui avait effectué la découverte et qui devait être cité perdit peu à peu tout intérêt aux yeux de la communauté dans son ensemble. Mais ceux qui faisaient partie de ces équipes exprimaient encore, sept and plus tard, une certaine amertume. En répondant à nos enquêtes sociologiques (qui sans aucun doute eurent pour effet de reviver un conflit qui sommeillait), les membres de chaque groupe nous invitèrent prudemment à comparer les dates de publication et de soumission des articles de façon ò établir l'allocation «correcte» et «définitive» de priorité[31].

L'affermazione di questa visione intrinseca dell'esistenza di un laboratorio è che tutta la conoscenza scientifica è costruita socialmente ed è il risultato delle negozia-

[31] Bruno Latour, Steve Woolgar, *La vie de laboratoire. La production des faits scientifiques*, Op. cit., 3, cit. p. 100.

zioni e delle interpretazioni degli scienziati, così e come indicano le figure precedenti. Il progetto di misurazione è solo un tentativo di comprendere le attività dello scienziato mentre cerca di «creare ordine dal caos», dai processi di pensiero analogici alle negoziazioni all'interno del laboratorio, alla creazione di carriere. Le idee degli autori si basano su un'attenta osservazione del lavoro degli scienziati, in un laboratorio endocrinologico, utilizzando una metodologia adattata dalla ricerca antropologica. La loro descrizione presenta il fatto scientifico non come parte della realtà naturale, ma piuttosto come il prodotto della comunicazione, dell'interazione e della negoziazione e, soprattutto, come il risultato finale di un consenso disciplinare. Il testo in esame sembra affrontare vari aspetti legati al laboratorio, alla scienza nel suo complesso, alla conoscenza scientifica, alle attività degli scienziati e alla natura del fatto scientifico, come emerge dallo studio. Si presume che i risultati siano generalizzabili, sottolineando che la validità esterna (in termini quantitativi) o la trasferibilità (in termini qualitativi) si distingue dalla validità interna (in termini quantitativi) o dalla credibilità (in termini qualitativi). La domanda non è quella per cui il quadro concettuale interpretativo di Latour e Woolgar sia o meno plausibile, dato l'insieme di dati (etnografici), ma piuttosto se sia possibile produrre un insieme di dati (etnografici) simili in condizioni relativamente utili per adattarsi ai nuovi dati, almeno dal versante della struttura concettuale. Va detto che le preoccupazioni di Latour, Woolgar e Callon (con l'opera del 1988-1989) sono praticamente le stesse e conducono a percezioni simili dei fatti sociali prodotti al cospetto della negoziazione molteplice rilevabile dall'indagine scientifica. Scriveva Callon in via dichiarativa di intenti:

> Puisque le travail scientifique, cette négociation multiforme avec une gamme de porte-parole dont on teste les aveux et la légitimité pour, les capitalisant tous, s'ériger en porte-parole plus général, se présente sous différentes configurations, peut-être est-il envisageable de distinguer entre piusieurs catégories de faits scientifiques? Là encore l'analyse en termes de réseaux va nous servir de fil directeur. Un fait scientifique, avons-nous dit, a la forme d'un réseau. C'est donc ce dernier qui lui donne ses propriétés. Nous allons illustrer cette affirmation en examinant tour à tour deux qualifications possibles des faits scientifiques: leur solidité et leur nouveauté[32].

Le reti invocate da Michel Callon si costituiscono mentre il laboratorio diviene centro di elaborazione e di produzione come indicato in Figura 7.1. In questo contesto è legittimamente ammessa la crescita della conoscenza scientifica, così come affermato in alcune teorie portanti della seconda metà del XX secolo, tra le quali vanno citate quelle di David Bloor e dei suoi collaboratori, anche in vista della specificazione di fatti scientifici in un contesto sociale di indagine nonché nell'ipotesi portante della dimensione sociale della conoscenza stessa. L'esponente di «Science Studies Unit» di Edimburgo poteva affermare nella Prefazione del 1991 alla seconda edizione di un suo libro del 1976 di avere rafforzato la sua fede «nel valore di un'interpretazione naturalistica della conoscenza in cui la sociologia svolga un ruolo centrale»[33]. Queste teorie vengono riprese molto spesso da Latour e da Woolgar, i quali si incaricano di mostrare

[32] Michel Callon, *La science et ses réseaux. Genèse et circulation des faits scientifiques*, cit. p. 29.

[33] David Bloor, *Knowledge and Social Imagery*, Chicago, University of Chicago Press, 1976, 1991, trad. it. *La dimensione sociale della conoscenza*, Milano, Cortina Editore, 1994, I, cit. p. 1.

nella prima parte de *La vie de laboratoire* un prospetto di crescita del loro oggetto di analisi specifica. Per ciò che concerne il TRF e le sequenze ad esso associate, gli autori indicano un diagramma riepilogativo anche di scelte strategiche che attestano l'esame di pubblicazioni o di citazioni per descrivere lo sviluppo di un dominio comune senza inconvenienti di sorta. La scoperta di ormoni del TRF (H) funge da evento pilota di scelte precise dell'endrocrinologia di laboratorio all'interno di un programma di ricerche che si fondano su decisioni logicamente prese in direzione di esaminare il passato avendo di mira il presente scientifico. La Figura 7.3 racchiude il tentativo degli autori di misurare la crescita della conoscenza scientifica di una serie di fatti scientifici noti e rapportabili ad articoli sul TRF.

La Figura 7.4 mostra la rappresentazione schematica della crescita della specialità TRF. Ogni punto rappresenta un articolo; l'asse orizzontale rappresenta il numero cumulativo di articoli citati da questi articoli; sull'ordinata, l'asse temporale. Il limite superiore (angolo superiore sinistro) corrisponde alla fine della controversia sull'esistenza dell'ormone TRF; il limite inferiore (angolo inferiore destro) corrisponde invece alla fine della controversia su cosa sia il TRF. Il numero di articoli, la distanza di ciascuno di essi dall'ultimo – sia in termini di tempo che di numero di nuovi materiali citati – fornisce un modello generale che differisce drasticamente da un campo all'altro. La forma generale del grafico illustra l'importanza degli articoli importati e

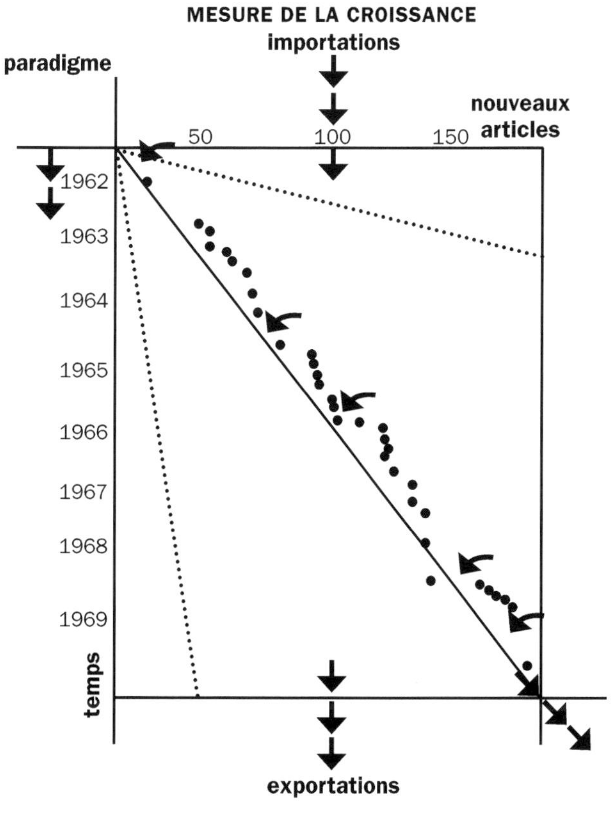

Figura 7.4 – Misura della crescita di un fatto scientifico.

delle citazioni di articoli provenienti da altri settori. In questa rappresentazione, ogni articolo è collegato a tutti gli articoli che si citano e a tutti quelli in cui viene citato. La mappa generale – impossibile da ripercorrere in questa sede – fornisce una panoramica del dominio e di tutte le operazioni che vi si svolgono. Importante a questo punto è il ricorrere da parte degli autori allo studio delle strategie dei ricercatori impegnati nella scoperta degli effetti delle rimodulazioni degli ormoni, che hanno una propria identità e storia, soprattutto all'interno del laboratorio. Un esempio è portato dagli stessi autori, quanto scrivono che:

> La décision de redéfinir la sous-discipline TRF uniquement en terme de détermination de la structure de la substance a complément remodelé la pratique professionnelle de la sous-discipline, même si cela la situait dans la droite ligne des concepts contraux de l'endocrinologie dans son ensemble. C'est précisément parce quel la stratégie de Guillemin était cohérente par rapport aux objectifs de l'endocrinologie que la décision qu'il a prise ne constitus pas une révolution intellectuelle. Étant donné que la stratégie de Guillemin l'a conduit au succès, il est tentant de penser que la décision qu'il a prise était la seule correcte. Mais la décision de remodeler le champ ne découlât pas d'une nécessité logique. Même si l'on n'avait pas décidé de chercher la structure du TRF (H), la sous-discipline des facteurs de libération aurait quand même vu le jour[34].

In merito al cambiamento di strategie all'interno del laboratorio, va detto che importa rilevare una certa vicinanza degli autori per la pratica etnografica. Il primo capitolo del libro *La vie de Laboratoire* è titolato *L'ethnographie des sciences* e percorre interessi di svariati ambiti disciplinari. Nel saggio si affrontano estratti di commentari, le ragioni d'essere dell'etnografia di un laboratorio, le questioni che attengono all'osservatore, i limiti dell'osservazione stessa. Del resto questi scritti derivano da una sorta di predisposizione alla cosiddetta «science pastorienne»[35]. Segue un capitolo dedicato alla *Visite d'un anthropologue au laboratoire*. È un fatto certo che gli autori, i quali affermano di appartenere alla sociologia della scienza, iniziarono ad analizzare come lavorano gli scienziati, come producono fatti scientifici. Allo stesso tempo, diversi ricercatori di sociologia della scienza sperimentarono lo stesso quadro analitico: Michael Lynch condusse la sua indagine a Los Angeles sotto la direzione di Harold Garfinkel (1917-2011); Karin Knorr-Cetina si è concentrata su uno studio comparativo di tre laboratori di biologia in Germania e Sharon Traweek ha centrato la sua attenzione sull'acceleratore lineare di Stanford e sul mondo della fisica. Il loro approccio descriveva le sfide legate al rimpatrio della pratica etnografica nei centri della modernità. Se l'analisi del lavoro scientifico era già stata più recentemente tentata in Francia con Gérard Lemaine (1931-2026) e Bernard-Pierre Lécuyer, l'indagine di Latour e Woolgar va oltre poiché fonda un nuovo genere: l'etnografia di laboratorio, appunto. Diversi principi guidano questa «scena primitiva». Innanzitutto, le persone nel laboratorio sono descritte come una «tribù esotica». Piuttosto che partire da un ordine prestabilito, l'etnologo della scienza deve rendere conto della confusione, del «disordine eterogeneo» del laboratorio. Uscendo dallo studio delle etnoscienze, dei

---

[34] Bruno Latour, Steve Woolgar, *La vie de laboratoire. La production des faits scientifiques*, Op. cit., 3, cit. p. 108.

[35] Cfr. Bruno Latour, *Les Microbes*, Paris, Guerre et paix, Métailié, 1984, I, II.

saperi indigeni, si tratta innanzitutto di descrivere un mondo poco o non conosciuto, e di produrre un'osservazione diretta senza un progetto di svelamento o di denuncia della scienza. Ancor di più, si tratta di rompere con la dicotomia tra «dimensione cognitiva» e «fattori sociali», ma alla maniera della storia sociale della scienza o della sociologia della conoscenza, di seguire la scienza nel suo processo di costruzione senza ricadere in una «anthropologie du vrai comme du faux»[36]. Qui è stata ascoltata la lezione del programma forte, e il principio di simmetria implica una duplice esigenza: «il faut traiter également et dans le même termes la nature et la societé»[37]. Ma se il ritorno al laboratorio incarna spazialmente questo rimpatrio dell'etnografia nei luoghi più emblematici delle scienze moderne, si traduce anche nell'importazione di metodi etnografici in relazione alle proposte dei sociologi della scienza. La questione dell'osservazione è qui centrale per evitare di descrivere le azioni degli scienziati nel loro linguaggio, e quindi di produrre un metalinguaggio che trascurerebbe gli attori:

> avvicinarsi alle scienze, aggirare il discorso accademico, familiarizzarsi con la produzione dei fatti, poi tornare a casa e riportare ciò che fanno i ricercatori in un metalinguaggio che non deve nulla al linguaggio che si vuole analizzare. Si tratta, insomma, di fare quello che fanno tutti gli etnografi e di applicare alle scienze l'etica consueta nelle scienze umane: familiarizzare con un campo rimanendo indipendenti e a distanza[38].

Per rispondere a questa sfida posta dal problema della familiarità e della distanza, Bruno Latour e Steve Woolgar pongono due esigenze: etnometodologia e riflessività. La prima consiste nel

> prendere l'attore e la sua pratica come l'unico sociologo competente», e quindi diffidare del discorso filosofico degli attori che spesso sono molto lontani dalla logica delle pratiche. La seconda tenta di superare la critica al relativismo secondo cui coloro che descrivono la scienza rischiano di minarne le fondamenta e di distruggere la fede. Per risolvere questa questione, gli autori procedono all'invenzione di una serie di osservatori immaginari, moltiplicando punti di vista eterogenei per descrivere lo scienziato al lavoro. Essi pongono un triplice limite a questo approccio: in primo luogo, rispetto all'etnografia classica, il terreno dell'etnografia scientifica non si confonde con una collocazione geografica, il suo territorio assume la forma di una rete, così e come suggerito da Callon. Per essere completo, lo studio del laboratorio dovrebbe quindi essere ampliato con uno studio della sua rete per mostrare l'intera «gamma delle trasformazioni». In secondo luogo, il laboratorio prescelto si occupa di fatti e non di teoria; se è un luogo di osservazione perfetto per l'analisi del lavoro empirico, è invece meno rilevante per lo studio della costruzione delle teorie. Infine, Bruno Latour e Steve Woolgar non cercavano di «ricostruire il mondo interiore, l'esperienza dei ricercatori[39].

Il discorso della rimodulazione dei campi di interesse all'interno di un laboratorio costituisce il fulcro del capitolo de *La vie de laboratoire* dedicato alla microsociologia

---

[36] Bruno Latour, Steve Woolgar, *La vie de laboratoire. La production des faits scientifiques*, Op. cit., 1, cit. p. 21.

[37] *Ivi*, pp. 21-22.

[38] *Ivi*, p. 23 (traduzione mia).

[39] *Ivi*, p. 30 (traduzione mia). V. Stephane Van Damme, *De la vie du laboratorie à la theorie du cyborg*, su «L'Homme», 2008, 187-188, p. 393 e sg. (traduzione mia). Si veda Michel Callon, *L'agonie d'un laboratoire,* in Michel Callon, *La science et ses réseaux. Genèse et circulation des faits scientifiques*, Op. cit., V, p. 173 e sg.

dei fatti (Cap. IV), dove vengono osservate le attività quotidiane del laboratorio, dopo averne illustrato alcune esemplificazioni particolari. È infatti a partire da esempi affrontati nel capitolo precedente (questa volta tratti dalle controversie pubbliche), che si può mostrare come una sorta di modalizzazione delle dichiarazioni (aggiunta di virgolette, menzione dell'autore, trasformazione di un indicativo in un condizionale ecc.) possa risultare idonea per calibrare il valore di verità, trasformando i fatti scientifici prodotti in semplici opinioni o certezze. Seguendo il metodo scientifico all'interno e all'esterno dei laboratori, Latour spiega come il contenuto delle conoscenze si modifichi nel corso delle controversie, con l'obiettivo di aumentare l'accordo intorno ad esse, trasformando gradualmente le opinioni incerte in fatti scientifici. Di questo lavoro di tracciamento, Latour conserva delle idee principali: in primo luogo, che «l'indiscutibile viene dall'essere discusso» in quanto emerge solo alla fine di un processo che ha visto un'affermazione spogliarsi di tutte le sue modalizzazioni man mano che riusciva a raccogliere intorno a sé un gran numero di fatti alleati; in secondo luogo, che esiste un continuum tra la retorica e la dimostrazione, che non si riferisce quindi a due ordini opposti, ma a due forme della stessa arte, ossia l'eloquenza. Infine, andrebbe detto che questo monitoraggio degli enunciati scientifici porta sempre ai laboratori, concetto su cui Latour e Woolgar ritornano in dettaglio. In tutto questo, spiegano gli autori, è centrale il concetto di «inscription littéraire». Essi concludono provvisoriamente che:

> Per cette introduction aux microprocesseurs de production des faits, nous avons voulu montrer trois choces: premièrement, l'examen détaillé de la vie dans un laboratoire nous procure un moyen d'attaquer des problèmes qui sont d'habitude du ressort des épistémologues; deuxièmement, l'analyse de ces microprocesseurs ne requient en aucune façon l'acceptation *a priori* d'une quelconque spécificité de l'activité scientifique; troisièmement enfin, il importe de s'abstenir d'invoquer la réalité extérieure ou le caractère opérationnel des faits, parce que cette réalité et cette opérationalité sont la conséquence et non la cause de l'activité scientifique[40].

Riassumendo i temi affrontati nei capitoli del libro in questione gli autori indicano dei passaggi strategici che danno ulteriori indicazioni sul percorso realmente compiuto. Essi affermano, nel Capitolo V dedicato alla *credibilità scientifica*, di aver cercato di fornire una prospettiva differente sulla via del laboratorio, indicando nel Capitolo II un approccio di tipo antropologico che sottolineasse l'importanza dell'«inscription littéraire»; nel Capitolo III di aver compiuto l'analisi storica che tendeva a evidenziare l'ambiente materiale della costruzione dei fatti scientifici;[41] nel Capitolo IV di avere intrapreso una strada epistemologica per rilevare i micro-processi e indicare argomentazioni logiche. Nell'ultimo capitolo (VI), *L'ordre créé à partir du désorde*, essi ribadiscono nuovamente:

> En examinant la construction des faits dans un laboratoire, nous avons présenté l'organisation générale de l'installation vue par un profane en matière scientifique (chap. 2); nous avons mon-

---

[40] Bruno Latour, Steve Woolgar, *La vie de laboratoire. La production des faits scientifiques*, Op. cit., 4, cit. p. 189.

[41] Cfr. Michel Callon e John Law, *La protohistoire d'un laboratorie*, in Michel Callon, *La science et ses réseaux. Genèse et circulation des faits scientifiques*, Op. cit., II, p. 66 e sg.

tré comment l'histoire de quelques succès du laboratoire pouvait être utilisée pour expliquer la stabilisation d'un fai «dur» (chap. 3); nous avons ensuite analysé quelques-uns des nicroprocessus intervenant dans la construction des faits, en insistant sur le paradoxe contenu dans la notion de fait (chap. 4); nous nous sommes intéressés ensuite aux individus travaillant ai laboratoire en tentant de trouver un sens à leurs carrières et d'évaluer la solidité de leurs productions (chap. 5). Dans chaucun de ces chapitres, nous avons dédini des termes qui se distinguent de ceux qu'utilisent les scientifiques, les historiens, les épistémologues et les sociologies des sciences[42].

7.3

È una *evidence* il fatto che Michel Callon, in uno dei suoi libri più noti, affermi che la costruzione dei fatti scientifici risulti inseparabile da quella delle reti di attori. A riguardo, come è noto, esiste una teorizzazione di Bruno Latour di cui parleremo a breve. È interessante però citare il resoconto di Callon finale al suo studio *La science et ses réseaux*, quando si afferma:

> Nous avons essayé de montrer dan cette étude que la construction des objets de researche, la production des connaissances ainsi que la mise en place des marchés au sein desquels elles circulent sont indissociables de l'ensemble des stratégies par lesquelles s'édifient, s'entendent ou se rétrécissent les acteurs-réseaux. Autonomiser des savoirs, les uns aux autres, définir des problèmes, choisir des techniques expérimentales, recruter des techniciens, prendre des brevets, cosigner un article, financer des chercheus, passer des contrats, controller une commission, tells sont quelques-unes des nombreuses opération qui s'entrelacent en permanence pour assurer le fonctionnement des acteurs-réseaux[43].

Ora, esiste un *fil rouge* che attraversa gli interessi di Callon e quelli di Bruno Latour in merito alla costruzione dei fatti scientifici a distanza ravvicinata. La riprova può essere fatta risalire al testo del 1987 *Science in Action: How to Follow Scientists and Engineers Through Society* (Harvard University Press) tradotto in francese con il titolo *La Science en action,* (Paris, La Découverte, 1989) e pubblicato in italiano nel 1998 con il titolo *La scienza in azione. Introduzione alla sociologia della scienza* (Torino, Edizioni di Comunità). Questo testo godette di grande fortuna nella sociologia della scienza ed è stato ripreso da una pletora di autori contemporanei che si sono avvalsi del pensiero scientifico di Latour anche per tirare le somme della ANT, come suggerito dalla produzione di studiose come Isabelle Stengers, Karin Knorr Cetina, Madeleine Akrich e altri. Citando un repertorio del 1988 (v. Harvard University Press) è possibile sostenere che l'autore riunisca diversi approcci per fornire un'analisi molto stimolante della scienza, dimostrando come il contesto sociale e il contenuto tecnico siano entrambi essenziali per una corretta comprensione dell'attività scientifica. In so-

---

42 Bruno Latour, Steve Woolgar, *La vie de laboratoire. La production des faits scientifiques*, Op. cit., 6, cit. p. 249.

43 Michel Callon, *La science et ses réseaux. Genèse et circulation des faits scientifiques*, Op. cit., V, p. 209.

stanza, sottolineando che la scienza può essere compresa solo attraverso la sua pratica, l'autore ha esaminato scienza e tecnologia in azione: il ruolo della letteratura scientifica, le attività dei laboratori, il contesto istituzionale della scienza nel mondo moderno e i mezzi con cui invenzioni e scoperte vengono accettate, nonché tutti gli aspetti evidenziati in studi precedenti che sono stati trattati. Dallo studio della pratica scientifica si sviluppa un'analisi della scienza come costruzione di reti, appunto, come suggerito in altre circostanze di cui abbiamo parlato, là dove, inoltre: «ogni attore lascia il proprio segno sulla scatola nera». Inoltre, lo studio mostrerebbe come un'immagine vivace e realistica della scienza in azione modifichi non poco la nostra concezione non solo delle scienze naturali, ma anche delle scienze sociali e della sociologia della conoscenza in generale. Per questo ci si avvale di numerosi esempi tratti da un'ampia gamma di attività scientifiche. A questo punto, importante è la sottoscrizione di un insieme di nozioni che il Latour mette in evidenza mentre esamina i costruttori di fatti scientifici nella sua prospettiva di analisi a partire dal Capitolo III.

> Nella prima parte del libro – scrive l'autore, *n.d.a* – abbiamo imparato a districarci nel mondo della tecnoscienza senza provare soggezione verso la letteratura tecnica, e nemmeno verso i laboratori. Adesso, dovesse mai aprirsi una controversia, sapremmo come seguire la marea di articoli e come orientarci nei laboratori che li hanno generati. La controversia è il modo migliore per entrare nella scienza che si sta facendo[44]. Tuttavia, per acquisire tale conoscenza abbiano pagato un prezzo, che possiamo riassumere nei tre principi di metodo considerati nei capitoli precedenti. In primo luogo, dobbiamo rinunciare a qualunque discorso e opinione sulla scienza pronta per l'uso e seguire invece gli scienziati in azione. In secondo luogo, dobbiamo abbandonare qualunque idea sull'oggettività o sulla soggettività, di un'asserzione limitandoci all'analisi dell'asserzione stessa; dovremo invece seguirne il cammino tortuoso che l'ha trasformata, passando di mano in mano, in un fatto o in un artefatto vieppiù definito. In terzo luogo, non sarà più sufficiente ricorrere alla Natura come spiegazione primaria della risoluzione delle controversie. Dovremo, invece, considerare il lungo ed eterogeneo elenco di risorse e di alleati che gli scienziati hanno messo in campo per rendere possibile il dissenso. Il quadro della tecnoscienza che emerge da questo metodo è quello di una retorica debole che diventa sempre più forte, di pari passo alla costruzione di laboratori, alla pubblicazione degli articoli e alle nuove risorse mobilitate in controversie sempre più accese. Lettori, scrittori e colleghi devono fare delle scelte: o si arrendono, o accettano la tesi, oppure la mettono in discussione cercando di ricrearla in prima persona in laboratorio[45].

Queste indicazioni sollecitano innanzitutto la presa di posizione degli studiosi che delineano scenari moderni della *Actor Network Theory*, dove sociologia, antropologia e filosofia sarebbero ricorrenze ostinate dello stesso pensiero scientifico di Latour da dovere mettere nel conto[46], come del resto altre sollecitazioni implicite che spingono la riflessione fino ai giorni nostri e alle applicazioni più recenti della teoria. In tal modo sembrerebbe salvaguardata la necessità di ripercorrere una strada che conduca agli stu-

[44] Cfr. Arnaud Fossier e Édouard Gardella, *Entretien avec Bruno Latour*, in «Tracés. Revue de Sciences humaines», 10, 2006, p. 113 e sg.

[45] Bruno Latour, *Science in Action: How to Follow Scientists and Engineers Through Society*, Harvard University Press, 1987, trad. it. *La scienza in azione. Introduzione alla sociologia della scienza*, Torino, Edizioni di Comunità, 1998, III, cit. p. 137.

[46] Cfr. Madeleine Akrich, Huub Dijstelbloen, Annalisa Pellizza, Paolo Landri, *Drawing Bruno Together*, in «Tecnoscienza – Italian Journal of Science and Technology Studies», 14, 2, N. 28, 2023, pp. 73-100.

di più moderni della scienza e della tecnologia nelle varie applicazioni della sociologia.[47] Nel Capitolo IV del libro *La scienza in azione*, Latour specifica meglio i suoi intenti, ripercorrendo le vicende affrontate nei capitoli precedenti, come spesso fa. Egli afferma:

> Se vi ricordate, la nostra prima regola di metodo richiedeva che *seguissimo* gli scienziati nel loro lavoro, cioè mentre sono intenti a produrre scienza. A prima vista sembra un precetto di facile attuazione perché nei capitoli precedenti abbiamo supposto di sapere quanto meno *dove* trovare i protagonisti in camice bianco da cui avviare la nostra indagine. Ma è solo per semplificare il viaggio che ho dato per scontato che West, Crick e Watson, Guillemin, il Professore, Diesel, Mead o Pasteur fossero capaci di raccogliere le risorse, di parlare con le autorità, di convincere gli altri della loro forza, di organizzare laboratori o dipartimenti; insomma, perché dessero luogo a quelle storie dove scienziati e ingegneri a pieno titolo sono così autorevoli da meritarsi attenzione, denaro e fiducia. Poiché desideravamo avere un utile punto di partenza, abbiamo inventato un personaggio – lo «scettico» – affinché ci aiutasse a praticare la difficile arte di seguire gli scienziati in azione. E infatti, poiché lo scettico era facile da individuare e la sua tenacia ne agevolava il pedinamento, egli ha reso più semplice la nostra peregrinazione attraverso la letteratura tecnica e i laboratori. Infine, un altro personaggio si è dimostrato impagabile per orientarci nei diversi tipi di traduzione: mi riferisco al «costruttore di fatti»[48].

In realtà, è evidente la sostituzione operata sui «fabbricatori di fatti» al posto dei tanti «cacciatori di paradigmi» che infestano la sociologa moderna e contemporanea. Questa esclusività ammette che degli scienziati si studino le possibili controversie, gli scenari oppositivi e la composizione dei vari rappresentanti, di coloro che descrivono fatti e eventi scientifici, di quelli che adducono l'attribuzione del ruolo di ingegneri e scienziati indicando strade da percorrere nel corso di ricerche o di pratiche di laboratorio, individuando così le reti di appartenenza e la priorità agli attori di seguire una traccia specifica dell'attività scientifica ecc. Anche il reclutamento degli individui ha il suo peso. In effetti, bisognerebbe allargare la cerchia di persone interessate ai laboratori, nel momento stesso in cui questi ultimi sono trattati come indispensabili o resi tali. A livello di definizione della tecnoscienza, Latour ammette:

> Allora, riassumendo quando scienziati e ingegneri hanno successo nel creare un mondo interno, significa che *altri* stanno lavorando per raggiungere lo stesso obiettivo; viceversa, se falliscono, significa che scienziati e ingegneri vengono lasciati *soli* nella propria avventura. Potrebbe sembrare un paradosso; quando gli scienziati appaiono pienamente indipendenti, circondati solo da colleghi che pensano in modo ossessivo alla propria scienza, significa, invece, che sono dipendenti e allineati agli interessi di molte persone; viceversa, quando sono realmente indipendenti non ottengono le risorse con cui allestire un laboratorio, guadagnarsi da vivere o reclutare un collega che capisca il senso del loro lavoro [...]. Più una parte della tecnoscienza è *esoterica*, più *essoterico* sarà il reclutamento delle persone[49].

In apertura del Capitolo V *I tribunali della ragione* l'autore afferma riassumendo:

---

[47] Cfr. Bruno Venturini, *Bruno Latour and Artificial Intellegence*, in «Tecnoscienza – Italian Journal of Science and Technology Studies», 14, 2, N. 28, 2023, pp. 101-114.

[48] Bruno Latour, *La scienza in azione. Introduzione alla sociologia della scienza*, Op. cit., IV, cit. pp. 196-197.

[49] *Ivi*, p. 213.

> Nella prima parte del libro abbiamo visto come muovere dalla retorica debole alla retorica forte. Nella seconda parte, invece, abbiamo seguito gli scienziati e gli ingegneri nell'applicazione di quelle strategie che hanno consentito loro di conquistare diverse roccaforti a partire da punti deboli. Se volessimo riassumere i primi quattro capitoli, potremmo dire che siamo stati testimoni di un fantastico aumento degli elementi legati alla sorte di un'asserzione – articoli, laboratori, nuovi oggetti, professioni, gruppi di interesse e alleati non umani – di così tanti elementi che, a onor del vero, se volessimo dubitare di un fatto o ignorare un artefatto, ci troveremmo dinanzi a così tante scatole nere da rendere il compito impraticabile: l'asserzione va presa come un dato di fatto e la macchina, o lo strumento, deve essere usata senza perderci su altro tempo. La realtà – dove per realtà intendo ciò che resiste ai tentativi di cambiamento – è stata almeno per il momento definita, e il comportamento di alcune persone è diventato prevedibile, almeno da certi punti di vista[50].

In questa direzione si spiega anche la tendenza a praticare un certo riscontro sulle affermazioni scientifiche e tecniche che ha dato luogo ad un approfondimento negli anni successivi sulle scienze umane, come previsto nella elaborazione del testo che stiamo esaminando. Latour confronta così la tecnoscienza con le scienze umane traendo vantaggio dall'analisi in una sorta di comunanza di interessi della/nella scoperta di contenuti esoterici, per cui, infine, «scienza e tecnologia» risultano essere un sottoinsieme della tecnoscienza, come indicato nella seconda *Appendice* del libro e come specificato avanti nel tempo[51]. Nel prosieguo del libro il compito che lo attende è quello di esplorare le conseguenze implicite della/nella definizione di tecnoscienza in rapporto alla costruzione strategica di reti[52]. Le questioni che si affrontano sono legate direttamente alle persone che non risultano incluse nelle reti stesse ma che attraversano le maglie. In questa direzione, sono state seguite le vicende degli scienziati e degli ingegneri al lavoro, per poi concentrarsi sulle molte persone che non fanno scienza, al fine di valutare quanto sia difficile per gli scienziati compiere un reclutamento. Le persone escluse dalla rete implicano una presa di posizione abbastanza precisa. Va detto che l'accesso alla comprensione della struttura processuale e pragmatica della conoscenza permette di ricondurla ad azioni concrete. In questo contesto, si evidenzia anche l'influsso della tecnoscienza, che contribuisce alla teorizzazione dell'azione di ricercatori e ingegneri, e include la stabilizzazione di fatti scientifici e lo sviluppo di tecnologie. Quella di Latour è sostanzialmente una critica di metodo che si riferisce ai requisiti espliciti che una continua ridefinizione dell'indagine deve essere in grado di soddisfare, anche in rapporto alla teoria sociologica classica che riflette sulla innovazione o sul rapporto «scienza e tecnologia». Quest'ultimo era partito dal principio per cui si esplorava il destino dei fatti e delle macchine, là dove le loro qualità dovevano risultare una conseguenza dell'azione collettiva; successivamente si esploravano risorse inattese della scienza e della tecnologia nonché i contenuti esoterici, i fatti cosiddetti «duri» e la storia della tecnoscienza, la quale poteva anche risultare la storia delle

[50] *Ivi*, p. 241.

[51] Cfr. Bruno Latour, *Cogitamus. Six letters sur les humanités scientifiques*, Paris, La Dècouverte, 2010; si veda Mathieu Hauchecorne, *«Les humanités scientifiques» selon Bruno Latour*, in «Critique», 2012, 11, n. 786, pp. 933-948.

[52] Cfr. Sebastiene Geindre, *Le rôle de l'acteur tiers dans la construction d'un réseau stratégique*, in «Critique», 2009, 9, pp. 435-503; Jean Louis Laville, *Bruno Latour et les réseaux stratégiques*, Paris, AOU, 2012, I.

«risorse disperse lungo la rete per accelerare la mobilità, la fedeltà, la combinazione e la coesione delle tracce che consentono l'azione a distanza (Capitolo VI)»[53].

La Figura 7.5 mostra un esempio di reti secondo Latour, ma è ancora seguendo Callon che riusciamo a identificare un passaggio chiave sul tema. Secondo quest'ultimo, l'acronimo «ANT» combinerebbe due parole solitamente considerate opposte: attore e rete. L'autore ricorda le vecchie e tradizionali tensioni nel cuore delle scienze sociali, come quelle tra azione e struttura o micro- e macro-analisi. Tuttavia, la ANT, conosciuta anche come sociologia della traduzione, non è solo un altro tentativo di mostrare la natura artificiale o dialettica di queste opposizioni classiche. Al contrario, il suo scopo è mostrare come sono costruiti e fornire strumenti per analizzare tale processo. Uno dei presupposti fondamentali della ANT è che ciò che le scienze sociali chiamano solitamente «società» è un risultato continuo. La ANT è un tentativo di fornire strumenti analitici per spiegare il processo stesso attraverso il quale la società viene costantemente riconfigurata. Ciò che la distingue dagli altri approcci costruttivisti è la spiegazione della società in divenire, in cui scienza e tecnologia svolgono un ruolo chiave[54]. La validità e la rilevanza di questa teoria sono considerevoli in sociologia, nelle altre scienze sociali, nel campo interdisciplinare e, in particolare, fin dalla sua

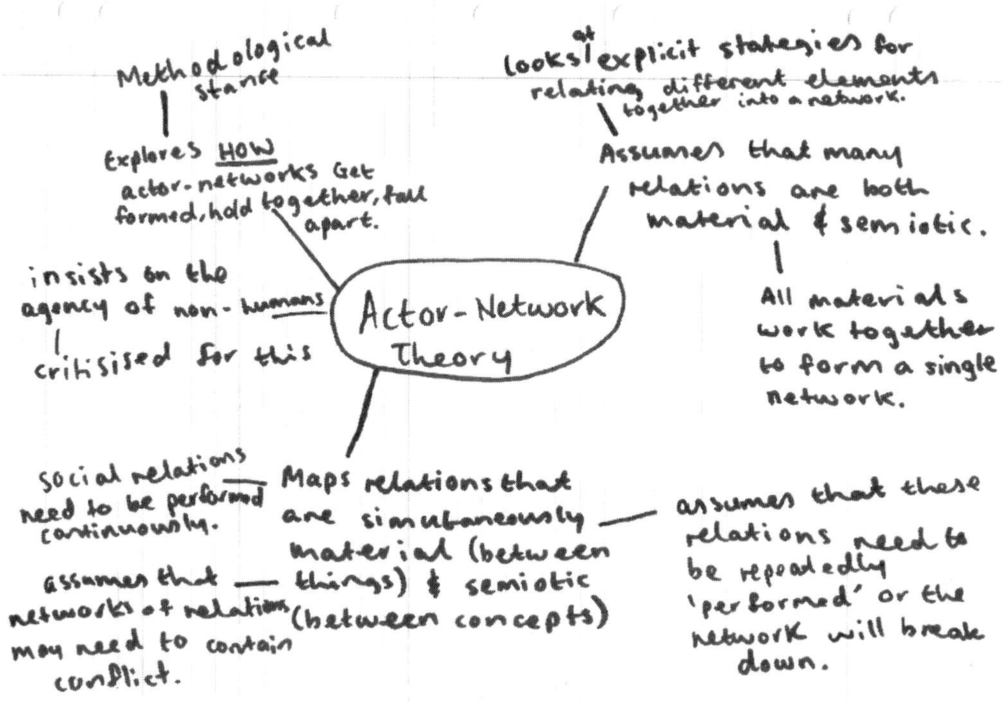

Figura 7.5 – Actor Network Theory – Esemplificazione grafica.

[53] Bruno Latour, *La scienza in azione. Introduzione alla sociologia della scienza*, Op. cit., Appendice seconda, cit. p. 351.

[54] Cfr. Michel Callon, *Actor Network Theory*, in «International Encyclopedia of the Social & Behavioral Sciences», 2001, traduzione mia.

comparsa negli studi su scienza, tecnologia e società (STS). Da questi gruppi, tempi, spazi e domini disciplinari, le opere emblematiche della ANT vengono costantemente ripubblicate e tradotte, i contributi teorici ed empirici aumentano i sostenitori e il loro grado di influenza sociale e accademica si espandono. In particolare, tale teoria afferma che le reti di artefatti non sono prodotti o depositari di contenuti sociali ma elementi che consentono la vita sociale e le associazioni. Pertanto, essa propone un principio generalizzato di simmetria in cui gli attanti non umani[55] (ad esempio, artefatti, *script* e testi) hanno la stessa azione degli attori umani. Questo fatto ha sollevato critiche che mettono in discussione la convenienza e il potere esplicativo di questa teoria. Tuttavia è possibile sottolineare gli aspetti proattivi della ANT per gli studi sulla cultura materiale e la filosofia della tecnologia. Secondo uno dei suoi fondatori, John Law[56], la ANT è costituita da una famiglia eterogenea di strumenti, sensibilità e metodi di analisi semiotico-materiali che trattano vari aspetti del mondo sociale e naturale come un effetto continuamente generato nelle reti di relazioni cui si trovano. In altre parole, questo approccio concettuale presuppone che nulla abbia realtà o forma al di fuori di queste relazioni, motivo per cui i suoi studi esplorano e caratterizzano le reti complesse e le pratiche che si svolgono in esse. Per questo motivo, soprattutto, Latour e Law affermano che la ANT non è una teoria omogenea ma piuttosto un approccio, una sensibilità e un insieme di principi metodologici condivisibili. Questo approccio studia la partecipazione della materialità e della discorsività nelle relazioni che producono e organizzano tutti i tipi di attori eterogenei come oggetti, soggetti, esseri umani, macchine, animali, natura, idee, organizzazioni, disuguaglianze, scale, dimensioni e disposizioni geografiche.

La teoria si basa praticamente sull'idea che gli artefatti tecnologici (così come le teorie scientifiche) sono una «costruzione sociale», quindi sono il prodotto di negoziazioni tra gruppi di potere coinvolti nel loro stesso sviluppo. Secondo i costruttivisti sociali, le negoziazioni tra questi gruppi stabiliscono i meccanismi sociali che orientano lo sviluppo di una particolare tecnologia, da cui deriva l'idea che la tecnologia sia socialmente costruita. Queste indagini, iniziate alla fine degli anni Settanta e Ottanta del XX secolo, si inseriscono nella «svolta sociologica» degli studi scientifici e tecnologici che hanno focalizzato la loro attenzione sugli aspetti sociali di questi fenomeni. Questa prospettiva implica che gli elementi della cultura materiale, come i suoi artefatti, siano il prodotto di azioni sociali, suggerendo che esistano determinati fattori sociali collettivi che causano la creazione di artefatti tecnologici. Ebbene, durante quegli stessi anni, un gruppo di ricercatori sociali empirici cominciò a individuare spiegazioni sociologiche negli studi scientifici e tecnologici (compresi i presupposti della sociologia in generale poiché sembravano implicare tali spiegazioni sociali). I vari elementi avrebbero un'azione causale sul mondo materiale. Questa è la teoria dell'Actor Network e l'interesse di rivisitazioni moderne è quello di rivedere il modo in cui, in certi contesti di sviluppo, si sostenga che le reti di artefatti non siano semplicemente

[55] Secondo la definizione di Bruno Latour.

[56] Cfr. Bruno Latour, *Reassembling the Social. An Introduction to Actor-Network-Theory*, Op. cit., e John Law, *Actor network theory and material semiotics*, in Bryan. S. Turner (ed.), *The New Blackwell Companion to Social Theory*, West Sussex, Blackwell Publishing, 2009, pp. 141-158.

il prodotto o il contenitore del contenuto sociale, ma che siano, piuttosto, gli artefatti stessi a facilitare le associazioni nella vita sociale.

In particolare, Michel Callon[57] ha descritto tre principi metodologici che guidano la pratica e la ricerca secondo l'approccio della teoria dell'attore-rete (o come la chiama l'autore, «la sociologia della traduzione»), che permetterebbero di superare le difficoltà nell'approccio sociologico che studia la scienza e la tecnologia da una certa molteplicità di punti di vista. Il primo principio consiste nell'agnosticismo *dell'osservatore*. L'osservatore non solo è imparziale rispetto agli argomenti scientifici e tecnici utilizzati dai protagonisti della controversia, ma si astiene anche dal censurare gli attori quando parlano di sé stessi o del loro ambiente sociale. Non valuta le analisi degli attori sulla società che li circonda, né privilegia alcun punto di vista, né censura alcuna interpretazione. Pertanto, l'osservatore non fissa l'identità degli attori coinvolti se tale identità è in fase di negoziazione[58]. Il secondo principio è *la simmetria generalizzata*, simile al principio di simmetria di David Bloo[59] ma notevolmente più ampio. Il suo obiettivo non è solo quello di spiegare i punti di vista e gli argomenti affrontati in una controversia scientifica o tecnologica, poiché è noto che gli ingredienti delle controversie sono un misto di considerazioni sulla natura e sulla società. Per questo motivo, ci dice Michel Callon, è necessario che l'osservatore utilizzi lo stesso repertorio per descriverli. Il vocabolario scelto può essere lasciato alla discrezione dell'osservatore. Non deve limitarsi semplicemente a ripetere l'analisi offerta dagli attori che studia, poiché sono possibili infiniti repertori. Spetta al sociologo scegliere quello che ritiene più adatto al suo compito e poi convincere i colleghi di aver fatto la cosa giusta. Una volta scelto un vocabolario di traduzione, sappiamo che la tua narrazione non è né più né meno valida di qualunque altra. Ma, dato il principio generalizzato di simmetria, la regola che dobbiamo rispettare è non cambiare registro quando si passa dagli «aspetti tecnici» di un problema agli «aspetti sociali». L'aspettativa è che il nostro repertorio traduttivo, che non è quello degli attori studiati, convinca il lettore[60]. Il terzo principio, sostiene Callon, si riferisce alla *libera associazione*, poiché l'osservatore deve abbandonare ogni distinzione *a priori* tra eventi naturali e sociali. Si deve respingere l'ipotesi di un confine definitivo che li separi, poiché si ritiene che tali divisioni siano conflittuali, perché sono il risultato dell'analisi e non il suo punto di partenza. Inoltre, l'osservatore deve considerare che il repertorio di categorie che utilizza, le entità che mobilita e le relazioni tra loro, sono argomenti delle discussioni degli attori. Per questo motivo, afferma Callon, invece di imporre loro una rete di analisi precostituita, l'osservatore segue gli attori per identificare come essi definiscono e associano i vari elementi mentre costruiscono e spiegano il mondo, sia esso naturale o sociale.

Ora, le conseguenze concettuali ed empiriche che derivano da questa teoria a livello sociologico sono molteplici, ma in particolare si vogliono evidenziare gli aspetti che

---

57 Cfr. Michel Callon, *Some elements of a sociology of translation: domestication of the scallops and the fishermen*, in John Law, *Power, action and belief: a new sociology of knowledge?*, London, Routledge, 1986, pp. 196-223.

58 *Ivi*, p. 198.

59 Cfr. David Bloor, *Knowledge and social imagery*, Chicago, University of Chicago Press, 1976, II.

60 Cfr. Michel Callon, *Some elements of a sociology of translation: domestication of the scallops and the fishermen*, in John Law, *Power, action and belief: a new sociology of knowledge?*, Op, cit., p. 199.

hanno a che fare con l'ontologia delle relazioni applicata alle reti di artefatti perché questa è oggetto di interesse per la filosofia della tecnica[61]. Per i teorici dell'ANT, gli oggetti (naturali o artificiali, trattati in modo simmetrico) possiedono capacità agenziali allo stesso livello degli attori umani o dei testi, che, alla fine, sarebbero considerati come semplici copioni. A volte la «rete-di-attori» può essere identificata con una schiera di mediatori, traduttori, commentatori, autori scritti, teatrali, radiofonici, media audiovisivi ecc. A parte queste identificazioni, va detto che la lettura del costruttivismo proposta generalmente da Latour in rapporto alla ANT è più realistica del realismo poiché rende conto di una realtà solida distribuita e sostenuta da agenti non umani, che il realismo classico dimentica. Un esempio che mostra che la teoria dell'attore-rete mantiene il suo vantaggio costruttivista è esposto nel lavoro di Bruno Latour in *Pandora's Hope* (1999). Uno dei punti di discussione è come lo studio delle pratiche ci permetta di spiegare il ruolo dei non-umani nella tradizionale separazione tra soggetti e oggetti. Latour non tenta di superare questa dicotomia, ma di evitarla completamente. Come sottolinea l'autore francese, tutti i tentativi di riutilizzarla – sia in modo positivo, negativo o dialettico – sono falliti, poiché non è concepita per essere superata. Per questo motivo egli prende una direzione diversa, che consiste nel seguire i non-umani nei laboratori, negli esperimenti, nelle performance, al fine di ricostruire l'insieme delle trasformazioni che essi sviluppano nel loro rapporto con gli umani, così come le trasformazioni che producono negli stessi umani; o come ci dice Latour, il modo in cui «come Pasteur crea i suoi microbi e come i microbi «creano il loro Pasteur»[62].

In sostanza, la teoria degli attanti sembra essere vicina alle intuizioni dei ricercatori della cultura materiale, per il ruolo attivo che gli artefatti svolgono nelle reti di relazioni che compongono il quadro e l'ordine sociale. In questo senso, e tenendo conto di alcune delle difficoltà presentate dal principio generalizzato di simmetria, la posizione ammissibile riguardo alla teoria Actor Network è quella di prendere gli elementi suggestivi della nozione di rete di relazioni e stabilire un controllo di questi ultimi. Il fatto che vi siano sempre persone che vogliono spiegare «socialmente» lo sviluppo della «scienza e tecnologia», come affermava Latour ne *La scienza in azione*, induce a tirare in ballo entità come la politica nazionale, le strategie multinazionali delle aziende, i trend economici mondiali, le classi, le culture nazionali, la stratificazione, le decisioni politiche e il diritto[63]. Proprio in rapporto a quest'ultimo andrebbe ripresa l'opera di Latour *La fabrique du droit. Une ethnografic du Conseil d'Etat* tradotta in italiano nel 2007 (Città aperta Edizoni, Troina). Ancora l'etnografo entra in azione:

> Perché nemmeno per un istante, seguendo la lenta fabbricazione di un dossier, abbandoniamo i fondamenti intellettuali e cognitivi del diritto [...]. Seguendo ostinatamente le nostre cartelle di cartoncino, notando come si caricano, si piegano, e si nutrono, osservando gli armadi, i tavoli,

---

[61] Cfr. Wiebe E. Bijker, & Trevor J. Pinch, *The social construction of facts and artifacts: Or how the sociology of science and the sociology of technology might benefit each other*, in «*Social Studies of Science*», vol. 14, Issue 3, 1984, pp. 399-441; vedi H. M. Collins, & Steven Yearly, *Epistemological Chicken*, in Andrew Pickering, *Science as Practice and Culture*, Chicago, The Universtity of Chicago Press, 1992, pp. 301-325.

[62] Cfr. Bruno Latour, *Pandora's hope: essays on the reality of science studies*, Harvard University Press, 1999, p. 179.

[63] Cfr. Bruno Latour, *La scienza in azione. Introduzione alla sociologia della scienza*, Op. cit., Cap. VI, p. 346.

i corridoi, gli archivi, le poltrone o le sedie su cui le si fa stagionare, possiamo individuare i diversi mestieri del Consiglio. Questa volta, per la prima volta, la domanda è «udita» da un giudice o, meglio, le carte, tra loro contraddittorie, sono visionate e lette da un relatore nel silenzio del suo studio e più spesso sono discusse nella babele felpata del Consiglio[64].

Latour cerca di stabilire una relazione tra due laboratori: uno collocato presso L'École de Physique Chimie e l'altro nel Consiglio di Stato che, come egli afferma, gli consentirebbe di «studiare il diritto puro». «Che lo vogliate o no, questi sono i fatti»;

Che vi piaccia o no, la decisione è stata presa, il giudizio è stato dato: la solidità dei fatti, il rigore del diritto, ecco due forme di consistenza davanti alle quali bisogna inchinarsi. La comparazione tra il mondo della scienza e quello del diritto è tanto più interessante quanto più, da parte di entrambi, si professa il disinteresse, l'assenza di pregiudizi, la distanza e la precisione, si parlano lingue esoteriche, si coltiva con cura il ragionamento, e, infine, tanto per gli scienziati, quanto i giudici, sembrano in grado di ottenere forme di rispetto del tutto sconosciute nelle altre attività umane[65].

Dell'impostazione di Latour andrebbe ripresa la distinzione che l'autore opera con la costruzione di un'entità sociale al di là di astrusi tecnicismi e di fronte a una certa quantità di dati empirici.

Qui si può senza dubbio riconoscere la famosa «costruzione sociale della realtà scientifica», lo spettro inventato dai sociologi per intimidire gli epistemologi facendo balenare la possibilità che ogni ricerca di verità possa finire in una stanza chiusa in cui decidere con voto segreto, per semplice via consensuale, ciò che dovrà essere assunto come la verità. Ma, così come nessuna consulenza di un esperto corrisponde al vero lavoro scientifico, nessuna «costruzione sociale» che avviene nel chiuso di una stanza corrisponde all'autentica elaborazione giuridica[66].

L'intento si spiega strada facendo, così come si svolge nella descrizione generale degli oggetti delle scienze e dell'obiettività del diritto. Scrive ancora Latour:

Allo scopo di tracciare un quadro comparativo di questi due tipi di attività, non ci baseremo sulle rappresentazioni comuni degli scienziati e dei giuristi, ma utilizzeremo, secondo la nostra consuetudine, i risultati di indagini etnografici, attente ai luoghi, agli atteggiamenti, alle forme di vita, alle condizioni di espressione, a tutti i piccoli dettagli grazie ai quali l'insieme, un po' alla volta, con tocchi e ritocchi, ridefinisce su basi migliori l'essenza del diritto e della scienza. Procedendo in tal modo, ci accorgeremo che l'epistemologia si è impadronita di un gran numero di elementi che appartengono alla giustizia, la sua sorella maggiore; ci accorgeremo inoltre che spesso si ammanta il diritto di attribuzioni che solo le scienze possono vantare. La comparazione sistematica delle pratiche, lungi dal confermare i luoghi comuni, ci permette, al contrario, di abbozzare un nuovo ritratto più fresco e ricco di contrasti e nel quale è possibile distinguere l'oggetto delle scienze e quello del diritto. L'antropologo delle scienze, dopo aver

64 Bruno Latour, *La fabrique du droit. Une ethnografic du Conseil d'Etat*, Paris, La Découverte, 2002, trad. it. *La fabbrica del diritto. Etnografia del Consiglio di Stato*, Troina, Città aperta Edizioni, 2007, II. cit. p. 110.

65 *Ivi*, p. 235.

66 *Ivi*, p. 288.

lungamente frequentato i laboratori, proverà a scoprire nel Consiglio di Stato quelle famose virtù di obiettività che aveva invano cercato nelle scienze[67].

La comparazione tra scienze e diritto è utile e si svolge nei Capitoli IV e V del libro a sfondo di ricerca epistemologica con riferimenti alla generalità. Tutto ciò implica due posizioni principali. La prima riguarda i modi di produrre verità che si confrontano l'uno con l'altro. Ciò che la legge considera «vero» è ciò che è stato deciso da una decisione del tribunale al termine di una discussione. A questa verità i giudici possono opporre soltanto quella degli studiosi, per i quali, al contrario, il discorso deve essere continuamente ripreso, senza potersi esaurire per convenzione. Ma, per quanto essenziale, questa differenza non giustificherebbe in alcun modo l'opposizione tra diritto e scienza: se la *res judicata* non deve essere presa «per la verità», non si tratta di inaugurare un po' di cinismo blasé, è perché si ha molto di meglio da fare che imitare o approssimare la verità: si deve produrre ciò che è giusto, dire ciò che è giusto, allo stato attuale dei testi, tenendo conto della giurisprudenza, senza alcuna affermazione di terzi diversi dai giudici, che non hanno nulla sopra la testa. La seconda posizione mette in discussione il diritto in generale a partire da un diritto amministrativo che ne è solo un'espressione particolare. Ciò perché, leggiamo nel testo, «il diritto amministrativo (non è) così diverso dagli altri rami del diritto, la posizione dei ricorrenti così strana, i giudici così diversi dagli altri giudici, che sarebbe impossibile trarre qualsiasi conclusione di sorta circa la natura o l'essenza dell'attività giuridica». L'autore si avvia quindi alla ricerca dell'«oggettività del diritto» o del giuridicamente puro nell'approccio proprio della *jurisdictio*. Comprendere la legge implicherebbe conoscere le condizioni materiali del suo sviluppo; ecco perché l'etnografo scientifico prende così sul serio le forme di lavoro che si realizzano nel laboratorio giuridico. Lì scopre le virtù della preoccupazione e dell'esitazione e anche quelle del dubbio: solo la giustizia, cieca e brancolante, potrà lavorare diritta e cadere giustamente mentre proprio: «L'etnografo senza vergognarsi della sua ignoranza metodica, deve dunque ostinarsi ancora per un po' di tempo se vuole descrivere il diritto "così come lo si fa"»[68]. Scrive Bruno Latour:

> Il diritto ha certamente una resistenza, una consistenza, una solidità ed una «positività» che, nonostante la confessione (peraltro costantemente rivendicata) del modo in cui è stato costruito, non ha nulla da invidiare al realismo delle scienze. D'altra parte, come abbiamo visto, sappiamo che se gli scienziati possono esprimere delle verità sui fenomeni che studiano, è perché possono manipolarli, trasformarli, sottoporli a verifica in migliaia di modi e perché possono insinuarsi, grazie alla sperimentazione, nei dettagli più minuti della loro esistenza materiale. Se si può parlare in modo affidabile della realtà è proprio perché essa non è intangibile e non assomiglia per niente ai *matters of fact* immaginati dagli epistemologi. Non serve a nulla quindi opporre la scienza al diritto allo stesso modo in cui si oppone la cosa al segno, il duro al morbido, l'indiscutibile all'arbitrario[69].

[67] *Ivi*, pp. 236-237.

[68] *Ivi*, p. 232.

[69] Bruno Latour, *La fabbrica del diritto. Etnografia del Consiglio di Stato*, Op. cit., V, cit. pp. 289-290.

7.4

L'ultimo Latour è quello che, in gran parte, riprende gli interessi mostrati sulla «modernità» e si occupa dell'emergenza ambientale portando a compimento il dialogo intrapreso tra natura, cultura e scienza. Esaminiamo brevemente questi due aspetti della sua produzione. Il dedicarsi al primo di questi argomenti lo porterà a ricevere il premio Holberg nel 2013. In fondo, questi temi non sono immediatamente visibili in modo distaccato dagli altri, nel senso che parecchie riflessioni «di periodo» ritornano negli anni a rinsaldare interessi per l'antropologo e per il sociologo della scienza. Anzi, potrebbe essere prioritario che queste tematiche interessino la sfera di indagini di questo genere, come viene affermato anche nella letteratura corrente, tra giovani allievi e seguaci sparsi nel mondo contemporaneo. La fabbricazione del mondo sociale implica che si affrontino questioni di confine e che si definiscano i campi in cui la scienza può agire. Un passo ulteriore, senza dubbio decisivo, è stato compiuto nel 1991 con *Nous n'avons jamais été modernes* (Paris, La Découverte). In questo libro breve e incisivo, Latour mette in discussione la rappresentazione che le società occidentali hanno di se stesse credendosi superiori alle altre. Nel testo ammette:

> Se l'espressione «non siamo mai stati moderni» è sembrata così strana, è perché esprimeva quello squilibrio proprio dei moderni che ha lungamente reso impossibile il loro studio e dunque la loro rappresentazione di sé stessi. Altrettanto efficacemente avrei potuto utilizzare una formula attribuita nei western agli indiani delle pianure: «Non fidatevi dei bianchi, hanno la lingua biforcuta». In altre parole, gli ex-moderni, gli ex-occidentali, possono finalmente parlare in modo conforme? Possono finalmente diventare gente del loro tempo? L'ossessione per il tempo, la novità, l'innovazione, il progresso, non può più dissimulare la straordinaria incoerenza dei moderni nel definire sé stessi: fanno sempre l'esatto contrario di quello che dicono [...]. I moderni si presentano davanti alla storia come coloro che si sarebbero finalmente affrancati da qualunque determinazione arcaica e naturale[70].

Latour ha messo qui in relazione le certezze storicamente costruite con un insieme di opposizioni mitizzate e cristallizzate al tempo della rivoluzione scientifica, come quelle che separano la natura dalla cultura, la scienza dalla politica, la ragione dalle credenze, gli umani dai non-umani. L'accusa contro i moderni e lo spirito modernista o modernizzante diventa, da quel momento in poi, una costante dell'opera latouriana, per culminare nel suo pensiero ecologico che si sviluppa a partire dall'inizio degli anni Novanta del XX secolo. In sostanza, egli designa sempre con la «modernità» due insiemi di pratiche completamente diversi; in primo luogo parla della separazione tra gli «umani» da un lato, i «non-umani» dall'altro, mediante un processo di passaggio che presuppone due zone ontologiche assolutamente distinte: da un lato i sudditi e i cittadini, dall'altro gli oggetti e le cose. Con questa separazione, stabilita doppiamente dalla scienza e anche dalla filosofia politica la «moderni-

---

[70] Bruno Latour, *Nous n'avons jamais été modernes*, Paris, La Découverte, 1991, trad. it. *Non siamo mai stati moderni*, Milano, elèuthera, 2009 (2022), *Postfazione*, cit. pp. 205-206.

tà» si è data la sua costituzione e anche in rapporto alla società contemporanea[71]. In secondo luogo si descrive la creazione, attraverso la traduzione, la mediazione o il networking, di ibridi natura-cultura nuovi. Questi quasi-oggetti collegano in una catena continua strategie accademiche, scientifiche, economiche, politiche, sociali ecc. La loro proliferazione, spesso vissuta come un autentico disincanto e de-culturazione del mondo, entra in contraddizione con la postulata rottura totale tra umani e non-umani. Ora, tracciando una linea di demarcazione tra l'umano e il resto, abbiamo inventato il non-umano, e anche una entità speciale capace di legittimare i paradossi della costituzione moderna che afferma sia l'immanenza che la trascendenza della natura e della società. Quando potremo diventare atei rimanendo religiosi, quando potremo affermare nello stesso movimento che l'uomo è libero e che la società è soggetta a leggi, che la natura dipende da regole inflessibili ma che possiamo dominarla, quando la società si presenta allo stesso tempo come laica e spirituale, allora potremo crederci invincibili – e il mondo intero, ridotto al livello premoderno, ha finito per crederci. Ma oggi il taglio non regge più. Se abbandoniamo il postulato umanista, non siamo più moderni – o meglio non lo siamo mai stati, perché tutto il passato, riconsiderato sulla base di ibridi, comincia a cambiare. L'invincibilità dei moderni, che poggiava sul loro doppio linguaggio critico, è messa in discussione. Tutte le culture della natura sono poste sullo stesso piano. In fondo, con la crisi ecologica, la necessità di tenere conto sia delle cose che delle persone (su base paritaria) è essenziale. Per Latour, abbiamo bisogno di una nuova costituzione che rinunci alle divisioni della cosiddetta «modernità», una costituzione in cui il lavoro di mediazione, delega e traduzione porti a una produzione regolata e democratica di ibridi.

Infatti egli scrive:

> Diciamo che i moderni sono diventati vittime del loro successo. È una spiegazione un po' approssimativa, lo ammetto, e tuttavia tutto avviene come se l'ampiezza della mobilitazione dei collettivi avesse finito per moltiplicare gli ibridi fino al punto che il quadro costituzionale, che nega e insieme permette la loro esistenza, non fosse più in grado di tenerli a bada. La Costituzione moderna è crollata sotto il suo stesso peso, sommersa dalle commistioni che essa permetteva di sperimentare perché ne dissimulava le conseguenze sulla fabbrica della società[72].

Queste riflessioni sulla condizione moderna si coniugano anche con la visione direzionale della politica che Latour professa nella «modernità»[73] e sono pregne di significati sociologici, anche se l'avviamento del progetto di comprensione dovrebbe rifarsi all'antropologia. Infatti, così e come testimonia l'autore, la disciplina stessa dovrebbe essere resa simmetrica, cioè in grado di studiare le scienze superando i limiti della sociologia della conoscenza e soprattutto dell'epistemologia.

---

[71] Cfr. di Bruno Latour, *Changer de société, refaire de la sociologie*, Paris, La Découverte, 2006, I e *Enquête sur les modes d'existence. Une anthropologie des Modernes*, Paris, La Découverte, 2012, II.

[72] Bruno Latour, *Non siamo mai stati moderni*, Op. cit., III, cit. pp. 71-72.

[73] Cfr. Bruno Latour, *Où atterrir? Comment s'orienter en politique*, Paris, La Découverte, 2017; *Tracciare la rotta. Come orientarsi in politica*, Milano, Cortina, 2018, I; vedi Maria Carmela Agodi, *Dentro il Laboratorio di Latour: per una sociologia dei Terrestri*, in «Quaderni di Sociologia», 77, 2018, p. 135 e sg.

Gli studi sulle scienze e sulle tecniche sono stati messi sottosopra dal primo principio di simmetria, che esige che l'errore e la verità siano trattati negli stessi termini[74]. Fino a quel punto la sociologia della conoscenza spiegava solamente, per un gran numero di fattori sociali, le deviazioni rispetto al cammino diritto della ragione. L'errore poteva spiegarsi socialmente, ma al vero toccava spiegarsi da solo. Si poteva spiegare la credenza dei dischi volanti ma non la conoscenza dei buchi neri, si potevano spiegare le illusioni della parapsicologia, ma non il sapere degli psicologi, gli errori di Spencer ma non le certezze di Darwin. Non era possibile applicare fattori sociali dello stesso tipo a entrambi. In questi due pesi e due misure si ritrova l'antica distinzione antropologica tra scienze (non studiabili) ed etnoscienze (studiabili). I presupposti della sociologia della conoscenza non avrebbero reso timidi gli etnologi tanto a lungo se gli epistemologi non avessero innalzato al rango di principio fondante questa stessa asimmetria tra scienze vere e false[75].

E seguita:

Non molto tempo fa, quando l'antropologo ritornava dai suoi territori lontani per ritrovare a casa sua le scienze ripulite dall'epistemologia, non era in grado di stabilire alcuna continuità tra le etnoscienze e i saperi. Per questo si asteneva, a ragione, dallo studiare se stesso e si accontentava di analizzare le culture. Adesso, quando ritorna e scopre al suo paese studi sempre più numerosi sulle sue scienze e le sue tecniche, il baratro è già meno profondo[76].

Di fatto, natura e società necessitano di una spiegazione:

Per far diventare simmetrica l'antropologia non basta allora incorporare il primo principio di simmetria (che mette soltanto fine alle ingiustizie più lampanti dell'epistemologia). Bisogna assorbire anche quello che Michel Callon chiama il principio di simmetria generalizzata: l'antropologo deve collocarsi nel punto intermedio, dal quale può seguire contemporaneamente l'attribuzione delle proprietà nonumane e di quelle umane[77].

Latour affronta anche il problema del relativismo, là dove può ammettere che

la scienza secondo la concezione degli epistemologi rende insolubile questo problema, basta, come spesso capita, cambiare la concezione delle pratiche scientifiche perché le difficoltà artificiali si dissolvano. Ciò che la ragione rende complicato, lo spiegano le reti[78].

Questa realtà è esaminata anche in relazione ai rapporti tra globale e locale in virtù della considerazione della capacità mediatrice delle reti. La Figura 7.6 rappresenta una schematizzazione del rapporto intrecciato dei campi naturale e sociale. L'autore spiega di seguito la sua impostazione.

Come gli aggettivi naturale e sociale indicano rappresentazioni del collettivo che di per sé non ha niente di naturale o di sociale, così i termini locale e globale offrono punti di vista sulle reti, che non sono né locali né globali, ma semplicemente più o meno estese e più o meno connesse.

---

[74] Cfr. David Bloor, *Sociologie de la logique ou les limites de l'épistemologie*, Paris, Pandore, 1982; citato nel testo.

[75] *Ivi*, pp. 122-123.

[76] *Ivi*, p. 125.

[77] *Ivi*, p. 127. Di Michel Callon si veda *Élements pour une sociologie de la tradution. La domestication des coquilles Saint-Jacques et des marins-pêcheurs dans la baie de Saint-Brieuc*, in «Année sociologique», vol. 36, 1986, pp. 169-208; citato nel testo.

[78] Bruno Latour, *Non siamo mai stati moderni*, Op. cit., IV, cit. p. 136.

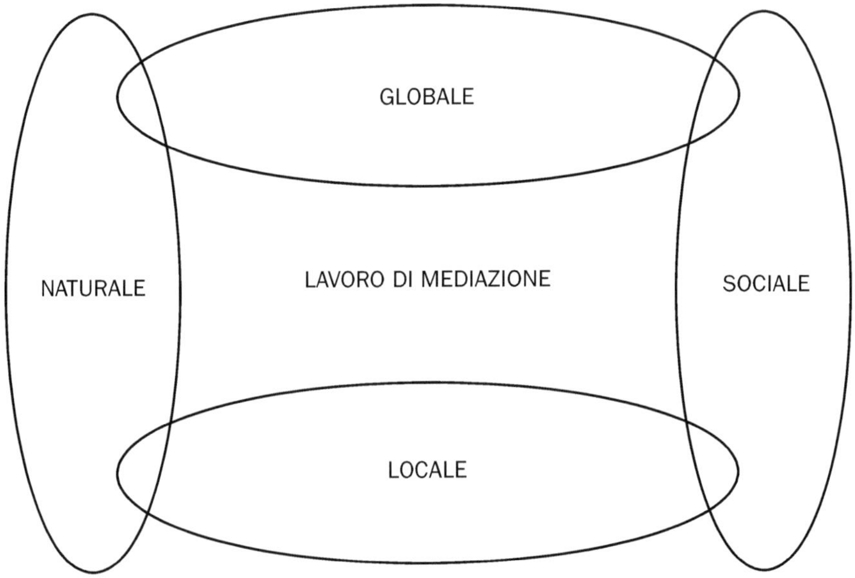

Figura 7.6 – Insieme schematico naturale-sociale.

> Quello che ho definito il moderno esotismo consiste nel considerare queste due coppie di opposizioni come ciò che definisce il nostro mondo e che ci distinguerebbe da tutti gli altri. Si formano così quattro regioni diverse: il naturale e il sociale non sono composti dagli stessi ingredienti; il globale e il locale sono intrinsecamente distinti. Ora, del sociale non sappiamo niente che non sia definito da quello che crediamo di sapere del naturale, e viceversa. Così pure, non definiamo il locale se non con le caratteristiche che crediamo di dover assegnare al globale, e viceversa. Si coglie così tutta la forza dell'errore che il mondo moderno compie quando le due coppie sono appaiate: in mezzo non c'è niente di pensabile, che sia collettivo, rete o mediazione, tutte le risorse concettuali si accumulano ai quattro estremi. Noi, i poveri quasi-oggetti, le umili società-nature, i piccoli locali-globali, siamo tutti letteralmente squartati tra regioni ontologiche che si definiscono a vicenda ma che non hanno più alcuna somiglianza con le nostre pratiche. Questo squartamento permette di rappresentare la tragedia dell'uomo moderno, assolutamente e irrimediabilmente diverso da tutte le altre umanità e da tutte le altre naturalità. Ma questa tragedia sarebbe evitabile se solo non dimenticassimo che questi quattro termini sono rappresentazioni senza alcun rapporto diretto con i collettivi e con le reti che danno loro senso. Nel centro, dove si suppone che non succede niente, si trova invece quasi tutto. E alle estremità, dove secondo i moderni risiede l'origine di tutte le forze, della natura e della società, dell'universalità e della particolarità, non c'è niente, tranne le istanze depurate che servono da garanzie costituzionali dell'insieme[79].

Tutto ciò rappresenta le istanze della modernizzazione.

Modernizzare significa il permettere di distinguere nettamente le leggi della natura esterna e le convenzioni della società. Ciò riguarda molte delle condizioni in cui si presenta la «modernità», anche in rapporto alla realtà conflittuale e oggettiva del presente[80]. Bruno Latour indica quindi nello schema che segue le istanze complesse della

---

79 Bruno Latour, *Non siamo mai stati moderni*, Op. cit., IV, cit. p. 160.

80 Cfr. Bruno Latour, *War of the Worlds: What About Peace?*, Chicago, Prickly Paradigm, 2002; *Whose*

«modernità», del premoderno e del postmoderno. Dei moderni quello che si conserva riguarderebbe le reti estese, le dimensioni e la sperimentazione, gli universali relativi nonché la separazione della natura oggettiva e della società libera, mentre ciò che si getta via riguarderebbe la separazione della natura e della società, la clandestinità delle pratiche di mediazione, una Grande Divisione esterna, la denuncia critica, l'universalità e la razionalità. Dei premoderni ciò che si conserva riguarderebbe invece la non separabilità delle cose e dei segni, la trascendenza senza contrario, la moltiplicazione dei non-umani e la temporalità per intensità. Mentre ciò che si perde è l'obbligo di legare sempre l'ordine sociale e naturale, il meccanismo scarificale di accuse, l'etnocentrismo, il territorio e la scala. Infine, dei postmoderni quello che conserviamo è il tempo multiplo, la decostruzione, la riflessività e la denaturalizzazione; ciò che buttiamo via è la credenza nel modernismo, l'impotenza, la decostruzione critica, la riflessività tecnica e l'anacronismo[81]. Sempre in riferimento alla Figura 7.6 si conclude che:

> La trascendenza della natura, la sua obiettività o l'immanenza della società, la sua oggettività, *derivano dal lavoro di mediazione senza dipendere dalla loro separazione, contrariamente a quanto afferma la Costituzione dei moderni.* Il lavoro di messa in natura o di messa in società deriva dal risultato duraturo e irreversibile dell'attività comune di delega e di traduzione. In fin dei conti, esistono davvero una natura che non abbiamo fatto noi e una società che possiamo cambiare, ci sono davvero fatti scientifici indiscutibili e soggetti di diritto, ma questi diventano la doppia conseguenza di una pratica costantemente visibile e non, come per i moderni, le cause opposte e distanti di una pratica invisibile che le contraddice[82].

In questa sorta di pessimismo protratto sarebbe racchiusa la visione della «modernità» di Latour, alle soglie del cambiamento di rotta che interessa gli abitanti della Terra e tutti coloro che vengono definiti umani e non-umani al cospetto dei cambiamenti climatici[83] che interessano molti degli allievi contemporanei nella loro produzione «di periodo» in *papers* o riviste accreditate di oggi, tra i quali ricordiamo: Thibault De Meyer, André Magnelli, Manon Amandio, Sébastien Wit, Antoine Miquel, Alexander Rigal, Laurence Pagacz, Thomas Cortado, Charles Ramond e molti altri ancora. Mentre possiamo citare autori della STS che hanno portato avanti gli studi condotti all'origine da Woolgar e Latour, da Henry Collins (1975), Simon Shaffer e Steven Shapin (1985), Hans Radder (1992), Wesley Shrum (1984), Donna Haraway (1987), Michael Lynch (2000), Kelly Horn (2001), John Law (2008), Zohar Livnat (2009), Don Ihde (2015). La scia dei lavori di Latour è abbastanza viva nella sociologia e anche nelle visioni politiche della fabbrica del mondo, così come si viene affermando[84] a partire dalla seria constatazione di una complessità che tenderebbe a coinvolgere l'in-

Cosmos, Which Cosmopolitics? Comments on the Peace Terms of Ulrich Beck, in «Common Knowledge», 10, 3, 2004, pp. 450-462; *An Attempt at a «Compositionist Manifesto»*, in «New Literary History», 41, 3, 2010, pp. 471-490. Si veda sul punto di Latour *Un monde pluriel mais commun*, Éditions de l'Aube, 2005, trad. it. *Disinventare la modernità*, Milano, elèuthera, 2023, p. 58 e sg.

81 Cfr. Bruno Latour, *Non siamo mai stati moderni*, Op. cit., V, p. 168.

82 *Ivi*, p. 184.

83 Cfr. Bruno Latour, *Face à Gaïa. Huit conférences sur le nouveau régime climatique*, Paris, Les Empêcheurs de penser en rond/La Découverte, 2015, I, II.

84 Cfr. Bruno Latour, Peter Weibel, *Critical zones. The science and politics of landing on Earth*, Cambridge, MIT Press, 2020, p. 45 e sg.

tero globo terrestre. Così, sorgono spontanee nuove domande: dove sono? Dove mi trovo? Questi gli interrogativi che ricorrono nelle ultime opere del sociologo francese che stiamo citando. L'autore sostiene:

> I Moderni speravano di cambiare periodo, eccoli invece obbligati a reimparare a situarsi nello spazio. Non più tardi di due anni fa organizzavamo seminari per cercare di sondare le origini dell'insensibilità alla questione climatica. Adesso tutti hanno capito che la questione è ben presente, il che tuttavia non significa che sappiamo come reagire. Il fatto è che dietro la questione politica – «Che fare?» «Come uscirne?» – ne è spuntata un'altra: «Ma insomma, *dove siamo*?»[85].

Al di là di un processo di confinamento si ammette di essere di fronte a una crisi cosmologica, accentuata dalla pandemia da SARS Covid 19 che obbliga i viventi a una situazione anomala dinanzi all'ambiente circostante, il quale viene definito da Latour in un modo particolare. Infatti egli sostiene:

> Il concetto di ambiente non ha alcun senso, giacché è impossibile delimitare il confine che separa un organismo da ciò che lo circonda. In senso proprio, non c'è niente che ci circonda, tutto concorre alla nostra respirazione. E la storia degli esseri viventi è lì a ricordarci che se questa terra è «propizia» al loro sviluppo, sono stati gli esseri viventi ad averla *resa propizia* al loro disegno – disegno così ben celato che sono loro i primi a ignorarlo! Alla cieca, hanno curvato lo spazio tutt'intorno a loro, e in esso si sono ripiegati, rifugiati, avvolti, raggomitolati[86].

---

[85] Bruno Latour, *Où suis-je? Leçons du confinement à l'usage des terrestres*, Paris, La Découverte, 2021, trad. it. *Dove sono? Lezioni di filosofia per un pianeta che cambia*, Torino, Einaudi, 2022, XIII, cit. p. 140.

[86] *Ivi*, p. 19.

Capitolo 8

Sulla sociologia empirica

8.1

Nel testo *On Sociology. Numbers, Narratives, and the Integration of Research and Theory* (Oxford, Oxford University Press, 2000)[1], il sociologo britannico John Harry Goldthorpe affrontava il problema di confermare tutta una serie di intendimenti validi per la sociologia empirica. Questi derivavano in gran parte dalle sue ricerche sulla mobilità sociale e sulle classi sociali, nonché dagli studi sulle disuguaglianze. In alcuni casi, tali lavori furono condotti in collaborazione con David Lockwood (1929-2014), Frank Bechhofer (1935-2018) e Jennifer Platt. La ricezione di questo libro nella comunità scientifica giustifica un incremento di interesse per i temi della ricerca sociologica legati alle dinamiche «interne» del sapere specialistico. Questo è evidente anche nei precedenti lavori di Goldthorpe, che affrontano problemi metodologici, studi di caso ed etnografici, nonché l'analisi quantitativa dell'azione e i rapporti tra descrizione e spiegazione. Tali studi conducono a un esame del progresso della conoscenza sociologica, evidenziando l'importanza di difenderne il ruolo pubblico. Di fatto, Goldthorpe sembra essersi convinto del fatto che la sociologia sia una disciplina ampia che copre molti argomenti dotati di significato. Da buon sociologo empirico avrebbe sicuramente pensato a qualcosa di rilevante per l'esperienza o la vita stessa, ovvero a tutto ciò che si manifesta all'interno di un mondo sociale aperto alla ricerca. Se avesse dovuto formulare una specifica domanda di ricerca e fare delle ricerche preliminari su certi argomenti, probabilmente avrebbe scoperto che sono stati condotti studi sociologici su molti di questi temi. Inoltre, avrebbe trovato interessanti informazioni statistiche, ad esempio sui gruppi e sulla partecipazione degli operai alle decisioni aziendali, sull'adesione a progetti collettivi, sui dati demografici della comunità di lavoratori ecc. La proverbiale esperienza operaia varia notevolmente in base allo status, influenzata in particolare da fattori come razza, etnia, genere, orientamento sessuale, religione e classe sociale. Ci si può quindi chiedere: che valore ha questo tipo di ricerca per la comprensione di individui, gruppi e comunità? La sociologia di Goldthorpe risponde con il ricorso a

[1] Traduzione italiana adottata in questa sede: *Sulla sociologia*, Bologna, il Mulino, 2006.

tutta una serie di generalità empiricamente operanti, là dove si suggeriscono relazioni o correlazioni tra variabili e, al limite, causalità, note anch'esse come misure correlate. Come è noto il sociologo americano Robert King Merton definiva, nel lontano 1963, una generalizzazione empirica come «una proposizione isolata che riassume le uniformità osservate delle relazioni tra due o più variabili», riservando il termine «legge scientifica» per «un'affermazione di invarianza derivabile da una teoria». Si può ritenere, seguendo Goldthorpe, che le teorie emergano attraverso un processo che rende i termini e le relazioni delle generalizzazioni empiriche più astratti, introducendo al contempo altri concetti astratti riferiti a costrutti non direttamente osservabili. Come parte di una teoria, una data generalizzazione empirica contribuisce alla comprensione non solo dei fenomeni a cui si riferisce direttamente, ma anche, in modo indiretto, di fenomeni non direttamente specificati. Questi ultimi vengono esplicitati da altre generalizzazioni empiriche con cui è teoricamente correlata. Oltre a una maggiore astrazione, la trasformazione dalla generalizzazione empirica alla teoria comporta una maggiore idealizzazione nella misura in cui i termini di errore che di solito sono espliciti nella prima vengono abbandonati o relegati a uno status implicito nella seconda.

Questo procedimento caratterizza l'impostazione generale di Goldthorpe, l'intelaiatura della sua sociologia scientifica, soprattutto nel momento in cui i sociologi stessi si avvalgono di metodi di ricerca collaudati e reali, come esperimenti, sondaggi e ricerche sul campo. Non di meno, dato che gli esseri umani e le loro interazioni sociali sono così diversi, questi esempi potrebbero sembrare poco attinenti. Tuttavia, è proprio per questo che i modelli scientifici funzionano per studiare il comportamento umano. Un processo scientifico di ricerca stabilisce quindi dei parametri che aiutano a garantire che i risultati siano validi. Il metodo scientifico implica lo sviluppo e la verifica di teorie basate su prove empiriche, con un impegno nell'osservazione sistematica del mondo e l'intento di essere obiettivo, critico, scettico e logico. Comporta una serie di passi prescritti che sono stati stabiliti nel corso del tempo. I risultati degli studi tendono a fornire alle persone l'accesso a conoscenze che prima non avevano: conoscenza di altre culture, di rituali e credenze o conoscenza di tendenze e atteggiamenti vari ecc. Indipendentemente dall'approccio di ricerca utilizzato, i ricercatori vogliono massimizzare l'affidabilità del loro studio, che si riferisce alla probabilità che i risultati della ricerca siano replicati se lo studio viene riprodotto. Se un altro sociologo segue gli stessi protocolli di ricerca, otterrà gli stessi risultati? Se sì, lo studio risulterebbe essere praticamente affidabile. Quanto più interessanti sono i risultati e quanto più sfidano le concezioni prevalenti, tanto più è probabile che altri sociologi cerchino di replicarli. I ricercatori puntano anche alla validità, che si riferisce a quanto il loro studio sul campo misuri effettivamente ciò che è stato progettato per misurare. La validità garantirebbe che il disegno dello studio esamini accuratamente l'oggetto previsto, evitando di analizzare aspetti non rilevanti, come ad esempio la percezione di molte attività sociali. Goldthorpe sembra convinto, insieme a molti altri, del fatto che i sociologi possano utilizzare il metodo scientifico non solo per raccogliere, ma anche per interpretare e analizzare i dati che si presentano loro. Questi ultimi applicano deliberatamente la logica scientifica e l'obiettività. Secondo il sociologo britannico, essi sarebbero interessati, ma non attaccati, ai risultati. Lavorano al di fuori dei propri programmi politici o sociali, anche se ciò non significa che i ricercatori non abbiano una propria personalità, completa di preferenze e opinioni, anzi. Ma i sociologi usano deliberatamente il metodo scientifico per mantenere il più possibile l'obiettività, l'attenzione e la coerenza di un particolare studio. Alla fine, il metodo scientifico fornisce una base condivisa per la discussione e l'analisi. In genere, il metodo scientifico inizia sempre con queste fasi: 1) porre una domanda; 2) ricercare le fonti esistenti; 3) formulare un'ipotesi. Possiamo anche dire che, comunemente, le persone cercano di capire gli eventi del loro mondo trovando o creando una spiegazione, che è ciò che è possibile definire come senso comune. Gli scienziati sociali possono sviluppare un'ipotesi per lo stesso motivo. Un'ipotesi è una anticipazione razionale verificabile sui risultati previsti tra due o più variabili; è una possibile spiegazione di eventi specifici nel mondo sociale e consente di verificare se la spiegazione è vera in molti casi, così come tra vari gruppi o in luoghi diversi. L'ipotesi spesso prevede come una forma di comportamento umano ne influenzi un'altra. La variabile indipendente è la causa del cambiamento o che influenza l'altra variabile; la variabile dipendente è invece l'effetto, cioè quella che viene modificata. Ad esempio, i ricercatori stabiliscono una forma di comportamento come variabile indipendente e osservano l'influenza che ha su una variabile dipendente. Ciò che suggeriamo sono relazioni o correlazioni tra variabili.

Rispetto a questi punti «certi», si sottolinea inizialmente uno stato di crisi della sociologia, avvalorata da segnali di deterioramento. Innanzitutto andrebbe segnalata la mancanza di integrazione fra ricerca empirica e teoria. In secondo luogo, va notata l'impossibilità di stabilire una definizione stessa della disciplina. Per terzo, scrive l'autore:

> Il problema della natura della sociologia come disciplina, riaperto dal dibattito sul positivismo, rimane quindi privo di una reale soluzione. I sociologi hanno idee molto diverse, in certi casi profondamente incompatibili, riguardo gli obiettivi da perseguire e i metodi più efficaci per raggiungerli. Da questa situazione deriva la terza e forse più inquietante indicazione dell'attuale stato di scarsa lucidità intellettuale della sociologia. Con ciò mi riferisco al disaccordo – che possiamo definire di secondo ordine – su come si dovrebbe interpretare il dissenso sulla natura della sociologia. A questo proposito, per lo meno nell'ambito dei dipartimenti universitari di sociologia e delle associazioni professionali, la reazione più comune è appellarsi al «pluralismo». La sociologia dovrebbe così essere considerata «una scienza multiparadigmatica», per riprendere la comoda accezione di Ritzer, tanto che la ricerca dell'ortodossia o, comunque, di un orientamento principale è di principio fallace e probabile foriera di problemi nella pratica. Si può notare come questa risposta sia in effetti molto congeniale a quei teorici che considerano come compito principale del loro lavoro l'esposizione di nuove idee, l'analisi e la critica «discorsiva» della grande varietà di scuole e di tradizioni sociologiche, piuttosto che la costruzione di strumenti per raggiungere spiegazioni più cogenti. Si apre così un ampio scenario caratterizzato da libri scritti a partire da altri libri che tiene in scarsa considerazione la necessità di fare ricerca empirica[2].

In questo senso, l'interrogativo è come la sociologia potrebbe rispondere a questa crisi permanente assumendo nuovi interessi nella «politica del metodo». Infatti, è molto probabile che il «pluralismo» di cui parla Goldthorpe possa riferirsi all'aspetto metodologico, anche se non c'è un accenno esplicito su questo.

---

2 John H. Goldthorpe, *Sulla sociologia*, Bologna, il Mulino, 2006, I, cit. p. 33.

L'idea del «pluralismo» metodologico ha ricevuto ampio sostegno e interesse nella comunità scientifica dei sociologi. In primo luogo, il «pluralismo» sarebbe auspicabile come caratteristica della disciplina nel suo complesso, in modo che i diversi approcci possano imparare gli uni dagli altri. Ciò richiede che questi punti di vista non vengano divisi in contenitori non comunicanti, ma anche che non si cerchi di fonderli in una sintesi che diventi essa stessa una nuova ortodossia. In secondo luogo, il «pluralismo» consente nuove combinazioni di metodi e approcci all'interno dei singoli progetti di ricerca. Sosteniamo quindi che i progetti di ricerca dovrebbero essere definiti dai problemi e dalle domande che pongono, e non dalla metodologia, che viene adottata in base alla questione affrontata. Sarebbe anche utile discutere le potenzialità e le sfide dell'implementazionc dcl «pluralismo» metodologico nella pratica, esplorando come sia possibile combinare approcci provenienti da diverse discipline o metodologie. Si tratta in parte di una questione astratta, che mostra come gli approcci possano completarsi a vicenda spiegando o comprendendo diversi aspetti della realtà sociale, sia empirici che teorici. Esiste anche una questione più concreta da considerare, poiché gli studiosi affrontano una serie di problematiche specifiche che non possono essere trattate adeguatamente con un singolo approccio convenzionale. In questo modo, si potrà anche mostrare come il «pluralismo» e gli approcci combinati possano aiutare l'innovazione e lo studio di questioni che in passato sono state ampiamente marginalizzate, eccessivamente semplificate o fraintese. Ora, va detto che le scienze sociali sono state tormentate da discussioni su ontologia, epistemologia, approcci, metodi e metodologia. Si tenderebbe oggi a ridurle a una divisione dualistica tra due scuole. Ciò è fuorviante, poiché esistono numerosi punti di contatto trasversali e non c'è una corrispondenza necessaria tra le scelte a ciascuno dei vari livelli di comprensione e di spiegazione. In realtà, Goldthorpe non esprime un assenso esplicito su questo punto. In sostanza, invece di cercare una teoria di campo unificata, gli scienziati sociali dovrebbero considerare il «pluralismo» metodologico come una caratteristica positiva e permanente. Il «pluralismo» esiste a livello di sistema, dove l'esistenza di approcci diversi sostiene il dibattito e l'innovazione. Può anche essere una caratteristica dei singoli progetti di ricerca, dove i ricercatori possono utilizzare approcci diversi per rispondere a domande diverse, muovendosi tra i vari livelli di analisi con la possibilità di triangolare i metodi alla ricerca di una migliore comprensione dei fenomeni complessi. Inoltre, va dichiarato che, ad esempio in rapporto alla sociologia quantitativa, la conoscenza statistica non appare come un tipo speciale di conoscenza ed è meglio pensarla come parte di un processo più generale di indagine razionale. Infatti, non si può pensare che l'analisi statistica venga integrata, completata, approfondita o decorata da prove provenienti da altre fonti, e a tali prove la statistica non conferisce peso, generalizzabilità o rigore alcuno. Questi obiettivi si raggiungono solo collocando le prove, di qualsiasi tipo, nel contesto della teoria. Tutte le forme di evidenza sono descrizioni e tutti i tipi di analisi dell'evidenza sono solo descrizioni raffinate. L'uso diffuso del termine «modello» per descrivere ciò che fa l'analisi statistica è fuorviante, in quanto tende a incoraggiare l'errata convinzione che il metodo statistico produca di per sé leggi: un modello statistico in rapporto ad un altro modello sociologico non fa altro che perfezionare una certa descrizione. Analogamente, un'analisi dettagliata dei dati testuali non fa altro che affinare il linguaggio chiarendone sistematicamente i dettagli: l'analisi non fornisce di per sé profondità. Le teorie, i modelli, le leggi e la profondità sono apportate dall'osservatore nell'abito di una visione pluralistica, indipendentemente dalla natura delle prove e della loro analisi – sia essa statistica o di altro tipo – e sono il prodotto dei modi in cui trasformiamo le descrizioni in spiegazioni. Il punto non è quindi il «pluralismo» metodologico, ma piuttosto un unico metodo – l'indagine razionale – che adotta qualsiasi prova e strumento a disposizione e li modella per mezzo di concetti teorici. Ciò vale anche per la sociologia, secondo Goldthorpe.

Di fatto, l'appello al «pluralismo», sia esso metodologico o meno esplicito, non costituirebbe una risposta lecita rispetto ai disaccordi radicali soprattutto sulla natura della sociologia empirica, là dove si affermerebbe una libera competizione di idee. Va ricordato che durante gli anni Settanta del XX secolo i sociologi erano inclini a sostenere che l'egemonia positivistica, che aveva dominato a lungo la sociologia, fosse ormai crollata. L'idea che esistesse uno stile di ricerca sociale (sostenuto da una filosofia unificata di scienza sociale e metodologia) aveva lasciato il posto alla consapevolezza che esistevano molti di questi stili. L'ortodossia positivista era solitamente associata ai nomi di Talcott Parsons (1902-1979), principale teorico del funzionalismo, e Paul Felix Lazarsfeld (1901-1976), principale sostenitore del cosiddetto empirismo astratto. Il nuovo pluralismo metodologico fu conseguenza dell'emergere repentino delle sociologie fenomenologiche e strutturaliste, della frammentazione del marxismo in neo-marxismi settari e dell'emergere del relativismo filosofico. Alcuni osservatori hanno utilizzato i termini alternativi di «pluralismo epistemologico» o «anomia epistemologica» per descrivere la situazione ormai apparentemente senza norme in cui molte diverse teorie o paradigmi della conoscenza competono per il primato sociologico. Del resto, i sociologi contemporanei sarebbero ancora abbastanza divisi in merito al rapporto tra le loro attività basilari, cioè la ricerca empirica e la teoria.

> Inoltre, essi sono anche separati in merito a che tipo di impresa accademica o scientifica sia o debba essere la sociologia. Infine, vi sono rilevanti differenze su come interpretare e rispondere a questa situazione di divisione intellettuale o, meglio, di frammentazione disciplinare. La questione che per quanto sin qui sostenuto non può essere evitata è fino a che punto questa situazione di confusione intellettuale possa protrarsi, svalutando il successo istituzionale raggiunto dalla sociologia. Una possibilità è, ovviamente, che questo stato di cose peggiori sino a far collassare la disciplina dall'interno, cosicché le sue vestigia intellettuali vengano assorbite da altre discipline [...]. È plausibile che a un tale collasso si arrivi attraverso una serie di «secessioni». Per esempio, alcuni dipartimenti universitari di sociologia sono in realtà già diventati dipartimenti di *cultural studies*, cosa che potrebbe portare i sociologi impegnati nell'analisi quantitativa e nella costruzione di una «teoria esplicativa» a cercare una nuova patria all'interno delle facoltà di scienze sociali, che permetterebbero loro di lavorare a più stretto contatto con economisti, scienziati politici, demografi o statistici sociali. Tuttavia, a combattere contro questo scenario troviamo *in primis* il precedente successo istituzionale della sociologia e il fatto stesso che i dipartimenti di sociologia costituiscono realtà ben consolidate[3].

Così, le conclusioni sulla crisi contemporanea della sociologia incrociano motivi per cui la disciplina tenderebbe a qualificarsi in un ambito prettamente istituzionale,

[3] *Ivi*, p. 37.

che però non è il principio del discorso bensì ne rappresenta la conclusione. L'autore tende a sottolineare l'aspetto problematico della questione, il quale non ha nulla da spartire con i discorsi improntati da molti sociologi sulla identità della disciplina tra le scienze sociali. Egli afferma più avanti in modo molto lucido:

> Sarebbe tuttavia troppo semplice sostenere che il rimedio per i mali della sociologia va cercato nella creazione di un nuovo nucleo disciplinare, o di una nuova corrente sociologica, che porti la teoria e la ricerca a una relazione viva e vitale, esprimendo dunque un consenso chiaro sulla natura della sociologia come scienza sociale e fornendo così le basi per un pluralismo genuino e apocrifo. Personalmente ritengo che sia proprio questo l'obiettivo di lungo periodo, ma è anche sufficientemente evidente come nulla di tutto ciò sia ottenibile con un semplice *fiat*. Anche perché l'attuale stato di confusione intellettuale non è certo un risultato casuale e rappresenta un grosso ostacolo sulla strada di questo programma. Suggerirei che, in queste circostanze, la cosa migliore per chi desideri l'emergere di una sociologia più coerente consista nel cercare di identificare quali elementi della disciplina, nel suo attuale stato di frammentazione, sembrano essere più promettenti come componenti del nuovo nucleo, per poi identificare le ragioni grazie alle quali una sociologia costruita intorno a un tale nuovo nucleo forte potrebbe godere di un successo intellettuale significativo e migliore di quello attuale e, dunque, raggiungere una maggiore solidità istituzionale. Vista la situazione prevalente qualsiasi tentativo in tal senso deve aspettarsi reazioni critiche ma, in questo modo, si potrebbe se non altro arrivare a una comprensione più precisa dei continui dibattiti interni e intorno alla sociologia e, di conseguenza, sarebbe possibile consolidare una visione più definita dei reali problemi implicati[4].

8.2

Le implicazioni di Goldthorpe incentrate sulla sua presa di posizione nel libro, spingono a cercare una certa continuità espositiva tra i vari capitoli dell'opera (nove in tutto) e gli intenti espressi dall'autore a partire dai temi-problemi proposti in partenza. Va detto che, dal punto di vista logico-metodologico, il testo registra una grande unitarietà di intenti e di rivalutazioni della sociologia scientifica, almeno dal versante per il quale è stata definita una disciplina empirica con importanti risvolti teorici di fondo che vanno sempre considerati e messi in relazione alla ricerca. La mancanza di tale rapporto di dipendenza costituirebbe la causa principale dell'esistenza di una crisi in atto nella sociologia contemporanea, molto frammentata e addirittura poco incline al raggiungimento di un certo equilibrio sospinto da motivazioni a carattere epistemologico. Il risultato è il rifiuto della sociologia intesa come disciplina filosofico-letteraria, cioè come modello narrativo[5]. A parte il Capitolo I che è un'introduzione, l'autore scrive:

[4] *Ivi*, p. 40.

[5] Rimando al Capitolo I del mio *Storia della sociologia scientifica. Ripartire dai classici e usarli in modo nuovo*, Torino, UTET, 2023, p. 3 e sg.

Il secondo capitolo, *Le applicazioni della storia in sociologia*, apre con il rifiuto alla visione proposta da Abrams (1980)[6] e Giddens (1979)[7], secondo cui «la storia e la sociologia sono e sono sempre state la stessa cosa». Qui mi sono concentrato in particolar modo su una specifica differenza metodologica fra le due discipline che considero di notevole importanza: mentre gli storici si possono basare in modo esclusivo sul tipo di base empirica che io chiamo «vestigia del passato», i sociologi che lavorano sui fenomeni sociali contemporanei possono in aggiunta ricorrere a diversi tipi di procedure per generare nuovi dati. Di seguito discuto le implicazioni di questa differenza per le strategie di ricerca dei sociologi, nonché i problemi specifici che derivano per la sociologia storica. Concludo poi con una critica alla cosiddetta «macrosociologia storica», cioè quella parte della sociologia storica che si occupa per lo più di questioni di macrosociologia e che non si basa sulle vestigia del passato e sulle fonti «primarie», quanto sul lavoro e sui resoconti degli storici. Cercherò di mostrare come il ricorso alle fonti «secondarie» (o, più precisamente, derivate) come principale risorsa empirica conduca giocoforza la macrosociologia storica ad accettare ciò che gli stessi storici hanno per anni identificato e criticato come una concezione «positivista» della storiografia. Da ciò conseguono importanti difficoltà metodologiche che, finora, non si è stati in grado né di valutare né di risolvere correttamente[8].

Seguendo l'esposizione si comprende come chi si occupa della separazione avvenuta tra storia e sociologia affronti il problema di chiarire quale documentazione empirica risulti fondamentale per semplificare il rapporto tra *sociologia* e conoscenza storica.

È quindi possibile sostenere che gli storici si occupano di *trovare* la loro documentazione empirica all'interno di una quantità limitata di residui del passato. I sociologi invece, ed è questa la differenza che mi preme sottolineare, hanno una possibilità che è decisamente preclusa agli storici. Mentre i sociologi possono, come del resto spesso fanno, attingere alle vestigia nello stesso modo degli storici, essi sono anche in grado di *generare* nuovi dati empirici. Quest'attività caratterizza i sociologi quando si dedicano al «lavoro sul campo» e dunque quando producono come fondamento per le loro inferenze materiale empirico *che non esisteva prima*. La ragione più diretta a favore di questa importante differenza tra storia e sociologia è ovvia: gli storici lavorano «nel passato» mentre i sociologi *possono anche* lavorare «nel presente». Tuttavia, oltre questa ragione più immediata, si nasconde la differenza di enfasi a cui mi riferivo prima: i sociologi non cercano tanto di legare le proprie argomentazioni a coordinate spazio-temporali specifiche, quanto di mettere alla prova il grado di ampiezza delle loro generalizzazioni. Per esempio, se un sociologo sviluppa una teoria che si dovrebbe applicare a tutte le società industriali, sarà immediato provarne la validità sulle società industriali contemporanee, piuttosto che su quelle del passato. Attraverso una procedura, quindi, che permetta di generare nuovi dati empirici, piuttosto che imporre alla ricerca di dipendere dai residui del passato [...]. L'implicazione principale di questo argomento dovrebbe essere sufficientemente chiara: poiché i sociologi hanno la possibilità di produrre il proprio materiale empirico, in aggiunta e prima di ricorrere alle vestigia del passato, *sono in una posizione di vantaggio che non dovrebbe essere ignorata o rifiutata con leggerezza.* In altre parole, i sociologi non dovrebbero rivolgersi alla storia troppo in fretta e senza considerare tutte le ripercussioni di questa scelta, ma dovrebbero farlo solo avendo delle buone ragioni e con la piena consapevolezza dei vincoli che dovranno perciò affrontare [...]. Mi propongo di illustrare quali potrebbero essere tali ragioni, senza per questo tacere le ovvie difficoltà che derivano da questa scelta. Si potrebbe pensare che i sociologi avranno ovviamente più bisogno di rivolgersi alla storia in presenza di un interesse specifico

[6] Cfr. Philip Abrams, *Historical Sociology*, Bath, Open Books, 1980, trad. it. *Sociologia storica*, Bologna, il Mulino, 1982.

[7] Cfr. Antony Giddens, *Central Problems in Social Theory*, London, Macmillan, 1979.

[8] John H. Goldthorpe, *Sulla sociologia*, Op. cit., I, cit. p. 42.

> per il mutamento sociale; tuttavia bisognerebbe ricordarsi che ricorrere al passato, o, per meglio dire, ai residui del passato prima descritti, non è l'unico modo attraverso cui perseguire questo interesse conoscitivo. Le survey ripetute, gli studi del corso di vita e le ricerche panel costituiscono altrettanti modi per studiare il cambiamento sociale attraverso dati raccolti nel presente. Vorrei sostenere che i sociologi sono obbligati a fare ricerca storica solo quando si occupano di un cambiamento sociale definito storicamente, cioè di un cambiamento che avviene non in un periodo di tempo specificato in modo analitico, come, per esempio, «durante il ciclo di vita» o «nell'arco di due generazioni», bensì in un periodo passato cui si possono attribuire della date (anche approssimative) e che è in rapporto con un luogo specifico. I sociologi hanno un interesse del tutto legittimo verso questo tipo di cambiamento sociale definito storicamente perché, come ho precedentemente affermato, vogliono conoscere l'applicabilità delle proprie teorie e ipotesi nel tempo e nello spazio[9].

Il tema della differenziazione tra sociologia e storia impegna Goldthorpe in una requisitoria che lo avvicina alle posizioni di molti teorici della sociologia empirica tra i contemporanei. In realtà, l'obiettivo comune dei professionisti di entrambe le discipline è sempre più un'analisi causale del comportamento significativo di individui e gruppi, con un adeguato apprezzamento del processo, del contesto e del cambiamento. Nonostante le questioni epistemologiche, la principale sfida per i «sociologi storici» riguarda le difficoltà pratiche nell'usare materiali storici primari come prova. Tali materiali includono documenti, scritti pubblici e privati come rapporti ufficiali, sondaggi, registri, registri di organizzazioni, lettere e diari ecc. Il ricercatore deve, tra l'altro, stabilire l'autenticità dei documenti, individuandone la paternità, il grado di completezza e la credibilità. Deve inoltre considerare le possibili fonti di errore o distorsione, le motivazioni degli autori e le diverse circostanze in cui i materiali sono stati prodotti. È essenziale, infine, valutare la rappresentatività dei documenti sopravvissuti. In altre parole, i problemi di affidabilità sono particolarmente acuti. Anche la questione della validità è cruciale, poiché poche fonti sopravvissute sono state create per rispondere agli obiettivi del ricercatore moderno. Di conseguenza, quest'ultimo tende spesso a stabilire il significato dei dati leggendo «controcorrente» e analizzando attentamente gli scopi per cui i dati erano stati originariamente compilati. Ad esempio, comprendere le origini e lo sviluppo delle istituzioni sociali implica una serie di operazioni per la sociologia storica. Questa disciplina può essere utilizzata per studiare le origini e lo sviluppo di istituzioni come la famiglia, l'istruzione e la religione ecc., indicando come sono cambiate nel tempo. Dal punto di vista teorico, abbiamo a che fare con un prospetto di indagine che ci conduce in prima battuta all'analisi del cambiamento sociale ed economico: la sociologia storica può essere utilizzata per analizzare le forze che hanno modellato il cambiamento sociale ed economico in diverse società, come le innovazioni tecnologiche, la globalizzazione e le rivoluzioni politiche. In secondo luogo, potremmo esplorare la relazione tra potere e società: può essere utilizzata per studiare la relazione tra potere e società e come diverse forme di potere, come quello economico, politico e culturale, abbiano modellato il cambiamento sociale. Per terzo, si potrebbe esaminare il ruolo della cultura nel cambiamento sociale: la sociologia storica può essere utilizzata per esaminare il ruolo della cultura nel plasmare il cambiamento sociale, compreso il modo in cui i valori e

9 *Ivi*, pp. 63-67.

le credenze culturali hanno influenzato le istituzioni e le pratiche sociali. In sostanza, Goldthorpe sembra affermare che la sociologia storica ha una vasta gamma di applicazioni nello studio della società e del cambiamento sociale ed è uno strumento importante per comprendere come le società si siano evolute nel tempo e come diversi fattori sociali, economici e politici abbiano modellato il loro sviluppo.

L'affermazione di Philip Abrams, menzionata all'inizio della discussione con Goldthorpe, appare valida per gran parte della teorizzazione sociologica. I sociologi riconoscono, infatti, che le ricerche fondamentali della loro disciplina sono state arricchite da un'attenzione adeguata verso le informazioni storiche. Sono molti gli autori contemporanei che si ostinano a soffermarsi su questa rappresentazione. Tuttavia, esistono differenze fondamentali tra storia e sociologia per quanto riguarda la scelta delle strategie e delle metodologie di ricerca. *In primis* si ricorda il ruolo della documentazione empirica utilizzata che è affermato da Goldtrophe. La ricerca storica enfatizza il contesto socioculturale degli eventi e degli attori all'interno dell'ampia gamma della cultura umana e, quando esamina gli eventi che si sono verificati nei primi periodi della storia, prende in prestito dall'archeologia e dall'antropologia culturale, che risultano essere discipline affini. Gli storici, quindi, che esaminano il materiale premoderno spesso prendono in prestito le intuizioni antropologiche piuttosto che quelle sociologiche per chiarire le aree in cui la documentazione storica è debole, partendo dal presupposto che le società pre-industrializzate condividono somiglianze di base che la teoria sociologica affronta raramente. È probabile che gli storici scelgano argomenti di ricerca culturalmente e temporalmente delimitati e che emergano dalla logica degli eventi di un determinato luogo e periodo. Essi tendono a integrare le fonti secondarie con testi primari o dati d'archivio. Al contrario, la ricerca sociologica pone l'accento sulla costruzione e sullo sviluppo di teorie, e la sua forte enfasi sulla quantificazione limita la maggior parte delle sue ricerche a questioni che riguardano le società dopo che queste hanno iniziato a modernizzarsi o a industrializzarsi, e quindi a sviluppare un'accurata documentazione che i ricercatori possono tradurre in dati. Molte delle loro tecniche metodologiche – tra cui sondaggi, interviste, lavoro qualitativo sul campo, questionari, varie procedure statistiche e sperimentazioni socio-psicologiche – sono poco o per nulla applicabili dagli storici. È interessante notare, tuttavia, che alcuni «sociologi storici» utilizzano le narrazioni per chiarire questioni sociologicamente tradizionali come, ad esempio, le relazioni tra capitale e Stato e lo sviluppo urbano o metropolitano. Dato il loro orientamento alla teoria, è probabile che i sociologi scelgano argomenti di ricerca radicati e generati da un qualche apparato concettuale. Le loro fonti di dati non comportano spesso ricerche d'archivio o una forte dipendenza da testi primari. Così, possiamo dire che i sociologi sembrano più disposti degli storici sia a intraprendere analisi comparative al di là dei confini nazionali e temporali, sia a presentare generalizzazioni che si riferiscono a un certo numero di casi o a fenomeni universali. Riflettendo su queste differenze fondamentali, potremo ripetere con Goldthorpe che sebbene alcuni studi di sociologia storica tentino di affinare i concetti o di testare rigorosamente le spiegazioni teoriche esistenti, più spesso cercano di sviluppare nuove teorie in grado di fornire spiegazioni più convincenti e complete per i modelli e le strutture storiche. Nel testare le teorie esistenti, i «sociologi storici» argomentano: in modo deduttivo (cercando di individuare le prove che supportano o confutano le proposizioni teoriche), e poi comparativo (accostando esempi provenienti da unità equivalenti) o illustrativo (confrontando i casi con una singola teoria o concetto. Sia i confronti tra casi che le relative illustrazioni possono mostrare come i casi condividano un insieme comune di «fattori causali» ipotizzati, in grado di spiegare risultati storici simili, pur evidenziando differenze cruciali che conducono a esiti storici divergenti. In ogni caso, i «sociologi storici» hanno occasionalmente bisogno di ricordare che, sia nella ricerca quantitativa che in quella qualitativa, è essenziale evitare la tendenza comune a trattare il tempo con superficialità, poiché le dimensioni temporali degli eventi hanno profonde implicazioni per la validità dei confronti.

Di fatto, la sociologia storica non presenta al suo interno delle motivazioni epistemologiche di fondo che implichino un rimando immediato alla sociologia scientifica, almeno secondo Goldthorpe. Tuttavia l'esordio di quest'ultimo nel testo riguarda comunque questa serie di argomentazioni che diventano pertinenti quando si pretende di fornire un quadro di riferimento teorico-empirico di fronte al manifestarsi del sapere sociologico. In questo senso, avere affrontato il tema della disparità tra storia e sociologia qualifica a monte il tentativo di favorire una opzione al posto di un'altra, così come si legge nel libro, e di presentare al lettore uno dei temi-problemi più importanti per chi voglia imbracciare una discussione sui fondamentali di una disciplina come la sociologia. Infatti, non a caso l'autore parla di «applicazioni». Egli ammette ancora i suoi intenti di compilazione del capitolo:

> In sintesi, l'argomento che sin qui sviluppato può essere ricapitolato come segue: ho sostenuto che storia e sociologia si differenziano in modo diretto per la natura della documentazione empirica utilizzata e che questa differenza ha delle notevoli implicazioni per l'uso della storia in sociologia. Ho presentato a questo proposito un caso che deve essere considerato un inutile e dannoso ricorso alla storia da parte di un sociologo e ho poi discusso altri due casi in cui, al contrario, un tale ricorso alla storia è giustificabile e addirittura necessario data la natura degli argomenti affrontati. Nondimeno questi casi mostrano anche tutte le difficoltà derivanti dall'uso di dati storici a supporto di ipotesi e argomenti sociologici. Per concludere la mia analisi in sintonia con l'argomento principale di questo capitolo, vorrei ora illustrare i problemi incontrati da quei sociologi che utilizzano la storia per studiare questioni specifiche, costruendo così un genere sociologico che è in verità *dipendente dalla storia nella sua stessa architettura generale*[10].

Nel Capitolo III titolato *Problemi attuali della macrosociologia comparata*, l'autore illustra i lembi di un dibattito in questo campo che vede contrapposti i sociologi qualitativi (studi di caso) e quantitativi (studi per variabili). Un caso di studio è una descrizione e una registrazione di uno specifico gruppo o istituzione rappresentativo della società. I casi di studio consentono di fare generalizzazioni. A volte vengono utilizzati casi di studio non tipici della popolazione che possono fornire preziose informazioni sui diversi aspetti sociali della vita, sono quindi visti come metodi di ricerca ideali in alcune occasioni poiché utilizzano molti metodi di ricerca diversi: ad esempio, interviste, questionari e osservazioni. Normalmente un caso di studio sarà caratterizzato da *una sorta di pluralismo metodologico* (utilizzando una serie di metodi di ricerca per ottenere *la «triangolazione», cioè* il controllo incrociato dei dati

[10] *Ivi*, p. 71.

per aumentare la validità) e sono spesso implicati *studi longitudinali* (il ricercatore rivisita regolarmente il caso per un lungo periodo di tempo).

Il campione del caso di studio (la persona, il gruppo, l'evento ecc.) viene spesso scelto perché in qualche modo è unico o eccezionale e i ricercatori vogliono saperne di più. I dati trovati possono essere utilizzati per formulare nuove teorie sociali o per testare la validità delle teorie esistenti. Di contro, lo studio per variabili facilita la ricerca in diversi modi, aiuta a stabilire relazioni tra diversi fenomeni. Ad esempio, un sociologo potrebbe utilizzare la variabile indipendente del livello di istruzione per prevedere la variabile dipendente del livello di reddito. Le variabili consentono anche l'operazionalizzazione di concetti astratti: un ricercatore che studia la povertà (un concetto astratto) potrebbe renderla operativa in termini di livello di reddito, accesso ai servizi di base o condizione occupazionale (che sono tutte variabili). Inoltre, le variabili consentono la misurazione dei concetti. Definendo le variabili in termini misurabili, i ricercatori possono quindi raccogliere dati e analizzarli per testare ipotesi o teorie. Ad esempio, un ricercatore potrebbe misurare la variabile della classe sociale utilizzando indicatori quali reddito, occupazione e istruzione. Infine, le variabili consentono il confronto di diversi gruppi o categorie: un ricercatore potrebbe confrontare il rendimento accademico (una variabile) di studenti provenienti da contesti socioeconomici diversi (un'altra variabile). Nello specifico l'autore tenta di mettere in discussione l'idea che alcuni noti problemi tipici dell'approccio quantitativo possano essere affrontati ricorrendo agli studi di caso.

> Sostengo quindi che tali problemi sono presenti tanto nel lavoro qualitativo quanto in quello quantitativo, nonostante siano stati i ricercatori quantitativi a riconoscerli in maniera più chiara, modificando e sviluppando le proprie procedure di conseguenza. In antitesi, mostro come i metodi specifici che si suppone siano a disposizione degli studi di caso non solo non sono risolutivi ma, analogamente alle procedure standard della macrosociologia storica, hanno spesso implicazioni più ampie che, se sviluppate nelle loro conseguenze, difficilmente sarebbero gradite ai loro sostenitori. Più precisamente, illustro come i tentativi di superare il problema dei piccoli numeri (il problema cioè di avere «troppe variabili e non abbastanza casi») ricorrendo a metodi logici piuttosto che statistici devono appoggiarsi su un forte assunto di stampo marcatamente positivista: ovvero che il mondo sociale sia governato da processi deterministici piuttosto che probabilistici e che, dunque, possa essere studiato su questa base[11].

Esistono aspetti condivisi tra i molti autori ripresi da Goldthorpe – che qui non citiamo per comodità rimandando al testo – per identificare le regolarità empiriche attraverso tecniche statistiche o logiche per cui è necessario ricorrere alla teoria per la spiegazione di regolarità. In ultimo, andrebbe segnalata la possibilità di rilevare una

> eccessiva debolezza della teoria nella macrosociologia qualitativa e, in modo analogo, anche nella macrosociologia storica. Inoltre condivido la visione critica secondo cui la causa principale di questa debolezza risiede nella tendenza a sviluppare la teoria in modo eccessivamente induttivo, spesso sotto l'influenza deleteria della *grounded theory*, e dunque nella tendenza a non riconoscere che il controllo empirico deve essere un processo separato e gestito, per quanto è possibile, in maniera indipendente dalla costruzione della teoria[12].

---

[11] *Ivi*, pp. 45-46.

[12] *Ivi*, p. 47.

Per quello che concerne il Capitolo IV dal titolo *Problemi e possibilità dell'etnografia sociale*, andrebbe dichiarato l'obiettivo di mettere in discussione l'efficacia di metodi che si discostano dalla logica dell'inferenza e che propongono la ricerca etnografica come alternativa radicale alle ricerche basate su *survey*. Scrive ancora l'autore seguendo i suoi scopi nel capitolo:

> La tesi che intendo sostenere è che questi metodi non funzionano se applicati ai ben noti problemi di variazione all'interno e tra i contesti locali studiati dall'etnografia. Si tratta ancora una volta di problemi di selezione non casuale, risolvibili solo adattando gli scopi di ricerca degli etnografi alla logica del campionamento sviluppata dalla tradizione quantitativa. Inoltre, in questo capitolo mi soffermo ancora a illustrare come gli sforzi tesi a evitare il ricorso a metodologie considerate positiviste possano, in realtà, portare a posizioni *implicitamente ma di fatto* positiviste. In altri termini, i tentativi di giustificare generalizzazioni a partire dagli studi etnografici di incerta o sconosciuta rappresentatività si scoprono dipendere da una concezione deterministica e nomologica della teoria. In conclusione, sostengo che l'etnografia sociale opportunamente migliorata dal punto di vista metodologico potrebbe svolgere un ruolo importante nel *controllo* della teoria e, in particolare, nel controllo empirico dei processi causali situati al micro-livello dell'azione e dell'interazione sociale. In questo modo l'etnografia potrebbe ricoprire un ruolo importante in una relazione di competizione e complementarietà con la ricerca quantitativa[13].

Ricordiamo insieme a Goldthorpe che la ricerca etnografica è un metodo qualitativo in cui i ricercatori osservano e/o interagiscono con i partecipanti a uno studio nel loro ambiente di vita reale. L'etnografia è stata resa popolare dall'antropologia, ma è utilizzata in un'ampia gamma di scienze sociali. Nel campo dell'usabilità, della progettazione vera e propria centrata sull'utente nonché della progettazione dei servizi, l'etnografia potrebbe essere utilizzata per supportare meglio una comprensione profonda da parte del progettista del problema di ricerca, inclusi il dominio rilevante, il pubblico, i processi, gli obiettivi e il contesto d'uso ecc. Lo scopo di uno studio etnografico all'interno di un progetto di usabilità è dunque quello di entrare in confidenza con un problema di progettazione (e di tutte le questioni ad esso associate). Si spera che, ottenendo ciò, un ricercatore sia in grado di comprendere veramente il problema e quindi progettare una soluzione di gran lunga migliore. Va detto che gli etnografi antropologici spesso vivono in un gruppo/società per un anno o più, e che questo approccio all'etnografia completamente coinvolgente e a lungo termine non si è dimostrato popolare nel campo dell'usabilità. Parte del motivo potrebbe riguardare i costi, ma è anche vero che gli antropologi e i professionisti dell'usabilità sono interessati a cose diverse. Gli antropologi utilizzano l'etnografia nel tentativo di comprendere il più possibile e meglio l'intera società. I professionisti dell'usabilità sono solitamente interessati solo ad apprendere informazioni che supportino il loro ragionamento su uno specifico problema di ricerca condotta sul campo. Potremmo sostenere che un'etnografia profonda e coinvolgente è raramente richiesta nel campo della progettazione di una ricerca empirica centrata sull'utente. Tuttavia, brevi studi etnografici possono essere molto utili per progetti di questo tipo. Per ultimo va detto che i metodi individuali disponibili nell'ambito di uno studio etnografico includono osservazione partecipante,

---

13 *Ivi*, p. 48.

interviste e sondaggi. Tutti questi metodi etnografici possono essere molto utili per acquisire una comprensione più profonda di un problema di progettazione sociologica. I professionisti dell'usabilità spesso ne fanno uso per sviluppare la loro comprensione del dominio, del pubblico, dei processi, degli obiettivi e del contesto d'uso.

Come sottolinea Goldthorpe, è importante fare riferimento alla logica dell'inferenza, la quale non garantirebbe che la conoscenza acquisita sia certa,

> dal momento che tutti i processi di inferenza sono intrinsecamente *incerti*, a causa dell'inadeguatezza dei dati, sia della tendenza umana all'errore e alla distorsione dell'informazione raccolta. Il riconoscimento della logica dell'inferenza serve piuttosto ad assicurare che, a prescindere dal metodo applicato, vi sia un'esplicita comprensione dei fondamenti a partire dai quali si sviluppano determinate inferenze e si raggiungono specifiche conclusioni che *possono essere soggette a critiche razionali*. In altre parole, è riferendosi a questa logica che è possibile porre le domande corrette, dibattere sulla fondatezza delle affermazioni scientifiche e interrogarsi su quali ulteriori dati empirici potrebbero falsificare tali affermazioni [...]. Inoltre, è la logica dell'inferenza a dare alla scienza un carattere sociale e pubblico che semplicemente idiosincratico e privato[14].

Di fatto, secondo linee generali sia la ricerca *survey* che l'etnografia sarebbero state destinate a seguire la logica dell'inferenza, anche se successivamente questo impegno non è stato mantenuto. Infatti, nell'ambito della *survey* c'è stato un processo di perfezionamento dei problemi di ricerca e critica scientifica, perfezionando la metodologia o proponendo innovazioni in riferimento alla stessa logica inferenziale. Al contrario, l'etnografia ha reagito perfezionando le procedure della ricerca etnografica di conseguenza e registrando la disciplina come semplice «scrittura», fornendo così il computo di esperienze e operazioni standard in modo da fornire il profilo di una disciplina umanistica e riflessiva. Inoltre, andrebbe registrato il fatto che un certo consenso sulle differenze tra *survey* ed etnografia si dovrebbe registrare attorno ad almeno tre caratteristiche:

> In primo luogo, l'etnografia è un tipo di ricerca condotta in situazioni «naturali»e non in circostanze costruite specificatamente per gli obiettivi della ricerca, come nel caso delle interviste formali (o degli esperimenti di laboratorio). In secondo luogo, si tratta di una ricerca basata su osservazioni in qualche misura «partecipate» e interne alla situazione o alle situazioni studiate, integrate da interviste informali e non strutturate sul modello delle «interviste informali». Infine, l'obiettivo della ricerca etnografica è chiarire la definizione della situazione e dei significati attribuiti alle azioni degli attori medesimi. Questa operazione è se non altro prioritaria rispetto all'imposizione di concetti da parte del ricercatore, come accade invece in qualche misura utilizzando questionari o interviste strutturate[15].

Ai problemi di variabilità all'interno dei contesti e tra i contesti mostrati in evidenza, l'autore fa seguire considerazioni che riguardano l'esame di opportunità implicite nella ricerca etnografica, segnalando il tipo della ricerca naturale della etnografia in contrapposizione all'artificiosità della *survey*.

---

[14] *Ivi*, pp. 116-117.

[15] *Ivi*, p. 126.

L'idea che l'etnografia rivesta un ruolo specifico nel controllo empirico dei processi causali ha anche una seconda e immediata qualificazione sebbene l'etnografia possa svolgere un ruolo ben definito in questa fase del processo di ricerca, ciò non implica una posizione di monopolio. È infatti possibile identificare un approccio molto diverso al medesimo problema che, oltre a indicare una strada alternativa, è applicabile all'interno della tradizione della ricerca *survey* [...]. La conclusione principale che si può trarre dalla precedente discussione è dunque la seguente: se si desidera che l'etnografia sociologica possa essere davvero competitiva è ancora più importante prestare più attenzione alle sue basi metodologiche, sia in rapporto ai problemi di variabilità all'interno e tra i contesti sia, come ho cercato di mostrare, a proposito dei problemi di affidabilità e validità dei dati, in particolare per ciò che riguarda i dati «soggettivi». Si tratta di problemi da cui gli etnografi non possono sfuggire ma che, al contrario, condividono con la tradizione della ricerca *survey* [...]. In questo capitolo ho esaminato l'idea che l'etnografia possa rappresentare un'alternativa radicale alla sociologia positivista, qui esemplificata da quella che trova la sua principale risorsa empirica nella ricerca *survey*. Ho affermato che mentre i sociologi possono ovviamente applicare una grande varietà di metodi di ricerca, tutte le alternative proposte devono comunque aprirsi alla medesima logica dell'inferenza, che fornisce la base per la costruzione e la critica razionale delle argomentazioni scientifiche [...]. Analogamente, ho sostenuto che quegli etnografi che desiderano mantenere le loro credenziali scientifico-sociali devono accettare di impegnarsi a utilizzare metodi di ricerca che riconoscano la logica dell'inferenza, ponendosi in pratica l'obiettivo di mostrare quanto i metodi caratteristici dell'etnografia siano in effetti informati da questa logica, o modificarli e svilupparli in maniera appropriata. Il principale obiettivo critico sono stati gli argomenti a favore dell'esistenza di una «terza via» che permetta agli etnografi di continuare a lavorare onorevolmente all'interno della comunità scientifica, ma sotto un'egida differente rispetto agli altri suoi membri e con il beneficio di alcuni speciali licenze metodologiche[16].

Il Capitolo V – nella seconda parte – porta l'importante titolo: *L'analisi quantitativa e la teoria dell'azione razionale in sociologia: prospettive per un'alleanza*. Il saggio si occupa di mostrare che i sostenitori di due correnti della sociologia contemporanea, chiamate per brevità QAD (*Quantitative Analysis of Large-Scale Data Sets*) e RAT (*Rational Action Theory*), potrebbero trarre vantaggio da una collaborazione più stretta. Di fatto, nella sociologia odierna, l'analisi quantitativa di insiemi di dati su larga scala e l'impiego della teoria dell'azione razionale non sono attività strettamente correlate. Tuttavia, si prospetta un'alleanza di collaborazione tra i loro esponenti. Tale alleanza sarebbe vantaggiosa per entrambe le parti, poiché permetterebbe loro di rispondere più efficacemente alle critiche attuali e di trarre beneficio dalle modifiche e dalle accentuazioni reciproche. Oltre che nel libro, Goldthorpe si era già occupato della RAT in un saggio comparso nel 1998 sul «The British Journal of Sociology» (vol. 49, N. 2, pp. 167-192) dal titolo *Rational Action Theory for Sociology*. In quell'articolo la Teoria dell'Azione Razionale (RAT) veniva descritta come un'entità intellettuale altamente unificata. Nella prima parte del lavoro le varietà di RAT venivano distinte in base a tre criteri: (a) in base alla presenza di requisiti di razionalità forti piuttosto che deboli; (b) a seconda che si concentrassero sulla razionalità situazionale piuttosto che procedurale; (c) per la pretesa di fornire una teoria dell'azione generale piuttosto che speciale. Nella seconda parte, questi stessi criteri venivano applicati per valutare quale versione di RAT potesse risultare più promettente in sociologia. Nella teoria della

[16] *Ivi*, pp. 147-150.

scelta razionale, gli agenti sono descritti dai loro insiemi immutabili di preferenze rispetto a tutti i possibili risultati globali. Si dice che gli agenti siano razionali se le loro preferenze sono complete – cioè se riflettono una relazione di superiorità, inferiorità o indifferenza tra tutte le coppie di scelte – e sono logicamente ordinate – cioè non mostrano alcuna incoerenza ciclica. Inoltre, per le scelte in cui le probabilità dei risultati sono rischiose o incerte, gli agenti razionali mostrano coerenza tra le loro scelte proprio come ci si aspetterebbe da un giocatore d'azzardo. Peraltro, lo scritto che qui presentiamo, trae la sua origine in un saggio pubblicato nel 1996 su «European Sociological Review» (vol. 12, n. 2, pp. 109-126) con il titolo *The Quantitative Analisys of Large-Scale Data-Sets and Rational Action Theory: For a Sociological Alliance*. Scrive l'autore nella sua presentazione:

> La QAD, sostengo, ha bisogno della RAT: come hanno sottolineato diversi critici è infatti ormai chiaro che le tecniche statistiche, per quanto potenti nel rivelare le regolarità sociali, non possono essere utilizzate anche per generare spiegazioni causali di queste stesse regolarità. A questo scopo è essenziale un input teorico e le narrative causali fondate sulla RAT sembrerebbero, per svariate ragioni, rappresentare una proposta molto attraente. Analogamente anche la RAT ha bisogno della QAD: come è stato criticamente sottolineato anche in questo caso, per far sì che le capacità esplicative della RAT vengano sviluppate in maniera più convincente di quanto sia stato fatto finora, è necessario vedere la teoria all'opera in contesti non *ad hoc* e che non siano carenti di informazioni e dati empirici[17].

L'autore sintetizza alcuni punti importanti:

> Penso infatti che non pochi tra i sostenitori della QAD avrebbero ancora difficoltà ad accettare l'idea che la teoria meriti di essere presa sul serio. Essi difenderebbero l'idea che identificare le regolarità sociali è il vero compito della sociologia o, comunque, è ciò che i sociologi possono sostenere di saper fare bene. Anche quando i fatti empirici non possono parlare da soli è sempre possibile fornire una qualche interpretazione ragionevole e di buon senso. In *mood* analogo, tra i sostenitori della RAT sembra serpeggiare la sensazione che ciò che conta veramente come risultato intellettuale sia la produzione di un elegante modello capace di risolvere alcuni rompicapo teorici. Non è dunque lecito aspettarsi che essi accettino come *explananda* le regolarità prodotte dalla QAD, magari basandosi su ricerche guidate da preoccupazioni del tutto a-teoriche, come quelle realizzate per fini amministrativi o di *polity*[18].

Peraltro, va detto che gli aspetti metodologici illustrarti nel capitolo vengono forniti attraverso specifici riferimenti a ricerche empiriche concrete e i riferimenti ad autori contemporanei. Si tratta di ricerche utilizzate nel campo della stratificazione sociale[19], soprattutto in merito alla relazione privilegiata tra la QAD e la RAT. Si dovrebbe ammettere che i sociologi impegnati nella QAD non mostrino interessi particolari nei confronti della RAT, mentre si sarebbero preoccupati di enfatizzare la generalità e quindi l'applicabilità a tutti gli stili di ricerca empirica messi a disposizione. Goldthorpe ritiene che sia gli esponenti della QAD che della RAT potrebbero ricavare un particolare vantaggio prestando la loro attenzione gli uni al lavoro degli altri, riconoscendo in tal modo gli aspetti complementari esistenti e cercando di impegnarsi

---

[17] *Ivi*, p. 51.
[18] *Ivi*, p. 52.
[19] Cfr. *Ivi*, p. 165.

in una particolare alleanza[20]. L'autore intende sostenere che la teoria dell'azione razionale necessiti dell'analisi quantitativa, nel senso che la QAD presa da sola risulta essere incompleta là dove si dovrebbe rappresentare un mezzo valido ed efficace per esercitare il controllo empirico di teorie relative ai macro-processi sociali che dipendono anche da micro-livelli di analisi. Importante è la registrazione di aspetti che hanno a che fare con i modelli statistici, là dove si afferma che la QAD non possa da sola costituire una fonte di spiegazione esclusiva. In rapporto alla sua trattazione, Goldthorpe dichiara di avere sviluppato a dovere il discorso sul fatto che, nella sociologia contemporanea, la teoria dell'azione razionale e l'analisi quantitativa possano costituire dei filoni che possono instaurare una relazione privilegiata tra loro.

> Le questioni teoriche affrontate dalla QAD non sembrano particolarmente inclini verso la RAT, e mentre i sostenitori della RAT sono stati tra i più feroci critici della QAD per la sua incapacità di esplicitare la teoria dell'azione nonostante le sue analisi, essi hanno allo stesso tempo desiderato enfatizzare come la RAT costituisca uno strumento appropriato per tutti gli stili di indagine sociologica, indipendentemente dalla diversità dei problemi, dei dati o dei metodi coinvolti[21].

I Capitoli VI e VII presentano un ampliamento degli argomenti sviluppati nel Capitolo V. Il VI è intitolato di *Una teoria dell'azione razionale per la sociologia* mentre il VII titola *Causazione, statistica e sociologia.* In rapporto al primo:

> sono partito dall'osservazione dell'esistenza di una pluralità di versioni della RAT, la cui disamina è organizzata mediante tre criteri: a) il grado di forza della razionalità dell'attore; b) l'attenzione per la razionalità situazionale piuttosto che per quella procedurale; c) l'ambizione a fornire una teoria dell'azione di tipo generale o una di tipo settoriale. Su questa base ho cercato poi di identificare con precisione quale forma di RAT sembri più promettente per la sociologia, specificamente per un utilizzo congiunto con la QAD. La conclusione è che i sociologi possono più agevolmente utilizzare la RAT costruita intorno a una concezione di razionalità soggettiva piuttosto che oggettiva che, come contropartita, imponga dei requisiti di razionalità di forza «intermedia». Inoltre, l'enfasi maggiore è per la spiegazione nei termini della razionalità situazionale (o citando Popper, in quelli della «logica della situazione») e che ambisca a un ruolo settoriale, nonostante possieda un privilegio generale per rapporto a svariate dimensioni[22].

Per quello che concerne il secondo capitolo, va detto che esso affronta la questione di come

> il concetto di causazione possa essere al meglio applicato nel contesto dell'analisi sociologica. Per sviluppare questo punto propongo la distinzione fra le differenti nozioni dell'idea di causazione, derivate fondamentalmente dal lavoro degli statistici. La prima concezione, «causazione come dipendenza robusta», deriva dai tentativi di operare inferenze causali attraverso le tecniche e i modelli statistici senza ulteriori input teorici. La seconda è la «causazione come manipolazione delle variabili indipendenti», tipica delle scienze applicate e della ricerca basata sull'esperimento, e si concentra sulla valutazione degli effetti di cause specifiche piuttosto che sulla ricerca delle cause di determinati effetti; guarda, cioè, alle differenze fra oggetti «trattati» e «non trattati» e alle conseguenze che ne derivano in termini di imputazione causale. Nel capitolo sostengo come la prima interpretazione sia ormai fuori moda in sociologia e come la

[20] Cfr. *Ivi*, p. 154 e sg.

[21] *Ivi*, pp. 180-181.

[22] *Ivi*, I, p. 53.

> seconda, nonostante sia tecnicamente molto potente, non risulti così utile per quelle discipline dove la maggior parte della ricerca non ha carattere sperimentale e in cui, inoltre, il concetto di azione ricopre un ruolo centrale. Concludo così con l'idea che la terza interpretazione della causazione, «causazione come processo generativo», sia di gran lunga la più interessante. In questo caso l'idea centrale è che si spiega un fenomeno descritto in modo sintetico da un insieme di dati quando si esplicita il processo o meccanismo «soggiacente» effettivamente in grado di generare il fenomeno. Il processo o meccanismo opera a un livello più profondo, o livello micro, rispetto a quello in cui siano stati rilevati i dati[23].

I Capitoli VIII e IX del libro sviluppano alcune conseguenze proprie della concezione della sociologia scientifica, così come risulta dalle intenzioni complessive dell'autore. Il Capitolo VIII intitolato *Il progresso in sociologia: la ricerca sulla mobilità sociale*

> prende le mosse dalla convinzione che la sociologia, nel corso del suo sviluppo, abbia conosciuto sostanziali *progressi* che ne qualificano il carattere *cumulativo*. Mostro poi come questi progressi siano ben presenti in un campo empirico in cui ho speso larga parte della mia vita intellettuale: lo studio della mobilità sociale. Qui gli sforzi collettivi di molti scienziati sociali hanno effettivamente generato una conoscenza cumulativa empirica, metodologica e teorica, confutando così le tesi di quanti ritengono il progresso scientifico un traguardo impossibile per la sociologia e qualificando in questo modo la differenza tra scienze sociali e scienze naturali come una differenza di *grado* e non assoluta. Termino con alcune considerazioni sul *perché* il campo di applicazione della mobilità sociale, al contrario di altri settori, ha conosciuto progressi documentabili e riconoscibili. Il contesto istituzionale e gli scambi internazionali dell'RC 28[24] hanno permesso di focalizzare l'attenzione di ricerca verso un numero limitato, stabile e ben circoscritto di problemi, evitando così di cadere preda delle mode ideologiche e intellettuali. In questo contesto le necessità di ancorare tanto la spiegazione quanto la critica sociologica a descrizioni solide e tecnicamente fondate dei fenomeni non è mai venuta meno[25].

Di fatto, il problema che si affronta in questo capitolo è quello che riguarda il problema intellettuale della sociologia, là dove si può dimostrare una crescita cumulativa della conoscenza sociologica e della medesima capacità di comprensione della disciplina, In particolare, ciò si assoggetta a due diverse visioni: l'una empirica e l'altra teorica. Per quanto riguarda la prima, andrebbe detto che: «In questo caso il progresso della disciplina è ben esemplificato dall'identificazione di regolarità empiriche sempre più dettagliate, che si estendono attraverso una gamma relativamente ampia di contesti culturali e istituzionali. Si tratta di un progresso tipico delle ricerche sulla mobilità intergenerazionale, analogamente al caso dello sviluppo concettuale e analitico ed effettivamente andato di pari passo con quest'ultimo campo di indagine».

Per il secondo punto che riguarda la teoria, va sottolineata l'importanza di ricorrere a un campo di indagini scientificamente plausibili sulla mobilità, nel momento in cui si scelgono le prospettive micro o macro sociologiche. Fanno testo la prospettiva funzionalistica e la teoria dell'azione. L'autore si mostra in accordo «con la posizione

---

23 *Ivi*, pp. 54-55.

24 Ci si riferisce al «Research Committee on Social Stratification and Mobility» dell'International Sociological Association (ISA).

25 John H. Goldthorpe, *Sulla sociologia*, Op. cit., I, p. 56.

mertoniana (Merton 1973)[26] secondo cui a essere cruciale per capire il successo della scienza moderna, cioè della sua capacità di far progredire la conoscenza, è la comprensione delle istituzioni attraverso cui è condotta la scienza come attività sociale e delle norme espresse e mantenute da queste istituzioni»[27].

Il capitolo conclusivo del libro (il IX) riporta l'intervento di Goldthorpe alla *Third Annual Lecture* della «European Academy of Sociology» tenutasi il 25 Ottobre 2005 all'Università Sorbona di Parigi, dal titolo *Spiegazione e descrizione in sociologia: riflessioni sulla proposta di Raymond Boudon*. L'intervento di Goldthorpe riprende la parte inaugurale tenuta dal sociologo francese, soprattutto sulla sua identificazione della sociologia in quattro stili diversi: la sociologia critica o impegnata, quella espressiva o estetica, il tipo camerale o della descrizione e, infine, la sociologia scientifica o cognitiva, di cui la scelta e la preferenza di Boudon sembrerebbe ricadere proprio su quest'ultima, la quale fornirebbe i canoni esplicativi dell'individualismo metodologico.

> Il cuore del capitolo è però costituito dalle possibili e feconde *interconnessioni* tra la Sss[28] e la sociologia camerale, quindi tra l'obiettivo della spiegazione scientifica e quello della descrizione dei fenomeni sociali per obiettivi legati alle politiche pubbliche. La direzione e gli effetti positivi dell'influenza si sviluppano in entrambe le direzioni. Infatti, buone descrizioni permettono la nascita di interrogativi scientifici di primaria importanza: la raccolta sistematica di dati censuari, per esempio, ha permesso di portare alla luce configurazioni inedite e non intuitive dei fenomeni sociali, all'insegna della massima «nuovi strumenti di osservazione producono nuova conoscenza[29].

Soffermandoci brevemente a livello conclusivo solo sugli intenti dell'autore, possiamo riportare le sue stesse parole iniziali.

> In questo contributo mi pongo pertanto due obiettivi principali, partendo dalle distinzioni che Boudon stesso ha suggerito. Considererò innanzitutto come la sociologia scientifica o sociologia come scienza sociale (Sss) deve essere considerata per rapporto agli altri tre tipi definiti da Boudon e, a questo proposito, il mio interesse specifico sarà di sostenere che deve essere riconosciuto un «rapporto privilegiato» tra la Sss e la sociologia camerale, cioè la sociologia che mira a informare e guidare le politiche pubbliche. Alla luce di questo argomento, cercherò quindi di approfondire altre due questioni che lo stesso Boudon ha sollevato: come si formano o dovrebbero essere formati i *problemi* sociologici e quali ragioni sono più adeguate per reclamare il *progresso* in sociologia, nonché per favorirlo[30].

Per il resto, il libro merita davvero di essere letto per intero.

---

[26] Cfr. Robert King Merton, *The Sociology of Science*, Chicago, Ill. Chicago University Press, trad. it. *La sociologia della scienza in Europa*, Milano, FrancoAngeli, 1980. Per approfondimenti si veda il Capitolo II nel presente volume.

[27] John H. Goldthorpe, *Sulla sociologia*, Op. cit., VIII, cit. p. 273.

[28] Acronimo di: «Sociologia come scienza sociale».

[29] John H. Goldthorpe, *Sulla sociologia*, Op. cit., I, cit. p. 57.

[30] *Ivi*, p. 275.

Capitolo 9

Nota su sociologia (e politica) del neo-funzionalismo

9.1

Per argomentare sul neo-funzionalismo sociologico, mi avvalgo in questo breve Capitolo IX di schede Scribd redatte ai giorni nostri per una comunità globale in inglese che ho tradotto e adattato, modificato nelle varie parti utili e visionato per cogliere in questa sede osservazioni pertinenti che riguardano l'aggiunta recente alla teoria sociologica contemporanea che, di fatto, sarebbe una scoperta ibrida e una ricostruzione del funzionalismo di Talcott Parsons (1902-1979) e, in parte di Robert King Merton (1910-2003) e George Caspar Homans (1910-1989), sbocciata negli anni Ottanta negli Stati Uniti e in Germania (con il contributo di Niklas Luhmann – 1927-1998). In un secondo momento mi avvarrò di alcuni esempi per spiegare il neo-funzionalismo politico, il quale non ha direttamente collegamenti con la sociologia ma apprende caratteristiche che possono risultare idonee per specificare campi di applicazione comuni, soprattutto per una prospettiva moderna e aggiornata operata sui processi politici di integrazione. Di fatto, lo studio del neo-funzionalismo in sociologia evidenzia soprattutto l'interrelazione tra i principali ambiti del mondo sociale, il sistema sociale e della personalità e, infine, può essere visto come uno sforzo per recuperare orientamenti pregressi, come ad esempio lo struttural-funzionalismo. Ora, va detto che il periodo tra gli anni Sessanta e Settanta del XX secolo negli Stati Uniti fu caratterizzato da accesi dibattiti e controversie sull'utilità dell'analisi struttural-funzionale in sociologia. In particolare George Caspar Homans criticò inizialmente la prospettiva struttural-funzionale che era stata dominante per un'intera generazione, ma che progressivamente stava ostacolando la comprensione dei fenomeni sociali. In realtà, la critica principale di Homans era che le spiegazioni struttural-funzionali non erano in realtà scientifiche, soprattutto perché non riuscivano a giustificare le relazioni empiriche. Sotto una pioggia di critiche, il funzionalismo strutturale avrebbe perso importanza dalla metà degli anni Sessanta all'inizio degli anni Ottanta del XX secolo. Tuttavia, a metà degli anni Ottanta, si stava compiendo un grande sforzo per rilanciare la teoria sotto il titolo di neo-funzionalismo. Gli americani Jeffrey Charles Alexander e Paul Colomy, quest'ultimo dell'Università di Denver, definiscono il neo-funzionalismo come: «un filone autocritico della teoria funzionale che cerca di ampliare la portata intellettuale del funzionalismo pur conservandone il nucleo teorico». In altra sede, e precisamente nel suo libro *Neofunctionalism* (Sage Pubns, 1985), Alexander definisce il neo-funzionalismo come un insieme di tendenze, piuttosto che una teoria compiuta, che hanno colto le debolezze della teoria macrosociologica di Parsons e si sono impegnate nel tentativo di una sintesi fra le teorie macro e le teorie micro presenti nell'analisi sociologica scientifica. L'obiettivo principale di Alexander era quello di sintetizzare le teorie classiche disponibili in sociologia. L'esercizio era simile a quello intrapreso da Talcott Parsons in *La struttura dell'azione sociale* (1937). Alexander svilupperà però un nuovo esercizio teorico basato sul post-positivismo. Ciò significa che egli ha ben collegato logicamente teoria ed empirismo.

Jeffrey Charles Alexander è nato nel 1947 e ha studiato all'Università di Harvard. Insegna sociologia all'Università della California a Los Angeles, dove ha presieduto il dipartimento per diversi anni. Egli è accreditato nella storia della sociologia scientifica per aver svolto un ruolo importante nella reinterpretazione teoretica della sociologia di Parsons. Nella sua vita studentesca, cioè negli anni Sessanta e Settanta, si è orientato verso il nuovo marxismo di sinistra, partecipando al movimento studentesco mentre era all'Università della California. All'inizio degli anni Settanta, Alexander divenne insoddisfatto del nuovo marxismo di sinistra e se ne distaccò per ragioni politiche ed empiriche. Era molto interessato alla teoria classica e contemporanea e si rese conto che era necessario sintetizzare la sociologia con la psicoanalisi e il marxismo. Mentre procedeva in questa direzione, ebbe l'opportunità di studiare *La struttura dell'azione sociale* di Parsons. Entrò anche in contatto con i suoi supervisori di dottorato, Robert Neelly Bellah (1927-2013) e Neil Joseph Smelser (1930-2017). Questi eminenti sociologi diedero ad Alexander l'opportunità di reinterpretare i classici e la teoria funzionale di Parsons[1]. Dopo aver studiato ad Harvard, Alexander si è laureato a Berkeley, dove ha iniziato il suo studio in quattro volumi *Theoretical Logic in Sociology* (1982-83)[2]. Le sue pubblicazioni includono lavori nei campi della teoria sociale, degli studi culturali, degli studi sui mass media e degli studi sul cambiamento sociale. Ha scritto e curato numerosi libri e articoli su teoria, cultura e politica, tra cui *Neofunctionalism* (1985), *TwentyLectures: Social Theory since World War II* (1987), e *Action and Its Environments* (1988), *Fin-der-Siecle Social Theory* (1995), *Neo-functionalism and Beyond* (1998). Molti sono i suoi articoli e saggi su riviste scientifiche e culturali.

Ora, la riscoperta nel neo-funzionalismo presentava nuove caratteristiche che possono essere sottolineate: in primo luogo, comprendeva una critica dei fondamenti della teoria originale del funzionalismo. In secondo luogo, cercava di integrare elementi provenienti da tradizioni teoriche che si complicano a vicenda. In terzo luogo, tendeva a manifestarsi in molteplici varianti piuttosto che in un unico svelamento. Alexander e Colomy costruiscono il neo-funzionalismo sulla base di quanto detto da Parsons. Altri funzionalisti non hanno adottato la stessa impostazione per la ricostruzione del

1 Cfr. Jeffrey C. Alexander, *The centrality of the classics*, in Anthony Giddens and Jonathan Turner (eds.), *Social Theory Today*, Stanford, CA: Stanford University Press, 1987, I, II.

2 Cfr. Jeffrey C. Alexander, *Theoretical Logic in Sociology*, Berkeley, University of California Press, 1980-83, 4 voll.

modello. Ad esempio Luhmann, da allievo di Parsons, ha criticato il suo funzionalismo, sostenendo che la società moderna non fosse un singolo sistema sociale con parti correlate, bensì una molteplicità di sistemi. Tra questi si annoverano alcune istituzioni comunemente riconosciute – come la legge, la religione, i mezzi di comunicazione, l'istruzione, la politica e l'economia – e altri sistemi costituiti da organizzazioni, personalità e interazioni. Per Luhmann, «ognuno di questi è un sistema, con gli altri sistemi come l'ambiente. La società è come il sistema telefonico e il sistema autostradale interstatale, cioè è parte dell'ambiente dell'altro sistema». George Ritzer sostiene in uno dei suoi manuali[3] che il funzionalismo ha assistito al proprio declino a metà degli anni Sessanta; tuttavia, verso la metà degli anni Ottanta, si è assistito a un grande sforzo per far rivivere la teoria sotto il titolo più accreditato di «neo-funzionalismo». Definendo quest'ultimo, nel contesto dello sviluppo del 1980 della sociologia, Ritzer (1990) scrive: «Il termine "neo-funzionalismo" è stato usato per indicare la continuità con il funzionalismo strutturale, ma anche per dimostrare che si stava facendo uno sforzo per estendere il funzionalismo strutturale e superare le sue difficoltà». Va detto comunque che la rinascita esclusiva dell'interesse per l'opera di Parsons, prima in Germania e poi negli Stati Uniti, ha portato alla nascita di questa corrente tra i contemporanei e ad un aumento di interesse per alcuni assunti basilari. L'obiettivo di fondo è stato quello di fondere alcuni aspetti del funzionalismo, quelli che hanno resistito alla prova del tempo, con altri paradigmi che hanno sviluppato meglio le prospettive critiche dell'attualità. La finalità è stata anche quella di costruire un «ibrido» che combinasse i punti di forza delle altre prospettive in modo da poter affrontare in modo equilibrato le cosiddette «questioni opposte» (come il consenso e il conflitto, l'equilibrio e il cambiamento, la collettività e l'individuo). Sempre Alexander e Colomy ritengono oggi che le carenze del funzionalismo strutturale non siano irreversibili. L'orientamento sintetico potrebbe essere perlopiù recuperato. Si possono introdurre i concetti di conflitto e di significato soggettivo. Si può considerare, inoltre, l'integrazione del sistema e la compenetrazione dei suoi vari sottosistemi come una «tendenza», da indagare piuttosto che come un fatto «dato» o «presunto». Pertanto, questa corrente può essere vista come uno «sforzo» o una «tendenza» a superare determinati problemi.

Una delle aggiunte chiave apportate dalla prospettiva in questione è stato il riconoscimento che il conflitto e il cambiamento sono parti intrinseche della società, almeno in una certa direzione di analisi. Piuttosto che vederli come forze semplicemente dirompenti, il neo-funzionalismo li considera catalizzatori dell'evoluzione sociale, guidando così l'adattamento e la trasformazione delle strutture sociali. L'incorporazione del conflitto, del cambiamento e dell'azione da parte del neo-funzionalismo ha segnato un progresso significativo nel pensiero sociologico. Esso ha offerto una visione più sfumata della società, riconoscendo l'interazione dinamica tra stabilità e trasformazione. L'approccio ha permesso ai sociologi di comprendere meglio le complessità della vita sociale e la natura multiforme delle istituzioni sociali. Integrando una prospettiva più ampia, il neo-funzionalismo fornisce una lente più sofisticata attraverso la quale vedere le strutture sociali. Esso ha anche riconosciuto che, sebbe-

[3] Cfr. George Ritzer, *Teoria sociologica*, Op. cit. nel testo; vedi utili riferimenti bibliografici su Jeffrey Alexander, pp. 546-547.

ne le strutture siano progettate per svolgere funzioni specifiche, sono anche soggette a pressioni e possono evolversi o diventare obsolete nel tempo. Inoltre va detto che la teorizzazione ha attirato l'attenzione sul ruolo del potere e della disuguaglianza all'interno dei sistemi sociali. Ha riconosciuto che le strutture sociali non sono solo meccanismi neutrali per il mantenimento dell'ordine ma possono anche essere strumenti di potere che contribuiscono alla stratificazione sociale. Nel nostro tempo frenetico e in continua evoluzione, l'approccio flessibile e critico del neo-funzionalismo alla comprensione della società rimane rilevante. Aiuta i sociologi e il pubblico più ampio a dare un senso alle complessità della vita moderna, dai progressi tecnologici al cambiamento delle norme sociali e all'interconnettività globale. Il neo-funzionalismo rappresenta quindi al meglio un cambiamento fondamentale nella teoria sociologica, offrendo una lente attraverso la quale visualizzare le complessità e le contraddizioni della società con maggiore profondità e chiarezza. In un certo senso, ci sfida a pensare in modo critico alle strutture che modellano le nostre vite e a riconoscere il potenziale di cambiamento e l'impatto individuale al loro interno. In tal modo, la prospettiva continua a contribuire alla nostra comprensione del mondo sociale e della sua natura in continua evoluzione.

Lo stesso Jeffrey Charles Alexander, come accennato prima, era scettico nel definire questa una teoria sviluppata e piuttosto optava per un orientamento sensibile alle critiche del funzionalismo strutturale. Tutto sommato, Alexander sembrava accettare una definizione della sociologia che rimandasse alla comprensione dei modi sottili ma complessi e profondi in cui le vite individuali riflettono i contesti dell'esperienza sociale[4]. In relazione a ciò, e in maniera molto sintetica, andrebbe notato che gli orientamenti di base del neo-funzionalismo possono essere delineati come segue. In primo luogo, il neo-funzionalismo opererebbe con un modello descrittivo della società. Per il neo-funzionalismo, la società comprende elementi che sono in costante interazione con altri e che insieme formano un modello. In secondo luogo, le parti di un sistema sono collegate in modo simbiotico: una contribuisce all'altra. Tuttavia, non esiste una forza superiore che determini la loro interazione. Il neo-funzionalismo rifiuta qualsiasi mono-causal-determinismo, in quanto sembrerebbe aperto e pluralista. Per terzo, va detto che il neo-funzionalismo dedica la stessa attenzione all'azione e all'ordine. Secondo Alexander, questi ultimi concetti costituiscono i «veri presupposti del dibattito sociologico». Di un certo rilievo è la trattazione della cultura, presente nell'opera di Alexander e dei suoi seguaci più moderni. Nel saggio *Analytie debates: Understanding the relative autonomy of culture* contenuto nel volume *Culture and Society. Contemporary Debates*, scritto in collaborazione con Steven Seidman (Cambridge University Press, 1990), Alexander specifica il senso dell'esame dell'ordine all'interno di due parametri di analisi sociologica della cultura. Egli scrive:

> Two theoretical poles have governed the analysis of action and order since scientific consideration of societies began. The mechanistic conception of action has likened human behavior to a machine that responds automatically, «objectively», and predictably to the stimuli of its environment. The order that is linked to this mechanical action is, correspondingly, seen as a coercive

---

[4] Cfr. a riguardo Antony Giddens, *Sociology*, Cambridge, Polity Press, 2001 (1989), trad. it. *Fondamenti di sociologia*, Bologna, il Mulino, 2009, I, p. 13, Op. cit. nel testo.

> one, affecting action from without by virtue of its powerful force. In opposition to this view, there has arisen a subjective approach to action and order. According to this approach, action is motivated by something inside the person, by feeling, by perception, by sensibility. The order corresponding to such action is an ideational one. It is composed of nothing other than what exists in people's heads. There is subjective order rather than what merely subjective action because subjectivity is here conceived as framework rather than intention, an idea held in common rather than an individual wish, a framework that can be seen as both the cause and the result of a plurality of interpretive interactions rather than a single interpretive act per se. Experience and the meaning of experience become central to this approach. The concept of culture comes into play to the degree that meaning is conceives of as ordered in the way. Culture is the «order» corresponding to meaningful action. Subjective, antimechanistic order is conceived of as followed for voluntary reasons rather than because of necessity in the mechanistic, objective sense[5].

Il superamento della concezione meccanicistica dell'ordine pone l'evidenza su alcune questioni di natura logica ed epistemologica, poiché il funzionalismo strutturale tende a concentrarsi quasi esclusivamente sulle fonti di ordine a livello macro nelle strutture sociali e nella cultura. Questa visione, presterebbe poca attenzione alle azioni di micro-livello, che hanno luogo a livello locale. Nella sua analisi il neo-funzionalismo include quindi le azioni razionali e quelle espressive, è lontano cioè dal ritenere che le azioni umane siano solo razionali, moltiplicatrici di guadagno, orientate al profitto e «scientifiche», almeno in questo senso. Una delle funzioni principali della cultura sarebbe quella di permettere alle persone di esprimersi, a volte in modo estetico. Come il funzionalismo strutturale, il neo-funzionalismo mantiene l'interesse per l'integrazione, come vedremo tra poco, anche se quest'ultima non sia un processo definitivamente compiuto. Essa è piuttosto una possibilità altamente sociale. La teorizzazione riconosce che la devianza, ad esempio, è una realtà sociale onnipresente e che, per controllarla, ogni sistema deve disporre di strumenti di controllo sociale, che costringano i devianti a sottoscrivere regole per evitare che le punizioni per le loro azioni diventino cumulativamente più severe. Il controllo sociale cerca poi di ripristinare una sorta di stabilità nel sistema. Ciò significa che il neo-funzionalismo si occupa di equilibrio, ma lo concepisce in termini più ampi rispetto allo struttural-funzionalismo. I suoi teorici non credono che un sistema possa trovarsi in uno stato di «equilibrio statico»; ciò che esiste è sempre un movimento, anche se parziale. Inoltre, il concetto di equilibrio deve essere considerato come un punto di riferimento per l'analisi funzionale, che non descrive la vita degli individui nei sistemi sociali reali perennemente in azione. Tutto ciò, ci riporta ancora una volta al punto del neo-funzionalismo di cui si è parlato in precedenza, che riguarda in egual misura l'ordine e l'azione. Il neo-funzionalismo sostiene che, per arricchire la nostra comprensione dei processi di ordine e di azione nella società, dovremmo prendere in prestito da altre teorie e prospettive della sociologia e di altre scienze sociali.

In particolare Alexander e Colomy hanno cercato di sintetizzare il funzionalismo strutturale con altre tradizioni teoriche. Per superare la tendenza idealista del funzionalismo strutturale, il neo-funzionalismo incoraggia approcci materialisti. Per contrasta-

[5] Jeffrey C. Alexander, *Analytie debates: Understanding the relative autonomy of culture*, in Jeffrey C. Alexander e Steven Seidman, *Culture and Society. Contemporary Debates*, Cambridge University Press, 1991, I, cit. pp. 1-2.

re la tendenza del funzionalismo strutturale a enfatizzare l'ordine, i neo-funzionalisti hanno esplorato le teorie della cultura. Le intuizioni di approcci come la teoria dello scambio, l'interazionismo simbolico, il pragmatismo e la fenomenologia vengono sfruttate per compensare le distorsioni a livello macro dell'approccio funzionale tradizionale. Il futuro del neo-funzionalismo è stato messo in dubbio dal fatto che Alexander, nel suo libro *Neofunctionalism and After* (1998), ha dichiarato di aver abbandonato l'orientamento neo-funzionalista; egli afferma che uno dei suoi obiettivi principali era dimostrare comunque l'importanza della teoria di Parsons. Parsons aveva costruito uno schema teorico potenzialmente in grado di superare le contraddizioni insite nella sociologia classica, ma né lui né nessuno dei suoi collaboratori e studenti fu in grado di trarre pieno vantaggio dalla teoria. Alexander vedeva il suo obiettivo come quello di sviluppare i filoni teorici incipienti nel lavoro di Parsons. Poiché ritiene di essere riuscito in questa impresa, il suo progetto di neo-funzionalismo può dirsi concluso. Tuttavia, dice Alexander, continuerà a influenzare il suo pensiero successivo e il suo attuale lavoro sulle società civili. Il neo-funzionalismo dedica molto spazio, soprattutto a livello logico, a categorie ed elementi sviluppati da Parsons, come ad esempio l'integrazione, che, nella prospettiva della «grande teorizzazione», sarebbe dovuta risultare la funzione regolativa del sistema sociale. Astraendo dal contesto americano, possiamo riprendere la trattazione dei termini ampliati dell'integrazione per discutere alcune caratteristiche del neo-funzionalismo in azione, almeno dal punto di vista dell'affermazione di un prospetto critico sulla realtà sociale contemporanea. Fanno testo, al riguardo, tutte quelle considerazioni che riprendono, da vicino e a livello generalista, prospettive sociologiche che spiegano il comportamento sociale facendo riferimento *tout court* a capisaldi della teoria funzionalistica. Ciò è testimoniato dagli indirizzi costituitivi della visione sociologica di Alexander, comunicata tramite la manualistica, che è abbastanza presente nella divulgazione del neo-funzionalismo. Infatti si legge:

> A volte i sociologi parlano della società come di un tutto, dei «nostri valori» o del «nostro modo di vita». Altre volte centrano l'attenzione sulle singole parti. Il tutto sociale si può spezzettare in tanti modi. Per esempio, i sociologi possono decidere di spiegare le istituzioni (cioè parentela, diritto, religione) oppure le loro organizzazioni pratiche (cioè scuole, famiglie, polizia, chiese). Inoltre, possono descrivere queste istituzioni e organizzazioni nei termini delle loro parti costitutive, come le norme (o regole) che prescrivono il comportamento corretto, lo status (o posizione) che le persone occupano, i ruoli che essi dovrebbero svolgere. Certe istituzioni, quali la famiglia e la scuola, hanno una particolare responsabilità nel preparare le persone ad assumere ruoli e status nella società generale (un processo noto come *socializzazione*), anche se poi tutte le istituzioni implicano almeno un poco di socializzazione nei ruoli, nello status e nelle norme loro specifici. Ruoli e istituzioni sono due dei pilastri costitutivi della concezione sociologica della struttura sociale. I ruoli sono le aspettative associate alle posizioni sociali, come quelle di insegnante e studente. Quindi possiamo raffigurarci le istituzioni come fasci di ruoli che si sono formati nell'ambito della cultura in generale. Le istituzioni garantiscono che particolari azioni siano ripetute con regolarità e continuità. Qualora non siano ripetute secondo le aspettative, cioè quando gli attori sociali non si adeguano alle aspettative di ruoli di famiglie, scuole o luoghi di lavoro, le istituzioni abitualmente cercano di sanzionarli, in maniera formale o informale. La cultura, i ruoli e le istituzioni sono il nucleo della struttura sociale[6].

[6] Jeffrey C. Alexander, Kenneth Thompson, *A Contemporary Introduction to Sociology: Culture and Society in Transition*, Boulder, Colorado USA, Paradigm Publisher, 2008, trad. it. *Sociologia*, Bologna, il

Come si nota, l'esposizione introduttiva alla sociologia cela retaggi parsonsiani che ricordano l'enunciazione della teoria e il noto modello integrativo AGIL, là dove il passaggio all'integrazione comporti l'assimilazione di tutte le categorie ricordate sopra da Alexander e Thompson.

> Secondo Alexander solo Parsons si è reso conto del bisogno di una piena multidimensionalità. Lo possiamo vedere nella sua delineazione dei quadranti L-I-G-A che includono i mondi materiale, culturale, politico e internazionale come componenti a pari titolo di quella che è stata davvero una «teoria generale dell'azione». Il modello, inoltre, lascia ampio spazio sia agli attori individuali sia al micro-livello del sistema sociale, e anche ad un altro macro-livello di valori. I nudi abbozzi del modello di Parsons, quindi, danno le dimensioni di una sociologia veramente generale. Alexander sostiene che le teorie che hanno criticato Parsons negli anni Settanta del Novecento, la teoria del conflitto e le teorie soggettiviste/fenomenologiche, si fondano invero su basi più deboli come «teorie generali». La teoria del conflitto, specialmente dal lato marxiano, riduce la società a uno dei quadranti del sistema: l'economia e la politica. E le teorie fenomenologiche, dal canto loro, tralasciano l'intero livello della macrostruttura, dell'interazione strutturata che si situa al di sopra del livello dell'individuo. Per quanto possano condurre a tutta una serie di intuizioni sulla coscienza e l'azione dell'individuo esse compiono l'errore di ridurre la società a porzioni dei quadranti più bassi, cioè la cultura e l'interazione. Solo sulle basi di una teoria generale dell'azione come quella costruita da Parsons, le intuizioni di queste teorie possono essere adeguatamente integrate[7].

Da un altro versante di analisi logico-empirica, non collegato direttamente alle assunzioni teoriche di carattere sociologico che abbiamo visto sopra ma spostato sull'indagine politica, andrebbe citato l'esperimento neo-funzionalista di affiancare all'analisi dei sistemi quello dell'analisi politica del processo di integrazione, così come venne proposto dagli autori nordamericani Ernst Bernard Haas (1924-2003) e Leon Nord Lindberg nel corso degli anni Cinquanta del '900. Importante a riguardo è il testo di Haas, *The Uniting of Europe: Political, Social and Economic Forces* 1950-1957 (Stanford University Press, 1958, 1968, 2004). Secondo i neo-funzionalisti, infatti, attraverso la decisione iniziale d'integrazione di un settore economico si genererebbe una dinamica espansiva che porterebbe all'interdipendenza dei diversi settori e, quindi, a livelli d'integrazione che possono travalicare il solo aspetto economico. Dal punto di vista politico le decisioni sovranazionali adottate dovevano provocare l'appoggio dei gruppi d'interesse e dei partiti politici che sono a favore di una maggiore integrazione politica; i gruppi sui quali l'integrazione sortirebbe effetti positivi premerebbero sui governi nazionali allo scopo di trasferire maggiori poteri alle autorità sovranazionali. In politica, la tesi neo-funzionalista fu abbandonata negli anni successivi, quando il fallimento dei progetti di integrazione politica e il periodo di stallo dell'attività comunitaria in seguito alla crisi sembravano contraddire palesemente tale teoria. Essa, tuttavia, conobbe un nuovo impulso verso la metà degli anni Ottanta del XX secolo, quando il grande progetto di realizzazione del Mercato Interno entro il 1992, lanciato dalla Commissione Europea con la presentazione del «libro bianco» sul completamen-

Mulino, 2010, I, cit. p. 15.

[7] Randall Collins, *Theoretical Sociology*, Orlando, Harcourt Brace Jovanovich Inc., 1988, trad. it. *Teorie sociologiche*, Bologna, il Mulino, 2018, II, cit. pp. 95-96.

to del Mercato Interno, fu visto da molti come il motore propulsivo che avrebbe potuto gradualmente portare a una maggiore coesione, anche politica.

In questo caso, quindi, il neo-funzionalismo è generalmente associato agli obiettivi politici ed economici, nonché alle strategie di integrazione, dei padri fondatori della Comunità Europea del carbone e dell'acciaio. Esso, ma solo in parte, risente della caratterizzazione sociologica che prende in esame i sistemi d'azione politica ed economica. L'accostamento che qui proponiamo sarebbe utile a comprendere categorie che non necessariamente fanno riferimento all'analisi sociologica ma che spostano l'attenzione verso l'esame attuale dei sistemi complessi. Per quanto riguarda la questione se il neo-funzionalismo sia ancora un approccio utile oggi, si può affermare con forza che, nonostante Haas abbia definito la teoria «obsolescente» a metà degli anni Settanta, egli non sbagliò nelle sue previsioni che, per alcuni aspetti, hanno risentito degli sviluppi della teoria economica di quegli anni. Ernst Bernard Haas sosteneva, ad esempio, che la Commissione Europea fosse un sistema politico complesso di insiemi interconnessi, ma che non doveva essere visto solo come un progetto di integrazione. Tuttavia, anche tenendo conto di ciò, non c'è dubbio che l'integrazione in un'area politica potesse portare inevitabilmente a ricadute in un'altra. Un esempio evidente è la più recente unione fiscale dei Paesi dell'Eurozona. Il neo-funzionalismo politico potrebbe spiegare questo fenomeno come segue. Nel 1985, la Comunità Economica Europea ha creato il Programma per il Mercato Interno, per cui sono state rimosse le barriere tariffarie che impedivano la libertà di movimento delle merci tra gli Stati membri. Questo ha portato a un aumento del commercio intraeuropeo, tanto che oggi il principale partner commerciale del Regno Unito è l'UE. Con la libertà di circolazione delle merci, sono state eliminate le leggi nazionali che discriminavano le importazioni da altri Paesi della CEE e, a sua volta, la libertà di circolazione è stata estesa a persone, servizi e capitali. Inoltre, alla fine degli anni Ottanta, alcuni Stati nazionali intorno alla Germania formarono un'area valutaria ottimale, che allineò le loro politiche monetarie con il marco tedesco e la Bundesbank. Tuttavia, questo nuovo mercato interno era vulnerabile all'inflazione e alla deflazione. Così come il neo-funzionalismo può spiegare come è nata l'Eurozona, può anche essere usato politicamente per criticarla e per spiegare la crisi che l'ha colpita negli ultimi anni. Il neo-funzionalismo sostiene che avere una moneta comune richieda una politica comune in materia di spesa, in linea con i processi di integrazione. Poiché i singoli membri dell'Eurozona sono riluttanti ad accettare una politica di spesa comune, o perché non sarebbe logisticamente praticabile, gli Stati più deboli dell'Eurozona sono stati costretti a contrarre prestiti a tassi di interesse elevati, risultano vulnerabili sui mercati obbligazionari e non sono in grado di difendersi con strumenti tradizionali, ad esempio svalutando la propria moneta. Alcuni autori hanno anche sostenuto che l'effetto *spill-over* dovrebbe essere consentito sotto forma di «Eurobond», uno strumento finanziario che consentirebbe a tutti i membri dell'Eurozona di contrarre prestiti a un tasso comune, affermando che se l'Eurozona diventerà un'unione fiscale oltre che monetaria, allora Ernst Haas avrebbe potuto già identificare la logica sottostante all'evento.

Ora faremo qualche altro esempio di applicazione più pertinente a questo capitolo per capire il nesso tra la teoria neo-funzionalistica in politica e l'esame del presente in termini di integrazione sociale e non più in difesa della teoria multidimensionale dell'azione. Così facendo, trarremo vantaggio estremo dalla formulazione di una teoria generale applicandola sempre al caso europeo. Infatti, partendo dai primi sviluppi dell'integrazione europea alla fine degli anni Cinquanta del Novecento, il neo-funzionalismo, non l'analisi funzionale e strutturale di orientamento sociologico, ha sviluppato un modello per spiegare il crescente e più recente livello di integrazione e il ruolo degli organismi sovranazionali nella promozione di questa integrazione. Il neo-funzionalismo quindi si fonda su un nucleo di pilastri intellettuali. In primo luogo, sostiene che, quando i Paesi decidono di cooperare in un determinato settore, questa cooperazione crei incentivi a cooperare in altri settori simili e/o correlati. In effetti, i benefici dell'integrazione nel settore X possono talvolta essere realizzati solo cooperando anche nei settori Y e Z (il cosiddetto «effetto spillo»). In secondo luogo, questa prospettiva sostiene che l'integrazione economica porti quasi sempre a un aumento dell'interazione tra gli attori della regione in via di integrazione. Di conseguenza, gli attori sub-statali iniziano a cooperare politicamente attraverso i confini per fare pressione sui loro leader politici. I gruppi di interesse iniziano così a fiorire a livello regionale e a livello nazionale; gli stessi gruppi di interesse esercitano pressioni sui loro leader politici ecc. In terzo luogo, l'organismo sovranazionale destinato a supervisionare l'integrazione (nel caso dell'UE, la Commissione Europea) inizia a perseguire strategie per approfondire l'integrazione nei settori già integrati e per estendere l'integrazione ad altri settori (e in tal modo favorire i propri interessi). Gli organismi sovranazionali possono raggiungere questo obiettivo promuovendo continuamente i vantaggi di un'ulteriore integrazione costruendo o sostenendo gruppi di interesse regionali e nazionali che faranno pressione per una maggiore integrazione. Ora, sebbene il neo-funzionalismo offra una logica di integrazione convincente, sia i fallimenti dell'integrazione in altre parti del mondo che la stagnazione dell'integrazione europea negli anni Sessanta e Settanta del XX secolo hanno messo in discussione alcuni dei presupposti di questa visione teorico-metodologica. In effetti, il neo-funzionalismo è stato criticato per aver assunto un certo grado di automaticità nei processi di integrazione e per non aver tenuto conto del crescente protezionismo e degli eventuali limiti all'integrazione posti dagli Stati membri. La critica più importante al neo-funzionalismo è venuta da un gruppo di studiosi che hanno avanzato una visione dell'integrazione basata sulla teoria realista delle relazioni internazionali, incentrata principalmente sull'interazione tra i governi. Nel neo-funzionalismo, l'attenzione dedicata agli attori non statali ha evidenziato la necessità di continuare a considerare il ruolo degli Stati e la loro concezione dell'interesse nazionale, poiché gli Stati stessi ritengono di essere gli attori principali nelle relazioni internazionali. In effetti, gli intergovernativi hanno sostenuto che gli Stati, in particolare attraverso i loro uffici esteri, sono rimasti le autorità finali in materia di integrazione e sono stati in grado di resistere all'integrazione, quando hanno voluto. In secondo luogo, hanno sostenuto che gli Stati membri mantengono posizioni negoziali coerenti e unificate, il che consente loro di resistere agli sforzi degli interessi organizzati sia a livello nazionale che europeo. In terzo luogo, gli intergovernativi contestano la nozione di *spill-over*: per loro non c'è automaticità nei processi di integrazione. Anzi, erano gli Stati a decidere di integrarsi o meno sulla base di un calcolo dei propri interessi. Alcuni studiosi intergovernativi, come l'austriaco di cittadinanza francese Stanley Hoffman (1928-2015), hanno sostenuto, infine, che i neo-funzionalisti erano troppo ottimisti riguardo all'integrazione europea. In effetti, gli intergovernativi spesso ritenevano che i neo-funzionalisti concentrassero troppo l'attenzione sui fattori interni all'Europa, trascurando invece di analizzare il contesto più ampio in cui l'Europa si trovava e come questo, insieme alle e le relazioni degli Stati europei con attori terzi, potesse avere un impatto (negativo) sull'integrazione europea. Tuttavia, il neo-funzionalismo rimane uno strumento potente per l'analisi dell'UE e si potrebbe sostenere che, nel periodo di maggiore integrazione dalla metà degli anni Ottanta del Novecento, la teoria abbia nuovamente aumentato la sua rilevanza. Sebbene appaia chiaro che l'orientamento generale sia più adatto a spiegare l'integrazione che le pause in essa, rappresenta comunque un quadro utile per analizzare l'integrazione europea contemporanea.

Bibliografia

AAVV, *The Columbia University Economic Survey of American Authors: A Report of Findings Unknown Binding*, 1981.

AAVV, *Encyclopedia of Social Theory*, edited by George Ritzer, Thousand Oaks, C.A., Sage, 2005.

AAVV, *The Blackwell Encyclopedia of Sociology*, edited by George Ritzer, Oxford, Blackwell, 2007.

AAVV, *Encyclopedia of Globalization*, edited by Aart Scholte, Jan and Robertson, Roland, New York, MTM, 2007.

Abbott, Andrew, *I metodi della scoperta. Come trovare buone idee nelle scienze sociali*, Milano, Bruno Mondadori, 2007.

Abrams, Philip, *Historical Sociology*, Bath, Open Books, 1980; trad. it. *Sociologia storica*, Bologna, il Mulino, 1982.

Adams, John, *Risk*, London, University College London Press, 1995.

Agodi, Maria Carmela, *Dentro il laboratorio di Latour: per una sociologia dei terrestri*, in «Quaderni di Sociologia», 77, 2018, pp. 135-143.

Akrich, Madeleine, Dijstelbloem, Huub, Pellizza, Annalisa, Landri, Paolo, *Drawing Bruno Together*, in «Tecnoscienza-Italian Journal of Science and Technology Studies», 14, 2, n. 28, 2023, pp. 73-100.

Alexander, Jeffrey C., *Theoretical Logic in Sociology*, vol. 4, Berkeley, University of California Press, 1980-1983.

Alexander, Jeffrey C., *Neofunctionalism,* Thousand Oaks, C.A., Sage, 1985.

Alexander, Jeffrey C., *The centrality of the classics*, in Anthony Giddens and Jonathan Turner (eds.), *Social Theory Today*, Stanford, CA: Stanford University Press, 1987.

Alexander, Jeffrey C., Seidman, Steven, *Culture and Society. Contemporary Debates*, Cambridge University Press, 1991.

Alexander, Jeffrey C., Thompson, Kenneth, *A Contemporary Introduction to Sociology: Culture and Society in Transition*, Boulder, Colorado USA, Paradigm Publisher, 2008; trad. it. *Sociologia,* Bologna, il Mulino, 2010.

Arbib, Michael, Hesse, Mary, *The Construction of Reality*, Cambridge, Cambridge University Press, 1986; trad. it. *La costruzione della realtà*, Bologna, il Mulino, 1992.

Atkinson, Will, *Not All That Solid Was Solid Has Melted Into Air (or Liquid): A Critique of Bauman on Individualization and Class in Liquid Modernity*, in «Sociological Review», 2008, 56, pp. 1-17.

Baldissera, Alberto, (a cura di), *Insegnare metodologia delle scienze sociali*, Acireale-Roma, Bonanno, 2009.

Ballarino, Gabriele, *In difesa della sociologia come scienza*, in «Quaderni di Sociologia», 45, 2007.

Barbano, Filippo, *Strutture sociali e funzioni sociali: l'emancipazione dell'analisi strutturale in sociologia* (trad. it.), in «Inquiry: An Interdisciplinary Journal of Philosophy», vol. II, Issue 1-4, 1968.

Bauman, Zygmunt, *Towards a Critical Sociology – An Essay on Common Sense and Emancipation*, London, Routledge and Kegan Paul, 1976.

Bauman, Zygmunt, *Panstwowe Wydawnictwo Naukowe*, Warszawa, 1964; trad. it. *Lineamenti di una sociologia marxista*, Roma, Editori Riuniti, 1979.

Bauman, Zygmunt, *Legislators and Interpreters – On Modernity, Post-Modernity and Intellectuals*, Cambridge, Polity Press, 1987.

Bauman, Zygmunt, *Modernity and the Holocaust*, Cambridge, Polity, 1989.

Bauman, Zygmunt, *Philosophical Affinities of Post-Modern Sociology* in «The Sociological Review», 38, 3, 1990.

Bauman, Zygmunt, *The social manipulation of morality: moralizing actors, adiaphorizing action*, in «Theory, Culture and Society», 8 (1), 1991, pp. 137-151.

Bauman, Zygmunt, *Postmodernity and its Discontents*, Polity Press, 1997.

Bauman, Zygmunt, *Morality Begins at Home – Or: Can There Be a Levinasian Macro-Ethics?*, in Harald Jodalen and Arne Johan Vetlesen (eds.), *Closeness – An Ethics*, Oslo, Scandinavian University Press, 1997.

Bauman, Zygmunt, *On Glocalization: Or Globalization for Some, Localization for Some Others*, in «Thesis Eleven», 54, 1998.

Bauman, Zygmunt, *What prospect of morality in times of uncertainty?*, in «Theory, Culture and Society», 1998, 15 (1), pp. 11-22.

Bauman, Zygmunt, *In Search of Politics*, Cambridge, Polity, 1999.

Bauman, Zygmunt, *The ethical challenge of globalization*, in «New Perspectives Quarterly», 2001, 18(4), pp. 4-9.

Bauman, Zygmunt, *Ponowoczesnsc. Jako zrodlo cierpien*, Warsaw, 2000; trad. it. *Il disagio della postmodernità*, Milano, Bruno Mondadori, 2002.

Bauman, Zygmunt, *The Bauman Reader*, Blackwell Publisher Inc, USA; Blackwell Publisher Ltd Oxford, UK, 2001; trad. it. *Globalizzazione e glocalizzazione, Saggi scelti a cura di Peter Beilharz*, Roma, Armando, 2005.

Bauman, Zygmunt, *Collateral Damage: Social Inequalities in a Global Age*, Cambridge: Polity, 2011.

Bauman, Zygmunt, *Liquid Modernity*, Cambridge, Polity Press e Blackwell Publishers Ltd, Oxford, 2000; trad. it. *Modernità Liquida*, Roma-Bari, Laterza, 2011.

Bauman, Zygmunt, *Society under Siege*, Cambridge, Polity Press, 2002; trad. it. *La società sotto assedio*, Roma-Bari, Laterza, 2011.

Bauman, Zygmunt, *Collateral Damage: Social Inequalities in a Global Age*, Cambridge, Malden, Polity Press, 2011.

Bauman, Zygmunt, Hviid Jacobsen, Michael and Tester, Keith, *What use is sociology?*, Cambridge, Polity Press, 2014; trad it. *La scienza della libertà – A cosa serve la sociologia?*, Trento, Erickson, 2022.

Beck, Ulrich, *The anthropological shock: Chernobyl and the contours of the risk society*, in «Berkeley Journal of Sociology», 32 (1), 1987, pp. 153-165.

Beck, Ulrich, *Risk Society. Towards a new Modernity*, Sage Publications, 1992.

Beck, Ulrich, Giddens, Antony e Lash, Scott (eds), *Reflexive Modernization: Politics, Tradition and Aesthetics in the Modern Social Order*, Cambridge, Polity Press, 1994.

Beck, Ulrich, *Ecological Enlightenment: Essays on the Politics of the Risk Society*, Atlantic Highlands, NJ: Humanities Press, 1995.

Beck, Ulrich, *Ecological Politics in an Age of Risk*, Cambridge, Polity Press, 1995.

Beck, Ulrich, *World Risk Society as Cosmopolitan Society? Ecological Questions in a Framework of Manufactured Uncertainties*, in «Theory, Culture & Society», 13(4), 1996, pp. 1-32.

Beck, Ulrich, *The Reinvention of Politics: Rethinking Modernity in the Global Social Order*, Cambridge, Polity Press, 1996.

Beck, Ulrich, *Politics of Risk Society*, in Jane Franklin (ed.), *The Politics of Risk Society*, Cambridge, Polity Press, 1998.

Beck, Ulrich, *Democracy without Enemies*. Cambridge, Polity Press, 1998.

Beck, Ulrich, *World Risk Society*, Cambridge, Polity Press, 1999.

Beck, Ulrich, *The Brave New World of Work*, Polity, 2000.

Beck, Ulrich, *What Is Globalization?*, Cambridge, Polity Press, 2000.

Beck, Ulrich, *The Cosmopolitan Perspective: Sociology of the Second Age of Modernity* in «British Journal of Sociology», 51(1), 2000, pp. 79-105.

Beck, Ulrich, Beck-Gernsheim, E., *Individualization: Institutional Individualism and its Social and Political Consequences*, London, Sage, 2002.

Beck, Ulrich, Bonss, Wolfgang e Lau, Christoph, *The theory of reflexive modernization: Problematic, hypotheses and research programme*, in «Theory, Culture & Society», 20(2), 2003, pp. 1-33.

Beck, Ulrich, *Power in the Global Age,* Cambridge, Polity Press, 2005.

Beck, Ulrich, *Living in the world risk society,* in «Economy and Society», vol. 35, n. 3, August 2006, pp. 329-345.

Beck, Ulrich, *The Cosmopolitan Vision*, Cambridge, Polity Press, 2006.

Beck, Ulrich, *The cosmopolitan condition: Why methodological nationalism fails*, in «Theory, Culture & Society». 24 (7-8), 2007, pp. 286-290.

Beck, Ulrick, Grande, Edgar, *Varieties of second modernity*, in «British Journal of Sociology», 61 (3), 2010, pp. 409-443.

Beck, Ulrich, Levy, Daniel, *Cosmopolitanized nations: Re-imagining collectivity in world risk society*, in «Theory, Culture & Society», 30 (2), 2013, pp. 3-31.

Beck, Ulrich, *Risikogesellschaft Auf dem Weg in eine andere Moderne*, Frankfurt am Main, Suhrkamp Verlag, 1986; trad. ing. *Risk Society Revisited. Theory, Politics, Critiques and Research Programs*, 1999; trad. it. *La società del rischio. Verso una seconda modernità*, Roma, Carocci, 2000, 2013.

Beck, Ulrich, *Varieties of second modernity and the cosmopolitan vision*, in «Theory, Culture & Society», 33 (7-8), 2016, pp. 257-270.

Becker, Gary, *Accounting for Tastes,* Cambridge, Harvard University Press, 1996.

Bertilsson, Margareta, *Review: The role of science and knowledge in a risk society: comments and reflections on Beck*, in «Industrial Crisis Quarterly», vol. 4, n. 2, 1990, pp.141 e sg.

Best, Shaun, *Zygmund Bauman: Personal Reflections within the Mainstream of Modernity*, in «The British Journal of Sociology», 49, n. 2, 1998, p. 311 e sg.

Bijker, Wiebe E. & Pinch, Trevor J., *The social construction of facts and artifacts: Or how the sociology of science and the sociology of technology might benefit each other*, in «Social Studies of Science», vol. 14, Issue 3, 1984, pp. 399-441.

Bloor, David, *Knowledge and social imagery*, Chicago, University of Chicago Press, 1976.

Bloor, David, *Sociologie de la logique ou les limites de l'épistemologie*, Paris, Pandore, 1982.

Bloor, David, *Knowledge and Social Imagery*, Chicago, University of Chicago Press, 1976, 1991; trad. it. *La dimensione sociale della conoscenza*, Milano, Cortina Editore, 1994.

Bocchi, Gianluca, Ceruti, Mario (a cura di), *La sfida della complessità*, Milano, Feltrinelli, 1985.

Boucher, Jacques, *Les recompositions des mouvements sociaux*, Paris, DBD, 2012.

Boudon, Raymond, *On the Underlying Epistemology of Some Sociological Theories and on Its Scientific Consequences*, in «Synthese», vol. 24, n. 3/4 *On the Methodological Situation in Sociology and Other Social Sciences*, Sept-Oct. 1972.

Boudon, Raymond, *L'inégalité des chances. La mobilité sociale dans les sociétés industrielle*, Paris, Armand Colin, 1973.

Boudon, Raymond, *A quoi sert la notion de «Structure»?,* Gallimard, 1968; trad. it. *Strutturalismo e scienze umane*, Torino, Einaudi, 1974.

Boudon, Raymond, *Education, Opportunity, and Social Inequality: Changing Prospects in Wester Society*, New York, Wiley, 1974.

Boudon, Raymond, *La logique du social,* Paris, Librairie Hachette, 1979; trad. it. *La logica del sociale*, Milano, Mondadori, 1980.

Boudon, Raymond, *Effets pervers et ordre social*, Paris, Presses Universitaires de France, 1989.

Boudon, Raymond, Borricaud, François, *Dictionnaire critique de la sociologie*, Presses Universitairies de France, Paris, 1982, 1986; trad. it. *Dizionario critico di Sociologia*, Roma, Armando, 1991.

Boudon, Raymond, *Traité de la sociologie*, Paris, Presses Universitaires de France, 1992; trad. it. *Trattato di Sociologia*, Bologna, il Mulino, 1996.

Boudon, Raymond, *Le juste et le vrai. Études sur l'objectivité des valeurs et de la connaissance*, Paris, Fayard, 1995; trad. it. *Il vero e il giusto. Saggi sull'obiettività dei valori e della conoscenza*, Bologna, il Mulino, 1997.

Boudon, Raymond, *La place du désordre. Critique des Théories du changement sociale*, Paris, Presses Universitaires de France, 1984; trad. it. *Il posto del disordine. Critica delle teorie del mutamento sociale*, Bologna, il Mulino, 1998.

Boudon, Raymond, *Au-delà du modèle du choix rationnel, Les modèles de l'action*, Paris, Presses Universitaires de France, 1998.

Boudon, Raymond, *Les sens des valeurs*, Paris, Presses Universitaires de France, 1999; trad. it. *Il senso dei valori*, Bologna, il Mulino, 2000.

Boudon, Raymond, *Théorie du choix rationnel ou individualisme méthodologique*, in «Sociologie et sociétés», vol. 34, n. 1, 2002, p. 9.

Boudon, Raymond, *Les sciences sociales et les deux relativismes*, in «Revue européenne des sciences sociales», XLI-126, 2003.

Boudon, Raymond, Fillieule Renaud, *Les méthodes en sociologie*, Paris, Presses Universitaires de France, 2002; trad. it. *I metodi in sociologia*, Bologna, il Mulino, 2005.

Boudon, Raymond, *Tocqueville aujourd'hui*, Paris, Odile Jacob, 2005; trad. it. *Tocqueville oggi*, Soveria Mannelli, Rubbettino, 2007.

Boudon, Raymond, *Essais sur la Théorie générale de la rationalité. Action sociale et sens commun,* Paris, Presses Universitaires de France, 2007.

Boudon, Raymond, *Renouveler la démocratie*, Odile Jacob, 2006; trad. it. *Elogio del senso comune. Rinnovare la democrazia nell'era del relativismo*, Soveria Mannelli, Rubbettino, 2008.

Boudon, Raymond, *Études sur les sociologues classique*, Paris, Presses Universitaires de France, 1998-2000; trad. it. *A lezione dai classici*, Bologna, il Mulino, 2013.

Boudon, Raymond, *La rationalité*, Paris, Presses Universitaires de France, 2009, I, II; trad. it. *La razionalità,* Brescia, Morcelliana Scholé, 2021.

Bourdieu, Pierre, Passeron, Jean Claude, *La reproduction.* Élements pour une théorie du système d'enseignement, Les Édition de Minuit, Paris, 1970; trad. it. *La riproduzione. Teoria del sistema scolastico ovvero della conservazione dell'ordine culturale*, Rimini, Guaraldi Editore, 1972.

Bourdieu, Pierre, *Le disuguaglianze di fronte alla scuola e alla cultura* in Vincenzo Cesareo, a cura di, *Sociologia dell'educazione. Testi e documenti*, Milano, Hoepli, 1972, pp. 358-372.

Bourdieu, Pierre, *La trasmissione dell'eredità culturale* in Marzio Barbagli, a cura di, *Istruzione, legittimazione e conflitto*, Bologna, il Mulino, 1978, pp. 283-313.

Bourdieu, Pierre, *Distinction: A Social Critique of the Judgement of Taste*, Harvard University Press, 1984.

Bourdieu, Pierre & Richardson, John, *The forms of capital*, in «Handbook of theory and research for the sociology of education», Connecticut, Greenwood Press, 1986, pp. 241-258.

Bourdieu, Pierre, *La Noblesse d'État. Grandes écoles et esprit de corps*, Paris, Les Éditions de Minuit, 1989.

Bourdieu, Pierre, *The Logic of Practice*, Stanford University Press, 1990.

Bourdieu, Pierre, *Les conditions sociales de la circulation internationale des idées,* in «Cahiers d'histoire des littératures romanes», 1990, 1-2, pp. 1-10.

Bourdieu, Pierre e Wacquant, Loïc, *Réponses. Pour une anthropologie reflexive*, Paris, Seuil, 1992; trad. it. *Risposte: per un'antropologia riflessiva*, Torino, Bollati Boringhieri, 1992.

Bourdieu, Pierre e Wacquant, Loïc, *An Invitation to Reflexive Sociology*, Chicago, University of Chicago Press, 1992.

Bourdieu, Pierre e Passeron, Jean Claude, *La reproduction. Élements pour une théorie du système d'enseignement*, Paris, Les Édition de Minuit, 1993.

Bourdieu, Pierre, *Raisons pratiques: sur la théorie de l'action*, Paris, Seuil, 1994.

Bourdieu, Pierre, *L'inconscient d'école*, in «Actes de la recherche en sciences sociales», n. 135, 2000, pp. 3-5.

Bourdieu, Pierre, *Esquisse pour une auto-analyse*, Paris, Raison d'Agir, 2004.

Bourdieu, Pierre, *Le sens pratique*, Paris, Les Édition de Minuit, 1980; trad. it. *Il senso pratico*, Roma, Armando, 2005.

Bourdieu, Pierre, *Capitale simbolico e classi sociali*, in «Polis», n. 26, 3, 2012, pp. 401-418.

Bourdieu, Pierre, *La distinction*, Paris, Les Édition de Minuit, 1979; trad. it. *La distinzione. Critica sociale del gusto*, Bologna, il Mulino, 1983, 2001, 2014.

Bourdieu, Pierre, *Forme di capitale*, Roma, Armando, 2015.

Bourdieu, Pierre, *Sociologie générale*, vol. 1 – *Cours au Collège de France (1981-1983)*, Editions Raisons d'agir/Editions du Seuil, 2016; trad. it. *La logica della ricerca sociale. Sociologia generale,* vol. 1, Milano, Mimesis, 2019.

Bourdieu, Pierre, *Sociologie genérale*, vol. 2 – *Cours au Collège de France (1982-1983)*, Editions Raisons d'agir/Editions du Seuil, 2020; trad. it. *La logica della ricerca sociale. Sociologia generale,* vol 2, Milano, Mimesis, 2021.

Bowker, Geoffrey G. e Leigh Star, Susan, *Sorting Things Out: Classification and Its Consequences*, Cambridge, MA, MIT Press, 1999.

Callon, Michel, *Élements pour une sociologie de la traduction*, in «Année sociologique», vol. 36, 1986, pp. 169-208.

Callon, Michel, *La science et ses réseaux. Genèse et circulation des faits scientifiques*, Paris, Éditions La Découverte, 1989.

Callon, Michel, Latour, Bruno, *La science telle qu'elle se fait*, Paris, La Découverte, 2013 (1991).

Callon, Michel, *Actor Network Theory*, in «International Encyclopedia of the Social & Behavioral Sciences», 2001.

Callon, Michel, *Travailler au quotidien avec Bruno Latour*, Condé en Normandie, AOC, 2023.

Campa, Riccardo, Zielonka, Piotr, *Serendipity*, in «Nasz Rynek Kapitalowy», 4, Cracovia, 2004.

Campa, Riccardo, *La rilevanza epistemologica della sociologia della scienza di Merton*, in «Ruch Filozoficzny», vol. 55, n. 2.

Campa, Riccardo, *Dimensioni epistemologiche della sociologia di Robert King Merton*, Torun, Copernicus University Press, 2003.

Campbell, Denis T., *Risk Society and Science in Modern Age*, New York, NP, 2016.

Campbell, John L., *Institutional Change and Globalization*, Princeton, Princeton University Press, 2004.

Carter, Gregg Lee, *Empirical Approaches to Sociology: A Collection of Classic and Contemporary Readings*, Allyn & Bacon, 2000.

Castells, Manuel, *La question urbaine*, Paris, Maspero, 1972.

Castells, Manuel, *La société en réseaux. L'ère de l'information,* Paris, Fayard, 1998.

Clark, Ian, *International Relations*, in *Encyclopedia of Globalization*, edited by Aart Sholte, Jan and Robertson, Roland, New York, MTM, 2007, pp. 664-670.

Clark, Timothy, *Use of the Structuralism in Social Sciences*, New York, NSP, 2003, 2008.

Coenen-Hunter, Jacques, *Raymond Boudon and sociological understanding*, in «Revue européenne des sciences sociales, vol. 57, 1 Issue, 2019, pp. 156-167.

Cole, Paul W., Jonathan, R., *Robert King Merton; Authors Guild Foundation* (U.S.), Columbia University, Kingston, Center for the Social Sciences, Columbia University, 1981.

Collins, Randall, *Theoretical Sociology*, Orlando, Harcourt Brace Jovanovich Inc., 1988; trad. it. *Teorie sociologiche*, Bologna, il Mulino, 2018.

Conefrey, Theresa, *Gender, Culture, and Authority in a University Life Sciences Laboratory,* in «Discourse & Society», 1997, 8, pp. 313-340.

Coulangeon, Philippe, Duval, Julien, *Trente ans après La Distinction de Pierre Bourdieu*, La Découverte, 2013

Crouch, Colin, *The strange non-death of neoliberalism*, Cambridge, Polity Press, 2011.

Crozier, Michel, Friedberg, Erhard, *L'acteur et le système: Les contraintes de l'action collective*, Points, 2014.

Davies, William, *The Limits of Neoliberalism. Authority, Sovereignty and the Logic of Competition*, London, Sage, 2014.

Dieter, Rucht, *Sociological theory as a theory of social movements?: A critique of Alain Touraine,* in Dieter Rucht (Ed.), *Research on social movements: the state of the art in Western Europe and the USA*, Campus, Frankfurt/M., 1991.

Di Nuoscio, Enzo, *Ragioni e razionalità. Alcune considerazioni sull'epistemologia di Raymond Boudon*, in «Quaderni di Sociologia», n. 2, 2015, p. 61.

Doing, Park, *Velvet Revolution at the Synchrotron: Biology, Physics, and Change in Science*, Cambridge, MA, MIT Press, 2009.

Dubet, François, *Touraine: Le sujet contre le système*, in «Lua Nova: Revista de Cultura e Política», n. 106, 2019, pp. 15-35.

Elkana, Yehuda (a cura di), Saigeti Andreas, Lissauer, Gyorgy, *Concepts and the Social Order: Robert King Merton and the Future of Sociology*, Central European University Press, 2010.

Farro, Antimo Luigi, (a cura di) *Sociologia in movimento. Teoria e ricerca sociale di Alain Touraine*, Milano, Guerini e Associati, 2012.

Feathersone, Mike, Lash, Scott, *Global Modernities*, London, Sage, 1995.

Fleck, Ludwick, (1935), *Genesis and Development of a Scientific Fact*, Ed. Thaddeus J. Trenn e Robert King Merton, trans. Fred Bradley e Thaddeus J. Trenn, Chicago, University of Chicago Press, 1977; trad. it. *Genesi e sviluppo di un fatto scientifico*, Bologna, il Mulino, 1983.

Fossier, Arnaud, e Gardella, Édouard, *Entretien avec Bruno Latour* su «Tracés. Revue de Sciences humaines», 10, 2006, p. 113 e sg.

Friedman, Jonathan, *Global System, Globalization and the Parameters of Modernity* in Feathersone, Mike, Lash, Scott, *Global Modernities*, London, Sage, 1995.

Franklin, Jane, (ed.) *The Politics of Risk Society*, Cambridge, Polity Press, 1998.

Fujimura, Joan H., *Crafting Science: Standardized Packages, Boundary Objects, and «Translation»*, Cambridge, MA, Harvard University Press, 1996.

Gallino, Luciano, *Indagini di sociologia economica e industriale*, Milano, Edizioni di Comunità, 1972.

Gallino, Luciano, *Dizionario di sociologia*, Torino, UTET, 1988.

Gallino, Luciano, *L'incerta alleanza. Modelli di relazioni tra scienze umane e scienze naturali*, Torino, Einaudi, 1992.

Gallino Luciano (a cura di), *Teoria dell'attore e processi decisionali,* Milano, Franco Angeli, 1992.

Gallino, Luciano (a cura di), *Manuale di sociologia*, Torino, UTET, 1997, (2008).

Gallino, Luciano, *Globalizzazione e disuguaglianze*, Roma-Bari, Laterza, 2002.

Gallino, Luciano, *La scomparsa dell'Italia industriale*, Torino, Einaudi, 2003.

Gallino, Luciano, *Italia in frantumi*, Roma-Bari, Laterza, 2007.

Gallino, Luciano, *Tecnologia e democrazia. Conoscenze tecniche e scientifiche come beni pubblici*, Torino, Einaudi, 2007.

Gallino, Luciano, *Il lavoro non è una merce*, Roma-Bari, Laterza, 2009.

Gallino, Luciano, *Con i soldi degli altri. Il capitalismo per procura contro l'economia*, Torino, Einaudi, 2009.

Gallino, Luciano, Finanzcapitalismo. La civiltà del denaro in crisi, Torino, Einaudi, 2011, 2013, 2021.

Gallino, Luciano, *La lotta di classe dopo la lotta di classe. Intervista a cura di Paola Borgna*, Roma-Bari, Laterza, 2013.

Gallino, Luciano, *Il colpo di Stato di banche e governi. L'attacco alla democrazia in Europa*, Torino, Einaudi, 2013.

Gallino, Luciano, *Il denaro, il debito e la doppia crisi spiegati ai nostri nipoti*, Torino, Einaudi, 2015.

Gallino, Luciano, *Una civiltà in crisi. Contraddizioni del capitalismo*, Torino, Einaudi, 2023.

Garforth, Lisa, *In/Visibilities of Research: Seeing and Knowing in STS*, in «Science, Technology, & Human Values», 2012, 37, pp. 264-285.

Geindre, Sebastiene, *Le rôle de l'acteur tiers dans la construction d'un réseau stratégique*, in «Critique», 2009, 9, pp. 435-503.

Ghisleni, Maurizio, Privitera, Walter, *Sociologie contemporanee*, Torino, Utet, 2009.

Giddens, Antony, *Central Problems in Social Theory*, London, Macmillan, 1979.

Giddens, Antony, *The Consequences of Modernity*, Stanford University Press, 1990; trad. it. *Le conseguenze della modernità. Fiducia e rischio, sicurezza e pericolo*, Bologna, il Mulino, 1994.

Giddens, Antony, *The Third Way, The Renewal of Social Democracy*, Polity Press, (1998); trad. it. *La terza via. Manifesto per la rifondazione della socialdemocrazia*, Milano, Il Saggiatore, 1999.

Giddens, Antony, *Identità e società moderna*, Napoli, Ipermedium, 1999 (1991).

Giddens, Antony, *Sociology*, Cambridge, Polity Press, 1989 (2001); trad. it. *Fondamenti di sociologia*, Bologna, il Mulino, 2009.

Giddens, Antony, Sutton, Philip W., *Sociology*, Politiy Press, 2021.

Goldstone, Jack A., Merton, Robert King, *Revolutions: Theoretical, Comparative, and Historical Studies*, Harcourt Brace Jovanovich Publisher (January 1), 1986.

Goldthorpe, John Harry, *On Sociology. Numbers, Narratives, and the Integration of Research and Theory*, Oxford, Oxford University Press, 2000; trad. it. *Sulla sociologia*, Bologna, il Mulino, 2006.

Golinski, Jan, *The Theory of Practice and the Practice of Theory: Sociological Approaches in the History of Science*, in «Isis», 1990, 81, pp. 492-505.

Gooday, Graeme, *Placing or Replacing the Laboratory in the History of Science?*, in «Isis», 2008, 99, pp. 783-795.

Gorz, Andre, *Reclaiming Work*, Oxford, Polity, 1999.

Gotham, Kevin Fox e G. Staples, Willliam, *Narrative Analysis and the New Historical Sociology*, in «The Sociological Quarterly», Summer, 1996, vol. 37, No. 3, pp. 481-501.

Green, Harold M., Merton, Robert King, Barber, Elinor G., *The Travels and Adventures of Serendipity*, in «International Social Science Review», Fall-Winter, 2004.

Grenfell, Michael, Lebaron, Frédéric, *Bourdieu and Data Analysis. Methodological Principles and Practice*, Cambridge, Edited Collection X, 2014.

Grenfell, Michael, (Ed.), *Pierre Bourdieu: Key concepts*, Durham, Acumen, 2012.

Grenier, Marc, *Cognition and Social Construction in Laboratory Science*, in «4S Review», 1983, 1, pp. 2-16.

Grimm R., Stephen, *Is Understanding a Species of Knowledge?*, in «British Journal for the Philosophy of Science», 57, 2006, pp. 515-535.

Gross, Stephen, *Sociological Theory Today*, New York, NP, 2018.

Grübler, Arnulf, *Tecnology and Global Change*, Cambridge University Press, 1998.

Hacking, Ian, *The Participant Irrealist At Large in the Laboratory,* in «The British Journal for the Philosophy of Science», 39, 1988, pp. 277-294.

Hall, John R., *Epistemology and Sociohistorical Inquiry*, in «Annual Review of Sociology», 1990, vol. 16, p. 330 e sg.

Haraway, Donna, *A Manifesto for Cyborgs: Science, Technology, and Socialist Feminism in the 1980s*, in «Australian Feminist Studies», 2, 1987, pp. 1-42.

Harvey, David, *A Short History of Neoliberalism*, Oxford, Oxford University Press, 2005.

Hauchecorne, Mathieu, *«Les humanités scientifiques» selon Bruno Latour*, in «Critique», 2012, 11, n. 786, pp. 933-948.

Held, David, McGrew, Anthony, *Globalismo e antiglobalismo*, Bologna, il Mulino, 2010.

Hilgard, Steven, *The sociology of society*, Boston, DBP, 2010.

Howard, John jr, *The Narrative Epistemology in the Social Science*, Hoboken, Blackwell Publishing, 2016.

Howard, Lune, Berg Bruce L., *Qualitative Research Methods for the Social Sciences*, Pearson, 2017.

Jay, Martin, *Liquidity Crisis: Zygmunt Bauman and the Incredible Lightness of Modernity*, in «Theory, Culture & Society», 2010, 27 (6), pp. 95-106.

Jarvis, Darry S.L., *Theorizing Risk: Ulrich Beck, Globalization and the Rise of the Risk Society*, Rochester, NY, SSRN, 2008.

Jonas, Hans, *From Ancient Creed to Technological Man*, Prentice-Hall, Englewood Cliffs, 1974; trad. it. *Dalla fede antica all'uomo tecnologico*, Bologna, il Mulino, 1991.

Kaletsky, Anatole, *Capitalism 4.0: The Birth of a New Economy*, London, Bloomsbury Publishing PLC, 2010.

Kellner, Douglas, *Zygmunt Bauman's Postmodern Turn*, in «Theory, Culture and Society», 15, 1, 1998, pp. 73-86.

Kellner, Douglas, *Bauman between the Modern and the Postmodern*, in «Cultural Politics», vol. 13, Issue 3, 2017, pp. 293-295.

Knorr Cetina, Karin, *The Manufacture of Knowledge: An Essay on the Constructivist and Contextual Nature of Science*, Oxford, Pergamon Press, 1981.

Knorr Cetina, Karin, *Merton's Sociology of Science: the First and the Last Sociology of Science?*, in «Contemporary Sociology», n. 20, 4, 1991, pp. 522-526.

Kotz, David Michael, McDonought, Terrence, Reich, Michael (eds), *Social Structures of Accumulation: The Political Economy of Growth and Crisis*, Cambridge, Cambridge University Press, 1994.

Kotz, David Michael, *The Rise and Fall of Neoliberal Capitalism*, Harvard University Press, 2017.

Kvanvig, Jonathan, *The Value of Knowledge and the Pursuit of Understanding*, Cambridge, Cambridge University Press, 1994.

Lash, Scott, *Reflexivity as non-linearity*, in «Theory, Culture & Society», 20 (2), 2023, pp. 49-57.

Latour, Bruno, Woolgar, Steve, *Laboratory Life. The Social Construction of Scientific Facts*, Beverly Hills, Sage, 1979.

Latour, Bruno, *Les Microbes*, Paris, Guerre et paix, Métailié, 1984.

Latour, Bruno, *The Pasteurisation of France*, Cambridge, MA, Harvard University Press. 1988.

Latour, Bruno, *La vie de Laboratoire*, Paris, La Découverte, 1988.

Latour, Bruno, *I microbi: trattato scientifico-politico*, Roma, Editori riuniti, 1991 (1984).

Latour, Bruno, *Aramis ou l'amour des techniques*, Paris, La Découverte, 1991.

Latour, Bruno, Woolgar, Steve, *La vie de laboratoire. La production des faits scientifiques*, Paris, La Découverter, 1988, 1996.

Latour, Bruno, *Science in Action: How to Follow Scientists and Engineers Through Society*, Harvard University Press, 1987; trad. it. *La scienza in azione. Introduzione alla sociologia della scienza*, Torino, Edizioni di Comunità, 1998.

Latour, Bruno, *Pandora's hope: essays on the reality of science studies*, Harvard University Press, 1999.

Latour, Bruno, *Politiques de la nature*, Paris, La Découverte, 1999; trad. it. *Politiche della natura. Per una democrazia delle scienze*, Milano, Cortina, 2000.

Latour, Bruno, *War of the Worlds: What About Peace?*, Chicago, Prickly Paradigm, 2002.

Latour, Bruno, *Whose Cosmos, Which Cosmopolitics? Comments on the Peace Terms of Ulrich Beck*, in «Common Knowledge», 10, 3, 2004, pp. 450-462.

Latour, Bruno, *Reassembling the Social: An Introduction to Actor-Network-Theory*, Oxford, Oxford University Press, 2005.

Latour, Bruno, *Changer de société, refaire de la sociologie*, Paris, La Découverte, 2006.

Latour, Bruno, *La fabrique du droit. Une etnografie du Conseil d'État*, Paris, Editions La Découverte, 2002; trad. it. *La fabbrica del diritto. Etnografia del Consiglio di Stato*, Troina (En), Città Aperta Edizioni, 2007.

Latour, Bruno, *Cogitamus. Six letters sur les humanités scientifiques*, Paris, La Dècouverte, 2010.

Latour, Bruno, *An Attempt at a «Compositionist Manifesto»*, in «New Literary History», 41, 3, 2010, pp. 471-490.

Latour, Bruno, *Enquête sur les modes d'existence. Une anthropologie des Modernes*, Paris, La Découverte, 2012.

Latour, Bruno, *Face à Gaïa. Huit conférences sur le nouveau régime climatique*, Paris, Les Empêcheurs de penser en rond/La Découverte, 2015.

Latour, Bruno, *Où atterrir? Comment s'orienter en politique*, Paris, La Découverte, 2017.

Latour, Bruno, *Tracciare la rotta. Come orientarsi in politica*, Milano, Cortina, 2018.

Latour, Bruno, Weibel Peter, *Critical zones. The science and politics of landing on Earth*, Cambridge, MIT Press, 2020.

Latour, Bruno, *Où suis-je? Leçons du confinement à l'usage des terrestres*, Paris, La Découverte, 2021; trad. it. *Dove sono?,* Torino, Einaudi, 2022.

Latour, Bruno, *Nous n'avons jamais été modernes*, Paris, La Découverte, 1991; trad. it. *Non siamo mai stati moderni*, Milano, Elèuthera, 2022.

Latour Bruno, *Un monde pluriel mais commun*, Éditions de l'Aube, 2005; trad. it. *Disinventare la modernità*, Milano, Elèuthera, 2023.

Laville, Jean Louis, *Bruno Latour et les réseaux stratégiques*, Paris, AOU, 2012.

Law, John, *Power, action and belief: a new sociology of knowledge?*, London, Routledge, 1986.

Leal, Larry Leal, Williamson, Jeffrey G., *The Cambridge History of Capitalism*, Cambridge, Cambridge University Press, 2014, vol. II.

Lehmann, Jennifer M., *Social Theory as Politics in Knowledge* (*Current Perspectives in Social Theory, Vol. 23*), Leeds, Emerald Group Publishing Limited, 2005.

Levasseur, Carol, *Alain Touraine, Le retour de l'acteur*, Paris, Fayard, 1984, in «Politique», n. 8, autunno 1985.

Lynch, Michael, *Art and Artifact: A Study of Shop Work and Shop Talk in a Research Laboratory*, London, Routledge & Kegan Paul, 1985.

Lynch, Michael, *Art and Artifact in Laboratoty Science*, Londra, Routledge and Kegan Paul, 1985.

Lins Hamlin, Cynthia, *Beyond Relativism: Raymond Boudon, Cognitive Rationality and Critical Realism*, London and New York, Routledge, 2004, 2012.

Marazzi, Christian, *The Violence of Financial Capitalism*, Semiotext(e), 2011.

March, James Gardner, *Les fondements épistémologiques de l'action sociale*, Paris, W. Papers, 2017.

Martuccelli, Danilo, *La Consistance du social*, Presses universitaires de Rennes, 2005.

Melucci, Alberto, *Mouvements sociaux, mouvements postpolitiques*, in «Revue internationale d'action communautaire», 10(50), 1983, pp. 13-30.

Melucci, Alberto, *Partir des conflits pour analyser les mouvements sociaux*, in «Revue internationale d'action communautaire», 10/50, 1983, p. 42.

Merton, Robert King, *Social Theory and Social Structure*, Enlarged Edition, New York, The Free Press, 1968.

Merton, Robert King, trad. it. *Su struttura sociale e scienza*, modificato e con una Introduzione di Piotr Sztomka, Chicago, The University of Chicago Press, 1975.

Merton, Robert King, *Scienza, tecnologia e società nell'Inghilterra del XVII secolo*, Milano, FrancoAngeli, 1975.

Merton, Robert King, *Sociological Ambivalence and Other Essays*, New York, The Free Press, 1976.

Merton, Robert King, *The Sociology of Science: An Episodic Memoir*, Carbondale, Southern Illinois University Press, 1979.

Merton, Robert King, *The Sociology of Science*, Chicago, Ill. Chicago University Press; trad. it. *La sociologia della scienza in Europa*, Milano, FrancoAngeli, 1980.

Merton, Robert King, White Riley, Matilda (a cura di), *Sociological Tradition from Generation to Generation*, Norwood, N.I., Ablex Publishing, 1980.

Merton, Robert King e Bung, Mario, (*Introduction*), *Teoría y estructura sociales*, Fondo de Cultura Económica, 4th edition, 1995.

Merton, Robert King, *La sociologia de la ciencia: Investigaciones teóricas y empiricas*, Recopilación e Introductión di Norman Storer, versione spagnola di Nestor Alberto Miguez, Madrid, Alianza Editorial, 1995.

Merton, Robert King, *Teoria e struttura sociale*, Bologna, il Mulino, ediz. 2000, vol. 3.

Merton, Robert King, Fallocco, Simona, *La serendipity nella* ricerca *sociale e politica: cercare una cosa e trovarne un'altra*, Roma, Luiss, 2002.

Merton, Robert King, Barber, Elinor G., *The Travels and Adventures of Serendipity: A Study in Sociological, Semantics and the Sociology of Science*, Princeton, NJ, Princeton University Press, 2004.

Merton, Robert King, Barber, Elinor G., *Viaggi e avventure della Serendipity*, Bologna, il Mulino, 2008.

Merton, Robert King, *Sociology of Science and Sociology as Science*, a cura di Calhoun Craig, New York, Columbia University Press, 2010.

Mills, Carmen, *Reproduction and transformation of inequalities in schooling: the transformative potential of the theoretical constructs of Bourdieu*, in «British Journal of Sociology of Education», 29 (1), 2008, pp. 79-89.

Minguet, Guy, *Les mouvements sociaux, la sociologie de l'action et l'intervention sociologique: A propos de deux ouvrages d'Alain Touraine*, in «Revue française de sociologie», vol. 21, n. 1, 1980, p. 121 e sg.

Mythen, Gabe, *Ulrich Beck: A Critical Introduction to the Risk Society*, Pluto press, 2004.

Mythen, Gabe, *Ulrich Beck: E-Special Introduction*, in «Theory, Culture & Society», Volume 37, Issue 7-8, 2020.

Mohamed, Cherkaoui, Mohiamed and Hamilton, Peter *Raymond Boudon a Life in Sociology. Essays in Honour of Raymond Boudon*, Oxford, Bardwell Press, 2009, vol. 4.

Mongardini, Carlo, Tabboni, Simonetta, *Robert King Merton & Contemporary Sociology*, Routledge, 1997.

Mirchandani, Rekha, *Reconstructing Zygmunt Bauman's Postmodern Sociology of Morality*, in «Social Theory as Politics in Knowledge», 2005, p. 10 e sg.

Pickering, Andrew, *Science as Practice and Culture*, Chicago, The Universtity of Chicago Press, 1992.

Pisati, Maurizio, *Unità della sociologia, unità della scienza*, in «Sociologica», 1, 2007.

Poskett, James, *Horizont. A Global History of Science*, London, Penguin Books Ltd., 2022; trad. it. *Orizzonti. Una storia globale della scienza*, Torino, Einaudi, 2022.

Pupo, Norene J., Thomas, Mark P., *Interrogating The New Economy. Restructuring Work in the 21st Century*, University of Toronto Press, 2010.

Ray, Larry, *Globalization and Everyday Life*, parte di *The New Sociology*, Routledge, 2007.

Rattansi, Ali, *Bauman and Contemporary Sociology: A Critical Analysis*, Manchester University Press, 2017.

Resnick, Derrek, *Epistemology and Sociology in Value*, New York, NP, 2016.

Richardson, John G., (a cura di), *Handbook of Theory and Research for the Sociology of Education*, New York, Greenwood, 1986.

Rifkin, Jeremy, *The Biotech Century. Harnessing the Gene and Remaking the World*, Los Angeles, Tarcher, 1988; trad. it. *Il secolo biotech. Il commercio genetico e l'inizio di una nuova era*, Milano, Baldini & Castoldi, 1998.

Riggs, Wayne, *Why Epistemologists Are So Down on Their Luck*, in «Synthese», 158 (3) (2007), pp. 331-340.

Rinzivillo, Guglielmo, *Il concreto e l'astratto nelle scienze sociali: i modelli e il rapporto teoria-ricerca*, in «Sociologia», Anno XXXI, n. 1, 1997, cit. pp. 160-161.

Rinzivillo, Guglielmo, *Il senso e la necessità. Pensare oggi la Scuola di Francoforte*, Roma, Armando, 2022.

Rinzivillo, Guglielmo, *La geopolitica della scienza*, in «Il Geopolitico. Rivista di analisi geopolitiche e sociologiche», Anno I, giugno 2017, p. 10.

Rinzivillo, Guglielmo, *Robert King Merton*, Torino, UTET, 2019.

Rinzivillo, Guglielmo, *Storia della sociologia scientifica. Ripartire dai classici e usarli in modo nuovo*, Torino, UTET, 2023.

Rinzivillo, Guglielmo, *Epistemologia e sociologia del conoscere*, Roma, Edizioni Nuova Cultura, 2023.

Ritzer, George, Stepnisky, Jeffrey, *Sociological Theory*, SAGE Publications, 2017, 2018; trad. it. *Teoria sociologica*, Torino, Utet, 2020.

Rhoades, Gary, *The Modern Crisis of Capitalism and the New Economy*, New York, HE, 2013 (2016).

Rolle, Gertrude, *Sociologie de la conscience ouvrière en Touraine et dans le monde aujourd'hui*, Paris, DBL, 2018.

Robertson, Roland, *Globalization – Social Theory and Global Culture*, SAGE Publications Ltd., 1992; trad. it. *Globalizzazione – Teoria sociale e cultura globale*, Trieste, Asterios Editore, 1999.

Robertson, Roland, Kathleen, White, *Globalization*, Collana «Critical Concepts in Sociology», XVIII, Routledge, 2002.

Scott, Rayner, *Science and Transactions in the Public Domain*, New York, NP, 2015.

Segre, Sandro, *Le teorie sociologiche contemporanee*, Roma, Carocci, 2019.

Serres, Michel, *Les Origines de la géométrie*, Flammarion, 1993; trad. it. *Le origini della geometria*, Milano, Feltrinelli, 1995.

Shapin, Steven, *The Accidental Scientist*, in «American Scientist», vol. 92, n. 4, 2004.

Sismondo, Sergio, *Some Social Constructions*, in «Social Studies of Science», 1993, 23, pp. 515-553.

Stengers, Isabelle, *L'Invention des sciences modernes*, Paris, Flammarion, 2011.

Stephens, Neil, Lewis, Jarnie, *Doing Laboratory Ethnography: Reflections on Method*, in «Qualitative Research», 2017, 17 (2), pp. 202-216.

Sztompka, Piotr, *Robert King Merton: An Intellectual Profile*, Houndmills, Basingstoke, Hampshire and London MacMillan Education LTD, 1991.

Susen, Simon, *Sociology in the Twenty-First Century. Key Trends, Debates, and Challenges*, Basingstoke Palgrave Macmillan, 2020.

Tilley, Nicholas, *The Logic of Laboratory Life*, in «Sociology», 1981, 15, pp. 117-126.

Touraine, Alain, *Sociologie de l'action*, Paris, Seuil, 1965.

Touraine, Alain, *Production de la societé*, Paris, Édition du Seuil, 1973; trad. it. *La produzione della società*, Bologna, il Mulino, 1975.

Touraine, Alain *et al.*, *Solidarność*, Milano, FrancoAngeli, 1982.

Touraine, Alain, Dubet, François *et al.*, *Le Mouvement ouvrier*, Paris, Fayard, 1984.

Touraine, Alain, *La parole et le sang*, Paris, Odile Jacob, 1988.

Touraine, Alain, *Le retour de l'acteur. Essai de sociologie*, Paris, Libraire Arthème Fayard, 1984; trad. it. *Il ritorno dell'attore sociale*, Roma, Editori Riuniti, 1988.

Touraine, Alain, *Critique de la modernité*, LGF/Le Livre de Poche, 1995.

Touraine, Alain, *Critique de la modernité*, Paris, Librairie Athème Fayard, 1992; trad. it. *Critica della modernità*, Milano, Il Saggiatore, 1997.

Touraine, Alain, *Pourrons-nous vivre ensemble? Égaux et différents*, Paris, Fayard, 1999.

Touraine, Alain, *Un nouveau paradigme. Pour comprendre le monde d'ahjourd'hui*, Paris, Fayard, 2005.

Touraine, Alain, *Penser autrement*, Paris, Fayard, 2007.

Touraine, Alain, *Après la crise*, Paris, Editions du Seuil, 2010; trad. it. *Dopo la crisi. Una nuova società possibile*, Roma, Armando, 2012.

Touraine, Alain, *Noi, soggetti umani. Diritti e nuovi movimenti nell'epoca postsociale*, Milano, Il Saggiatore, 2017.

Touraine, Alain, *Défense de la modernité*, Paris, Seuil, 2018.

Traweek Sharon, *Buying Time Taking Space: The Culture of the Particle Physics Community*, Cambridge, Mass, 1988.

Traweek, Sharon, *Beamtimes and Lifetimes: The World of High Energy Physicists*, Cambridge, MA, Harvard University Press, 1988.

Turner, Bryan. S., *The New Blackwell Companion to Social Theory*, West Sussex, Blackwell Publishing, 2009.

Vallancourt, Jean-Guy, *Mouvement ouvrier et nouveaux mouvements sociaux: l'approche d'Alain Touraine*, in «Cahiers de recherche sociologique», n. 17, 1991, pp. 213-214.

Van Damme, Stephane, *De la vie du laboratorie à la theorie du cyborg*, in «L'Homme», 2008, 187-188, pp. 393-412.

Venturini, Bruno, *Bruno Latour and Artificial Intellegence*, in «Tecnoscienza-Italian Journal of Science and Technology Studies», 14, 2, n. 28, 2023, pp. 101-114.

Weinert, Friedel, *Vicissitudes of Laboratory Life*, in «The British Journal for the Philosophy of Science», 1992, 43, pp. 423-429.

Whitcomb, Dennis, *Epistemic Value* in Cullison, Andrew (ed.), *The Continuum Companion to Epistemology*, London, Continuum, 2012.

Wilkinson, Iain, *The Problem of 'Social Suffering': The Challenge to Social Science*, in «Health Sociology Review», 13 (2), 2004, pp. 113-121.

Wilkinson, Iain, *Suffering: A Sociological Introduction*, Polity Press, 2005.

Wilkinson, Iain, *On Bauman's Sociology of Suffering: Questions for Thinking* in Antony Elliott (ed.), *The Contemporary Bauman*, London, Routledge, pp. 241-256.

Williamson, Timothy, *Knowledge and its Limits*, Oxford, Oxford University Press, 2000.

Zagzebski, Linda, *On Epistemology*, CA, Wadsworth, 2009.

Ziman, John M., *Public Knowledge: An Essay Concerning the Social Dimension of Science*, Cambridge, Cambridge University Press, 1968.

Ziman, John M. *Real Science: What it is what it Means*, Cambridge, Cambridge University Press, 2000.

Zinn, Jens, *Reflexive Modernization*, in *The Blackwell Encyclopedia of Sociology*, edited by George Ritzer, Oxford, Blackwell, 2007, pp. 3829-3830.

Zuckerman, Harriet, *Deviant Behavior and Social Control in Science,* in *Deviance and Social Change*, a cura di Edward Sagarin, Beverly Hills, Sage, 1977.